民法総則

【第2版】

Hiroki Nakaya
中舎寛樹

日本評論社

第 2 版 は し が き

　本書の初版は、2010 年 9 月に上梓されたが、その後の判例や学説の動向も参考にしながら、2017 年に民法が改正され、2020 年から施行されることを直接の契機として、改正されなかった部分を含めて全面的に見直し、書換えを行い、これを第 2 版とすることにした。

　民法改正では、債権法の改正が中心であったが、民法総則についても、重要な改正が随所でなされている。第 2 版では、その内容を忠実にフォローするとともに、重要な箇所では、改正前の判例・学説と改正との連続性・非連続性についても解説している。また、改正がなかったことがらについても、重要な個所では、なぜ改正されなかったかを述べることにした。

　内容的には、本書が法学部生と法科大学院生を主な対象としていることから、初版と同様、判例・通説を基本としているが、初版に対して、著者の見解をもっと前面に出すべきではないかとのご意見をいただいたことなどから、初版よりも直截に私見を述べるようにした。

　この第 2 版を上梓するにあたっては、初版に引き続き、名古屋大学の池田雅則教授が詳細な点検をしてくれた。身勝手な記述にいつもいろいろな角度から意見を言ってくれるので非常にありがたい。また、法学セミナー編集長の柴田英輔氏と法律時報の小野邦明氏のお世話になった。とくに柴田氏は、初版に先立つ法学セミナーでの連載時から担当していただき、そのいきさつから、わざわざ第 2 版についても担当してくださった。他人の評価など基本的にはどうでもよいが、自分を理解してくださる編集者に出会えたことには感謝するほかない。本年 3 月に上梓した『債権法——債権総論・契約』のはしがきで書いたとおり、総則、物権法、債権法（取引法）の 3 冊を本にするという、同氏との当初からの約束がある。当面は『物権法』に向けて努力したい。

　なお、本書の基になった連載以来、原稿の第一評者は、実は愚息だったが、身内でもあり、初版のはしがきではとくに記すことはしなかった。天

i

に届けばよいのだが、第2版になったぞと報告しておきたい。

2018年5月

中 舎 寛 樹

初 版 は し が き

　本編冒頭の序章では、本書の趣旨、スタイル、構成・順序を示し、本書を読む際の基本的な注意と読者への希望を述べている。これらは、一般的には、はしがきで書かれることであろう。しかし本書では、「はし」だと読み飛ばさずに、本編の一部として理解しておいてほしいとの思いから、序章として通常の通算頁数を打つことにした。そこで、ここでは本書の由来などを簡単に述べておくことにする。

　本書は、法学セミナー2007年4月号から2010年2月号まで、35回にわたり連載した「基礎トレーニング民法総則」を基に、その内容を見直しつつ加筆して、一冊にまとめたものである。この連載を始める前まで、法学部や法科大学院で民法総則を講義する際には、基本的な教科書をいくつか指定したうえで、独自の講義案を作成・配布し、主としてそれに基づいて授業をしてきた。授業用のレジュメであるため、設例問題が入り、解説が箇条書きであるなど、体裁は本書と異なるが、教えたいことについての基本的な考え方が変わることはない。近年、授業で常に思っていたのは、条文と実際の紛争を両極に置きつつ、その間の思考空間で、どのような問題を解決するために、どのような解釈が展開されているか、そして何が課題として残されているかをきちんと区別して伝えたいということであった。連載および本書では、スタイル上、できる限りその思いで一貫させた。条文がないところでは、あえて「条文はない」と書いたのもそのためである。

ii

◆ 初版はしがき

　内容的には、個々の条文の解釈において我を出すことはできるだけ控え、現在の判例・学説に大きな疑問があるなど、どうしても書きたいことは発展問題で述べたつもりである。しかし、整理・分析は冷静に、意見は果敢に、というメリハリを維持しようとすればするほど、民法に対する基本的なモノの見方が強く出ることになった。ただしそれは、まず紛争の実体が何であるかを探求し、その実体に対して謙虚に、もっとも合理的で妥当であると思われる法律構成を考える、というシンプルなものである。従来の判例・学説とはまったく異なる法律構成をすべきだと書くことになった問題もあるが、それは紛争の実体を優先した結果であり、それでよいと考えている。

　以上のような点が本書の独自性を示していると考えているが、それが成功しているか否かはひとえに読者の判断による。

　最後に、本書を上梓するにあたっては、数多くの方のお世話になった。日本評論社の柴田英輔氏は、法学セミナー連載の担当者として、毎回欠かさず暖かい激励と有益な指摘をしてくださった。筑波大学の池田雅則教授は、校正ゲラを通読し、氏独特のチクリとした表現で数多くの貴重な示唆を与えてくれた。名古屋大学法科大学院修了生の玉垣正一郎君は、旬な読者の立場から全編にわたって有益な指摘をいくつもしてくれた。いずれの方にも心から感謝したい。

　　　2010 年 8 月

　　　　　　　　　　　　　　　　　　　　中　舎　寛　樹

● も く じ ●

序　章 ……………………………………………………………………1

1　本書の趣旨　1

2　本書のスタイル　1

3　本書の構成　3

4　本書の引用　4

5　債権法改正との関係　5

第1章　民法総則の構造 …………………………………6

1　法体系上の民法の位置　6
◆条 文◆　6
◆解 釈◆　6
◆発展問題◆　7

2　民法の機能　7
◆条 文◆　8
◆解 釈◆　8
(1) 民法の適用　8　(2) 紛争解決の基準　8
◆発展問題◆　9
(1) 指針　10　(2) 技術　10　(3) 制約要因　10

3　民法典における総則の位置　11
◆条 文◆　11
◆解 釈◆　12
◆発展問題◆　13

第2章　民法典の歴史 ………………………………14

1　「民法」の意味　14
◆条 文◆　14
◆解 釈◆　15

v

(1) 成文法の意味　15　(2) 慣習の意味　16　(3) 条理の意味　16

◆発展問題◆　17

(1) 判例の取扱い　17　(2) 契約の取扱い　18

2　民法典の編纂と改正　19

◆条 文◆　19

◆解 釈◆　20

(1) 編纂方式の変化　20　(2) 民法典の思想的・経済的背景　21

◆発展問題◆　22

(1) その後の民法典改正　22　(2) 特別法か民法改正か　23

3　民法典と総則の全体像　24

◆条 文◆　24

(1) 民法典の条文構成　24　(2) 総則の条文構成　25

第3章　民法典の基本原則 ·······················27

1　近代民法の基本理念　27

◆条 文◆　27

◆解 釈◆　27

(1) 近代民法がめざした社会　27　(2) 近代民法の基本理念　28

2　民法典の基本原則　28

◆条 文◆　29

◆解 釈◆　29

(1) 権利能力平等の原則　29　(2) 個人意思尊重の原則　30

(3) 私有財産尊重の原則　31　(4) 自己責任の原則　31

3　民法典の基本枠組み　32

◆条 文◆　32

(1) 総則　32　(2) 物権関係　33　(3) 債権関係　34　(4) 家族法　35

4　基本原則の修正　35

◆解 釈◆　36

(1) 民法の条文による修正　36　(2) 民法の解釈による修正　37

(3) 特別法による修正　38

◆発展問題◆　39

◆ もくじ

第4章 民法における権利の主体と客体 …40

1 権利の主体（権利能力） 40

◆条 文◆ 40

（1）権利能力の意義 40 （2）権利能力の制限 41

◆解 釈◆ 42

◆発展問題◆ 42

2 権利能力の始期 43

（1）自然人 43

◆条 文◆ 43

◆解 釈◆ 43

（2）胎児 44

◆条 文◆ 44

◆解 釈◆ 44

◆発展問題◆ 45

3 権利能力の終期 46

◆条 文◆ 46

◆解 釈◆ 46

4 同時死亡 47

◆条 文◆ 47

◆解 釈◆ 47

5 不在者財産管理 48

◆条 文◆ 48

6 失踪宣告 49

◆条 文◆ 50

（1）失踪宣告の要件と効果 50 （2）失踪宣告の取消し 50

◆解 釈◆ 51

（1）死亡の意味 51 （2）取消しによる財産の返還 51

（3）取消し前の行為の効力 52

◆発展問題◆ 53

（1）認定死亡 53 （2）死亡の推定 53

7 権利の客体（物） 53

vii

◆条 文◆　54

(1) 物　54

◆解 釈◆　57

(1) 有体物以外の物　57　(2) 海面下の土地・干潟、大深度地下　57

(3) 材木はいつから建物になるか　58

◆発展問題◆　58

(1) 地下水は土地の一部か　58　(2) 金銭は物か　58

第5章　法律行為の構造 ……………………………60

1　権利変動の原因と法律行為　60

◆条 文◆　60

◆解 釈◆　61

(1) 権利変動の原因　61　(2) 法律要件・要件要素・要件事実　61

(3) 法律行為概念の意義　62

◆発展問題◆　63

2　法律行為の種類　64

◆条 文◆　64

◆解 釈◆　65

(1) 単独行為　65　(2) 契約　66　(3) 合同行為　68

◆発展問題◆　69

3　準法律行為　70

◆条 文◆　70

◆解 釈◆　70

(1) 準法律行為の意義　70　(2) 準法律行為の種類　71　(3) 法律行為との異同　71

4　法律行為の成立要件・有効要件　72

◆条 文◆　72

(1) 原則的要件　72　(2) 例外的要件　72

◆解 釈◆　73

第6章　法律行為の解釈 ……………………………74

1　法律行為の解釈の意義　74

◆条 文◆　74

viii

◆解 釈◆　75
(1) 法律行為の解釈の三つのレベル　75　(2) 法律行為の解釈の性質　75
◆発展問題◆　76

2　狭義の解釈　77
◆条 文◆　77
◆解 釈◆　78
(1) 表示の解釈　78　(2) 表示と真意とが食い違っている場合の処理　79
◆発展問題◆　81

3　法律行為の補充　81
◆条 文◆　81
(1) 慣習による補充（民92条）　82　(2) 任意規定による補充（民91条）　82
◆解 釈◆　83
(1) 契約の趣旨の解釈（補充的契約解釈）　83　(2) 条理・信義則による補充　83
◆発展問題◆　84

4　法律行為の修正　85
◆条 文◆　85
◆解 釈◆　85
(1) 修正的解釈の具体例　85　(2) 効力否定との関係　85

5　契約以外の法律行為の解釈　86
◆条 文◆　86
◆解 釈◆　86
(1) 単独行為（遺言）の解釈　86　(2) 合同行為の解釈　87

第7章　法律行為の効力の発生時期　……………88

1　効力発生時期に関する二つの問題　88
◆条 文◆　88

2　意思表示の効力発生時期　89
◆条 文◆　90
(1) 意思表示のプロセス　90　(2) 到達主義の原則　90
(3) 例外としての発信主義　91　(4) 到達妨害　92
(5) 意思表示後の死亡・意思能力喪失・行為能力の制限　93
(6) 公示による意思表示　93　(7) 受領能力のない者に対する意思表示　94

ix

◆解 釈◆　94

（1）到達の意義　94　　（2）みなし到達条項　95

3　契約の成立時期　96

◆条 文◆　96

（1）到達主義への変更　96　　（2）申込みの撤回・失効についての例外　96

（3）申込み後の死亡・能力喪失等についての例外　97

◆解 釈◆　98

契約の成立の証明　98

◆発展問題◆　99

4　条件　100

◆条 文◆　100

（1）条件の意義　100　　（2）条件の種類と効力　101　　（3）期待権の保護　101

（4）特殊な条件　103

◆解 釈◆　104

（1）条件に親しまない行為　104　　（2）条件成就の擬制に類似する行為　105

（3）法定条件　106

5　期限　106

◆条 文◆　107

（1）期限の意義と種類　107　　（2）期限の利益　108

◆解 釈◆　109

（1）期限に親しまない行為　109　　（2）条件と期限の区別　109

（3）期限付法律行為の保護　109　　（4）期限の利益喪失約款　110

第8章　法律行為の効力否定 ･････････････････････112

1　法律行為からの離脱　112

◆条 文◆　112

（1）法律行為遵守の原則　112　　（2）法律行為の効力否定による離脱　113

2　法律行為の実現不可能性　114

◆条 文◆　114

◆解 釈◆　115

（1）伝統的通説　115　　（2）原始的不能論に対する批判　116　　（3）実際上の差異　116

◆発展問題◆　117

◆ もくじ

3 法律行為の不完全性　117
◆条 文◆　118
(1) 資格の欠落　118　(2) 要素の欠落　119　(3) 内容の違法　122

4 各原因の相互関係　123
◆条 文◆　124
◆解 釈◆　124
(1) 他の離脱方法との関係　124　(2) 不完全性の原因相互の関係　124
◆発展問題◆　125

第9章 法律行為をする資格の欠落 …………127

1 資格の欠落を理由とする法律行為の効力否定　127
◆条 文◆　127

2 意思無能力　127
◆条 文◆　128
◆解 釈◆　128
(1) 意義　128　(2) 根拠　129　(3) 効果　130
◆発展問題◆　130
(1) 制限行為能力との関係　130　(2) 民法の定める無効・取消原因全体との関係　131
(3) 責任無能力との関係　131

3 制限行為能力者制度の基本理念　132
◆条 文◆　132
(1) 意思無能力の問題点　132　(2) 制限行為能力者の定型化　133
(3) 制限行為能力者制度の基本的仕組み　133

4 成年後見制度の概要　135
◆条 文◆　135
(1) 行為無能力者制度とその問題点　135　(2) 成年後見制度の理念　136

5 制限行為能力者の相手方の保護　137
◆条 文◆　138
(1) 催告権　138　(2) 取消権の剥奪　139
◆解 釈◆　139
(1) 能力者であると信じさせるため　139　(2) 詐術　139　(3) 相手方の誤信　139

xi

6 未成年者　140

◆条 文◆　140

(1) 未成年者の意義　140　　(2) 未成年者の保護者　141　　(3) 保護者の権限　141

(4) 利益相反行為　142　　(5) 未成年者の法律行為　142

(6) 同意を得ていない行為の取消し　143

◆解 釈◆　143

(1) 単に利益を得または義務を免れる行為　143

(2) 法定代理人が処分を許した財産を処分する行為　143

(3) 法定代理人から営業を許可された場合に，その営業に関する行為　143

7 成年被後見人　144

◆条 文◆　144

(1) 成年被後見人の要件　144　　(2) 保護者　145　　(3) 保護者の権限と制限　145

(4) 成年被後見人の法律行為の取消し　146　　(5) 日常生活に関する行為　146

8 被保佐人　146

◆条 文◆　147

(1) 被保佐人の要件　147　　(2) 保護者　147　　(3) 保護者の権限と制限　147

(4) 被保佐人の法律行為　148　　(5) 同意を得ていない行為の取消し　148

9 被補助人　148

◆条 文◆　149

(1) 被補助人の要件　149　　(2) 保護者　149　　(3) 保護者の権限と制限　149

(4) 被補助人の法律行為　150　　(5) 同意を得ていない行為の取消し　150

10 任意後見制度　150

◆条 文◆　151

(1) 趣旨　151　　(2) 任意後見契約　151　　(3) 任意後見人の権限　151

◆発展問題◆　152

第10章 法律行為の要素の欠落
(1) 意思表示 ……………………………………153

1 意思表示の意義　153

◆条 文◆　153

◆解 釈◆　153

◆発展問題◆　154

xii

◆ もくじ

2 意思表示の構造　155

◆条 文◆　155

◆解 釈◆　155

(1) 意思表示のプロセス　155　(2) 表示行為　156　(3) 効果意思　157

(4) 動機の取扱い　157　(5) 表示意思（表示意識）の取扱い　158

◆発展問題◆　159

3 意思表示の基本原理　160

◆条 文◆　160

◆解 釈◆　160

(1) 意思理論　160　(2) 意思主義・表示主義　161　(3) 民法の基本的態度　162

(4) 意思の欠缺と瑕疵ある意思表示　163

◆発展問題◆　164

第11章 法律行為の要素の欠落
(2) 心裡留保 ·················166

1 心裡留保の意義　166

◆条 文◆　166

◆解 釈◆　166

(1) 心裡留保の原則的有効性　166　(2) 真意でないことの意義　168

◆発展問題◆　168

2 心裡留保の効力　169

◆条 文◆　170

◆解 釈◆　170

(1) 過失　170　(2) 相手方からの無効主張　171　(3) 第三者に対する効果　171

3 心裡留保の適用範囲　172

◆条 文◆　172

◆解 釈◆　172

(1) 適用例　172　(2) 単独行為・合同行為への適用　173

(3) 適用が否定される行為　174　(4) 代理権濫用の取扱い　174

xiii

第12章 法律行為の要素の欠落

（3）通謀虚偽表示 ………………………………………176

1 虚偽表示の意義　176

◆条 文◆　176

◆解 釈◆　177

(1) 虚偽表示の基礎　177　(2) 立法の沿革と現在の規定　177

(3) 改正法の立場　178

2 虚偽表示の要件　178

◆条 文◆　178

◆解 釈◆　179

(1) 虚偽表示の具体例　179　(2) 契約解釈との関係　179　(3) 隠匿行為　180

◆発展問題◆　180

3 虚偽表示の効力　181

◆条 文◆　182

(1) 当事者間の効力　182　(2) 第三者に対する効力　182

◆解 釈◆　183

(1) 善意の第三者　183　(2) 転得者　185　(3) 虚偽表示の撤回　186

◆発展問題◆　186

(1) 民法192条と民法94条2項　186　(2) 対抗不能の意味　186

4 虚偽表示の適用範囲　188

◆条 文◆　189

◆解 釈◆　189

(1) 単独行為・合同行為　189　(2) 身分上の行為　189　(3) 要物契約　189

(4) 詐害行為　190

◆発展問題◆　190

5 民法94条2項の類推適用　191

◆条 文◆　191

(1) 不動産取引と登記の公信力　191　(2) 民法94条2項類推適用による補完　192

◆解 釈◆　193

(1) 判例による民法94条2項類推適用の発展過程　193

(2) 類推適用の要件・立証責任　199

◆発展問題◆　200

◆ もくじ

(1) 遡及的物権変動への類推適用　200　(2) 規定の趣旨との関係　202

第13章　法律行為の要素の欠落
(4) 錯誤 ……………………………………………………203

1　錯誤の意義　203
◆条 文◆　203
◆解 釈◆　203
(1) 無意識の不合意　204　(2) 意思表示の解釈　204　(3) 共通錯誤　205

2　錯誤の要件　206
◆条 文◆　207
(1) 重要な錯誤　207　(2) 重大な過失　207
◆解 釈◆　208
(1) 表示の錯誤　209　(2) 法律行為の基礎とした事情についての錯誤　210
◆発展問題◆　211

3　錯誤の効果　212
◆条 文◆　212
(1) 当事者間の効果　212　(2) 第三者に対する効果　213
◆解 釈◆　213
(1) 従来の議論との関係　213　(2) 第三者に対する効果　214
◆発展問題◆　215
第三者による錯誤の主張　215

4　法律行為の基礎とした事情についての錯誤（動機の錯誤）
216
◆条 文◆　217
(1) 錯誤の分類　217　(2) 新法での動機の錯誤の取扱い　218
◆解 釈◆　219
(1) 詐欺との関係　219　(2) 契約不適合との関係　220
◆発展問題◆　220
改正前の議論の影響　220

xv

第14章 法律行為の要素の欠落
(5) 詐欺・強迫 ……………………………………223

1 詐欺 223
◆条 文◆ 223
(1) 意義 223 (2) 効果 224
◆解 釈◆ 225
(1) 要件 225 (2) 効果 226
◆発展問題◆ 228
無効・取消し・解除・損害賠償の連続性 228

2 強迫 229
◆条 文◆ 229
(1) 意義 229 (2) 効果 229
◆解 釈◆ 230
(1) 要件 230 (2) 効果 231

第15章 法律行為の要素の欠落
(6) 消費者契約法・誤認・困惑・過量取引 …………232

1 消費者契約法 232
◆条 文◆ 232
(1) 消費者契約法の目的・対象 233 (2) 一般的努力義務 234
◆解 釈◆ 234
(1) 消費者契約法制定にいたるまでの経緯 234 (2) 民法との関係 236
◆発展問題◆ 237
消費者という概念 237

2 誤認 238
◆条 文◆ 238
(1) 意義 238 (2) 受託者・代理人 240 (3) 主張・立証責任 240 (4) 効果 240
◆解 釈◆ 241
(1) 重要事項の拡張 241 (2) 将来における変動が不確実な事項の意義 241
◆発展問題◆ 242

3 困惑・過量取引 243
◆条 文◆ 243

（1）困惑の意義　243　（2）受託者・代理人　244　（3）主張・立証責任　244

（4）効果　244　（5）過量取引（消4条4項）　245

第16章　法律行為の内容の違法 ………………246

1　内容の違法による法律行為の効力否定　246

◆条　文◆　246

（1）効力否定原因　246　（2）機能　247

◆解　釈◆　247

（1）伝統的な考え方（二元論）　247　（2）最近の有力説（一元論）　248

（3）新90条のスクリーニング　248

2　強行法規違反　249

◆条　文◆　249

（1）要件　249　（2）片面的強行法規　250

◆解　釈◆　250

（1）強行法規と任意法規との区別　250　（2）脱法行為　251　（3）取締法規違反　252

◆発展問題◆　253

（1）任意法規の強行法規化　253　（2）履行段階論　254

3　不当条項規制　255

◆条　文◆　255

（1）不当条項リスト　255　（2）一般条項　257

◆解　釈◆　257

（1）平均的な損害額を超えることの主張・立証責任　257

（2）消費者契約法10条の法規　258　（3）個別交渉　258

4　公序良俗違反の意義　258

◆条　文◆　259

（1）法律行為の内容規制の一般法　259　（2）一般条項性　259

◆解　釈◆　260

（1）公序良俗違反の類型　260　（2）公序良俗違反の判断時期　263

◆発展問題◆　263

公序良俗違反の正当化根拠　263

（1）契約正義論　264　（2）基本権秩序論　264

5　公序良俗違反の効果　265

xvii

◆条 文◆　265

(1) 原則的効果　265　(2) 条件の違法　266

◆解 釈◆　266

(1) 無効の多様化　266　(2) 動機の不法　268

◆発展問題◆　269

第17章　法律行為の無効・取消し ……………271

1　法律行為の効力否定の効果　271

◆条 文◆　271

(1) 効力否定の具体的効果　272　(2) 効力否定後の法律関係　273

◆解 釈◆　276

(1) 効力否定原因の重複　276　(2) 無効・取消しの類似概念　277

2　無効　279

◆条 文◆　279

(1) 完全無効　279　(2) 無効行為の追認　280

◆解 釈◆　281

(1) 無効の多様化（不完全無効）　281　(2) 遡及的追認　283

(3) 無効行為の転換　283

◆発展問題◆　284

効力否定の原因と効果を対応させた整理の可能性　284

3　取消し　285

◆条 文◆　286

(1) 遡及的無効　286　(2) 特殊な取消し　286　(3) 取消権　287

(4) 取消権者の範囲　288　(5) 取消しの方法　289　(6) 取消し後の法律関係　289

(7) 期間制限　290　(8) 取り消すことができる行為の追認　291

◆解 釈◆　294

(1) 保証人と取消し　294　(2) 返還請求権の期間制限　294

◆発展問題◆　295

無効・取消しと第三者保護の全体像　295

(1) 条文による第三者保護　295　(2) 解釈による第三者保護　296

第18章　他人による法律行為 ………………298

1　他人による法律行為の諸態様　298

xviii

◆ もくじ

◆解 釈◆　298

(1) 使者　298　(2) 代理　299　(3) 間接代理　299　(4) 信託　300

(5) 授権（Ermächtigung）　300　(6) 虚偽表示　300

2　代理の意義・要件　301

◆条 文◆　302

(1) 代理の意義　302　(2) 代理の要件　302　(3) 代理の種類　303

(4) 代理行為の種類　303

◆解 釈◆　304

(1) 代理の機能　304　(2) 代理が許されない行為　304

3　代理権の授与（本人・代理人間の関係）　305

◆条 文◆　306

(1) 代理権の発生原因　306　(2) 代理権の範囲　306　(3) 代理権の制限　307

(4) 代理権の拡張（復代理）　311　(5) 代理権の消滅　312

◆解 釈◆　313

(1) 代理権授与行為と委任の関係　313

(2) 委任契約の無効・取消しと代理行為の効力　314

(3) 代理は義務を伴うか　315　(4) 法定代理・任意代理の相対化　315

4　代理権濫用　316

◆条 文◆　316

(1) 代理権濫用の意義　316　(2) 要件・効果　317

◆解 釈◆　317

(1) 改正前の議論　317　(2) 法定代理の代理権濫用　319

(3) 法人代表の権限濫用　320

◆発展問題◆　320

心裡留保類推適用説が投げかけた問題　320

5　代理行為（代理人・相手方の関係）　320

◆条 文◆　320

(1) 代理行為の主体　321　(2) 代理行為の効力否定　321　(3) 代理行為の方式　325

◆解 釈◆　327

(1) 代理人と相手方の通謀による代理行為　327　(2) 詐欺・強迫と代理行為　328

◆発展問題◆　329

他人による法律行為の全体像　329

(1) 代理　330　(2) Aの名で行われた行為　330　(3) Bの名で行われた行為　332

xix

6 無権代理 333

◆条 文◆ 334

(1) 無権代理の意義 334 (2) 無権代理行為の追認 336 (3) 相手方の保護 338

(4) 無権代理人の責任 339 (5) 単独行為の無権代理 341

◆解 釈◆ 342

(1) 新117条における「過失」の意義 342 (2) 不法行為責任との関係 343

◆発展問題◆ 344

(1) 無権代理と相続に関する基本的な考え方 344 (2) 関連問題 347

7 表見代理の意義・効果 349

◆条 文◆ 349

(1) 意義 349 (2) 種類 350 (3) 効果 351

◆発展問題◆ 352

帰責の根拠 352

8 代理権授与の表示による表見代理 353

◆条 文◆ 354

(1) 1項の要件 354 (2) 代理権授与の表示 355 (3) 代理行為 356

(4) 相手方の悪意・過失 357

◆解 釈◆ 357

(1) 法定代理と民法109条 357 (2) 名称の使用許可 358 (3) 委任状の交付 360

◆発展問題◆ 360

白紙委任状と新109条 360

(1) 白紙委任状の交付を受けた者がこれを濫用して補充した場合（内容の濫用） 360

(2) 白紙委任状の転得者がこれを濫用して補充した場合 361

9 権限外の行為の表見代理 362

◆条 文◆ 363

(1) 意義 363 (2) 要件 364 (3) 基本権限 365 (4) 本人の帰責性の要否 367

(5) 権限外の法律行為 367 (6) 正当理由 368

◆解 釈◆ 369

(1) 公法上の行為の代理権 370 (2) 法定代理人 370 (3) 法人の代表者 371

(4) 使者 372 (5) 本人を詐称した場合 372

◆発展問題◆ 372

(1) 日常家事債務の連帯責任との関係 373 (2) 取引的不法行為との関係 374

(3) 債権の受領権者としての外観を有する者との関係 374

◆ もくじ

10 代理権消滅後の表見代理　375
◆条 文◆　376
(1) 要件　376　(2) 主観的要件の主張・立証責任　377
◆解 釈◆　377
(1) 法定代理権　377　(2) 相手方の信頼の対象　378

第19章　時効 ……………………………………………380

1 時効制度の全体像　380
◆条 文◆　380
(1) 時効と法律行為　380　(2) 時効制度の全体像　381　(3) 期間の計算　381
◆解 釈◆　383
(1) 時効制度の存在理由　383　(2) 時効の法律構成　383

2 時効の完成　385
◆条 文◆　385

3 時効障害　385
◆条 文◆　386
(1) 時効の完成猶予・更新の意義　386　(2) 権利行使による完成猶予・更新　387
(3) 権利行使の困難性による完成猶予　391　(4) 承認による時効の更新　392
(5) 完成猶予・更新の効果が及ぶ範囲　393

4 時効の援用　394
◆条 文◆　395
(1) 援用の意義　395　(2) 援用権者　395　(3) 援用の場所・時期・撤回　396
(4) 援用の効果の及ぶ範囲　397

5 時効の利益の放棄　397
◆条 文◆　397
(1) 意義　397　(2) 方法・効果　398
◆解 釈◆　398
時効完成後の承認　398

6 時効の遡及効　399
◆条 文◆　399
(1) 原則　399　(2) 例外　400

xxi

7 取得時効の意義・機能　400
◆条 文◆　400
(1) 意義　400　(2) 機能　400

8 所有権の取得時効　401
◆条 文◆　401
(1) 条文上の要件　401　(2) 実際上の要件　401
◆解 釈◆　402
(1) 自主占有　402　(2) 平穏かつ公然　403　(3) 他人の物　403
(4) 占有の継続　405　(5) 時効取得の効果　407
◆発展問題◆　408
取得時効と登記　408

9 所有権以外の財産権の取得時効　409
◆条 文◆　409
(1) 要件　409　(2) 地役権の時効取得　410
◆解 釈◆　410
(1) 対象とならない権利　410　(2) 不動産賃借権の時効取得　410

10 消滅時効の意義　411
◆条 文◆　411
(1) 意義・機能　411　(2) 要件　412　(3) 効果　412

11 消滅時効の対象となる権利　412
◆条 文◆　413
(1) 対象となる権利　413　(2) 対象とならない権利　413
◆解 釈◆　414
(1) 民法396条の意味　414　(2) 民法397条との関係　414
◆発展問題◆　415
抗弁権の永久性の理論　415

12 消滅時効期間　416
◆条 文◆　416
(1) 債権の消滅時効期間　417　(2) 債権以外の財産権の消滅時効期間　418
(3) 判決で確定した権利の消滅時効期間　418
◆解 釈◆　419
(1) 形成権の消滅時効期間　419

◆　もくじ

(2) 形成権の行使により生じた原状回復請求権の消滅時効期間　419

(3) 合意による時効期間の変更　420

13　消滅時効の起算点　420

◆条 文◆　421

◆解 釈◆　421

(1) 権利を行使することができることを知った時の意義　421

(2) 権利を行使できる時の意義　421　(3) 具体的な客観的起算点　423

14　消滅時効に類似する制度　426

◆条 文◆　426

(1) 失権の意義　427　(2) 消滅時効との関係　427

◆解 釈◆　427

(1) 除斥期間　427　(2) 権利失効の原則　428

第20章　団体の法理 …………………………………430

1　法人の意義・必要性　430

◆条 文◆　430

(1) 法人の意義　430　(2) 法人の必要性　431　(3) 法人と類似する制度　431

◆解 釈◆　432

(1) 法人本質論　432　(2) 法人の行為　433

◆発展問題◆　433

団体の多様性と連続性　433

2　法人の種類　434

◆条 文◆　435

(1) 社団法人・財団法人　435　(2) 営利法人・非営利法人　435

(3) 一般法人・会社・特殊法人　436　(4) 内国法人・外国法人　436

(5) 無限責任法人・有限責任法人　436

3　法人制度の改革　437

◆条 文◆　437

(1) 従来の二分類　437　(2) 特定非営利活動促進法（NPO 法人法）　438

(3) 中間法人法　438　(4) 抜本的制度改革　438

4　法人の設立　439

◆条 文◆　440

xxiii

(1) 法人法定主義　440　(2) 一般社団法人の設立　440

(3) 一般財団法人の設立　442　(4) 公益認定　443

5　法人の組織　444
◆条 文◆　444

(1) 一般社団法人の組織　444　(2) 一般財団法人の組織　446

(3) 役員・会計監査人の法人に対する義務・責任　447

6　法人の能力　448
◆条 文◆　449
◆解 釈◆　449

(1) 性質による制限　449　(2) 法令による制限　449　(3) 目的による制限　450

7　法人の対外的活動　453
◆条 文◆　453

(1) 法人の代表機関　453　(2) 代表権の制限　454　(3) 表見代表理事　454

◆解 釈◆　454

(1) 法令による制限に違反する行為の効力　454

(2) 定款等による制限に違反する行為の効力　455

(3) 競業・利益相反行為の効力　456　(4) 代表権の濫用　457

8　法人の不法行為責任　458
◆条 文◆　458

(1) 代表者の行為に対する法人の責任　458

(2) その他の規定に基づく法人の責任　459　(3) 法人代表者の個人責任　459

◆解 釈◆　460

(1)「代表理事その他の代表者」の意義　460　(2)「職務を行うについて」の意義　461

◆発展問題◆　462

企業責任　462

9　法人の解散・清算　463
◆条 文◆　463

(1) 解散　463　(2) 清算　465

10　法人制度と実体との調整　465
◆条 文◆　466
◆解 釈◆　466

(1) 法人格否認の法理　466　(2) 権利能力なき社団・財団　467

◆発展問題◆　469

法人法制の改革との関係　469

第21章　一般条項
（公共の福祉・信義則・権利濫用の禁止）……………471

1　民法の基本理念と私権行使の基本原則　471

◆条 文◆　471

◆解 釈◆　472

2　公共の福祉の原則　472

◆条 文◆　473

◆発展問題◆　473

公共の福祉の原則と他の原則との関係　473

3　信義誠実の原則　474

◆条 文◆　475

◆解 釈◆　476

(1) 規範の具体化　476　(2) 規範の主張制限　476　(3) 規範の修正　477

(4) 規範の創造　478

◆発展問題◆　480

(1) 濫用の危険性　480　(2) 暫定的・個別的解決　480

4　権利濫用の禁止　481

◆条 文◆　482

◆解 釈◆　482

(1) 権利濫用の判断基準　482　(2) 権利濫用の効果　485　(3) 権利濫用の機能　487

◆発展問題◆　489

(1) 権利濫用の禁止の限界　489　(2) 権利濫用の禁止と信義則との関係　490

事項索引　493

判例索引　499

xxv

凡例

[法令・条約]

＊法令の略称は、以下のとおりとする。

一般法人／一般社団・財団法人法　一般社団法人及び一般財団法人に関する法律
会社　会社法
割賦販売　割賦販売法
憲　日本国憲法
公益認定　公益社団法人及び公益財団法人の認定等に関する法律
鉱業　鉱業法
後見登記法　後見登記等に関する法律
厚生年金保険　厚生年金保険法
国民年金　国民年金法
戸籍　戸籍法
国家賠償　国家賠償法
借地借家　借地借家法
消／消費者契約　消費者契約法
商　商法
信託　信託法
製造物責任　製造物責任法
臓器移植　臓器の移植に関する法律
地方自治　地方自治法
手形　手形法
独占禁止　私的独占の禁止及び公正取引の確保に関する法律
特定商取引法　特定商取引に関する法律
特許　特許法
任意後見契約法　任意後見契約に関する法律
農地　農地法
破産　破産法
弁護士　弁護士法
民　民法
民訴　民事訴訟法
保険　保険法
老人福祉　老人福祉法
BGB　ドイツ民法典

[判例・裁判例]

＊日本の判例については、学習者の便宜を考えて元号表記にしたほか、一般の例にならい以下のように略記した。

　例：最判昭和 60・11・29 民集 39 巻 7 号 1719 頁

※裁判所名、掲載判例集は、以下のように略記した。

最判　　　　最高裁判所判決
最決　　　　最高裁判所決定
地判　　　　地方裁判所判決
地決　　　　地方裁判所決定
民録　　　　大審院民事判決録
刑録　　　　大審院刑事判決録
民集　　　　大審院民事判例集または最高裁判所民事判例集
集民　　　　最高裁判所裁判集民事
下民　　　　下級裁判所民事裁判例集
家月　　　　家庭裁判月報

訟月	訟務月報
金判	金融・商事判例
金法	金融法務事情
新聞	法律新聞
判時	判例時報
判タ	判例タイムズ
労判	労働判例
LEX/DB	LEX/DB インターネット

＊学習者の便宜を考え、民法判例百選シリーズに掲載されている判例・裁判例については、以下のように略記した。

　　例：最判昭和 35・2・19 民集 14 巻 2 号 250 頁・百選Ⅰ-29

※「-」の後の数字は、登載番号を表す。

百選Ⅰ＝潮見佳男・道垣内弘人編『民法判例百選①総則・物権〔第 8 版〕』（有斐閣、2018 年）

百選Ⅱ＝窪田充見・森田宏樹編『民法判例百選Ⅱ債権〔第 8 版〕』（有斐閣、2018 年）

百選Ⅲ＝水野紀子・大村敦志編『民法判例百選Ⅲ親族・相続〔第 2 版〕』（有斐閣、2018 年）

＊主要な民法教科書からの引用と略記については 4 頁参照。

序　章

1　本書の趣旨

　本書は、主として、法学部の学生と法科大学院の未修者コースの学生を対象として想定した民法総則の解説であって、民法について筆者の自説に基づいたパラダイムを展開する研究書ではない。したがって、一方では、内容的には範囲・深度とも専門学部で必要とされる程度を維持して、本書だけで現在の判例と学説に基づいた総則の勉強を一応完結できるようにするが、他方では、民法の奥深さや明日の姿を語るようなワクワクする類の書物にはなりようがない。しかし、基礎を理解しないままでは深謀遠慮のしようがないので、まずは地道な基礎トレーニングとして、本書によって総則の意義・内容・機能を理解し、そのうえで読者の自由な発想で明日の民法と社会との関係を考えてほしい。ただ、自分が今していることの意味が分からないままの基礎トレーニングでは味気ない。そこで、各制度や概念を解説する際には、民法全体ないし総則の中でのその位置についてイメージを持ちやすくなるよう心がけたい。解説とはいえ、そのイメージをどう示すかについては筆者なりの民法総則の捉え方が出ると思う。つまり本書は、民法総則という街について、条文と判例と通説を基本的なポイントとしながら、街全体を筆者の視点で示す中程度に詳しいガイドブックである。街の歴史や将来計画を語るのは楽しいことだが、それは誘い程度にとどめ、詳しい展開は別の優れた文献に譲りたい。

2　本書のスタイル

　本書のスタイルとしては、「条文」、「解釈」、「発展問題」を明確に分け、

それぞれの基本的なポイントを冒頭にまとめて示すことにする。これらの違いをあいまいなまま解説すると、読み手にとって、それが条文の客観的な説明なのか、条文の解釈の問題なのか、それとも、いくつかの解釈に分かれる問題に対する筆者の見解なのか、の区別がつきにくくなると思われるからである。また、枠内は民法総則を勉強する以上は最低限理解してほしい事項であり、枠をつないで読めば、それだけで民法総則の骨組みが一応は分かるようにしたい。

「条文」では、①条文の意義（文理）、②制度の趣旨、③条文が適用されるための要件、④要件を誰が主張・立証するか、および、⑤適用された場合の効果について、項目を分け、簡単な設例を用いたりしながら解説する。項目によってはすべてをあげることが難しいものもあるが、できるかぎりこのスタイルを守りたい。総則は、民法典中、もっとも抽象的で分かりにくいとされてきたので、当該条文が実際どこでどのように機能しているかを具体的に理解するためには、設例が手助けとなる。しかし、あまりに複雑な例を多用しすぎては、かえって条文に対するイメージがぼやけてしまうので、取り上げる設例はごくプリミティブなもので、当該条文の機能を典型的に示すようなものに限りたい。主張・立証責任を取り上げるのは、その条文が実際の裁判の中でどのように利用されるのかという視点が重要だからである。また、要件、効果については、その意味について判例・学説上の理解が多様である場合があるが、ここでの解説は、条文を「読んだだけで分かる」ことがらに絞る。

これに対して、「解釈」では、要件、効果に関して、「読んだだけでは分からない、または、複数の理解がありうる」ことがらについて、判例、学説の理解を中心に解説する。これらは、紛争解決のための根拠として条文に次ぐ地位を占めており、実際に裁判や法律実務の現場ではそれらに基づく解釈に従って条文が運用されていることが多いからである。そこではその紛争が当該条文に含まれるのか否かが必ずしも明らかでない場合が問題にされることが多いので、ここで用いる事例もまた「条文」よりも若干複雑なものとなる。なお、判例は、ともすればひとまとめにして取り扱われることが多いが、実際には解釈の確認的なもの、解釈を拡大させるもの、次の発展問題に関する試行錯誤的なものなどさまざまな意義があり、これらは区別して取り扱わなければならない。

「発展問題」は、解釈が定着していない問題、種々の解釈をもってしてもなお分からない問題、現在の解釈に疑問がある問題のように、今後解決しなければならない課題を取り上げる。また、個別の条文や総則だけでは処理できない問題もありうる。こういった問題は、その性質上、込み入ったものにならざるを得ない。しかし、難解な問題を示してわざわざ理解の混乱をきたすことが目的ではないので、どうしても考えてみてほしい問題だけに絞る。したがって、条文によってはこの項目がない場合もある。

法学部生であれば、最低限「条文」は理解してほしい。理解といっても、それは単に"覚える"ことではなく、"考える"出発点にしてほしいという意味であることは言うまでもない。また、法曹を目指す者にとっては「解釈」までが基礎知識である。他方、「発展問題」については、基礎知識を一応修得した者、民法が好きでしようがない者、あれこれ理屈を考えるのが好きな者、研究者志望の者などは一度考えてみてほしい。そうすれば、民法の未来も明るくなるだろう。

3 本書の構成

本書の構成は、民法典の条文順ではない。それは、民法総則がどのように機能しているかという観点から見ると、民法総則は、法律行為（その典型は契約である）を中心にして、それが誰によってなされるか、何を対象としてなされるか、効力が否定されるのはどのような場合か、他人によって法律行為をするにはどうすればよいか、いつまで効力があるのかといった内容で占められている。そこで、本書では、①民法総則の全体像（第1章～第3章）、②法律行為の当事者と対象（第4章）、③法律行為の基本的な仕組み（第5章～第7章）、④法律行為の効力の否定（第8章～第17章）、⑤他人による法律行為（第18章）、⑥法律行為の存続期間（第19）について解説し、その後に、⑦団体の法理の特殊性（第20章）、⑧法律行為の実現についての基本原理（第21章）について解説して、全体として法律行為に関する民法の基本的な規律を理解できるようにしたい。

4　本書の引用

　本書の基になった法学セミナーの連載では学説の引用をしなかったが、本書の初版では、以下に掲げる民法総則の教科書10冊に限って、かつ、学説上、見解が分かれている問題箇所に絞って、引用をしておくことにした。これは、読者諸氏が民法総則の学習を進める上で、身近で、今後参考にする可能性が高いと思われる書物との対比を明らかにしておくことが便利ではないかと考えたためであった（刊行年は直近のもの）。

・内田貴『民法Ⅰ総則・物権総論〔第4版〕』（東大出版会、2009年）
・近江幸治『民法講義Ⅰ　民法総則〔第7版〕』（成文堂、2018年）
・大村敦志『新基本民法1　総則編』（有斐閣、2017年）
・加藤雅信『新民法体系　民法総則〔第2版〕』（有斐閣、2005年）
・河上正二『民法総則講義』（日本評論社、2007年）
・佐久間毅『民法の基礎1　総則〔第4版〕』（有斐閣、2018年）
・潮見佳男『民法総則講義』（有斐閣、2005年）
・四宮和夫＝能見善久『民法総則〔第9版〕』（弘文堂、2018年）
・平野裕之『民法総則』（日本評論社、2017年）
・山本敬三『民法講義Ⅰ　総則〔第3版〕』（有斐閣、2011年）

しかし、平成29年（2017年）の債権法改正に伴って、民法総則の規定も一部（とくに大きいのは時効である）改正されたので、上記の教科書も、すでに改訂され、または近々改訂されるものと思われ、頁数や内容もかなり変更されることが予想される。そこで本版では、これらについては、著者の苗字のみ引用しておくことにした（たとえば「内田」）。頁数がないので、これを基にこれらの本にあたることはほぼできないであろうが、学説の大体の傾向を知ることには役立つであろう。仮に本版がさらに改訂される機会があれば、その際に正確な引用を復活させたいと思う。

　ただし、引用判例のうち、『民法判例百選Ⅰ・Ⅱ〔以上第8版〕・Ⅲ〔第2版〕』（有斐閣）については、登載番号を記すこととした。また、河上正二＝中舎寛樹編著『新・判例ハンドブック民法総則』（日本評論社、2015年）についても、簡潔に事案と判旨を理解できることから、たとえば「ハンドブック54」というように、登載判例の番号を記すこととした。

5 債権法改正との関係

民法（債権法）改正が平成 29 年（2017 年）6 月についに実現した。民法総則については、全面的な改正ではないが、いくつかの点で（意思無能力、錯誤、代理権濫用、消滅時効など）重要な改正がなされている。施行は平成 32 年（2020 年）4 月とされているが、これから民法を学ぶ諸君や司法試験などに取り組む諸君は、必然的に、改正後の民法を学ばなければならない。そこで本版は、改正後の民法総則について解説する。改正については、何がどう変わったかだけでなく、なぜ変わったのか、またなぜ変わらなかったのかが重要になる。そこで、重要な問題については、改正前から改正にいたるまでの議論を併せて解説することとする。また、とくに、一度は改正前の民法で学んだ読者の便宜のために、新設ないし改正された規定については、たとえば「新 3 条の 2」、「新 95 条」というように引用し、改正前の規定については、たとえば「旧 86 条 3 項」、「旧 93 条」というように引用することにする。

民法総則については、現代社会に対応するためのいくつかの改正が行われたが、個人の尊重、自由、平等を基本原則とし、法律行為を中心概念とする基本枠組み自体はそのまま維持された。基礎さえしっかりしていれば、多少の制度変更や新しい制度にも十分対応できるはずである。物権法や債権法を学んでいく際にも、条文、解釈、課題の冷静な区別と自分なりの基礎を確立することの重要性を忘れないでほしい。

第1章 民法総則の構造

1 法体系上の民法の位置

・民法は、日常普通の生活関係を規律する基本法である。

◆ 条 文 ◆

法体系上の民法の位置について定める条文はない。そこで、種々の説明が可能になるが、一般的には、規律している内容から以下のように説明される。

◆ 解 釈 ◆

法は、およそ社会生活関係を規律する社会規範（ルール）である点で共通するが、講学上、公法と私法とに分けられる。それぞれの正確な定義はいまだ定まっていないところがあり、また、法律をきれいに二分することに実質的な意味はほとんどない（公法とは全法律から私法を除いたものであり、私法とは全法律から公法を除いたものであるなどと言うがごとし）。しかし導入的にはイメージを持ちやすい用語なので、その限りで使っておくと、一応は、公法は社会生活関係のうち国家と国民に関する生活関係を規律し、私法は国家に関係のない日常生活関係（衣食住）を規律する、といってよい（実際には、たとえば、労働法とか宅地建物取引業法などで明らかなように、公法と私法両方の要素を持ち合わせている法律が多く、その程度もさまざまであって、法体系は、公法・私法という縦・横の二本線で整理できるものではなく、いわば毛糸球のように縦横無段階のぐるぐる巻き状態で社会を規律している）。

このような分類によれば、公法には、憲法、各種の行政法、刑法のほか、

第1章 ◆ 民法総則の構造／民法の機能

裁判と国民という意味で民事訴訟法、刑事訴訟法なども含まれる。そのうち、もっとも基本的な事項を定めているのが憲法である。他方、私法には、民法、商法、会社法、借地借家法などが含まれ、そのうち、もっとも基本的な事項を定めているのが民法である。民法は、憲法がそうであるように、全国民に適用され（普通私法といわれる）、会社と株主とか大家と店子といった特別な関係にある者の間のみで適用される法律（特別私法といわれる）と区別される。このように民法は、全国民の誰にでも生じうる日常普通の生活関係を規律する基本法である。

◆ 発 展 問 題 ◆

それでは憲法と民法との関係はどうか。私法が国家に関係のない生活関係を規律するといっても、その前提には国家がある。すなわち、私人間の生活が国家に関係なく形成されても、それが国家によって承認・保護されなければ、正当性が保障されない。したがって、国家法体系の最高位にある憲法は、公法の基本法であるとともに、私法関係についても民法より上位の基本法である。しかし、他方では、私法関係を憲法がそのまま規律していると解することはできない。そこで、これをさらに深く考えると、民法において憲法の理念もまた尊重されなければならないと言うか、憲法は民法の基本原理を通じて民法の中にも取り込まれていると言うか（憲法の間接適用）、もっと積極的に、民法は憲法の理念の実現手段であり民法の個々の条文も憲法を反映した理解をしなければならないと言うかは、実益はさておいても考え方には大きな違いがある（潮見参照）。

これは理念的な問題に見えるが、実は、これから総則が扱う種々の場面で各人が突き当たる問題である。ある問題についてのある結論が「正しい」と判断する際、自分は一体どのような根拠に基づいてそのような判断をしているのか、たとえば、そこに条文があるからなのか、漠然とした公平感覚からなのか、はたまた憲法に適うからなのかなど、正解はないに等しいが、一度は考えてみてほしい。

2 　民法の機能

・民法は、主として、日常生活上の紛争解決のための裁判規範（裁判の

7

基準）として機能する。

・民法は、紛争当事者間の権利義務関係を確定する実体法である。

・民法は、裁判外の紛争解決や紛争予防、生活のための規範としても
機能している。

◆ 条 文 ◆

日常生活を規律するとはどういう意味か、すなわち、民法の機能が何で
あるかについて定める条文はない。しかし、一般的には以下のように言っ
てよい。

◆ 解 釈 ◆

(1) 民法の適用

民法が日常普通の生活関係を規律するといっても、それをそっくりその
まま取り扱うわけではない。いわば、サングラス（民法）を通して生活関係
を見た場合に映し出された姿（これを法律関係という）だけを対象としてい
る。それは生活関係と切り離されたものではないが、生活関係そのもので
はなく、民法には関係のない事項が捨象された関係である。そこでは、生
の生活関係とは異なる専門用語が言語となる。それが権利・義務という言
葉である（このことは、たとえば、お腹が痛いという生の生活現象が、医学のサ
ングラスを通すと専門用語で語られるのと同様のことである）。このように、
生の生活関係を法律関係へと置き換える作用を法の適用という。法の適用
は、大前提（民法規範：たとえば、公序良俗に反する法律行為は無効である〔新
90 条〕）に小前提（具体的事実：AB 間で社会的妥当性を欠く契約が締結された）
を当てはめて結論（包摂判断：AB 間の契約は公序良俗に反して無効であるか
ら、B には契約に従う義務はない）を導くという三段論法で行われる。

(2) 紛争解決の基準

①裁判規範としての民法

民法は、日常生活上の紛争を法律関係に置き換えるにあたり、民事訴訟
法に従って行われる裁判において、当事者間の権利義務関係を確定するた
めの基準（裁判規範）として機能する。これが主たる機能である。その基

準は、法律上の一定の要件（法律要件）を充たせば一定の効果（法律効果）が認められるという構造でできている。このように、当事者間の権利義務関係を定める法のことを実体法という。民法を通じて判決によって認められた法律効果は、当事者が任意に履行しない場合には民事執行法の定める強制執行手続によって実現されることになる。民事訴訟法や民事執行法など権利実現のための手続を定める法律のことを手続法という。

②裁判規範以外の機能

　しかし民法が機能しているのは、裁判の場面においてだけではない。日常生活関係上の紛争すべてが裁判へ持ち込まれるわけではなく、紛争はさまざまな裁判外紛争解決方法（ADR）のチャンネルを通じても解決される。たとえば、当事者間の示談、和解や、法律相談、斡旋、調停などがそうである。このような方法においては、民法のような法規範だけが紛争解決の基準ではないが、有力な基準であることには変わりがなく、また、もしそのような方法が破綻して最終的に裁判に移行した場合にはどうなるかを示すという意味において、これらの背景で紛争解決を支える機能を有している。

　また、民法は、紛争が生じた場合だけに機能するのではなく、そもそも企業活動や市民生活において、事前に紛争を予測し予防するための基準として機能している。特に近年では、経済活動の自由以上にその公正さ（コンプライアンス）が求められるようになると、より積極的に適切な経営判断を行うための指針としての機能が大きなウエイトを占めるようになっている。

◆ 発 展 問 題 ◆

　民法の適用は、具体的事実が民法規範に包摂されるかを判断するという問題であるから、一方では、具体的事実のうち当該規範に関係する事実のみを抽出する作業が必要になるとともに、他方では、当該規範の意味内容を確定する必要がある。これを民法の解釈という。それではどのようにして解釈するか。民法2条には、民法は個人の尊厳と両性の本質的平等を旨として解釈しなければならないと規定されているが、これだけでは一般的すぎる。そこで、規定があるわけではないが、次のような指針・技術があ

るとされる。しかし、これらがいかなる場合に、いかなる条件の下で用いられるかについては、いまだ明らかな準則が確立されているわけではない。

(1) 指針

(a)文理解釈：条文の文理を尊重すること、(b)論理解釈：民法の体系（論理）を尊重すること、(c)目的論的解釈：条文の目的を尊重すること。また、(d)立法者意思や(e)歴史的沿革を尊重することも必要である。実際にこれらをどの程度尊重するかは裁判官に委ねられる。

(2) 技術

①文理解釈は、解釈の指針であるとともに技術でもあり、解釈に当たってまず行われる。しかしあまりに文理に拘泥するとかえって妥当でない結論を導くこともあるので、その他に、②文言に本来の意味よりも広い意味を与えること（拡張解釈）、③逆に、本来の意味よりも狭い意味を与えること（縮小解釈）、④条文に書いてないことは、条文と逆の効果になるとすること（反対解釈）、⑤条文に書いてないが似ているとして条文と同様に処理すること（類推解釈）が解釈技術として利用される。たとえば、「自動車はこの橋の通行を禁止する」という規範について考えてみよう。①は文言そのまま、②は「自動車には自転車も含む」、③は「緊急車両を除く自動車」、④は「自動車以外は通行可」、⑤は「自動車のように重いので象も通行禁止」というように解釈する場合である。②のように文理を基本としつつそれに含まれると言うのと、⑤のように条文には含まれないが理念は同じだと言うのとでは、言い方は違うが実際上の差異は微妙で区別がつきにくい。いずれにせよ、これらによって条文の文理から離れる場合には、十分に納得できる理由が必要であって、ポリシーなき技術の濫用はしてはならない。とくに、類推解釈は、文理を超えて果てしなく拡大する可能性があり、似ているというだけで多用するのは問題である。このような場合にこそ、上記 (1) の指針(b)〜(e)に照らして、当該紛争の解決にもっとも適切な解釈をすることが必要である。

(3) 制約要因

以上のような指針・技術の利用が解釈者（裁判では裁判官）に委ねられる

とすれば、解釈はまったく自由にしてよいということになるのだろうか。裁判官はその良心に従い、憲法以下の法律にのみ拘束されるが（憲76条3項）、実際には、①当該条文の文言の抽象度、②裁判官に与えられた権限の程度、③当該条文によってカヴァーされうる社会生活の範囲などによって解釈の自由度が異なっている。文言の点だけを見ても、公序良俗違反（新90条）のように非常に広く解釈されている条文もあれば、成年となる年齢（民4条）のように文理以上に解釈の余地がない条文もある。また、裁判官の態度を見ると、比較法的にはわが国の裁判官はアメリカほど自由ではなく、フランスより厳格でないが、ドイツと同じように法文の文理を第一にしつつ自制的に解釈する傾向があるようである。解釈は、このように解釈者と解釈対象の置かれた状況の相関関係によって制約された一定の幅の中で行われていると言えるのではなかろうか。また、そうだとすれば、解釈では、唯一・絶対の理論を探すことよりもむしろ、制約された幅の中で解釈に程度差がありうることを認めつつ、その幅を決定づける要因の確定・客観化・正当性の承認が重要になる（しかしいまだ確立していない）。

3　民法典における総則の位置

・民法典は5つの編から成り立っている。
・民法では、日常普通の生活関係は、財産関係と家族関係とに二分されている。
・財産関係は、財貨の支配関係（物権関係）と財貨の交換関係（債権関係）とに二分されている。
・総則は、財産関係全体に関する基本事項を規律している。
・総則は、民法上の紛争の解決のための最後の基準であることが多い。

◆ 条 文 ◆

　民法典は、総則、物権、債権、親族、相続という5つの編から成り立っており、全体として日常普通の生活関係の基本的な事項を規律できるように編まれている。

　まず、民法は、日常普通の生活を財産関係と家族関係とに二分して規律

している。財産関係とは、人間と外界にある物（広く言えば財貨）の関係であり、これがさらに二分される。

　一つは、物（財貨）をどのように支配・利用するかという関係であり、これを物権関係という。物権関係を規律するのが物権法である（民法典第2編）。もう一つは、物（財貨）をどのように交換・取引するかという関係であり、これを債権関係という。債権関係を規律するのが債権法である（民法典第3編）。

　他方、家族関係は、家族の広がりと世代のつながりで二分される。一つは、人間が夫婦を中心に、子、親、孫、親戚といった広がりの中でどのように家族生活を営むかという関係であり、これを親族関係という。親族関係を規律するのが親族法である（民法典第4編）。もう一つは、自分の誕生、成長、結婚、子供の誕生、そして死亡、次の世代へというライフサイクルの中でどのようにして家族の財産関係が世代的につながって行くかという関係であり、これを相続関係という。相続関係を規律するのが相続法である（民法典第5編）。

　総則は、法典の体裁上は、以上の4つの編のすべてに共通する基本的な事項を規定している。このように、総則を冠しつつ、条文を抽象化して一般化した編纂方式のことを「パンデクテン体系」（Pandekten-system）と呼ぶ（パンデクテンとは、ローマの法学者の学説法のことであり、これを継受した19世紀ドイツの学説法のことをパンデクテン法学という。詳しくは第2章2参照）。

◆　解　釈　◆

　しかし、実際には、総則の規定は、家族法にはそのまま適用されないことが多い。たとえば、正常な判断能力がないとして成年被後見人とされ、自分では取引をすることができない者（民8条以下）であっても、他人に結婚相手を決めてもらうなどということは妥当でないので、婚姻は自分の意思のみでできるという特別の規定が設けられている（民738条）。家族法にはこのような特別の規定が非常に多い。総則とこれらの規定の関係は、一般法と特別法のような関係になるので、特別の規定がある場合にはそれが優先的に適用されるのである。

　なお、家族法では伝統的に、家族法とくに親族法上の行為は損得勘定で

はない非合理的判断に基づく意思決定や、理念よりも今存在している事実を重視するという点で財産法上の行為とは違うとして身分行為という概念が立てられ、それには総則の適用がないとされている。しかし、財産法と家族法とが異なる理念の下にあるとまで言う必要はなく、家族法に規定がない場合には総則が適用されうるが、適用の有無は当該行為の特殊性（たとえば、できるだけ当事者の真意を尊重するなど）に配慮して判断しなければならないと言えば十分であろう。

◆ **発 展 問 題** ◆

　総則は、このように日常生活の基本事項の中でももっとも基本に属する事項を規定している。これを紛争解決という民法の機能の観点からみると、総則は、民事上の紛争の解決のための最後の基準であることが多い。たとえば、ある契約をめぐって、これに従わないという民事紛争が生じた場合、通常は、まず契約書に書いてあるかどうかから始まり、次には、その記載内容が各種の特別法や、そのような特別法がなければ民法の物権編、債権編の規定に則して妥当か否かが問題となる。しかしそこでの結論に納得できない当事者は、より基本的な契約の基盤自体を問題とする方向へと進み、そもそも契約を締結する資格、契約締結時の状況、契約内容、期間など総則が規定していることに則して効力がないといった主張をすることになる。

　すなわち、民事上の紛争解決の基準は、契約書、特別法、民法の財産法という順序で問題となり、最後には総則が問題となる。換言すれば、契約を問題視する当事者の主張が民法、とりわけ総則で取り上げられないと判断されれば、それ以上その主張を問題にすることはできない（ただし憲法の問題にすれば別）。総則は、このような意味においては、民事紛争の解決のための最後の砦である。また、総則の中でも、信義則や権利濫用の禁止といった基本原理は、民法を貫く基本理念ではあるが（後述第3章参照）、紛争解決の手段としては、種々の個別法規をいくら動員してみても妥当な結果が得られない場合に持ち出される最後の手段というべきであり、安易に使うべきではない（答案で、最初から何でもかんでも「信義則により」と書く者がいるが、それでは「お手上げです」と告白しているに等しい）。

第2章 民法典の歴史

1 「民法」の意味

- 裁判の基準として、民法典だけでなく、民事特別法、慣習法、条理が用いられる。
- 判例もまた、下級審裁判所を拘束し、実際上、裁判の基準として機能している。
- 社会の変化に伴い、民法典は絶えず改正され、また、民法典を補充するための特別法が新たに制定され続けている。
- 判例は、不明確な点を明らかにしたり、あるべき条文の欠缺を補充したりして民法典の硬直化を回避する機能を果たしている。
- 契約は、当事者間では、実際上裁判の第一の基準となる。

◆ 条 文 ◆

　民法の主たる機能が裁判規範であることは前述したが、逆に、民事裁判の基準は民法だけなのだろうか。ここではまず、「民法」と「民法典」とは異なり、民事裁判の基準としての民法には民法典以外のものも含まれることをはっきりさせておこう。

　裁判官が裁判をする際の拠りどころとすべき基準について、後に述べる民法典の成立以前の明治8年に、すでに太政官布告（太政官布告103号裁判事務心得）が出されている。その3条では、民事の裁判について成文の法律がないときは慣習により、慣習がないときは条理を推考して裁判をすべきであると定められていた。また、4条では、裁判官の裁判した言い渡し（判決）は将来の例となる一般の定規としてはならないと定められていた。

明治維新に伴い、裁判官に恣意的・場当たり的な判断をさせず、統一的な基準による裁判を行うためにこのような布告が必要であったのである。このうち、慣習に関する部分だけは、その後、法例（明治31年）の2条に、現在では、法の適用に関する通則法（平成18年）の3条に受け継がれている。その他については、今日特別の規定はないが、基本的には上記と同じように解されている。

　これによれば、民事裁判の第一の基準は「制定法」であるが、それがないときには補充的に「慣習」を、それもないときには「条理」を用いてよいことになる。

◆ 解　釈 ◆

(1) 成文法の意味

　裁判の基準となる法律は、成文法（制定法）でなければならない（成文法主義）。英米法は伝統的に裁判所の判決の積み重ねを基礎とした判例法主義（不文法主義）を採っているが、実際には、従来なかった新しい社会問題に対応する必要性などから、制定法の占める割合が次第に増大している（違いは判例の取扱いであるが、その点については後述する）。わが国で民事裁判の基準となる制定法には以下のものが含まれる。

①民法典

　前述したように、民法典は5つの編からなるが、第1編から第3編（財産法）は明治29年（1896年）に、第4編・第5編は明治31年（1898年）に制定され、いずれも明治31年7月16日に施行された。かつて民法が現代語化されるまで、民法の条文の冒頭部分には、「民法中修正ノ件ヲ裁可シ茲ニ之ヲ公布セシム」という文があったが、これは、明治23年（1890年）にいったん民法が公布されていたため（施行されることのないまま廃止されたが、区別するために「旧民法」と呼ばれる）、その修正として制定されたためである。しかしその実際は、全面的な大改編であって旧民法の姿はとどめていない。また、民法施行後も幾度となく改正を経ており、とくに大きなものとしては、家族法は第2次大戦後の昭和22年（1947年）に新しい憲法の理念に基づいて全編が改正され、また財産法は平成16年（2004年）に全編が現代語化され、平成29年（2017年）には、第3編の債権法を中心に民

法が大改正された（詳しくは後述2参照）。

②民事特別法

　形式的な意味での民法である民法典以外に、実質的な意味での民法には、民法典を補充・修正する民事の特別法が含まれる。たとえば、民法典の定める内容が実際に実現されるために必要な法律として、民法施行法、不動産登記法、戸籍法などがある。また、わが国の実情を考慮して民法の内容を修正するものとして、失火責任法、農地法などが、経済の発展に伴う新たな要請に応えるものとして、建物の区分所有等に関する法律、工場抵当法、信託法などが、経済的弱者を保護するためのものとして、借地借家法、消費者契約法、製造物責任法、利息制限法などがある。これらは、当該場面では民法典に優先して適用される。

(2) 慣習の意味

　慣習のうち、法規範にまで高められているものを慣習法という。法の適用に関する通則法3条によれば、公の秩序または善良の風俗に反しない慣習で、①法令の規定によって認められたもの、または②法令に規定されていない事項に関するものに限って法律と同一の効力を有すると規定されているので、このような慣習法ならば、民法典を補充するものとして裁判の基準とすることができる。たとえば、①としては、相隣関係（民217条、219条3項、228条、236条）や入会権（民263条、294条）に関する慣習があり、慣習があるときは民法の規定に優先する。また、②としては、譲渡担保（譲渡形式をとる担保）、所有権留保（販売した物の所有権を代金完済まで売主に留めておく担保）など民法典が予定していなかった形態の担保や、内縁（婚姻届を出していない夫婦）があり、民法典に規定はないが法的な効力を認められている。

　なお、慣習法にまで至らない慣習（事実たる慣習という）でも、契約などの法律行為の内容を明らかにするためには利用できるが（民92条）、詳細は「法律行為」で述べる。

(3) 条理の意味

　条理とは、日常生活上の道理、すなわち社会常識のことである。これは、

第2章 ◆ 民法典の歴史／「民法」の意味

法とはいえないが、制定法や慣習法の基礎となっており、制定法や慣習法を間接的にまたは最終的に補充するという意味において裁判の基準となるのは当たり前である。ただ、「条理により」といったように直接的に条理によって結論を根拠づけることはない（たとえば、最判平成10・6・12民集52巻4号1087頁・ハンドブック135は、予防接種によって心神喪失になった者に後見人がいない場合には、損害賠償請求権が20年で消滅するという新724条2号の効果を制限することは条理にもかなう、と述べている）。

　なお、「法源」という言葉があり、これは一般的には、文字通り法の源、すなわち法といえるほどの社会規範の存在形式のことを意味すると解されているが（近江）、他方では、裁判の源、すなわち裁判の基準であることを強調する見解もある（大村）。前者の理解によると条理は民法の法源ではないが、後者の理解によると民法の法源であることになる。用語上の問題であり、条理は法そのものではなく法の基礎であるという実質の理解が重要である。

◆ 発 展 問 題 ◆

(1) 判例の取扱い

　◆条文◆で述べたところによると、ある事件に関する判決（裁判例）は、他の裁判の基準にはならない。たしかに、裁判官は、過去に似たような裁判例があっても、それを参考にはするであろうが、必ずそれに従って判決を下さなければならないわけではなく、まったく正反対の結論を導いてもかまわない（ただし、同一の事件内では、上級審裁判所の判断は下級審裁判所を拘束する〔裁判所法4条〕）。

　しかし、最高裁判所が法令の解釈適用について以前に明らかにしている判断は、最高裁大法廷でしなければ変更できず（同法10条3号）、実際上その後の下級審裁判所を拘束するので、最高裁判所は民法典の各条文の解釈適用に関する具体的な基準を全国統一する任務を担っていることになる。そこで、最高裁の判断はとくに「判例」と呼ばれる（下級審の裁判例を含めて判例と呼ぶことがあるが、拘束力の質的な違いからすればそのような用語法は正確でない）。判決は、主文（結論）と理由（判決理由）から成り立っており、理由は、訴訟当事者の主張、事件の事実関係、問題となる法条、その解釈、事実関係への法条の適用、結論といった順序と内容で構成されている。判

17

例といえるのは、最高裁の判決理由のうち、具体的な事件の個別的な事情を捨象した法の解釈適用に関する一般的な判断部分（先例：ratio decidendi）である。

このように、成文法主義を採るわが国でも、判例は事実上、裁判をする際の基準として民法典を補充する機能を有している（これに対して、不文法主義を採る英米法では、判例は、形式的にも実質的にも裁判の基準である。アメリカの法廷もの映画で、弁護士が自分の立論に必要な判例を懸命に探しまくるシーンがよく出てくることを思い起こしてほしい）。司法が立法的な機能を持つことになってしまうのは妥当でないとの批判がありうるが、裁判所は、制定法の不明確な点を明らかにしたり、あるべき条文が欠けている場面でそれを埋め合わせしたりしなければ実際に裁判ができないという宿命を負っており、それは、むしろ成文法主義の硬直化を回避するものとして積極的に評価しなければならない。ただし、他方では、補充の名を借りて憲法だけでなく制定法やその目的・体系に反するような解釈適用をしてはならず、実際にはその見極めが難しい場合もある。

(2) 契約の取扱い

前述したように、契約が締結されると当事者はそれに拘束され、当事者間で紛争が生じた場合には、裁判所は、契約が適法に締結されている限り、通常はまずそれに基づいて紛争の処理を判断する。このような意味において、契約は当事者が自律的に定立した規範であり、裁判の基準となる（フランス民法1103条では、適法に成立した契約は、それを行った者に対して法律に代わると規定されている）。契約は当事者を拘束する特殊な規範であるから、法のような一般的規範ではない。しかし、旅客運送、電気・水道・ガスの供給、保険、銀行取引など、日常的に大量に行われる取引においては、当事者が違っても同じような内容で契約するために、契約が一般化され、あらかじめ細かな約定を定めておく（約款という）ことがよく行われる。このような約款は、一方の契約当事者の経済的優位を背景にしながら、一般性が強くなればなるほど法と変わらない幅広い拘束力を持つようになるので、その妥当性をいかにして確保するか、当事者を拘束することが不当な場合に契約からの離脱をいかにして認めるかが課題となる。平成29年（2017年）の債権法改正では、約款のうち一定の範囲の「定型約款」を適正

第2章 ◆ 民法典の歴史／民法典の編纂と改正

に規律するために、民法に規定が新設された（新548条の2〜新548条の4。約款の問題は第16章3、4で扱う）。

2 民法典の編纂と改正

・民法典は、明治維新に伴い、西欧的近代法治国家の体裁を整えるために編纂が急がれた。
・ボアソナードの起草した旧民法は、成立したものの、個人主義的・自由主義的色彩が濃かったために反対が強く、施行されなかった。
・現行の民法典は、日本人の手で、ドイツ民法の草案を基本モデルとしつつ、旧民法や他の国の民法などを参考にして作られた。
・制定当初は、財産法では自由・平等が基本理念とされながら、家族法では封建的な家制度が基本とされていた。
・第2次大戦後、家族法が改正され、民法典は、個人の尊厳と両性の本質的平等という理念で統一された。
・わが国では、従来、民法典を改正するよりも特別法を制定する方法がよく採られてきたが、近年では、民法典自体が改正されるようになっている。

◆ 条 文 ◆

民事裁判の主たる基準が民法典であることは、今日のわが国では至極当たり前のことのように思えるが、歴史的にはそうではない。また、民法典は時代とともに変化している。そこで、ここでは民法典の編纂と現在までの改正の過程について、その背景に注目しながら見ておこう。

わが国では、江戸時代までは日常生活に関する全国統一的な法典はなかった（それで直ちにわが国の法意識が外国より "遅れていた" とはいえない）。明治になって、対外的には、幕末以来の不平等条約を改正するための前提条件として西洋的な近代法治国家の体裁を整える必要があり、また、対内的には、中央集権的な国家統治を確立するために全国統一的な裁判制度と裁判の基準を定立する必要があったために、各種の法典、中でも私法の統一的規範である民法典の編纂が急がれた。

当初、法典編纂の責任者であった江藤新平は、箕作麟祥[みつくりりんしょう]にフランス民法を翻訳させて、これをそっくりそのままわが国の民法としようとしたが（誤訳でもかまわないと言ったという逸話が残っている）、法概念の理解も定かでなく、またそもそも訳語自体が存在していないという状況の中ではうまくいくはずもなく、その後、パリ大学のフランス人法学者ボアソナード（Gustave Boissonade）が起草を依頼され、司法省でフランス民法を講義するかたわら、フランス民法典（1804年）を基本としつつ自己の考え方を取り込んでわが国の民法典を起草した（ただし家族法については、わが国古来の伝統があるとして依頼されず、日本人が起草した）。このようにフランス語で書かれた草案の翻訳（と日本人の手になる草案）を基にして明治23年（1890年）に成立したのが前述の旧民法である。

　旧民法は、当時のヨーロッパ先進国のフランスで、フランス革命の結果として成立した民法を範としつつその後の動向も踏まえた近代的なものであったが、あまりに個人主義的・自由主義的で当時封建体制から脱却したばかりのわが国の実情に合わないといった反対論が巻き起こり（「民法出デテ忠孝亡ブ」といった論文がスローガンのように発表されたりした）、学者、政治家などを巻き込んで施行断行派と延期派との間で大論争が行われた結果、ついに延期派が勝利を収めて旧民法は施行されないままとなった（法典論争という）。

　その後明治26年（1893年）、内閣に総理大臣の伊藤博文と西園寺公望を正・副総裁とする法典調査会が設置され、いずれも30代の若い法学者であった穂積陳重[のぶしげ]、富井政章、梅謙次郎の3名を起草委員として、当時ヨーロッパで統一が成り民法典を編纂しつつあったドイツ（立憲君主制）の民法第一草案（1887年）などを参考にして驚異的なスピードで作業が進められた結果（伊藤は自ら司会しても主に議論の聞き役であったが、ところどころでは議論を急がせていたことも多い）、現在の民法典が成立し施行されたのである。

◆　解　釈　◆

(1) 編纂方式の変化

　今日のヨーロッパ大陸法の民法体系のもっとも源流には、ローマ法がある（もっとも、英米法はゲルマン法やイギリスの固有法であるコモンローに由来するし、その他にイスラム法などは独自の系譜を有する）。東ローマ帝国のユ

スティニアヌス帝の下で編纂されたローマ法大全（Corpus Iuris Civilis）は、勅法集（Codex）、学説彙纂（Digesta）、法学提要（Institutiones）、新勅法集（Novellen）から成り立っていた。このうち、学説彙纂は、ローマの法学者の学説集であり、ギリシャ語の語源からパンデクテン（Pandekten）とも呼ばれ、のちにこれを現代化・体系化したドイツのパンデクテン法学、そしてドイツ民法へと受け継がれた。他方、法学提要は、ローマの法学者ガイウスが著した入門書であり、のちにフランス民法が起草される際に体系のモデルとされたのである。

　旧民法は、フランス民法と同じように、物権・債権を峻別しないインスティトゥティオンネン・システム（Institutionen System）を採用していたが、現行民法は、前に述べたように、ドイツ民法（1900年）と同じように、総則を冠し物権・債権を峻別するパンデクテン・システムを採用した。しかし、まったくドイツ民法と同じというわけではなく、個々の条文は、①ドイツ民法に特有のもの（新90条以下の法律行為という概念など）、②ドイツ民法風の体裁をとりながら旧民法の規定の内容を残したもの（民176条以下の物権変動に関する意思主義・対抗要件主義など）、③同様の規定がフランス民法にはあってもドイツ民法にはないもの（新478条の受領権者としての外観を有する者に対する弁済など）、④わが国独自のもの（土地と建物を別個の不動産とするなど）などが混在している。時間的な制約の中で精力的な作業がなされたとはいえ、異なる法体系をミックスさせても何とかやりくりできてしまうことには、当時の切迫した状況、起草者の卓越した能力・努力を窺い知らされる反面、日本人の特性を見る感があるが、このような経緯のゆえに、わが国の民法典の源流がどこにあるのかは、現在の個々の条文の趣旨や解釈を論じる際にもいまだにしばしば問題とされるところである。ただ最終的には、沿革がどうであろうとも、わが国の必要に応じた一貫した解釈・運用ができるようにする必要があり、そのために母法とは異なる意義を持つことになる条文も出てくる（後に述べるように、真実と異なる不動産登記名義を信頼した者を保護するための民法94条2項類推適用などは、その顕著な例である）。

(2) 民法典の思想的・経済的背景

　民法典が編纂された背景には、経済的に古い封建体制の下で生じた不利

益（幕末以来の不平等な通商条約）を回避するために、いち早く近代的な資本主義体制を支える法典を確立しようという事情があった。このため、民法の財産法は、自由主義経済観に基づき、資本主義経済を発展させる基盤となる理念で設計されており、各国民には人格（権利能力）が付与されて個人として尊重され、自由主義・平等主義に立脚した財貨の支配や取引が行えるようになっている。簡単にいえば、私的所有を認めるとともに契約を自由に締結できるようにして、才覚のある者は誰でも自由に取引を行い、財産を貯めて、またそれを経済活動へ投下でき、国家はそのような経済活動を妨げないような仕組みが作られたのである（詳しくは、次章の民法典の基本原則参照）。

　これに対して家族法では、古くからの封建的な家族制度を変えなければならないという機運はまったくなく、むしろ伝統的な体制を美徳として、それまでは明文化されていたわけではないものを明確に制度化する方向にベクトルが働いた。このため、家族関係は、一家の長である戸主を頂点としたピラミッドとして構成されるとともに（「家」制度）、家の内部における徹底した男尊女卑や相続における家督相続（嫡男である長男による家の承継）によってこれを支える仕組みが構築されたのである（いまだに冠婚葬祭において「○○家と××家、ご両家結婚披露宴」などというところに意識の残存が見られる）。これはいわば、家の外では自由・平等を唱えながら、家に帰ると古い封建体制そのままに振舞うという、西欧とは異なるわが国特有の人間像が日常生活のモデルとされたことになる。

　しかし、第2次大戦後の昭和22年（1947年）、親族編、相続編は全面改正された。これは、憲法24条で、家族生活における個人の尊厳と両性の平等が規定されるとともに、家族法もまたそれらに立脚して制定されなければならないとされたことに基づく。同様の理念は、民法の解釈に関する民法2条でも規定された。こうしてようやく財産関係と家族関係が同一の理念に基づくものとなったのである。それは、まだわずか70年ほど前のことである。

◆　発 展 問 題　◆

(1) その後の民法典改正

　民法典は、施行後の社会の変化に伴い、絶えず改正され続けている。ま

第2章 ◆ 民法典の歴史／民法典の編纂と改正

た、民事特別法も数多く制定されている（前述1 ◆解釈◆ (1) ②参照）。しかし、民法典制定後の基礎理念の変更や追加を取り込んだ改正はそれほど多いわけではない。比較的大きなものとしては、①マンション等の集合住宅での権利義務関係を明確化するために、昭和37年（1962年）に民法の規定（民208条）を削除して建物の区分所有等に関する法律が制定されたこと、②継続的な金融取引における包括的な担保制度の要請に応えるために、昭和46年（1971年）に根抵当権制度が新設されたこと（民398条の2～398条の22）、③幼い子を養子にする場合に実親との親族関係を終了させるために、昭和62年（1987年）に特別養子制度が追加されたこと（民817条の2～817条の11）、④高齢化社会の進展に伴い保護を要する者の多様なニーズに応えるために、平成11年（1999年）に後見・保佐制度が改正されるとともに補助制度が新設されたこと（民7～21条、838～876条の10）、⑤古い文語体であった財産法の規定が平成16年（2004年）にすべて現代語化されたこと（第1編～第3編）、⑥公益法人や中間法人を統合しつつ、設立手続を簡単にしながら公益性は別途認定するために、平成18年（2006年）に民法の法人に関する規定（民33条以下）をほとんど削除して一般社団及び一般財団法人に関する法律、および公益社団法人及び公益財団法人の認定等に関する法律が新たに制定されたことがある。また、平成29年（2017年）、第3編の債権編を全面改正するという大きな改正が行われ、さらに、平成30年（2018年）には、家族法の改正が行われる予定である。

(2) 特別法か民法改正か

明治時代に制定された民法典がその後の激動するわが国社会の要請に十分応えるものであったわけではない。しかしわが国では、多くの場合、民法典の規定はそのままにしておき、その時どきのニーズに合うように、民法典を修正または補充する特別法を別途制定するという方法が採られてきた。借地借家法などがその典型である。また、第2次大戦後には、環境保護、消費者保護、情報保護などの新しい理念が日常生活上の重要な価値として位置づけられるようになったり、IT技術が飛躍的に発達したなどの社会生活の変化があったが、それでも民法典自体は改正されず、民法の解釈による対応に委ねられたり（環境保護に関しては人格権概念や差止請求権など）、特別法が制定されたりした（消費者保護に関しては消費者契約法

23

〔平成 12 年〕、特定商取引に関する法律〔平成 12 年〕、IT 技術に関しては電子署名及び認証業務に関する法律〔平成 12 年〕や不動産登記法全面改正〔平成 16 年〕などがある〕。

　このように民法典自体の大きな改正が少なかった背景には、①日常生活の基本法はそう簡単に変えるべきではないという意識がわが国では少なくとも潜在的にあったと思われること、②規定の仕方が抽象的で判例や学説の解釈による補充的な運用が可能であったこと、③社会全体において自由・平等という古典的な理念に対する修正や批判はあっても、これに代わる新たな理念をいまだ提示しえていないことなどの事情があるように思われる。しかし最近では、生活の変化と民法典自体の古さとの乖離が目立ってきており、日常生活の基本法としての地位を今後も確保するためには、民法典自体の改正という方向へ進むのは必然的な流れである。それとともに、民法典を支える理念もまた再考され、探求されなければならないだろう。それは一体何なのか、非常に大きな問題であるが、次章の基本原則のところでもう一度考えてみることにしよう。

　以上のように、民法典は、成文法ではあるが、決して固定的なものではなく、歴史的背景の下で絶えず変化し続けている。

3　民法典と総則の全体像

- ・民法典の条文構成は、各権利について規定しながらそれを次第に一般化して積み上げるというピラミッド構成になっている。
- ・総則の条文構成は、権利の体系の総則として、権利の主体・権利の客体・権利の変動について規定し、それらの通則を冠する構成になっている。
- ・総則の体系は、論理的に整序されているが、各条文の機能に着目したものではない。

◆ 条 文 ◆
（1）民法典の条文構成

　以上のような歴史的経緯によって、民法典はパンデクテン体系を採用し、

すべてに共通する要素を「権利」であると捉え、全編を権利の観点から整序する体系として構成している。また、各編、章、節、款にいたるまで、それぞれの項目において共通する要素がある場合にはそれをそこでの総則として掲げ、さらに、すべての編に共通する要素を民法総則として掲げるというように、次第に一般性・共通性を高めるピラミッド型の構成になっている（図表1参照）。

(2) 総則の条文構成

図表1　民法典の条文構成

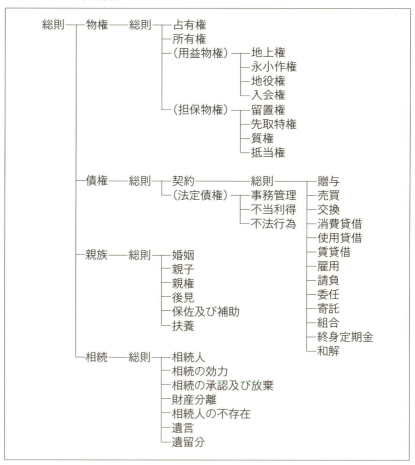

民法総則もまた、権利の体系の総則として、権利の主体、権利の客体、権利の変動についての共通要素を掲げ、かつ、その通則を掲げるというピラミッド型の構成になっている（図表2参照）。

図表2　総則の条文構成

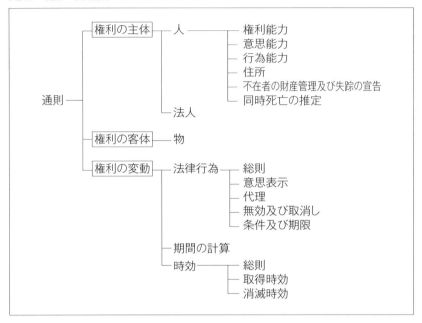

　このような構成は、論理的な整理という意味では自然科学で用いられる系統譜に似て整然としたものであるが、各条文が実際どのように使われているかという機能が分かりやすいものではない。本書では、前述したように、総則の機能を重視する観点から、法律行為（契約がその典型）を中心にして解説を進める。

第3章 民法典の基本原則

1 近代民法の基本理念

・近代民法典の基本理念は、個々の人間の尊厳を基礎とし、自由で平等な市民社会を確立することであった。
・そのため、民法典は、理念的には個人主義・自由主義・平等主義に立脚している。

◆ 条 文 ◆

　民法典の基本理念をそのまま規定する明文はない。しかし、民法典にある1000条以上の条文は、ただ場当たり的にバラバラと並べられているわけではなく、一定の理念に基づき、そこから導かれる基本原則に則った枠組みにしたがって構成されている。このような理念は、近代民法に共通し、わが国の民法典についてもまた、その全編を貫くものとして一般的に承認されている。

◆ 解 釈 ◆

(1) 近代民法がめざした社会

　民法は、日常生活を規律する基本法として社会をリードし、支える任務を有しているので、民法典を理解するためには、そこでいかなる社会像が念頭に置かれているかを理解することが重要である。近代民法がめざしたのは、すでに述べた歴史が示しているように、身分制や職業団体（同業組合）を基礎とした支配・制約・強制によるそれまでの封建体制と決別し、それに代わって、人間の尊厳を基礎として、自由で平等な近代市民社会を確

立することであった。これは経済的には、財産の私的所有と等価交換による取引に基づく自由主義経済ないし資本主義経済をめざすものである。

(2) 近代民法の基本理念
①個人主義

　上記のような市民社会においては、何よりもまず、人が個人として尊重されることが必要であるとされる。そこでモデルとされている人間像は、封建制の制約から解放され、国家や他人からの支配や制約を受けることなく合理的で理性的な判断によって自ら権利・義務関係を作り出していく人間（合理的理性人）である。

②自由主義

　封建社会から解放され、人格を付与された人間は、自由な経済活動によって、生産・労働・流通・金融を行い、自己の最大限の利益を追求して私財を蓄え、それをまた新たな生産活動等に投下してゆくことができる。そこで近代民法は、このような自由主義的な経済観に適合し、これを支えるために、人の意思を尊重し、その「意思」に基づいて権利義務関係を構築させるとともに、自由な経済活動の基盤であり、また結果でもある「私的所有」を保障するものとなっている。

③平等主義

　自由な経済活動を行うためには、機会の平等が保障されていなければならない。財産を持っている者も持っていない者も、また性別や社会的地位等にかかわりなく、平等に経済活動への参加が保障されることが必要である。そこで、近代民法は、人格・権利能力をすべての人に分け隔てなく付与している。それはまた、あくまで参加する機会の平等を保障するものであって、結果としての平等を保障するものではなく、所有における不平等を是認するものでもある。

2　民法典の基本原則

　・民法の基本原則は、民法2条にその片鱗を見て取れる以外には、原

第3章 ◆ 民法典の基本原則／民法典の基本原則

則というかたちで規定されているわけではないが、その全体像から
以下のような原則を導くことができる。
　①権利能力平等の原則
　②個人意思尊重の原則
　③私有財産尊重の原則
　④自己責任の原則

◆ 条 文 ◆

　憲法は、個人の尊厳（憲13条）、法の下の平等（憲14条）、両性の本質的
平等（憲24条）、財産権の保障（憲29条）を掲げている。また、民法2条は
民法の解釈指針として「個人の尊厳と両性の本質的平等」を掲げており、
これは民法典を貫く基本理念を宣言したものでもある。これ以上具体的に
は、後述のように、契約自由の原則以外は、民法の基本原則が民法典中に
原則というかたちで規定されているわけではない。しかし、民法典の全体
像から以下のような基本原則が導かれると解されている。

　これらの原則は、後に述べるように、現代においてはそっくりそのまま
妥当するとはいえない。また、実際に個々人が自分の行動の基本原則と考
えているものと必ずしも一致するわけでもない（たとえば義理・人情、誠実、
拝金などを信条としている人はいても、以下のような原則を掛け軸に書いて毎日
眺めているような人はたとえ民法学者でもいないであろう）。しかし、これら
の基本原則は、いわば民法が対象とする社会生活の基本モデルであって、
現在でもなお民法典における基本原則であり続けているとともに、紛争が
生じた場合には個々人の生活信条とは違って紛争解決のための共通の原則
となるものである。

◆ 解 釈 ◆

(1) 権利能力平等の原則

　人間の尊厳と法の下の平等は、すべての人に平等に権利・義務の帰属主体
となりうる能力、すなわち「権利能力」を認めることとして現われる。民法
典にはこのことを直接明言する条文はないが、すべての人に権利能力があ
ることを前提とした規定が置かれている（民3条1項。詳しくは次章参照）。

29

(2) 個人意思尊重の原則

　個人意思尊重の原則とは、個人は他人や国家から強制や干渉されること
なく、自らの意思のみに基づいて権利義務関係を形成することができると
いう原則である。そして、人が権利を有し義務を負うのは、それをその人
自身が望んだからだと説明する。この原則は、フランスでは「意思自律の
原則」（autonomie de la volonté）と言われて、私人間での自律と国家の不干
渉が特徴とされ、ドイツでは「私的自治の原則」（Privatautonomie）と言わ
れて、国家からの自由および国家によるその擁護が特徴とされるように、
国によって説明の力点の置き所が微妙に異なるが、権利義務関係を形成す
る源を個人の意思に求める点では同じである。

　この原則からは団体設立の自由や遺言の自由も導かれるが、具体的に現
れるもっとも重要な場面は契約であり、とくに「契約自由の原則」と言わ
れる。近代的な意味での契約は、対等な個人間での等価交換による自由な
市場経済活動を支えるためのもっとも基本的な手段であり、最大限自由が
尊重される。契約自由の原則は、さらに以下のように細分化される。従来、
この原則についても明文の規定がなかったが、民法改正により、債権法に
規定が新設された（新521条、新522条2項）。これは、当事者間の債権関係
は契約を基調として規律されるという考え方を示したものである。

①契約締結の自由（新521条1項）

　契約を締結するか否かは個人の自由に委ねられる。すなわち、自分が望
む場合にだけ契約をすればよく、望まない場合には契約をする必要はない。

②相手方選択の自由

　誰と契約するかは自由に選択することができる。すなわち、自分が望む
相手とだけ契約すればよく、嫌な相手と契約する必要はない。この自由に
ついて明文規定は設けられなかったが、それは、①の自由は自己決定権を
保障するものであるから、当然そこに含まれるという考え方に基づいてい
る。

③契約内容の自由（新 521 条 1 項）

　どのような内容の契約をするかは自由である。すなわち、契約の目的物、価格、期間などは当事者の必要に応じて自由に交渉し自由に合意すればよい。

④契約方式の自由（新 522 条 2 項）

　契約をどのような方式で締結するかも自由である。すなわち、契約は口頭でしても書面でしてもよいし、一定の様式にしたがってする必要もない。

(3) 私有財産尊重の原則

　私有財産尊重の原則とは、土地や金銭をはじめとする資産に対する個人所有を認めるとともに、正当な理由がない限りそれに対する国家や他人からの不当な侵害は許さないという原則である。財貨の支配に関するもっとも基本的な権利は所有権なので、とくに「所有権絶対の原則」とも言われる。フランス人権宣言（1789 年）の 17 条では、所有権は神聖で不可侵の権利である旨が規定されている。民法典では、この原則を前提として、所有者が法令の制限内で自由に所有物の使用・収益・処分をすることができるという規定が置かれている（民 206 条）。

　この原則によって、人は、先祖から受け継いだ資産をそのまま所有し続けることが認められ、それを利用して経済活動を行い、収益を上げてそれをまた所有するというサイクルが認められることになる。また、相続制度は、人が死亡してもその資産が次の世代に受け継がれることを認めるものであって、この原則を家族法の側面から時代的に支えるものとなっている。

(4) 自己責任の原則

　自己責任の原則とは、自ら選択した結果については、自ら責任を負わなければならないという原則である。個人意思尊重の原則の当然の結果として導かれる。いわば、自分の不始末は自分で背負わなければならないということである。これを逆に言えば、自分に落ち度がないことについて責任を負わされることはないということを意味するので、とくに「過失責任主義」とも呼ばれる。民法典では、事故などによる不法行為の場合において、故意・過失（民 709 条）がなければ損害賠償の責任を負わないとされている

31

ところにこの原則が現れている（ただし、近年では、契約の場面では、自己責任の原則は過失責任主義と結びつかない〔契約に違反したこと自体が責任根拠である〕という理解がなされている）。

　この原則によって、人は自分の行動にさえ注意すれば自由に活動できることが保障され、とくに近代以降において企業活動の飛躍的な発展をもたらすことになったのである。

3　民法典の基本枠組み

・民法典は、基本原則を実現するために、「人」、「意思」、「契約」、「所有」というキーワード概念を中心にして基本枠組みが構成されている。
・家族法もまた、戦後の改正により、個人の尊厳と両性の本質的平等に立脚した仕組みとなっている。

◆ 条 文 ◆

　民法典は、上記のような基本原則を実現するために、とくに財産法において、以下のように、人とその意思、契約、所有権を中心とした仕組みが採られている。すなわち、財産法は、すでに述べたように、財貨の支配・利用に関する物権関係と、財貨の交換・取引に関する債権関係とに二分され、その上に民法総則があるという構造になっているが、これはちょうど上記の基本原則から想定される社会生活関係を規律するものとなっている（図表3参照）。

(1) 総則

　総則では、まず、人には契約や所有をする資格である権利能力が認められるとともに、そのような人が自らの意思で自ら行為し権利義務を自由に獲得してゆくこと（意思能力）を前提に、それから外れる例外的な場合のために、①自ら行為する能力がない者（制限行為能力者という）の行為の方法、②人以外でも一定の団体にもそのような資格が認められる場合があること（法人という）、③社会的妥当性を欠くような行為は認められないこと（公序

良俗違反など)、④意思に問題があるような行為は効力が否定されること（意思表示）、⑤他人に代わりに行為してもらうこともできること（代理）、⑥人の行為以外によって権利義務関係が消滅する場合があること（消滅時効）が規定されている。

(2) 物権関係

民法典が想定している財貨の支配関係は、財貨に対する完全な支配権である所有権を出発点にしたものになっている。封建制における土地の支配のように、同じ土地について重層的に支配者が存在する（将軍→殿様→家来→農民のように身分制に裏打ちされたピラミッド型の支配関係）ということ、すなわち、同一物がAの所有であると同時にBの所有でもあるということは基本的にはありえない。社会の中に実際には存在する共同所有を認めないわけではないが、民法典が規定する共有は、それぞれの共有者が持分と呼ばれる所有権を単独で有するものとされ（民249条）、またできるだけ共有物の分割を促進するような仕組みになっている（民256、257条）。

図表3　財産法の基本構造

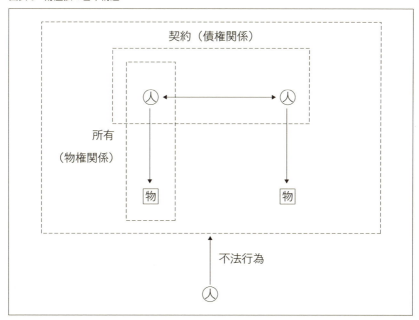

また財貨を所有したままでその価値の一部を他人に支配させようとする場合にも、二重に所有権を設定するのではなく、所有権の価値の一部だけを制限的に支配する別の物権（これを制限物権という）が設定される。すなわち、①財貨を使用できるが、処分する権限はないという利用形態にする場合には、処分権を持つ者が所有者であり続け、使用者のためには用益物権（地上権、永小作権、地役権、入会権）が設定される（土地についてしか認められていない）。また、②他人にお金を借りて財貨をその担保として提供する場合には、所有者が引き続き使用するが、借りたお金を返却できないときに貸主がその財貨を処分してその代金を返済に充てることができるように担保物権（抵当権が典型的。その他に留置権、先取特権、質権があり、使用と処分が完全に分離していないものもある）が設定される。

(3) 債権関係

　財貨の交換・取引は、債権概念をキーワードとして、契約を中心にして組み立てられている。すなわち、民法典の債権編では、債権とはどういうものか、多数の者が債権関係に関与する場合はどうなるか、債権はどうやって実現されるかなどについて一般的な規定が置かれた後に（ここまでを債権総論という）、債権が発生する原因が契約を中心に規定されている（この部分を債権各論という）。債権の発生原因は契約とそれ以外のものとに分けられ、前者では、何といっても自由主義経済の中心的な手段である売買をはじめとする13の典型的な契約（典型契約）の成立・効力が規定されている。これらの規定は、契約自由の原則に則り、任意規定（一つのモデルであって従わなくてもよい規定）がほとんどである。それ以外の発生原因では、①契約によらないにもかかわらず債権関係が発生する場合として、不法行為（他人に物を壊されたとか事故によって被害が生じたときに損害賠償を請求する場合など）が、②契約でも不法行為でもない場合として、事務管理（隣りの人が留守の間に台風で壊れた屋根をとくに頼まれていないにもかかわらず修理をしてやったのでその修理代金の請求をする場合など）および不当利得（他人の物を勝手に利用して利益をあげている者にその利益の返還を請求する場合など）が規定されている。また、自分の行為によって他人に損害を生じさせても、責任を負うのは落ち度がある場合のみであることが不法行為（故意または過失が必要）において規定されている。

(4) 家族法

　家族法もまた、前に述べたように、戦後の改正によって戦前の家族法の基本であった「家」制度が廃止され、個人の尊厳と両性の本質的平等に立脚し、個人とその意思を中心にした仕組みに変更されている。すなわち、親族法は、男女が自由な意思のみに基づいて対等に夫婦関係を構築し（たとえば民750条〔いずれの氏を選択してもよい〕）、共同して婚姻生活を営み（民760条〔費用の共同分担〕）、協力して子を育てる（民818条〔共同親権〕）というように、個人を出発点にして、夫婦、親子、親族と次第に家族関係を拡げていく構造でできている。また、相続法は、嫡男（長男）が「家」を継ぐ家督相続ではなく、残された家族の生活保障（遺留分）を妨げない限度で去り行く者（被相続人）の最終意思と所有物の自由な処分を尊重しつつ（民902条〔遺言の自由〕）、遺言がない場合の法定相続では、配偶者は常に相続人になるとともに子は年齢・性別にかかわりなく原則として均分に相続権を有する（民900条〔諸子均分相続〕）というように、自由と平等を調和させる構造でできている。

4　基本原則の修正

・古典的な基本原則は、20世紀以降、実質的な自由・平等を確保するために修正されている。
・基本原則の修正は、民法典の条文に取り入れられたり、民法の各条文の解釈において生かされたり、特別法の制定による民法典の補充として行われたりしている。
・その結果、今日では、契約はまったくの自由ではなく、所有権は完全に絶対ではなく、また、過失がなくても責任を負わなければならないことが増えている。
・今日では、さらに「保護から自立支援へ」、「対立から共生へ」という社会理念の変化の傾向が見られるが、これが民法における基本原則の修正のさらなる修正ないし基本原則の変更をもたらすのかは今後の課題である。

◆ 解 釈 ◆

上記の基本原則は、19世紀以降、資本主義経済の定着・発展を促したが、その必然的な成り行きとして、相対的な貧富の格差をもたらし、経済的な意味での平等などありえなくなった。そのような状況下で、形式的に自由・平等を貫徹すると、実際には不自由、不平等をもたらす。たとえば、契約は自由であると言っても、経済的な強者と弱者の間での契約でそれをそのまま認めると、自由の名の下に、契約の締結を拒否されたり、不当な内容の契約を強制されたりしかねない。また、所有権は絶対だと言っても、社会生活を混乱させるような利己的な権利の行使まで認められるべきはでない。さらには、過失責任と言っても、大規模な経済活動によって危険な物を社会の中に登場させ、その物から被害が生じたような場合には、誰に落ち度があるか否かではなく、そのような物を支配管理する者に責任を負担させるほうが公平である。

このため、20世紀に入ると、均一で対等な人間が暮らすモデル社会ではなく、多様で非対等な人間という現実社会に対応し、実質的自由・平等を確保するために、しだいに国家（立法・行政・裁判）の後見的介入による基本原則の修正が行われるようになった。いわゆる福祉国家論の立場からの修正である。これらの修正は、現実の社会でいまだ十分に果たされているとは言えないが、一部は民法典の条文に取り入れられ、一部は民法の各条文の解釈において生かされ、一部は特別法の制定によって民法典が補充されている。

以下では、財産法分野を中心にどのような修正がなされているかを見ることにしよう。

(1) 民法の条文による修正

若干の例のみをあげておくと、権利の絶対性に関して、民法1条は、①私権は公共の福祉に適合しなければならないこと（1項）、②権利の行使および義務の履行は信義に従い誠実に行わなければならないこと（信義則）（2項）、③権利の濫用は許されないこと（3項）を規定しているが、これは第二次大戦後に新たに追加されたものであり、民法上の権利の社会性（社会で認められてこそはじめて権利といえること）、利己的な権利主張が許されないことを宣言したものである（信義則や権利濫用の禁止は、宣言規定である

とともに、民法の各条文を駆使してもそこから漏れるような利己的な権利主張を制限するための裁判規範としても重要な機能を有しているので、本書の最終章であらためて取り上げる）。

また過失責任主義に関して、たとえば、民法717条は、土地の工作物によって損害が生じた場合には、故意・過失ではなくその物に瑕疵（欠陥）があったときに工作物の占有者や所有者が責任を負うものとしている。

(2) 民法の解釈による修正

民法の条文はそのままであっても、基本原則を修正・補充するような解釈が行われている場面がある。たとえば、公序良俗に反する契約は無効であるが（新90条）、以前は人倫に反するような契約（たとえば殺人契約、妾契約）がその対象とされてきた。しかし現在では、むしろ契約の公正さを確保したり当事者間の不平等を是正したりするために機能する場面が目立っており、高利の貸金契約、詐欺的商法による契約、男女差別の労働契約条項（女子若年定年制など）などが社会的妥当性を欠くとして無効とされている。また、賃貸借契約では、賃貸人と賃借人との経済的な力関係の差を調整するために、賃借人に多少の契約違反があっても、それに賃貸人との信頼関係を破壊したとはいえないような事情があるときは、賃貸人は契約違反であるとして契約を解除することはできないという解釈（信頼関係破壊の法理）が定着している。

他方、不法行為の領域では、過失責任主義ではあっても、たとえば大工場からの排出物によって健康被害が発生したような場合には、被害者による加害者の故意・過失や損害との因果関係の立証を容易にするために、大体の立証があれば（蓋然性）あとは加害者側がそれと異なることを立証しなければ責任を負うべきであるといった解釈が行われている（立証責任の転換）。また、個人の生命・身体・健康などへの配慮の欠如・形骸化に対抗して、個人の尊厳の実質化をはかるために、権利といえば物権と債権しかなかったところに加えて、今日では人格権という概念が認められ、それを侵害するような経済活動（たとえば健康被害をもたらす施設の建設）を差し止めたり、個人のプライバシーや名誉を保護したり、生活関係（会社・学校・家庭を問わない）上の個人の尊厳を無視したハラスメントを差し止めたり損害賠償を請求したりすることが認められるようになっている。

（3）特別法による修正

　以上のように、民法典内部での基本原則の修正はある程度見られるものの、大規模な修正はむしろ特別法によって行われている。これは、民法典の基本原則はそのまま維持しながら、場面ごとの必要に応じて原則を修正するのに適した方法だからである。

　まず、所有権の絶対に関しては、所有権にはおのずと制約があり（内在的制約という）、場合によっては公共の必要のために利用を制限されたり（都市計画法など）、正当な補償の下で剥奪されたりする（土地収用法）ものであることが確立している。

　契約の領域は、とくに経済的強者と弱者との契約の実質的対等性を確保するための特別法が非常に多く見られる領域である。たとえば、電気・水道・ガス・公共交通の利用契約では、事業者は正当な理由がなければ契約締結を拒めず、相手方選択の自由が制限されている（それぞれの事業法）。また、資本家と労働者との格差を是正し、対等な交渉と雇用関係を確保するために労働法という法領域が確立するに至っている。消費者問題も同様であり、利息制限法、消費者契約法、特定商取引法など、今日では消費者法として独立の法領域になりうるほどの修正が行われている。賃貸借関係では、借地借家法で、たとえば契約期間が満期を迎えても借主がその継続を望むときは、貸主にとくに正当な理由がない限り契約が更新されるといった規定が盛り込まれている（借地借家法6条、28条）。

　過失責任主義に関しては、過失の立証責任を加害者側に転換したうえで、実際にはほとんど免責を認めないもの（自動車損害賠償保障法3条〔いわゆる自賠責〕）、故意・過失ではなく物の欠陥を証明すればよいとするもの（製造物責任法3条〔欠陥商品〕）、たとえ過失がなくても責任を負うべきとする無過失責任を課すもの（鉱業法109条〔鉱物の採掘〕、原子力損害賠償法3条〔原子力発電所の運転〕）など、古典的な過失責任主義を修正する法律が数多く見られる。

　以上のように、今日では、「契約はまったくの自由ではなく」、「所有権は完全に絶対ではなく」、また、「過失がなくても場合によって責任を負わなければならない」ことになっており、古典的な基本原則は大きく修正されているといえる。

第3章 ◆ 民法典の基本原則／基本原則の修正

◆ 発 展 問 題 ◆

　現代における基本原則の修正は、民法典ないし特別法をも含めた広い意味での民法領域の随所で著しく、もはや修正ではなく変容と言ったほうがよいのではないかとさえ思える拡がりを見せている。また、内容的にも、20世紀初頭に始まった古典的な基本原則の修正が福祉国家論ないし社会国家論に基づくものであったのに対して、20世紀末から21世紀にかけての修正は、新しい社会観ないしは国家観（新自由主義、共同体正義論）に基づいているのではないかと思われるものが見られるようになっている。

　たとえば、制限行為能力者制度は、以前の行為無能力者制度における保護一辺倒の考え方によらず、これらの者が社会の中でどう自立して行くか（ノーマライゼイション）という観点を取り入れているし（民9条ただし書、新13条1項ただし書：日常生活に関する行為は自分でできる）、消費者関連立法においても、消費者の側にも情報収集や内容理解に努力すべき義務があることが盛り込まれたりしている（消費者契約法3条2項）。このような傾向は「保護から自立支援へ」というスローガンで表すことができよう。

　他方、人間が相互に利己的な権利主張をしてきた結果として、社会に普遍的な価値までもが損なわれる結果をもたらしたとの反省から、NPOなど、人が共同して行動するための団体が容易に法人になることができるようにしたり（各種の法人立法）、空気、水、太陽といった公共の利益に権利性を認め、それは特定の個人のものではなくみんなのものであるとの主張が見られるようになったりしている（ただし判例は環境権概念を認めていない）。また、借地借家関係で、期間の更新を認めない定期借地権・定期借家権という制度が取り入れられたことも（借地借家法22条〜24条、38条）、賃借人保護政策の変容であるとともに、土地の多様な活用の促進という観点から見れば同じように言えるかもしれない。このような傾向は「個々の対立から共生へ」というスローガンで表すことができよう。

　このような傾向が民法における基本原則の修正のさらなる修正ないし基本原則の変更をもたらすのか否かはにわかには断言できないが、民法の今後の方向に大きな影響を与えることだけは間違いない。

39

第4章 民法における権利の主体と客体

1 権利の主体（権利能力）

・権利能力とは、権利義務を有することができる資格である。
・権利能力は、すべての人（自然人）と法人に認められる。
・法人とは、法が権利主体性をとくに認めた団体である。

◆ 条 文 ◆

　前章までで、民法典と総則の意味、位置づけ、機能、基本原則、基本的な枠組みなど、民法総則の輪郭を理解した。本章から、いよいよその具体的な内容に入ることになる。そこでまず民法という舞台の登場人物（主体）と舞台施設・設備・小道具（客体）を説明することから始めよう。

(1) 権利能力の意義

　民法という舞台、すなわち法律関係は、権利・義務の関係として語られる。権利の主体とは、この権利・義務を有するのは誰かという問題であり、権利・義務を有することができる立場ないし資格のことを「権利能力」という。

　前述したように、すべての人に人格を認め、権利能力を平等に付与するのが近代民法の出発点である。わが国では、憲法11条（基本的人権の享有）、13条（個人の尊厳）、14条（法の下の平等）がこの理念を規定している。これに対して、民法典では3条1項が「私権の享有は、出生に始まる」と規定しているのみである。しかし、ここでいう私権は何か具体的な権利のことを指しているわけではないので、これは一般的に、すべての人に権利能力

があることを前提にして、権利能力の始期を定めた規定であるといえる。また、法人は、一定の社会的活動を行う団体・組織のうち法が人（法人に対して自然人という）以外にとくに権利能力を認めたものである（民33条以下。詳しくは第20章で扱う）。

　したがって、すべての自然人と法人が権利能力を有するということになる。これが民法という舞台の登場人物である。

(2) 権利能力の制限

　自然人、法人であっても、以下については権利能力が制限される。

①外国人

　外国人も、日本人と同様に権利能力を有するが、外国人の権利能力は、国家政策の遂行や相互保証の観点から、法令、条約によって制限することができる（民3条2項）。たとえば、国家に対する賠償請求権（国家賠償6条）、特許権（特許25条）、鉱業権（鉱業17条）などは、相手国において日本人に対する権利能力の保証（相互保証）がある場合にのみ認められる。条約による制限は現在のところは存在していない。

②法人

　法人は、法がとくに権利能力を認めた団体であるから（民33条）、その権利能力にはおのずと以下のような制限がある。

(ア)　性質による制限

　法人は、肉体の存在を前提とする権利（たとえば、親権、生命権、拘束されない自由など）は享有できない。しかし、名誉などは肉体の存在を前提としないので享有しうる（たとえば名誉の侵害による慰謝料請求権〔民710条〕）。

(イ)　法令による制限

　法人の権利能力は、法令によって制限することが可能である（民34条）。しかし現在、法人の権利能力を一般的に制限するような法令はない。なお、各種の法人関係法がその法律の趣旨にしたがう限りで法人を認めるのは設立要件の問題である。

(ウ)　目的による制限

　法人は、定款その他の基本約款で定められた目的の範囲内で権利を有し義務を負う（民34条）。ただし、この規定については、権利能力自体が制限

41

されるのか、それとも行為能力（法律行為をする能力。詳しくは第9章で扱う）ないし法人代表者の代表権が制限されるのかという点で議論がある。

◆ **解　釈** ◆

　以上の反対解釈として、人と法人以外には権利能力は認められない。たとえば、動物は、わが国では権利の主体にはなりえない。奄美大島に生息するアマミノクロウサギ等の野生生物を原告としてゴルフ場の開発許可処分の取消し等を求めた行政訴訟において、動物は権利の客体であって権利の主体ではないとして訴えを却下した裁判例がある（鹿児島地判平成13・1・22〔判例集未登載〕LEX/DB 文献番号 28061380）。

　各種の団体でも、法人になっていないものには権利能力がないので、たとえ実際には活発な活動を展開していても、団体自体が権利義務の帰属主体となって取引を行うことはできない。できるだけ実体に即した取り扱いをするのが望ましいとすれば、実体と法との齟齬を解釈によってどう埋めるかが課題になる（第20章で扱う）。

◆ **発 展 問 題** ◆

　人や法人である限り、その属性、たとえば消費者、高齢者、労働者、事業者、金融機関、公共団体などによって権利・義務を取得する資格・立場に基本的には差はない。しかし、特別法（たとえば、労働法や消費者法）における権利は、その特別法が対象としている属性を有する者（労働者、消費者）でなければ取得できない。また、特別法がない場合でも、たとえば、親でなければ未成年の子に対する親権は取得できないし、逆に、事業者や金融業者であるということから、最近の裁判例では、契約を締結する際に相手方に情報を提供する義務があるとされたりしている。このように、権利能力は平等であるといっても、実際に有することができる権利・義務は、人や法人の属性によって違いがある。権利能力平等の原則というのは、実際には、同じ属性を有する者の間では取得できる権利・義務に差はないということでしかない。特別法は当然としても、こうした属性をどの程度重視して民法の解釈をし、紛争を解決するかについて現在のところ明確な基準はないが、いつまでも当該事案の特殊性であるといった処理で済ますことはできない。今後は裁判例の検討を通じて権利・義務の取得の違いを肯

定できる類型を見出し、それを正当化するための理論的根拠を設定すべきであろう。なお、平成 29 年（2017 年）の債権法改正にあたり、改正作業の初期段階では、消費者という概念を民法上規定することが検討されたが、最終的には見送られた。

2　権利能力の始期

・自然人は、出生時に権利能力を取得する（民 3 条 1 項）。
・胎児は、原則として権利能力がないが、例外的に不法行為による損害賠償請求と相続に関してはすでに生れたものとみなされ、自然人と同じに扱われる。
・胎児である間でも法定代理人を通じて権利を行使することができるかについては争いがある。

(1) 自然人
◆ 条 文 ◆
自然人は、出生時に権利能力を取得する（民 3 条 1 項）。

◆ 解 釈 ◆
「出生」とは何時かにつき以下の三つの説がある。①一部露出説：母体から一部が露出した時とする説であり、刑法での通説である。②全部露出説：母体から全部露出した時とする説であり、これが民法での通説である。その他に、③独立呼吸説：全部露出し、独立して呼吸を開始した時とする説もある。刑法と民法とで理解が異なっても、それは出生という事実に対する法的評価の観点の違い（刑法では堕胎か殺人か、民法では母とは別の人といえるか）によるので、それぞれ別でかまわない。また、次に述べるように、相続のような重要問題については胎児に権利能力が付与されているので、実際にはどの説によっても違いはないであろう。

43

(2) 胎児

◆ 条 文 ◆

　胎児は出生した子でないので権利能力はない。しかし、いずれは生れることから、出生後の不利益を回避するために、特に問題になる一定の権利については胎児も自然人と同様に扱われる。具体的には、①不法行為に基づく損害賠償請求権（民721条）、②相続権（民886条1項）、③遺贈を受ける権利（民965条による民886条1項の準用）であり、これらについては、胎児はすでに生れたものとみなされる。「みなす」とは、実際にはそうでなくても法律上はそのように扱うということであって、反対の事実を証明しても覆らない（この点で、反対の事実を証明して覆すことができる「推定」と異なる）。

　たとえば、胎児である間に母がお腹を蹴られたり害のある薬品を飲んだりしたために子が障害を持って出生したような場合には、子は胎児中に受けた不法行為を理由に加害者に対して損害賠償を請求することができる。また、胎児中に父が死亡した場合には、子の立場で相続権がある。胎児中に父親が誰かに殺されたような場合には、判例は、生命侵害に対する父親自身の財産的損害の賠償請求権は相続の対象となるとしているので（大判大正15・2・16民集5巻150頁）、胎児の特則②によって、それを胎児が相続することになる。ただし、不法行為法における学説では、このような場合は、子自身の扶養を受ける権利が侵害されたと解すべきだとする説が有力であり、これによれば胎児の特則①によって損害賠償請求権を取得することになる。

　なお、認知については、父は母の承諾を得れば胎児を自分の子であると認知することができるが（民783条1項）、胎児から請求することはできない。

◆ 解 釈 ◆

　胎児は、上記の特則を胎児中に行使することができるか、それとも生れてからでなければ行使できないのか、規定上明らかでない。そのため判例・学説が分かれている。

第4章 ◆ 民法における権利の主体と客体／権利能力の始期

①代理否定説（停止条件説）（内田、佐久間、四宮・能見）

　胎児は出生することを条件として権利能力が付与されていると解すると（このように、条件の成就まで法律効果の発生を停止しておく条件のことを停止条件という。民127条1項）、胎児は生れてはじめて権利を行使することができるので、胎児中は権利能力を有しておらず、母が胎児を代理して権利行使をすることはありえないことになる。古い判例には、胎児の父が踏切事故で死亡し、母が胎児の分も代理して鉄道会社との間で和解契約をしたが、出生後に子があらためて扶養利益の喪失を理由に損害賠償を請求したという事例で、胎児の出生前になされた和解契約は無効であるとしたものがある（大判昭和7・10・6民集11巻2023頁・ハンドブック14〔阪神電鉄事件〕）。

②代理肯定説（解除条件説）（近江、加藤、河上、潮見、平野）

　胎児は胎児中でも権利能力があるが、出生しなかったことを条件として権利能力が消滅すると解すると（このように、条件の成就によって法律効果を消滅させる条件のことを解除条件という。民127条2項）、胎児中にすでに権利能力を有しているので、胎児は代理人を通じて権利行使できることになる。この場合、未成年者（民5条1項、民824条）と同じように、親権者となる者（両親）が自動的に法定代理人になると解される。

　胎児の状態でも権利能力があるというほうが、ほとんどの胎児は無事に生まれてくるという常識に適うし、条文の文理にも素直で、権利主張も直ちにできるというメリットがある（相続では出生を待たずに遺産分割の協議をすることができる）。したがって②説が妥当である。父が死亡した場合の相続のように代理人である母と胎児との利益が相反する場合には、家裁に特別代理人を選任してもらえばよい（民826条）。

◆ 発 展 問 題 ◆

　胎児となる時期は何時かという問題は従来あまり議論されてこなかったが、人工授精や凍結受精卵、精子・卵子の冷凍保存などが稀なことでなくなると、胎児の特則の適用をめぐって紛争が生じうる。まだ定説がない状況であるが、①受精卵が胎盤に着床した時点とする説（胎盤着床説：医学における通説）（河上）、②受精時からとする説（受精説）（平野）、③着床を停止条件とする受精時説（着床したら受精時に遡って胎児と認める）（近江）などが

ある。ポイントは、胎児前の状態は法律上は物でしかないという点にある。物だとすれば、その所有者がいることになり、売買などの処分も可能になる。そうすると①説では遅すぎるように思われるが、②説では、人工授精において通常はいくつかの受精卵が作られるという医療の実体に合わない。とりあえず妥協的な線として③説に賛成しておく。

3　権利能力の終期

- ・人は、死亡によってのみ権利能力を喪失する。
- ・人の死亡時期は、心臓死で判断されるが、臓器移植に関しては、脳死が認められている。

◆　条 文　◆

　権利能力の終期を定める条文はない。しかし、人にはすべて権利能力が付与されていることを反対に解釈すれば、人でなくなったとき、すなわち死亡時に権利能力を喪失することになる。いくら若年、高齢であろうとも、生きている限り権利能力は平等にあり、死亡以外の事由で権利能力を喪失することはない。死亡によって、当然に、すなわち関係者が死亡を知っていようといまいと、相続が開始する（民882条）。

　しかし、実際問題としては、その者が死亡したのか否か、死亡したとしても何時死亡したのかが明らかでないために法律上の処理が困難になる場合がある。そこで民法は、そのような場合のために、一定の要件の下で死亡を擬制する制度（失踪宣告）と死亡時期を推定する制度（同時死亡）を設けている。また、生死が明らかでない行方不明者については、ただちに死亡扱いにするのではなく、行方不明の間の法律問題を他人に処理させて帰還を待つという制度（不在者財産管理）を設けて段階的な考え方を採っている。

◆　解 釈　◆

　「死亡」とは何時かが臓器移植との関係で近年問題になっている。刑法上の問題について法律家、医師、哲学者、宗教家などによって活発な議論

第4章 ◆ 民法における権利の主体と客体／同時死亡

が展開されたが、結局、臓器移植との関係では脳死が人の死亡と扱われることになった（臓器移植〔1997年〕6条）。民法では、判断の容易さと社会通念を理由に心臓死説（心臓停止をもって死とする）が伝統的な理解になっているが、今後は、臓器移植で脳死判定がなされた場合には、民法でも死亡と扱うべきである。

4　同時死亡

・数人の者の死亡の先後が不明な場合には、同時に死亡したものと推定される。
・同時死亡と推定された者相互間では、相続が生じない。

◆ 条 文 ◆

　要件・効果は以下のとおりである。①数人の者が死亡したが、②それらの者の死亡の先後が明らかでないときは、これらの者は同時に死亡したものと推定される（民32条の2）。推定であるから、それと異なる事実を証明すれば覆すことができる。

　同時死亡の推定は、昭和37年（1962年）の民法改正で導入された制度であり、昭和34年（1959年）に多数の死者を出した伊勢湾台風でこのようなケースが続出したこともその一因になっている。

　要件上、同一危難である必要はなく、たまたま同時期に異なる危難に遭遇した場合でもかまわない。また、全員の死亡時期が不明である必要はなく、ある者の死亡時期が明確でも他の者との先後が不明な場合も含まれる。

◆ 解 釈 ◆

　この同時死亡の推定は、近親者が同一の危難で死亡したような場合に、相続関係で機能する。すなわち、同時死亡と推定された場合には、死亡した者の間では相続が生じないという大きな効果がある。これは、ある者が死亡して相続が開始したその瞬間に他の者も死亡していたことになるので、相互に相続人になることができないからである。

　たとえば、夫婦が同一の交通事故で死亡したが、妻には先夫の子が一人

47

あり、夫には弟がいたとしよう。この場合の相続関係は、以下のようになる。

　①夫が先に死亡した場合には、夫の財産は妻が4分の3、夫の弟が4分の1を相続する（民900条3号）。その後に妻が死亡するが、その財産はすべてその子が相続する。結局、夫の弟は夫婦の財産のうち夫の財産の4分の1を相続するだけになり、残りの財産は妻の子が相続することになる。

　②逆に、妻が先に死亡した場合には、妻の財産は夫と子がそれぞれ2分の1相続し、その後に夫の死亡によって夫の財産すべてと妻から相続した財産を弟が相続する。結局、妻の子は夫婦の財産のうち妻の財産の2分の1を相続するだけになり、残りの財産は夫の弟が相続することになる。

　③以上に対して、同時死亡と推定されると、夫婦間では相続が生じないので、夫の財産はすべて夫の弟が相続し、妻の財産はすべて妻の子が相続することになる。これはちょうど①と②の中間的な解決になっていることが分かるであろう。

　もちろん、妻の子や弟にしてみれば、死亡の先後によって相続できる財産がまったく違うので、目撃者などを探して自己に有利な証拠を見つけることができれば、推定は覆されるわけである。

5　不在者財産管理

　・行方不明者については、直ちに死亡として扱うのではなく、その財産を管理して帰還を待つという不在者財産管理制度が設けられている。

◆　条　文　◆

　行方不明者は、生死不明であるが、民法は、行方不明者を直ちに死亡扱いにするのではなく、その財産を管理して行方不明の間に生じる問題を処理し、帰還を待つという体制を採っている。帰還を待っても仕方がない場合には、次に述べる失踪宣告によって死亡を擬制することになる。

　行方不明者が出ても、通常はその財産は誰かに管理が託されているか家族内で管理される。しかし、そのような者がいない場合には、行方不明者

第4章 ◆ 民法における権利の主体と客体／失踪宣告

に利害関係を持っている者（たとえば金銭を貸している債権者）は困ってしまう。そこで、不在者の財産を管理する制度が設けられている（民25条以下）。しかし、不在者が管理人を置かないまま財産を残して長期間行方不明になること自体、そう頻繁にあることではなく、制度としての重要度は高くない。そこで、以下では制度の概略を見ておくにとどめる。

要件・効果は以下のとおりである。①不在者が管理人を置かずに住所または居所からいなくなった場合に、②利害関係者または検察官の請求によって、③家裁が財産管理人を選任したり、必要な処分を命じたりして財産を管理させる。

①不在者とは、従来の住所または居所を去った者で容易に帰ってくる見込みのない者である（民25条1項）。住所とは、人の生活の本拠である場所のことであり（民22条）、定住の事実により実質的・客観的に判断される。法律関係ごとに複数の住所が存在しうると解されている。公職選挙法などで住所が問題になることがあるが（最大判昭和29・10・20民集8巻10号1907頁・ハンドブック17〔大学生の住所が問題になった〕）、民法上は、弁済の場所（新484条1項）が問題になる以外にはあまり問題にならない。また、住民登録（住民票）は行政上のものであり、ここでの住所とは直接の関係がない。居所とは、人が多少継続的に居住するが、生活の本拠とまではいえない場所のことであり、住所が不明な者および日本に住所がない者は、居所が住所となる（民23条）。

②利害関係人には、身内だけでなく、債権者も含まれる。借金をしたまま行方不明になったような場合に残された財産から返済してもらう場合などに意味がある。

③財産管理人は、対外的には不在者の代理人（法定代理人）になる。内部的には、財産目録を作成し、財産保存のために必要な行為（債務の弁済、不動産の管理など）を行う。家裁の許可を得れば財産の売却などもすることができる。

6　失踪宣告

・生死不明で生存の可能性が低い者については、失踪宣告によりその死亡を擬制することができる。

49

・失踪宣告により、その者は従前の法律関係において死亡したものと
みなされる。
・たとえ生存していても、宣告を取り消さなければ効果は存続する。
・宣告が取り消された場合でも、取消しの効果が制限される場合があ
る。

◆ 条 文 ◆

(1) 失踪宣告の要件と効果

　行方不明者で生存の可能性が低い者については、生死不明のために不安
定になっている法律関係を確定させるために、以下の要件の下で死亡を擬
制することができる。これが失踪宣告である（民30条以下）。普通失踪と
特別失踪の二つの場合がある。

　要件・効果は以下のとおりである。①生死不明状態が一定期間継続した
場合に、②利害関係人の請求によって、③家裁が失踪の宣告をする。④宣
告がなされると、失踪者は死亡したものとみなされる。

　①失踪期間は、普通失踪（通常の行方不明の場合）には7年間であり、生
存が確認された最後の時（通常は最後の音信時）から起算される（民30条1
項）。特別失踪（戦地、沈没船など致命的な危難に遭遇した者の場合）には1年
間であり、その危難が終了したときから起算される（民30条2項）。

　②利害関係人とは、配偶者、相続人、相続人の債権者、不在者財産管理
人（財産管理から失踪宣告に切り替える場合）などである。単なる債権者、検
察官、単なる親族などは含まれない。これらの者との関係では不在者財産
管理で十分だからである。

　③宣告がなされる前には、消息を知っている者がいれば申し出るように、
必ず公示催告（通常は6か月以上、特例でも2か月以上）がなされる。

　④宣告の効果は、期間満了時（普通失踪）または危難の去った時（特別失
踪）に死亡したものとみなすことである（民31条）。

(2) 失踪宣告の取消し

　いったん失踪宣告がなされると、たとえ失踪者が生存していても宣告の
効果は覆らない。宣告の効果を否定しようとすれば、宣告を取り消すより

ほかない（民32条1項）。

　要件・効果は以下のとおりである。①失踪者が生存しまたは宣告で死亡とされる時と異なる時期に死亡したことの証明があったときは、②本人または利害関係人の請求により、③家裁は失踪宣告を取り消さなければならない（民32条1項）。

　宣告が取り消されると、原則としてはじめから死亡していなかったことになるが、例外的に、①宣告によって利益を得た者は、「現に利益を得ている限度」（現存利益という）でそれを返還すればよく（民32条2項ただし書）、②宣告の取消し前に善意でした行為は有効なままである（民32条1項後段）。

◆ 解 釈 ◆

(1) 死亡の意味

　失踪宣告がなされると、たとえ本人が生存していても、宣告を取り消さない限り、従前の私法上の生活関係上死亡したものとみなされる。しかし、生存していて新たに行った行為はそのまま効力がある。すなわち、従前形成されていた法律関係について死亡とみなされるだけである。たとえば、宣告後にこれを知りつつ自由になったと考えて潜伏先で無銭飲食をしてみても、幽霊になったわけではないので、当然その代金支払義務は発生する。

(2) 取消しによる財産の返還

　失踪宣告の取消しがあった場合、宣告によって利益を得た者が返還しなければならない現存利益とは何か。取得した財産がそのまま原形で、または形を変えて（土地を売ってお金を得た）残っている場合には、それを返還する。浪費してしまった財産や、逆に増加した財産は返還する必要がない。生活費に充てた場合には、その分だけ出費の節約になっているので返還しなければならない。競馬で無一文になっても返さなくてもよいが、節約して生活していたら返さなければならないというのは妙な気がするかもしれないが、無いものは無いので仕方ない。

　これに関して、利益を得ていた者の善意・悪意（宣告が事実に反することを知っていたか否か）は関係ないかが学説上議論されている。かつては、画一的処理を重視して善意・悪意を問わないと解する説もあったが、現在の

通説は、不当利得の返還の場合の区別（民703条以下）と同様に、民法32条2項が適用されるのは善意者だけだと解している（悪意者は民法704条により全額に利息を付けて返還しなければならない）。悪意者を保護する必要はなく、現在の通説によるほうが不公平感は少ないであろう。

(3) 取消し前の行為の効力

①失踪宣告の取消し前に善意でしていた行為（たとえば、相続人による財産売却など）がそのまま有効であるためには、当該行為に関係した者全員が善意でなければならないか。全員（不動産の売却でいえば、売主、買主、転得者（買主からさらに譲り受けた者））が善意でなければならないとする古い判例があり（大判昭和13・2・7民集17巻59頁・ハンドブック18）、現在でもそれを支持する見解もあるが（内田、潮見）、むしろ相手方保護の観点から、行為者が善意でなくても、その相手方が善意であればよいとするのが多数説である。

ただし、たとえ多数説のように解しても、転得者が悪意であった場合にどうするかについてはまた見解が分かれる。これは善意者・悪意者が連続して複数出てくる場面で広く問題になることであるが、簡単に言えば、(i)いったん善意者がいればその者が確定的に権利を取得するので、それ以降の悪意は問題にならないとする説（絶対的構成）（河上、四宮・能見、平野）と、(ii)善意者保護なのだから、取消しの効果は善意者、悪意者ごとに判断すればよい（転得者が悪意ならば、その者には取消しの効果を主張できる）とする説（相対的構成）（近江、加藤）とがある。少なくとも失踪宣告の場面では、(2)の財産の返還における近時の通説と同じように、悪意者を保護する必要はないので、(ii)説によって、場合に応じて財産を処分した者に対する現存利益の返還請求と悪意者に対する現物返還請求（ないしそれに代わる損害賠償請求）を組み合わせて選択させるのが妥当であろう。

②取消し前になされた再婚がどうなるかは、単に財産を返せ、返さないという問題ではなく、当事者の意思を最大限尊重しなければならないので難しい。そもそも配偶者が3年以上生死不明であれば離婚できるが（民770条1項3号）、そうせずに失踪宣告を得て再婚した場合に問題になる。(i)民法32条1項後段の適用があるとして、再婚の両当事者とも善意の場合に後婚が有効となるが前婚も復活して重婚になるので、前婚を離婚によ

第4章 ◆ 民法における権利の主体と客体／権利の客体(物)

り解消するか後婚を取り消すかを選択することになるとする説（重婚説）
などもあったが、現在では(ii)新たに再婚したという事実を重視すれば、婚
姻に同条の適用はなく現在の婚姻だけが有効になるとする説（後婚有効説）
が多数説である（内田、加藤、河上、佐久間、潮見、四宮・能見、平野）。後婚
の継続という生活事実は元に戻せないので、現在ある後婚を前提にしつつ
失踪者との再々婚などの事後処理を考えさせればよく、後婚有効説でよい
と思う。

◆ 発 展 問 題 ◆

　発展問題というのとは少々異なるが、実際の社会では、民法の失踪宣告
以外に行方不明者の死亡を認定したり推定したりする制度があり、この方
が身近ではないかと思われるので簡単にふれておく。

(1) 認定死亡

　戸籍法上、水難、火災などで死体が確認されず行方不明とされる場合に、
担当の官公署（警察、消防など）が市町村長に死亡報告し、それに基づき戸
籍に死亡の記載をする制度がある（戸籍89条）。これを認定死亡という。
民法上の制度ではなく、いわば戸籍法上の死亡にすぎないが、実際は民法
上も死亡という事実上の推定が働く。

(2) 死亡の推定

　年金法上、船舶の沈没、航空機の墜落を原因とする行方不明の場合に、
遺族年金を支給するために死亡を推定する制度がある（国民年金18条の2、
厚生年金保険59条の2など）。これも民法上死亡と推定されるわけではな
い。
　このように、実際には生きていても民法上は死んだことになったり、民
法上はまだ生きているのに戸籍上は死んだことになったりすることが生じ
る。

7　権利の客体(物)

・権利の客体（対象）は多種多様である。

53

- 民法典では、その代表的なものとして、物についてだけ定義規定がある。
- 物とは有体物のことをいう。
- 物の種類では、とくに不動産と動産との区別が重要である。
- 不動産とは、土地および土地の定着物（建物など）である。
- 動産とは、不動産以外の物である。

◆ 条 文 ◆

(1) 物

　権利の客体（対象）となるものは多種多様である。物（物権の対象）や、人の行為（債権の対象）だけでなく、無体財産（無体財産法の対象）、人格（人格権の対象）、人（親権の対象）までもが権利の客体となりうる。民法は、このうち物についてだけ定義規定を置いている（民85条）。しかし、これは権利の客体を物に限定する趣旨ではなく、客体があまりに多様なのですべてを規定することは不可能であるとして、代表的なものについて規定しただけである。また、物の主な登場場面は物権法であり、そこで物の支配関係やその変動について規律している。したがってここでは、物の一般的な定義だけが問題となる。

　民法における物とは、有体物のことをいう（民85条）。したがって固体、液体、気体すべてが物である反面、無体の財産は物ではない。

　物にはいくつかの分け方があるが、民法は重要な分け方として以下の3つを規定している。

①不動産と動産（新86条）

　不動産とは、土地、土地の定着物のことである（新86条1項）。土地とは、地表だけでなく、その上下の空間を含む立体的存在である（民207条参照）。したがって、土地を流れる流水や地中の地下水・岩石も土地に含まれる。ただし、未採取の鉱物については、その掘採取得権が国に留保されている（出てきたら国が誰かに権限を付与する）（鉱業2条）。

　土地の数え方は、「筆」である（一筆、二筆）。本来境目のないものを人工的に線引きして区分するのであるから、複数の土地を一つにする合筆や、

逆に一筆の土地を分割する分筆が可能である。

　土地の定着物とは、土地に定着しており、そのことによって効用を発揮する物のことであり、代表的なのは建物である。①建物は、世界の通例と異なってわが国では土地とは別の不動産であり、土地と建物の所有者が異なることが生じる（このため建物所有のための土地利用権が重要になる）。そのほかに、②原則として土地の一部であるが、特別法（立木法）または慣習（明認方法という）にしたがえば土地と別個の物として取り扱われうるもの（立木、稲立毛〔稲穂〕など）がある。③石垣、庭石、井戸、トンネルなどは、定着物ではあるが、常に土地と一体化しその構成部分であって、独立した物として扱われない（土地所有者の所有になる）。そのほかは、いくら大きいものでも土地に定着していない以上は動産である（大観音像などは①、③または動産の場合がありうる）。

　建物の数え方は、「棟」である（一棟、二棟）。マンションはこの重大な例外であるが（区分所有という）、これは物権法の問題である。

　不動産以外の有体物は動産である（新86条2項）。無記名債権（商品券、乗車券、入場券などで行使する債権者の名前がない債権）は、改正前には、本来は無体の財産だが、債権者が特定されず、証券を持っている者が債権者だとされるという理由で動産とみなされていたが（旧86条3項）、債権法改正によって、有価証券に関する規定が新設され（新520条の2〜新520条の20）、その中で、無記名証券については記名式所持人払証券（記名式の持参人払小切手など）に関する規定を準用することとされたので（新520条の20）、債権として扱われることになった。不動産と動産は、民法上の取り扱いが大きく異なっているので区別の実益が大きい（図表4参照）。

②主物と従物（民87条）

　独立した2個の物が経済的効用の面において主従の関係にある場合をいう。たとえば、家（主物）と畳・建具（従物）との関係などがそうである。従物は主物の処分に従うとされる点が重要であり（民87条2項）、たとえば、主物が売却された場合には、従物について特に約定していない限り一緒に売却されたことになる。従物といえるためには、①独立した物であること（構成部分になっている物はもはや従物ではない）、②主物の常用に供されること、すなわち主物の経済的効用を助け、かつ、そのような場所的関係に

55

図表4　不動産と動産

	不動産	動産
権利の公示方法	登記（177条）	引渡し（178条）
公信力	虚偽の登記を信頼した者の保護規定なし	即時取得（192条）
抵当権の設定	可能（369条以下）	不可能
用益物権の設定	土地について可能（269条以下）	不可能
相隣関係	土地について規定あり（209条以下）	なし
無主物	国庫に帰属する（239条2項）	先占により所有者となる（239条1項）

あることが必要である。ガソリンスタンドの建物について、地下タンクや洗車機などの設備が従物であるとされた例がある（最判平成2・4・19判時1354号80頁・ハンドブック31）。条文上は、そのほかに主物と従物とが同一所有者に属することが必要であるが、従物が他人の物であっても、主物を処分すれば従物もあわせて処分するのが通常の当事者の意思であると推測できるので、やはり従物も処分されたといってよい（民87条2項類推適用。ただし、その所有関係は別問題であり、物権法で処理することになる）。

③元物と果実（民88条）

　果実とは、物の用法に従って産出される物（天然果実）および物の使用の対価としての金銭その他の物（法定果実）である（民88条）。天然果実とは、たとえば農作物や鶏卵のことであり、法定果実とは、たとえば利息や賃料のことである。

　天然果実は、元物から分離する時に収取する権利がある者に帰属する（民89条1項）。通常は元物の所有者であろう。これに対して法定果実は、収取する権利の存続期間に応じ日割計算する（民89条2項）。たとえば、アパートの賃貸借で月の途中に大家が交代したような場合には、特に約定が

56

第4章 ◆ 民法における権利の主体と客体／権利の客体（物）

なければ、日割計算した賃料額が旧大家と新大家とに帰属する。

◆ **解 釈** ◆

(1) 有体物以外の物

　有体物を物とする民法の規定は、現代に適合していない。民法が物を有体物に限定したのは、①物権（特に所有権）は物を排他的に完全支配できなければならない（所有権絶対の原則）ことと、②物を無体物までに拡げると、物権や債権それ自体も無体の財産であることには変わりがないので、「所有権に対する所有権」や「債権に対する所有権」（すなわち権利の上の権利）を認めざるを得なくなり、権利関係が複雑になると考えられたからである。しかし、たとえば無体財産や光、電気、熱のようなエネルギーも権利としての保護の対象としなければならないので、物とは、有体物を超えてこれらを含むものとして、排他的支配可能性があるものというべきだという見解が有力である（近江、河上）。しかし、物ではないとしても、必要に応じて物に関する規定を類推適用すれば十分であるという見解もある（内田、加藤、潮見）。実際上の違いはほとんどないであろう。

　民法の規定上は、無体財産のうち影響の少ないものについてのみ、物権が認められている（準占有〔民205条〕、権利質〔民362条以下〕、一般先取特権〔民306条以下〕、地上権・永小作権に対する抵当権〔民369条2項〕）。また、無体財産は、特別法（著作権法、特許法、実用新案法など）により財産の性質に応じて物権に準じた保護が認められている。

　なお、逆にたとえ有体物であっても、物権の対象となるためには、独立性、特定性、非人格性などを備えていることが必要になる。とくに人体については、死体は物か、所有者は誰か、臓器移植における家族の同意は法的にどのような意味があるかなどが問題となる。これらは物権法で取り扱われる問題である（総則で詳しく取り上げているのは、河上、四宮・能見）。

(2) 海面下の土地・干潟、大深度地下

　海面下の土地や干潟は不動産といえるだろうか。海面は公有水面といって私的所有の対象にならない。しかし海面下の土地については、判例は、当然に私的所有の客体たりえないものではなく、支配可能な状態にして私的所有を認めるか否かは立法政策の問題であるとしている（最判昭和61・

57

12・16 民集 40 巻 7 号 1236 頁・ハンドブック 30〔田原湾事件〕。この事件では認めなかった）。大深度地下についても、地下鉄やケーブルの設置などの公共事業との関連で問題になるが（土地所有権の対象外ならタダで設置できることになる）、大深度地下の公共的使用に関する特別措置法（2000 年）は、土地所有権が及ぶことを前提にしてその行使を制限し、そこでの公共事業の円滑な遂行をはかろうとしている（同 25 条）。

(3) 材木はいつから建物になるか

　材木（動産）はいつから建物になるか。不動産になれば、前述したように、登記や抵当権の設定が可能である。古い判例には、木造家屋について、屋根と壁ができていれば床や天井を張っていなくても建物だとしたものがあるが（大判昭和 10・10・1 民集 14 巻 1671 頁・百選 I -11・ハンドブック 29）、現代のプレハブ住宅やコンクリート建築にはこのような基準は役立たない。建物としての効用を最低限度果たすことができるかがポイントになるのではなかろうか。

◆ 発 展 問 題 ◆

(1) 地下水は土地の一部か

　前述したように、地下水は土地の一部として私的所有の対象になる。しかし本当にそれでよいのだろうか。地下水は非常にゆっくりではあるが流れており、利己的な地下水の汲み上げや土地の汚染は、他の地域の地盤沈下や地下水の汚染を招く。法律・条例や判例では地下水の汲み上げが一定限度制限されてはいる（大判昭和 13・6・28 新聞 4301 号 12 頁〔地下水を汲み上げすぎたため、隣の井戸が枯渇したという事案で、汲み上げを権利の濫用だとした〕）。しかし根本的には、地下水は太陽や空気と同じく住民共通のかけがえのない財産であって、土地とは切り離され、鉱物のように個人所有の対象にはならずに適正に利用する者だけに利用権が付与されるという方向での立法がなされるべきであろう。

(2) 金銭は物か

　貨幣も物であることは疑いないが、金銭で重要なのはその経済的価値である。そのため、金銭は動産扱いされず、動産に関する民法の規定の適用

第4章 ◆ 民法における権利の主体と客体／権利の客体（物）

はないと解されている。たとえば、金銭所有権については「占有するところ所有あり」といわれて、原因を問うことなく現在金銭を所持している者が所有者であるとされる（泥棒も所有者である。ただし被害者は不当利得返還請求権を有することになる）。判例は、他人の預金口座に誤って振込みがなされた場合でも、その口座の名義人の預金となり、あとは不当利得の問題になるという（最判平成8・4・26民集50巻5号1267頁・百選Ⅱ-72）。しかし、金銭であっても、物としての個性がある場合（収集用のコインや封筒に入れられた金銭）には動産扱いしてよいので、誤振込みされたり盗まれたりした金銭が預金口座の記載や別に保管されていることなどにより他の金銭と区別できる状態にあるならば、同じように動産扱いして、原所有者にその返還請求権を認めてもよいのではなかろうか。

第5章 法律行為の構造

1 権利変動の原因と法律行為

- 権利変動は、法律要件に該当する場合に法律効果が生じる、という定式にしたがって発生する。
- 法律要件とは権利変動の原因であり、そのもっとも重要なものは人の行為である。
- 行為の中でもっとも重要なのは、権利変動を欲する意思の表明（意思表示）に基づく行為であり、これを法律行為という。
- 法律行為のもっとも典型的なものは契約である。
- したがって権利変動の典型的な原因は契約である。

◆ 条 文 ◆

　前章までで役者（主体）と道具（客体）は揃ったので、本章からいよいよ民法という舞台でのストーリーすなわち社会生活関係を展開しよう。社会生活関係の展開は、権利義務関係の発生・移転・消滅（権利変動）として扱われる。しかし民法典では、権利変動一般について規定する条文はなく、その中心的な概念として法律行為の章が立てられているものの、法律行為について定義する条文もない。法律行為は非常に抽象的で分かりにくい概念であるが、ここをクリアーできないと民法総則全体が分からなくなってしまう。簡単な例として、自分が何か物を買う契約を結ぶ場合などを想定しながら考えてほしい。

第5章 ◆ 法律行為の構造／権利変動の原因と法律行為

◆ **解 釈** ◆

(1) 権利変動の原因

権利の変動は、一定の「法律要件」に該当する場合に一定の「法律効果」
が生じるという要件・効果の定式に則って発生すると説明される。

法律要件とは、民法でのストーリー展開のための種々の出来事のような
ことをイメージすればよい。たとえば、ある物について売買契約が締結さ
れれば、売主には代金請求権、買主には目的物の引渡請求権という法律効
果が発生する。契約以外でも、ある人が死亡すると、相続によって死亡し
た者（被相続人）が有していた所有権が相続人に移転するし、金銭債権を有
していても債権者が長期間請求をしなかった場合には、債権が消滅時効に
よって消滅する。このほかにも、所有者のいない物を自分の物にする（無
主物先占）、借金を返済して債権を消滅させる（弁済）など数多くの原因に
よって権利変動が生じる。適法な行為だけでなく、他人の違法な行為によ
って損害を被れば、被害者には加害者に対する損害賠償請求権が発生する
（不法行為）。

(2) 法律要件・要件要素・要件事実

法律要件は、いくつかの「要件要素」から構成されている（通常はこれを
条文が適用されるための要件と言っている。これまで本書で「要件」として述べ
てきたのもこのことである）。たとえば、売買契約という法律要件の要件要
素（要件）は、当事者の一方において「ある財産権を相手方に移転すること
を約する」ことと、相手方において「これに対して代金を支払うことを約
する」ことである（民555条）。

裁判では、一定の法律効果の発生を望む当事者がそのための法律要件を
充たしていることを主張するが、その際にはこの要件要素が充たされてい
ることを一つひとつ主張し、実際にそのような事実があったと証明（立証）
しなければならない。そのためには、実際の紛争関係における種々雑多な
事実関係の中から、要件要素に該当する具体的な事実だけを拾い出さなけ
ればならない。この具体的な事実のことを「要件事実」という。たとえば、
「Aはこの建物を売ると言った」、「Bは代金を支払うと言った」という事実
が主張・立証され、これらが売買契約の要件要素に該当するという判断
（包摂判断）がなされてはじめて（訴訟では裁判所が判断する）売買契約が成

61

立しているということになり、その法律効果が発生するのである（図表5参照）。

図表5　要件事実・用件要素・法律要件

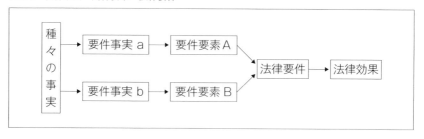

(3) 法律行為概念の意義

　数多くの法律要件のうち、民法で最も重要なのは、契約のように、人の意思によって権利変動を生じさせようとする行為である。近代民法は人の尊厳を最大限尊重し、その自由な意思によって社会を動かそうとしているのであるから、このような行為が権利変動の中核になるのは当然のことである。そこで、このように権利変動を欲する意思の表明（意思表示という）に基づく行為をひとまとめにして「法律行為」と呼んでいる。より一般化すれば、法律行為とは「意思表示を要素とする行為」である。"法律上重要な行為"といった意味ではない。たとえば、落し物を拾う行為（遺失物拾得）や他人を殴る行為（不法行為）などは、人の行為ではあるが意思の表明を伴わなくても成り立つので（拾います、殴るぞ、などといわなくても成り立つ）、法律行為ではない（図表6参照）。

図表6　法律要件の種類

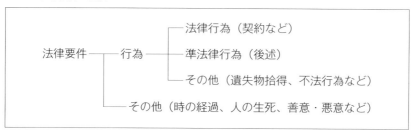

法律行為という概念は、19世紀ドイツのパンデクテン法学の産物であり、ドイツ法系に特有の概念であるが、わが国の民法総則でも、ドイツ民法に倣って法律行為という章がたてられた（第5章）。ただし、法律行為というのはドイツ語の Rechtsgeschäft の訳語であるが、Recht という言葉には、英語の right と同じように法、権利、正当といった意味があるので、内容的には適法行為全般を指すのに近い。

　法律行為概念は、近代法における私的自治の原則ないし意思自律の原則が民法において具体化されていることを示すという点で意義があったといえる。しかし、抽象的な概念をたてるからには、原理・原則との関係を説明するだけでなく、実用的な意義もなければならない。法律行為概念には、意思表示による行為の効力が否定される共通の場合や他人による行為の方法（代理）をひとまとめにして論じるという効率性の意義があるものの、民法上問題になる重要な行為をすべて包含するものでもなく（たとえば不法行為などは外れる）、その反面、後述するように準法律行為という概念があり、また法律行為もいくつかの種類に分けられるといったように、法律行為ないしその周辺概念に含まれる行為はあまりにも多様であって、それらすべてに共通する効果を論じることはできないという限界がある。

◆ 発 展 問 題 ◆

　権利変動をもたらす原因として人の意思の表明を最も尊重すべきであるという意味では、法律行為という概念よりも、「合意」という言葉のほうが率直である。合意は、複数の人の意思表示が内容的に一致することで成り立つので、ある個人の意思以上に、人々の自律によって権利変動を生じさせる出発点にふさわしい。また、取引上の紛争が生じた場合には、まず当事者間でどのような合意がなされていたのかが問題になることからしても、これを基本とすることが実際的でもある。もちろん合意だけが権利変動をもたらすわけではないが、法律行為という概念よりは具体的である。

　しかし、合意という言葉は民法の中で一般的に使われておらず、合意の成立のメカニズム、法的に意味を有する合意と有しない合意との区別、交渉過程と合意の成立との峻別などについて精緻な基礎理論を確立しなければ、合意はその妥当性・実用性を法律行為概念と比較する概念にならない。民法総則の現実的な機能を理解する上ではそこまで立ち入る必要はなく、

63

権利変動では合意が重要であることを認識したうえで、合意を基本的な構成要素として成り立つ法律要件である契約を中心に考えておけば十分である。そこで本書では、法律行為については、原則として契約を念頭に置きながら解説することにし、特に契約以外について述べることが必要な場合、またそれとは逆に特に合意という観点を強調すべき場合には、その都度ことわることにする。

2　法律行為の種類

・法律行為は、その要素である意思表示の数ないし性質によって、解釈上、①単独行為、②契約、③合同行為に分けられる。
・単独行為は、一方的な意思表示のみで成立する行為であり、一種の権利として行われる場合が多いので、相手方や第三者が不利益をこうむらないように利害を調整する必要がある。
・契約は、相対立する意思表示の合致によって成立する行為であり、契約自由の原則にしたがって民法が規定する契約以外にも多様な内容を有する契約が結ばれるが、自由の名の下に不適正な内容の契約が結ばれないようコントロールする必要がある。
・合同行為は、複数の意思表示が相対立することなく同一の目的に向かって並行してなされることによって成立する行為であり、社団法人の設立を安定させるために生み出された特殊な概念である。

◆　条 文　◆

法律行為の種類について定める条文はない。しかし学説は、その要素である意思表示の数ないし性質によって①単独行為、②契約、③合同行為に分けている（図表 7 参照）。このような分類は、概念的に分けるだけではあまり意味がないので、分けることによってどのような特徴を見出すことができるかが重要である。

第5章 ◆ 法律行為の構造／法律行為の種類

◆ 解 釈 ◆

図表7　法律行為の種類

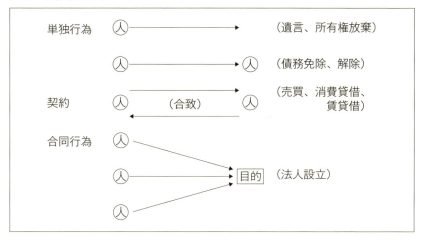

(1) 単独行為
①単独行為の意義

　単独行為とは、一個の意思表示（すなわち一方的な意思表示）のみで成立する行為である。これには、(ⅰ)相手方の受領を要する単独行為（相手方のある単独行為）と(ⅱ)相手方の受領を要しない単独行為（相手方のない単独行為）とがある。たとえば、前者は意思表示の取消し、契約の解除、債務の免除などであり、後者は遺言（遺言は特定の相手に対してなされるものではない）や所有権の放棄（たとえば空き缶を捨てる行為）などである。(ⅰ)と(ⅲ)官庁による受領を要する単独行為を区別してもよい（たとえば相続の放棄は家裁に対してしなければならない）。

　民法には単独行為についての一般的な規定はないが、取消し（民5条、新95条1項、新96条1項）、追認（民116条）、放棄（民398条）、相殺（新505条）、債務免除（民519条）、契約解除（新541条）、認知（民779条）、限定承認（民922条）、相続放棄（民938条）、遺言（民960条以下）など、個別の行為ごとに多くの規定が設けられており、これらを単独行為としてまとめて共通の性質を論じる意味がある。

65

②単独行為の特徴

　単独行為は、相手方がある場合でも相手方の意向には関係なく、一方的に行うことができるのが特徴であり、一種の権利といえることが多い（取消権、解除権といったように呼ばれる）。したがって、単独行為は、当事者の合意に基づく契約とは異なり、勝手に作り出すことはできない。また、一方的な意思表示で相手方や第三者が不利益を被らないように、単独行為によって影響を受ける他人の権利との調整が問題となる。このため、取消し、追認、解除、相殺（民506条は明文で）などの単独行為については、条件を付けることは相手方の地位を不安定にするので許されないと解されている。また、場合によっては、単独行為をするか否かを問い合わせる権利（催告権）を相手方に認めたり（新20条、民114条）、取消権を剥奪したり（民21条）、第三者に対する効果を制限したり（新95条4項、新96条3項、民116条ただし書、新545条1項ただし書）している。

(2) 契約
①契約の意義

　契約とは、相対立する複数の当事者の意思表示が合致することによって成立する法律行為である。たとえば、ある者が物を売るという意思表示をし、これに対して相手方が買うという意思表示をすれば、売買契約という法律行為が成立する。先になされる意思表示を申込みといい、後になされる意思表示を承諾という。一般化していえば、申込みとは、承諾があれば契約を成立させる意思表示であり、承諾とは、申込みを受けて契約を成立させる意思表示である。

②契約自由の原則

　民法では、契約の内容に応じて、贈与、売買、交換、消費貸借、使用貸借、賃貸借、雇用、請負、委任、寄託、組合、終身定期金、和解の計13の契約類型についての規定がある（これを典型契約という）。しかし、すでに述べたように、契約自由の原則（新521条2項）に則り、契約内容をどのように定めるかは原則として当事者の自由であるから、当事者の必要に応じて、典型契約に該当しない内容の契約も自由に結ぶことができる（これを非典型契約という）。経済活動が活発化してくると、100年以上も前に規定

された典型契約類型だけでは多様化する取引現場のニーズに到底対応できないので、非典型契約の役割が重要になってきており、それに伴い複雑化した内容の適正なコントロールが課題となっている（契約の効力がどのような場合に否定されるかについては、後に第16章で扱う）。また、ピタリと当てはまる条文がないために典型契約の法理をつぎはぎしたぎこちない解釈をせざるをえない場合も生じている（◆発展問題◆参照）。

　他方、現代では、特別法によって契約の締結が強制される場合がある。たとえば、電気、ガス、水道の供給など生活に欠かせない契約では、事業者は正当な理由がない限り契約の締結や供給を拒めないこととされている。また、大量・同種の取引が行われる場面（たとえば預金や保険）では、契約の一方当事者（銀行、保険会社）があらかじめ契約内容を詳細に定めておき（これを約款という）、相手方がこれを受け入れるというかたちで契約が結ばれる（このような契約のことを附合契約という）。附合契約では、自由に合意したと言うには無理があり、相手方の利益が損なわれる危険性があるので、内容の妥当性を確保するために法による規制が必要不可欠である（たとえば消費者契約法8条では消費者の利益を一方的に害する契約条項は無効とされている）。

③契約の構造

　申込みの内容は契約類型によって多様であるが、これに対する応答はイエスかノーの二つしかない。そうでないと同じ内容の意思表示が合致したことにならないからである。申込みに対して条件を付けたり内容を変更したりした場合には、それで申込みをした者を拘束して契約を成立させるわけにはいかないので、申込みを拒絶して新たな申込みをしたとみなされる（民528条）。かつて英米法の下では、A社が自分に有利な条項を付けて申込みをし、それに対してB社が自分に有利な条項を付けて承諾し（新たな申込みになる）、それに対してまたA社が自分に有利な条項を付けて承諾する（また新たな申込みになる）……ということが行われた（Battle of Form：書式の戦い）。これは最終的に自分に有利な内容の契約が成立することを狙ったものである。しかし、いくら申込みを繰り返しても、当事者双方が一致していない条項は契約の内容にはならない。消費者取引では、業者が商品とともに一定の期間内に返事がない場合には契約したものとみなす旨

の文書を勝手に送りつけてくることがある（ネガティブオプションという）。しかし、消費者がそれを無視して放置しておいても、承諾しない以上契約が成立することがないのは当然である（特定商取引59条1項）。

　ただ、例外的には、承諾がなくても承諾があったと認められるような事実があった場合（たとえば、レストランで注文を間違えた料理が出てきたがそれを食べた場合）には、それで契約が成立する（新527条〔意思実現による契約成立という〕）。また、当事者双方が申込みをしたがその内容が合致している場合（たとえば、同じ物について売るという申込みと買うという申込みとがなされた場合）も契約を成立させてかまわない（条文はないが、交叉申込みといわれる）。その他、所定の行為をした者には一定の報酬を与える旨の広告をし（たとえば、「いなくなった犬を発見して連れてきてくれた人にはお礼をする」）、それに応じて実際に行為がなされた場合にも契約は成立する（新529条〔懸賞広告という〕）。

　なお、広告や商品を陳列するだけでは（たとえばアルバイト募集の貼り紙）、通常は申込みにならない。これらは、これを見た他人からの申込みを誘うものであり、申込みの誘引といわれる。したがって、これに応じた相手方の意思表示が申込みになるので、それを承諾するか否かは自由である。

(3) 合同行為

①合同行為の意義

　合同行為とは、複数の意思表示が相対立することなく同一の目的に向かって並行してなされることによって成立する行為である。具体的には、社団法人（会社など複数の人が集まって作る団体）の設立行為がこれにあたると解されている。その他に、組合は、民法で契約として規定されているが、当事者が同一内容の約束をして団体を作るので合同行為だと解するのが通説である。しかし、それ以外の例は特に見られないことからも分かるように、これは団体の設立行為を契約から区別するためにドイツで確立された概念である（法人の設立については後に第20章で扱う）。

②合同行為と契約の違い

　複数当事者の意思表示の合致によって成立する（すなわち合意がある）という点では契約と合同行為とは同じであるが、契約の場合には申込みか承

第 5 章 ◆ 法律行為の構造／法律行為の種類

諾が欠けていれば契約全体が成り立たないのに対して、合同行為の場合に
は複数の者のうちの一人の意思表示が欠けてもそれで行為全体の成立には
影響がない、という違いがあるといわれている（組合についての新 667 条の
3 参照）。しかし、契約もまた同一の目的のための協同行為であるともいえ
るのであり、この概念の特徴は、個々の意思表示以上に目的（団体の形成と
維持）を強調した点にあるにすぎない。重要なのは概念的な区別ではなく、
この目的のために契約の規定がどの程度排除されるかであり、これについ
ては個別具体的に考えざるをえない点では、合同行為と言おうと契約と言
おうと同様である。

◆ **発 展 問 題** ◆

　伝統的な契約理論では、現代における複雑な契約関係について、十分に
その実体を反映した説明をすることが困難な場合がある。たとえば、A が
B 電器店から C クレジット会社のカードを利用してパソコンを買ったと
いう場合もその一つである。契約は「相対立する」当事者の意思表示の合
致であるから、これによると、この取引は AB 間でのパソコンの売買契約、
AC 間での立替払契約、BC 間でのカードの提携契約という三つの契約が
結合したものとなる。しかし法的にはこれらはそれぞれ別個の契約である
から、たとえば B が A にパソコンを引き渡さない場合でも、A はそのこ
とを理由にしては C への立替金の支払いを拒むことができなくなってし
まう。このため割賦販売法 30 条の 4 および 35 条の 3 の 19 では、このよ
うな場合に消費者が立替金の支払いを拒むことができるという特別の規定
が設けられている。しかし、問題は割賦販売の場合にとどまらず、多数の
者が複数の契約を結び合って一つの経済的効果を達成しようとする取引類
型全体に関わるので、他の場合をも含めてその理屈について契約の基礎理
論上十分な説明がなされなければならない。学説では、「経済的一体性」、
「給付の関連性」、「目的の共通性」といった概念を用いて複数の契約を結び
つけようとする種々の議論が展開されている（複合契約論）。しかしこれら
の概念には法的な意味が明確であるとは言い難い側面がある。取引全体を
包括的に法律構成するためには、当事者全員がこのような取引全体につい
て同意し、そこから導かれるそれぞれの義務を引き受けることを承諾して、
全体で一個の契約が成立しているということができれば、一人の義務の懈

69

怠によって他の者は自己の義務を果たすことを拒めると言える（多数当事者間契約論）。筆者は、このような多数当事者間契約論を主張しているが、このように言うことは、伝統的な契約概念の重大な変更であり、現在までのところ、取引を多角的にとらえる発想のレベルで賛同を得ていても、法的な基礎理論として支持されるには至っていない。

3　準法律行為

・準法律行為は、意思の表明を伴い、法律の規定に定められた効果が生じる行為である。
・準法律行為では、既存の権利変動とは別個の新たな権利変動は発生しない。
・準法律行為は、人の精神作用に基づく行為として法律行為と共通しており、法律の規定の趣旨に反しない限り法律行為に関する規定が類推適用される。

◆　条　文　◆

　意思の表明を伴う行為ではあるが、法律行為とは異なるものとして準法律行為がある。民法には、これに属する行為についてそれぞれ個別の規定はあるが、準法律行為についてまとめて定義する条文はない。しかし、学説は、ドイツに倣ってこのような概念を使っている。

◆　解　釈　◆

(1) 準法律行為の意義

　準法律行為は、意思の表明を伴う行為によって、あらかじめ法律に定められた効果が発生する行為である。意思の表明を伴う行為である点では法律行為と似ているが、その意思によって法律効果が発生するわけではなく、法律の規定によって発生する点に違いがある。

第5章 ◆ 法律行為の構造/準法律行為

(2) 準法律行為の種類
①意思の通知

　意思の通知とは、自らの意思を通知することにより法律に定められた一定の効果を生じさせる行為である。たとえば、貸金債権の債権者が債務者に対して期日を定めて貸金の返済を催促する行為（催告という）がこれにあたる。この行為によって意思どおりの効果（期日までに返済してもらうという効果）が生じるわけではなく、法律に定められた効果（新541条〔期日までに支払わないときは債権者は当初の貸金契約を解除できる〕）が生じるだけである。

②観念の通知

　観念の通知とは、ある事実についての自己の認識を相手方に伝える行為である（事実の通知ともいう）。たとえば、債権者が債権を他に譲渡したと通知すること（債権譲渡の通知）や自己が債務を負っていることを承認すること（債務の承認）がこれにあたる。この場合には、債権を譲渡したとか債務を負っているという既存の事実を相手方に通知するだけであるから、それによって何か別の新たな権利変動が生じるわけではないが、法律の規定によって一定の効果（新467条1項〔債権譲渡があったことを債務者に対抗できる〕、新152条1項〔消滅時効が更新される〕）が生じる。

(3) 法律行為との異同
①区別基準

　法律行為と準法律行為の区別の基準は非常に分かりにくい。両者はともに人の精神作用が外部に表明される行為である点では共通しているが、効果の発生根拠が意思か法律かで異なるとされる。しかし、たとえば前述の例でも、催告という意思の通知や債権譲渡の通知・債務の承認という観念の通知がなされるにいたるまでの行為者の精神作用の過程は、法律行為において意思表示をするにいたる過程と同様であり、この点に着目すれば、両者は区別しなくてもよいということになる。他方、法律によって効果が発生するという点に着目すれば、そのような精神作用の過程の類似性は法律の規定の趣旨から、考慮されないということになる。

71

②法律行為に関する規定の類推適用の是非

　準法律行為のこのような二面性からすれば、法律行為に関する規定は、準法律行為に関する法律の規定の趣旨を損なわない限りで類推適用してよいといえる。たとえば、債権譲渡の通知は、債権者本人がしなければならない理由は特にないので、代理人によってすることも認められてよい。しかし、債務者が事実を知ることが重要なので、債権者に法律行為をする能力（行為能力という。詳しくは第9章で扱う）がなかったとしても、いったんなされた通知の効力は妨げられないといってよいだろう。類推適用が認められるか否かはそれぞれの規定の解釈次第であるが、否定される場合はあまりないということになると、そもそも準法律行為を法律行為と区別する必要があるのかが問われることになる（ドイツにおける概念重視の時代の法学の所産にすぎないとして区別は不要であるとする学説もある）。

4　法律行為の成立要件・有効要件

> ・法律行為の成立要件は、意思表示が存在していることである。
> ・契約では、相対立する意思表示が合致していなければならない。
> ・例外的には、意思表示以外に特別の要件が課せられる場合がある。
> ・法律行為の有効要件とされるものは、法律行為の効果が否定される場合を裏側から言ったものにすぎない。

◆ 条 文 ◆

(1) 原則的要件

　法律行為の成立要件について一般的規定はないが、共通する要件として、法律行為であるためには意思表示が存在していなければならない。どのような内容の意思表示が必要であるかは、各種の契約・単独行為・合同行為ごとに規定が設けられている。

(2) 例外的要件

　例外的に、以下のように意思表示以外の特別の要件が課せられている場合がある。

第 5 章 ◆ 法律行為の構造／法律行為の成立要件・有効要件

①要式行為

要式行為とは、法律が定める一定の方式に従ってなされないと成立しない法律行為である。契約については、債権法改正により、原則として方式は自由であるが、法令に特別の定めがある場合は除くという規定が新設された（新 522 条 2 項）。たとえば、保証契約（新 446 条 2 項〔書面〕）、書面でする消費貸借（新 587 条の 2〔書面〕）がこれにあたる。契約以外では、婚姻（民 739 条 1 項〔届出〕）、養子縁組（民 799 条〔届出〕）、遺言（民 960 条〔民法の定める方式〕）などがそうであり、家族法の領域に多い。

②要物契約

要物契約とは、当事者の合意だけでは成立せず、物の引渡しがあってはじめて成立する契約である。契約については、①のように、原則として諾成契約であるが、法令に特別の定めがある場合は除くという規定が新設された（新 522 条 2 項）。消費貸借（民 587 条）がこれにあたる。書面によらない金銭の消費貸借（借金）では、貸借を合意しただけでは契約は成立しないので、その時点では貸す義務や返す義務は発生しない。しかし、このような性質は、これらの契約が歴史的には無償で行われてきたことによるものであり、現代の有償契約においては、これを変更ないし修正する解釈が必要になる。2017 年の民法改正では、書面による消費貸借は諾成契約であるとの規定が新設された（新 587 条の 2）。また、改正前には要物契約であった使用貸借（新 593 条）、寄託（新 657 条）は諾成契約に変更された。

◆ 解 釈 ◆

いったん成立した法律行為が有効であるための要件（有効要件）として以下のようなことがらをあげるのが一般的である。①意思能力・行為能力の存在、②内容の確定性、③内容の実現可能性、④内容の適法性・妥当性、⑤法律行為の要素である意思表示の有効性。

しかし、これらのうち、②は法律行為があいまいな場合にはその内容を明確にする作業が必要であるということを、①③④⑤は例外的に法律行為の効力が否定される場合があるということを裏側から「要件」と言っているにほかならない。そこで本書では、これらについては第 6 章と第 8 章で扱うことにする。

73

第6章 法律行為の解釈

1 法律行為の解釈の意義

・法律行為の解釈とは、法律行為の内容を確定する作業である。
・広義の法律行為の解釈には、①当事者がした法律行為の意味を確定する作業（狭義の法律行為の解釈）、②当事者が特に定めなかった部分を補充する作業（法律行為の補充）、③法律行為を合理的な内容に修正する作業（法律行為の修正）が含まれる。
・法律行為の補充および修正では、当事者による法律行為の「意味の確定」ではなく、新たな「意味の持込み」が行われる。
・法律行為の解釈には、事実の客観的な意味を確定する側面（事実問題）と、その事実を法的に評価しながら法律行為の内容を明らかにする側面（法律問題）とがある。

◆ 条 文 ◆

　法律行為には、①成立②解釈③効力の発生④効力の否定という４つの段階の問題がある。前章では、法律行為の構造と成立要件について説明した。ここでは、法律行為の解釈という問題を扱う。

　法律行為は意思表示を要素として成立するが、その内容が分からなければ、どのような効果が付与されるかを判断しようがない。たとえば、契約を結んだといっても、「いつか・どこかで・誰かと誰かが・何かを・どうかしよう」というのでは、法的に意味のある契約とはいえず、当事者に権利義務を認めることはできない。実際にはそこまで意味が無明瞭な契約はないだろうが、作成された契約書の一部の意味や複雑な契約の細部について

74

不明瞭なことや当事者によって受けとめ方が異なることが少なくない。ある法律行為をめぐって当事者間で紛争が生じた場合には、裁判所は、その法律行為にどのような法律効果を付与することができるかを判断する前に、法律行為の内容を具体的に明らかにして確定する必要がある。このような法律行為の内容を確定する作業を法律行為の解釈という。しかし民法には、解釈の基準に関する一般的な条文はなく、わずかに補助的な条文が二つ置かれているだけであり（後述3参照）、ほとんどすべてが解釈に委ねられている。

◆　解　釈　◆

(1) 法律行為の解釈の三つのレベル

　広義での法律行為の解釈には、以下のように三つの異なるレベルの作業が含まれる。第一は、当事者がした法律行為の意味を確定する作業である（狭義の法律行為の解釈）。第二は、当事者が特に定めなかった部分を補充する作業である（法律行為の補充という）。第三は、当事者の意図したとおりに法律効果を付与したのではつじつまが合わなかったり不合理な結果を招いたりする法律行為を合理的な内容に修正する作業である（法律行為の修正という）（図表8参照）。

　この「補充」と「修正」は、もはや当事者がした法律行為の「意味の確定」ではなく、当事者が必ずしも意図していたとはいえない可能性のある意味を法律行為に付与するものであり、「意味の持込み」と呼ばれる作業である。

(2) 法律行為の解釈の性質

　以上のことからすれば、広義の法律行為の解釈には、何が事実であったかを発見する作業（これを事実問題という）だけでなく、法律行為としてどうあるべきかという法的な評価（これを法律問題という）も含まれていることが分かる。また、狭義の法律行為の解釈においても、事実を発見する過程にはそのような事実が法的に意味のある事実であったのか否かを評価するという作業が含まれる。この発見と評価という両方の作業を通じて、ある法律行為の内容が確定されるのである。したがって、法律行為の解釈は、事実問題であるとともに法律問題であるという側面がある。事実の発見に

関する部分は事実問題であるが、その事実を法的に評価しながら法律行為の内容を明らかにする部分は法律問題であるといえよう。古い判例には、法律行為の解釈は事実問題であるとしたもの（大判大正10・5・18民録27輯937頁など）、逆に法律問題としたもの（大判大正2・11・20民録19輯983頁など）があるが、これらは法律行為の解釈には両方の側面があることを示していると解すべきである。

事実問題か法律問題かは、法律問題ならば裁判所の判断の誤りについて上告受理の申立てをすることができるが（民訴318条）、事実問題ならばそれができない点で異なる。

◆ **発 展 問 題** ◆

法律行為の解釈は、論理的には、法律行為が成立してはじめて問題になり、また、解釈によって内容が明らかとなってはじめてその効力が問題となるのであるから、成立と効力との中間に位置する問題である。こういった問題の違いを理解することは、法的な思考をする場合には非常に重要なことである。これらがきちんと区別されていると、自分の考えを論理的・説得的にまとめることができる。

しかし実際の訴訟では、紛争当事者の一方が法律行為に基づく権利を主張するためには、ただ何らかの法律行為が成立していると主張してみても訴訟として成り立たないので、法律行為の内容を明らかにし、それを根拠

図表8　法律行為の解釈（広義）

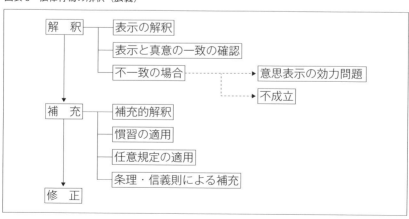

にして自己の権利を主張しなければならない。したがって、法律行為の解釈は、実際には、法律行為の成立および効力と密接不可分に連動した関係にある問題である。

2　狭義の解釈

- 契約の意味を確定するためには、まず表示の意味を客観的に明らかにする必要がある。
- 表示の客観的意味は明瞭でも、当事者が共通してそれとは異なる意味を表示に込めている場合には、当事者が表示に込めた意味での契約と解釈される。
- 表示の客観的な意味が明瞭でない場合には、当事者の立場、契約時の事情、以前の取引状況、慣習、取引慣行、社会通念などを総合的に考慮して、当事者が表示に込めたであろう意味を明らかにする。
- 表示の客観的意味が一方の当事者の真意と異なる場合には、表示に対する相手方や社会の信頼を尊重して表示どおりの契約であると解釈し、真意と表示との食い違いは、いったん成立した契約の効力否定の問題として取り扱うべきである。
- 契約当事者がそれぞれ表示の客観的意味と異なる真意を有していた場合には、意思表示の合致がなく、契約は成立していないというべきである。ただし、一方当事者の理解に社会的合理性があるときは、そのような意味での契約であると解釈すべきである。

◆　条　文　◆

　法律行為の意味を確定する作業の基準に関する条文はない。ドイツやフランスの民法には、当事者の真意を探求すべきこと、言葉や文字に形式的に拘泥すべきでないこと、取引慣行や信義則を考慮すべきことなどを定める明文規定があるが、わが国では、これらを参考にしつつ独自の議論が展開されている。

77

◆ 解 釈 ◆

(1) 表示の解釈

法律行為の解釈とは、結局のところ、当事者がそれによって何をしようとしているのか（真意、目的、意図などといわれる）をはっきりさせることにほかならない。その最初の糸口は、当事者によってなされた表示（契約書や口頭の約束など）であり、この表示の文章上・言語上の意味を客観的に明らかにすることがスタートである。法律行為には契約のほかに単独行為、合同行為があるが、これらの性質に応じて解釈の方法はかなり異なっている。そこで以下では、法律行為の代表的なものとして契約の解釈を取り上げ、他の行為についてはその後に解説する。

契約の解釈は、以下の手順で行われる。

①表示の意味が明瞭な場合で、かつ、契約当事者の真意がそれに合致していれば、契約の解釈はとくに問題なくそれで終了する。

②表示の客観的意味は明瞭だが、当事者が共通してそれとは異なる意味を表示に込めている場合には、当事者にとってはその表示こそが真意を表すもの（表示＝真意）であるから、当事者がそれに込めた意味での契約であると解釈してよい（たとえば、大きなおむすびのことを当事者間では爆弾と呼んでいて「爆弾を10個売買する」という契約を結んだ場合）。

③表示の客観的意味が明瞭でない場合には、当事者の立場、契約がなされたときの事情、以前の取引の状況、慣習、取引慣行、社会通念などを総合的に考慮して当事者がそれに込めたであろう意味を明らかにする（たとえば、行きつけの食堂で「いつもの」と注文する場合）。裁判例では、損害保険の約款で「雪災」と規定されていることの意味が問題となった事件で、約款の作成者はその意味を明瞭にすることができる立場にあったのにそうしなかったのであるから「作成者不利」に解釈すべきであり、社会通念からみて豪雪地帯での7年ぶりの大雪による被害は雪災にあたると解釈したものなどがある（秋田地判平成9・3・18判夕971号224頁）。なお、ここで慣習を利用するのは、あくまで当事者の真意を明らかにするためであって、後に述べるように、当事者が定めていないことがらについて慣習を適用するのとは異なる。たとえば、大豆粕を「塩釜レール入り」で引き渡すという売買契約について、売主がまず大豆粕を塩釜駅に送付し、代金は駅に到着してから受領するという慣習があったとした上で、当事者はこれによる意

思があったものと推定すべきであるとした裁判例があるが（大判大正10・6・2民録27輯1038頁・百選Ⅰ-19・ハンドブック41）、これは、慣習を利用して狭義の契約解釈をしたものであり、当事者が定めなかったことについて契約を補充したものではないと理解すべきである。

(2) 表示と真意とが食い違っている場合の処理

　表示の客観的な意味が明らかになったが、それと当事者が主張する真意とが食い違っている場合にはどのような処理をすべきか。上記のように、契約の両当事者が共通して客観的な意味とは異なる意味を表示に込めた場合は問題ないので、問題になるのは、一方の契約当事者の真意のみが表示とが食い違っている場合、および当事者双方がそれぞれ表示と異なる真意を有している場合である。

①一方当事者の真意のみが表示と異なる場合

　たとえば、売買契約で買主が10万円とすべきところを書き間違えて100万円で買うと申し込んで売主が承諾した場合には、表示の意味どおり100万円の売買契約であると解釈するのが基本である。いくら真意を探求するといっても、それは医学的・心理学的に探求するということではなく、社会的な行為としての契約をした意味を明らかにすることだからである。上記の契約はその意味では100万円の契約であることが明らかであり、また、そうでなければ、およそ他人のした表示を信頼して行動することすらできなくなってしまう。

　しかし、「何が契約か」ということと「そのようなつもりで契約したのではない」ということとは別問題であるから、真意と表示とが違うという当事者の主張をどこでどう扱うかが問題となる。これは法律行為の要素である意思表示において意思と表示とが食い違っている場合にそれをどのように処理するかという問題である。これには、本人による自己決定・自律を尊重する立場から意思を重視する意思主義という考え方と、意思表示に対する社会的信頼を尊重して表示を重視する表示主義という考え方とがある。この意思主義・表示主義が法律行為の成立の問題に関わるのか、解釈の問題なのか、それとも効力否定の問題なのかは区別が難しい。もし意思表示として意味がないとすると、申込みと承諾の一方を欠くことになるので、

79

契約は成立していないことになるとも考えられる。また、そうではなく、いったん成立した契約が意思表示の無効によって効力を否定されるのだとも考えられる。しかし、このように考えてゆくと、成立・解釈・効力の関係がぐちゃぐちゃになって混乱してしまう。意思と表示との食い違いは、どこかでは考慮しなければならない問題ではあるが、それをどこで考えるかは何が常識的な思考の順序かという問題である。このように考えれば、契約についてはっきりした表示がある以上、契約は成立したものと扱い、次にその内容を明らかにし、その後にその効力を否定しようとする者に自己の意思と表示との食い違いを主張させるというのが実際的である。したがって、このような問題は、後に「法律行為の要素の欠落」（第10章以下）で扱うことにする（ちなみに、上記の売買契約の例では買主の錯誤〔新95条〕によって100万円の売買契約が取り消されるかが問題になる）。

②**契約当事者がそれぞれ表示と異なる真意を有していた場合の処理**

　表示の客観的な意味を当事者双方がそれぞれ異なる意味で理解していた場合はどうか。たとえば、80番地と表示された土地の売買契約で、売主は79番地の土地を売るつもりであったのに買主は81番地の土地を買うつもりであった場合は、一体どのような売買契約か。①と同じように考えると80番地の売買契約であり、売主買主双方の錯誤が問題になるようにみえる。論理的にはそのように解することもできなくはないが、それでは誰も意図していない土地の売買契約を新たに作り出すことになり妥当でない。売主・買主がそれぞれ表示に込めた意味を考えれば、売主の79番地を売るという申込みと買主の81番地を買うという承諾とがそもそもズレており、79 ≠ 81である以上、意思表示の合致がなくはじめから売買契約は成立していないというべきである。

　ただし、たとえば、住居表示上は79番地であるのに住宅地図では80番地となっており通例80番地と呼ばれていたなど、一方の理解に社会的な合理性がある場合には、80番地という表示は79番地の表示であると解釈できる。そのような場合は、79番地の売買契約が成立し、買主の錯誤が問題となるわけである（ただし、大阪高判昭和45・3・27判時618号43頁は売主買主双方が土地の番地を間違えた場合につき、その誤解を考慮したうえで契約解釈をすればよく錯誤は問題にならないとしている）。

第6章 ◆ 法律行為の解釈／法律行為の補充

◆ **発 展 問 題** ◆

　契約解釈は、その後の法律構成をどうするか、またどのような結論を導くかということと密接に連動した問題である。そのことを示す例を紹介しよう。

　XらとYらは、共同でヨットを購入してレジャーに利用するための組合契約を結んでいたが、仲たがいしてXらはYらに対して組合から脱退するので出資金を返還せよと請求した。しかしこの組合契約には、会員の権利について「オーナー会議で承認された相手方に対して譲渡することができる。譲渡した月の月末をもって退会とする」という規約があった。第一審は、これを任意の脱退を制限する趣旨の規約ではないと解釈してXらの請求を認めたが、控訴審は、この規約によらなければ脱退できないという趣旨であると解釈して請求を認めなかった。これに対して最高裁は、控訴審の規約の解釈を前提としながら、民法678条によればやむをえない事由がある場合には任意の脱退を許さなければならないから、規約はその限りで無効であると判断した（最判平成11・2・23民集53巻2号193頁・百選Ⅰ-17）。最高裁の法律構成は、控訴審の規約の解釈を前提にしながらXらの請求を認めるためにはどのようにしたらよいかという観点から理解することができる。

3　法律行為の補充

・狭義の契約解釈をしても当事者が定めなかった部分がある場合には、慣習と任意規定によって補充することが条文上認められている。
・しかし、契約全体の趣旨から当事者の意図を読み取ることができれば（補充的契約解釈）それを優先すべきである。
・上記によってもなお明らかでない部分があるときは、条理や信義則によって補充する。

◆ **条 文** ◆

　民法には、「法律行為の当事者が法令中の公の秩序に関しない規定と異なる意思を表示したときは、その意思に従う」（民91条）という条文と、

81

「法令中の公の秩序に関しない規定と異なる慣習がある場合において、法律行為の当事者がその慣習による意思を有しているものと認められるときは、その慣習に従う」（民92条）という条文がある。

(1) 慣習による補充（民92条）

慣習は、狭義の解釈をしても契約で当事者が特に定めなかった部分がある場合には、契約解釈に利用される。ただし、公の秩序に関する規定（強行規定という）に反する慣習は考慮してはならない。しかし、公の秩序に関しない規定（任意規定という）よりは慣習のほうが優先して利用される。これは任意規定よりも慣習のほうが当事者にとって身近なものであると考えられたからである。

条文を文字通りに解すると、当事者が意思を表示したときに限って慣習を利用することができることになる。しかし通説・判例は、意思がはっきりしているのならば前述の狭義の解釈をすればよいのであるから、ここでは逆に「とくに慣習によらないとの意思が表示されていない限り慣習による」と解している（大判大正3・10・27民録20輯818頁〔地代の値上げに関する慣習〕、前掲、大判大正10・6・2）。特定の地域や取引においてある慣習がある場合には、契約当事者はそれを当然の前提としているためにあえて何も表示しないことがあるので、そのように解するのが妥当である。

(2) 任意規定による補充（民91条）

強行規定に反する法律行為は無効となる（詳しくは第16章2〔強行法規違反〕で扱う）。これに対して、任意規定に反する法律行為でも無効とはならない。したがって契約当事者は任意規定によらないという意思を表示すれば、これを排除することができる（たとえば、新484条1項は債務の弁済の場所について規定しているが、これと異なる場所を設定してかまわない）。逆に、契約当事者の意思が明らかでなければ、その部分に関する任意規定がある限り、契約はその規定によって補充される。任意規定は、当事者がすべての事態に対処するように取り決めをすることは困難であることから通常の人ならどうするかを基準として規定されているものであり、そうすることが妥当である。また、このような作業は、厳密に言えば、当事者が定めた契約の意味を明らかにする作業ではなく、定めなかった部分に任意規定を

第6章 ◆ 法律行為の解釈／法律行為の補充

持ち込む作業であって、解釈と呼ばれるもののその実質は法の適用である。したがって、当事者はとくに任意規定どおりの契約が成立していたことを主張・立証する必要はない。

◆ **解 釈** ◆

　学説では、民法の条文だけでは、法律行為の補充として行われるべき作業の最初の部分と最後の部分が不足していると解されている。

(1) 契約の趣旨の解釈（補充的契約解釈）

　契約において当事者が定めなかったことが明らかな事項についても、契約全体から当事者の意図を読み取ることができるのであれば、そのような作業は慣習や任意規定の適用に先立って行われるべきである。このような作業のことを「補充的契約解釈」という。その結果として、慣習や任意規定と異なる内容が契約に付与されることになっても、そのほうが当事者自律の観点からは望ましい。たとえば、ゴルフクラブの会則に会員権の譲渡に関する規定はあるが会員が死亡したときの相続に関する規定がない場合について、会員の地位の変動という点では譲渡も相続も同じであるから、会則は相続も譲渡と同じように扱うという趣旨であると解釈した判例がある（最判平成9・3・25民集51巻3号1609頁・ハンドブック44）。

　ただし、この補充的契約解釈は、実質的には、当事者間に存在すべき規範を設定してこれを適用するという作業であるから、当事者自律の名目で裁判官が作り出した規範を押し付けることになってはならない。補充的契約解釈は、契約の趣旨からして当然存在すべき内容が表示上存在しない場合に限られるべきである。

(2) 条理・信義則による補充

　以上のような狭義の契約解釈、補充的契約解釈、慣習による補充をしてもなお明らかでない部分が残っているときは任意規定が適用されるが、それに関する任意規定がない場合には、最終的には条理や信義則によって補充することもありうる。条理とは物の道理といった意味であり、社会常識である。

　ここまで解釈をすればほとんどの場合には契約の内容は明らかになるは

83

ずである。もし、これらによってもなお契約の内容を確定できないときは、法的には意味のない契約であり、効力はないといわざるをえない。

◆ 発 展 問 題 ◆

　法の適用に関する通則法3条では、公序良俗に反しない慣習は、法令の規定によって認められたものまたは法令に規定されていない事項に関するものに限って法律と同一の効力を有すると規定されており、これによると制定法が慣習に優先することになる。ところが民法92条では、前述のように、慣習は任意規定（制定法の一部である）に優先すると規定されている。そこで、両者の関係をどう説明するかが問題となる。

　かつての通説は、通則法でいう慣習とは、法規範までに高められた慣習（慣習法）のことであり、これに対して民法でいう慣習とは、そこまでにいたっていない慣習（事実たる慣習という）のことであるとして両者を区別してきた。しかしこれでは、優先順位は、事実たる慣習→任意規定→慣習法となり、規範としての慣習法のほうが事実としての慣習に劣後してしまうことになる。

　そこで今日では、①一般的には通則法の定めるように制定法が慣習に優先するが、民法の領域では私的自治が認められるので、特に慣習の優先が認められている（民92条は通則法の特別法になる）と解する説（河上、潮見、四宮・能見）や、②民法92条で慣習が任意規定に優先すると定められている以上、通則法にいう法令とは強行規定のことであり、強行規定に反する慣習は認められないことを述べているだけであると解する説が有力になっている。これらの説によると、優先順位は強行規定→慣習→任意規定になる。しかし、その他に③通則法にいう慣習は法令に規定がまったく存在していないことがらに関する慣習であり、民法92条にいう慣習は任意規定が存在していることがらに関する慣習であるから、両者は重ならないと解する説もある（近江、加藤）。これによれば、優先順位は強行規定→任意規定がある場合の慣習→任意規定→規定がない場合の慣習になる。①②説のようにいう理論的根拠を見出すことは難しく、③説が文理上素直かつ妥当な理解ではないかと思われる。

第6章 ◆ 法律行為の解釈／法律行為の修正

4 法律行為の修正

> ・契約内容が明確な場合でもそれが不当な場合には、解釈の名の下で修正されることがあるが、これには根拠や基準が明確でないという危険性がある。
> ・内容の不当性の問題は、できるだけ効力否定の問題として処理すべきである。

◆ 条 文 ◆

契約内容が明確であっても、それが不当であると判断される場合に、契約解釈の名の下に修正される場合がある。これを修正的契約解釈という。これに関する条文はない。

◆ 解 釈 ◆

(1) 修正的解釈の具体例

たとえば、かつて市販の家屋の賃貸借契約書には、1回の賃料不払いがあればそれで即時に契約を解除できる旨の条項が入っていたが、これは例文として入っているだけで実際に当事者が合意したものではないから、この契約書を使って契約が結ばれていても契約の内容とはならないと解釈した裁判例が多く見られる（例文解釈という）。

(2) 効力否定との関係

当事者が定めた契約内容が妥当でない場合の処理方法としては、契約はそのままの内容で解釈した上でその効力を否定するという方法がある（たとえば、公序良俗違反（新90条）や強行法規違反であるとして契約の一部を無効にする）。これによれば、なぜそのような内容が妥当でなく効力を否定されるのかが法規範の適用というかたちで厳格に説明される。これに対して、修正的契約解釈は、契約自由の原則により当事者の自律に委ねられている世界の内部に裁判所が介入して、明確である契約内容を否定する作業であるにもかかわらず、「契約はこうあるべきであった」という裁判官の個人的な判断がそのまま正当化されてしまう危険性がある。したがって、契約の

85

趣旨が明らかである以上、問題はできるだけ効力否定の方法で処理すべきである。上記の賃貸借契約書の例も、現在では借地借家法で効力否定の問題として処理されている（借地借家 30 条）。

5 契約以外の法律行為の解釈

- ・遺言の解釈では、契約の解釈以上に作成者の真意を尊重すべきである。
- ・また、遺言はやり直しがきかないので、できるだけ有効になるように解釈すべきである。
- ・法人の設立行為は、必要事項の多くが法定されており、解釈の余地が少ない。

◆ 条 文 ◆

　法律行為の解釈に関する規定（民 91 条、民 92 条）は、契約以外の法律行為（単独行為・合同行為）についても適用される。

◆ 解 釈 ◆

　単独行為、合同行為についても、基本的には契約と同様の解釈がなされるが、それぞれの行為の特性から、解釈には以下のような特徴が見られる。

(1) 単独行為（遺言）の解釈

　単独行為は、行為者の一方的な意思表示で成立する法律行為であって、たとえ相手方がある場合でもその信頼を契約ほど考慮する必要がない。そこで、相手方のない単独行為の典型例である遺言については、契約以上に、文言を形式的に解釈するだけではなく作成者の真意を探究すべきであると解されている（最判昭和 58・3・18 判時 1075 号 115 頁・百選Ⅲ-84）。また、遺言では、その解釈が問題になる時点では作成者は死亡しており、やり直しはきかないので、できるだけ作成者の意思を尊重しようとすれば、遺言の内容が必ずしも明らかでない場合でも可能な限り有効になるように解釈すべきである。判例では、「遺産全部を公共に寄付する」としただけで遺贈の

相手方が特定されていない遺言について、寄付する団体の選定を遺言執行者に委ねたものだと解釈したものがある（最判平成5・1・19民集47巻1号1頁・百選Ⅲ-85・ハンドブック43）。

(2) 合同行為の解釈

　法人の設立行為は、必要事項の多くが法定されているので（一般社団・財団法人10条以下、同152条以下）、その解釈が問題となることはあまりない。ただし、法人はその目的の範囲内において権利を有し義務を負うとされていることから（民34条）、ある行為が当該法人の目的の範囲内か否かがしばしば問題となる。詳しくは第20章で扱うが、判例は一般に、営利法人については目的の範囲を緩やかに解釈し、非営利法人については厳格に解釈する傾向が見られる。

第**7**章 法律行為の
効力の発生時期

1 効力発生時期に関する二つの問題

・法律行為の効力発生時期については、①法律行為の構造にかかわる
問題と、②当事者による効力発生の制限という問題とがある。
・法律行為の構造にかかわる問題には、①意思表示の効力発生時期と
いう問題と、②意思表示の合致により成立する契約の効力発生時期
（成立時期）という問題とがある。
・当事者による効力発生の制限には、①条件による場合と②期限によ
る場合とがある。

◆ 条 文 ◆

　法律行為は時間的にみて何時から効力を有するのか。簡単に考えると、
それは法律行為が成立したときだろうと思ってしまうが、問題はそう単純
ではない。細かく考えてみると、これには二つの問題が含まれる。

　第一は、法律行為の構造的な問題であり、法律行為の要素である意思表
示は何時から効力を生じるのかという問題である。より詳しく言えば、こ
れにも、①個々の意思表示の効力は何時発生するのかという問題と、②契
約のように複数の意思表示が存在する場合には、何時意思表示が合致して
法律行為が成立したといえるのかという問題とがある。

　第二は、法律行為の当事者の自律に関する問題であり、当事者は必要に
応じてどうすれば自らの意思によって法律行為の効力の発生・消滅につい
て一定の制限を加えておくことができるかという問題である。より詳しく
言えば、これにも、①将来発生するか否かが不確実な事実しだいで法律行

為の効力を発生または消滅させようとする場合（条件という）と、②将来発生することが確実な事実によって法律行為の効力を発生または消滅させようとする場合（期限という）とがある。

第一の問題については、民法は総則の意思表示に関する規定の最後（新97条〜新98条の2）と債権編の契約の章の冒頭（新522条〜民528条）に規定を置いているが、最近のコンピューター等を用いた電子取引に対応するために特別法も設けられている（電子消費者契約及び電子承諾通知に関する民法の特例に関する法律〔2001年〕）。また、第二の問題については、総則の法律行為の章の最後に規定を置いている（民127条〜民137条）。このように、法律行為の効力発生時期については、あちこちに分散して条文が置かれているので、まず第一の問題について解説し（2、3）、その後に第二の問題について、民法の規定をまとめて解説する（4、5）ことにする。

2　意思表示の効力発生時期

- 相手方のある意思表示は、原則として相手方に到達した時から効力を生じる（到達主義）。
- 受領されなければ原則として到達があったとはいえないが、相手方が正当な理由なく到達を妨げたときは、通常到達すべきであった時に到達したものとみなされる。
- しかし、意思表示の発信後に表意者が死亡し、意思能力を喪失し、または行為能力の制限を受けた場合でも、意思表示の効力は失われない。
- 相手方不明や相手方の所在不明の場合には、公示による意思表示が利用できる。
- 受領能力がない者に対する意思表示は、その法定代理人が知った時から効力を生じる。
- 「到達」とは、相手方の了知しうる支配圏内に入ったことをいう。
- 取消しや解除などの単独行為では、意思表示の効力発生時が法律行為の効力発生時になる。

◆ 条 文 ◆

(1) 意思表示のプロセス

　まず、法律行為の構造的な問題のうち、意思表示の効力は何時発生する
のかという問題を取り上げよう。たとえば、建物の賃貸人が賃借人の契約
違反を理由に賃貸借契約を解除するという意思表示をする場合で考えてみ
ると、そのような意思表示をするプロセスは、①表白（たとえば解除すると
いう手紙を書く）→②発信（投函する）→③到達（配達される）→④了知（手
紙を読む）というものである。このうちの何時、意思表示の効力が生じた
といえるのであろうか。意思表示を発信したが、到達しなかったとか了知
されていないといった場合に、意思表示はなされたことになるのか否かが
問題になる。この問題は、契約については法律行為内部の構造的な問題で
あるのに対して、単独行為（取消し、解除など）は、行為者の一方的な意思
表示のみで成立する法律行為であるため、意思表示の効力発生時がそのま
ま法律行為の効力発生時になるので、相手方としては注意が必要である。

(2) 到達主義の原則

　相手方のない意思表示（たとえば遺言）は、原則として意思を外部に表明
した時点で効力が生じる。

①改正前の規定

　相手方のある意思表示でも、現に対話している者の間（対話者間）でなさ
れた意思表示については、上記の①〜④はほぼ瞬間的に行われるので、実
際上、意思表示の成立即効力発生であり、それ以上時期は問題にならない。
対話者とは、時間的な間隔がないという意味であり、電話での会話は対話
者間になる。このため、改正前の民法では、次の時間的に間隔のある者の
間（隔地者間）でなされた意思表示についてのみ規定が置かれていた（旧97
条）。

　相手方のある意思表示で、①〜④に時間的間隔がある場合（隔地者間）に
は、①では手紙を書いてみたものの出すかどうか迷っている場合でも効力
が生じてしまうことになるし、④では相手方が読んでくれない限りいつま
でたっても自分の意思を伝えられないことになって、いずれも妥当でない。
したがって実際上の選択は②か③である。このうち改正前の民法では、起

草過程で議論があったものの、相手方が意思表示の内容を知ることが不可能な時点で効力を生じさせるのでは不測の損害を被るとして、③の到達が原則とされた（旧97条1項〔到達主義〕）。これによると、意思表示が相手方に到達しなかったり延着したりすることのリスクは表意者が負うことになる。しかし逆に、発信しても到達しない限り意思表示を撤回することができるという点では、表意者に有利である。たとえば、前述の契約を解除するという意思表示は、相手方へその旨を記した書面が到達した時点ではじめて効力を生じるが、到達前に思い直して撤回すれば効力は生じない。

②改正後の規定

しかし現代では、たとえば電子メールやチャットのような通信手段が発達しており、このような場合には対話者か次の隔地者かという区別自体が相対的なものとなる。また、現に相対している者同士の会話でも、相手方が耳をふさいでしまえば、それでも到達はしているということを明確にする必要が出てくる。そこで、改正により、意思表示は、対話者間か隔地者間かを問わず、相手方に到達した時から効力を生ずると改められた（新97条1項）。

(3) 例外としての発信主義

しかし、例外的に以下の場合には、発信で効力が発生することとされている（発信主義）。

①制限行為能力者に対する催告への確答

民法では、未成年者や判断能力の低い者は、取引上不利益を被る危険性があるので、一定の場合に制限行為能力者として保護されている（第9章で扱う）。そして、制限行為能力者がした法律行為（たとえば不動産を売買した）は、結果オーライならそのままにしておいてもよいが、制限行為能力者にとって利益にならないと考えるときは、一定の要件の下で相手方の意向にかかわらず取り消すことができる。しかしそれでは、相手方は、その法律行為が取り消されるのか否か分からないという非常に不安定な立場に置かれることになる。そこで、相手方は、1か月以上の期間を定めて制限行為能力者に取り消すか否かを確答するよう催告をすることができるが、

91

この確答は発信すれば効力を生じる（新20条）。制限行為能力者に確答の未着・延着のリスクを負わせない趣旨である。

②クーリング・オフ

割賦販売や訪問販売などで認められているクーリング・オフ（撤回権）は、一定期間内に権利を行使しなければならないが、撤回の意思表示は発信時に効力が生じる（割賦販売35条の3の10第2項、特定商取引9条2項、同24条2項など）。したがって、消費者は期間内に発信すれば、到達が期間経過後であってもよいことになる。

(4) 到達妨害
①受領拒絶

到達主義の下では、意思表示が到達しなければ効力が発生しないが、それでは、意思表示の受領を望まない相手方が受領を拒絶している限り、意思表示の効力が発生しないことになってしまう。改正前には、このような場合に関する明文規定がなかったが、解釈によって、受領してその内容を了知できる可能性があったのにこれを拒否した以上、後に了知可能性がなかったという主張を許すべきではないとして（禁反言）、受領拒絶に正当な理由があったか否かで結論が区別されていた。すなわち、たとえば、本人が旅行中で不在であり、また認印がないことを理由として本人の妻、娘が書留内容証明郵便の受領を拒絶し再配達を希望したために郵便の集配人が次の日に配達をしたときは、配達をした日に到達となる（大判昭和9・10・24新聞3773号17頁）。しかし、配達された郵便物を内縁の妻が本人不在といって受領を拒んでも、本人は昼間不在がちで時々外泊したことがあるという程度であったというように、受領拒絶に正当な理由がないときは、実際に受領していなくても到達があったとされる（大判昭和11・2・14民集15巻158頁）。

改正法では、このような解釈を受けて、相手方が正当な理由なく意思表示の到達を妨げたときは、意思表示は通常到達すべき時に到達したものとみなすと規定された（新97条2項）。受領拒絶の場合には、その時が通常到達すべき時となる。正当な理由の有無の主張・立証責任については、受領により到達するのが原則であるから、表意者が受領拒絶に正当理由がない

ことを主張・立証すべきであろう。

②不在の場合

　不在のため書留郵便等を受領する者がいなかった場合には、正当な理由なく到達を妨げたとはいえないので、原則として到達にはならない。しかし、不在のために書留内容証明郵便の不在配達通知書を置いてきた場合について、これにより差出人が分かり、その内容を十分に推知できたときには、相手方としても郵便物の受取方法を指定してさしたる労力・困難を伴うことなく郵便物を受領することができたのであるから、遅くとも留置期間（この期間を超えると差出人に返戻する）が満了した時点で到達したものと認められるとした判例がある（最判平成 10・6・11 民集 52 巻 4 号 1034 頁・百選 I -25・ハンドブック 69）。改正後は、このような場合も、正当な理由なく到達を妨げたこととして解釈されることになろう。

(5) 意思表示後の死亡・意思能力喪失・行為能力の制限

　表意者が意思表示の発信後に死亡し、意思能力（自己の行為の意味や結果を認識し判断する能力）を喪失し、または行為能力（法律行為をする能力）の制限を受けた場合、到達主義によれば意思表示の効力は失われるようにも思えるが、民法は、発信で意思の内容が確定していること、相手方が不測の損害を被るおそれがあることを考慮して、意思表示の効力は失われないとした（新 97 条 3 項）。たとえば、表意者が意思表示の発信後に死亡した場合には、たとえ相続人がそのような意思表示をするつもりがなくても、意思表示の効力は到達により相続人に受け継がれる。ただし、これに関しては、契約の申込みについて例外規定がある（後述 3）。

(6) 公示による意思表示

　意思表示の相手方が行方不明である場合や相手が死亡したが誰が相続人か分からない場合には、そもそも意思表示を到達させようがない。そのような場合には、公示による意思表示の方法で代替することができる（民 98 条 1 項）。以前はこのような制度がなく、債権者が債務者に対して催告、相殺、契約の解除をするような場合に支障があったが、実務上の必要から、昭和 13 年（1938 年）の改正で採用された。その手続は、次のようである。

①公示送達に関する民事訴訟法の規定にしたがって、裁判所（相手方不明の場合は自分の住所地の簡易裁判所、所在不明の場合は相手方の最終住所地の簡易裁判所）へ申し立てると、その裁判所の掲示場に意思表示が掲示され、かつ、掲示があったことが少なくとも1回、官報（または、新聞ないし市町村等の掲示場）に掲載される（民98条2項、4項）。

②官報等への最後の掲載の日から2週間を経過した時に、意思表示は相手方に到達したものとみなされる（民98条3項本文）。

③ただし、相手方または所在を知らないことについて表意者に過失があるときは、②の効果は生じない（民98条3項ただし書）。

(7) 受領能力のない者に対する意思表示

意思表示が到達しても、相手方が意思表示を理解する能力がない者であった場合には、効力を発生させるのは妥当でない。そこで、相手方が意思表示を受けた時に意思無能力者（新3条の2）であったとき、または未成年者もしくは成年被後見人（民7条〔精神上の障害により事理を弁識する能力がなく後見開始の審判を受けている者〕）であったときは、これらの者には受領能力がないものとして、たとえ意思表示が到達しても効力を主張することができないとされている（新98条の2本文〔これらの者から主張するのはかまわない〕）。このような場合には、それらの者の法定代理人がその意思表示を知った時、またはそれらの者が意思能力を回復するか、行為能力者となった時から効力が生じる（新98条の2ただし書）。もっとも、はじめから法定代理人に対して意思表示をしていれば、通常の意思表示の場合になるので、到達でその効力が生じる。なお、制限行為能力者には、未成年者、成年被後見人以外に被保佐人、被補助人があるが、後の二者は法律行為をする能力は制限されていても、意思表示を受領する能力はあるとされている。

◆ 解 釈 ◆

(1) 到達の意義

判例・通説によれば、到達とは相手方の了知しうる支配圏内に入ったことであり、それは、以下のように社会通念に従って判断される。実際に相手方が了知したことは必要ない。郵便受けに配達されれば、通常は到達し

たものとなるが、深夜や休業日に配達されるなど了知可能性がない場合には、了知可能性がある時点（翌朝や次の営業日）になってはじめて到達となる。

①到達の証明

　意思表示をしたか否かが後に問題になった場合には、その効力を主張する表意者が到達の事実を主張・立証しなければならない。したがって、郵便等の場合には書留や配達記録付きで郵送することが便利である。しかしこのような場合には、前述のように郵便物の受領が問題になることがある。

②相手方以外の者が受領した場合

　相手方が了知しうるような状態になったか否かが問題なのであり、必ずしも相手方自身が意思表示を受領する必要はない。相手方以外の者が受領した場合であっても、相手方が了知できる可能性があればそれで到達があったものと解される。たとえば判例では、ある会社に対して土地を貸している地主から地代支払いの催告書が届けられたところ、代表取締役の娘がたまたま会社に来ており、代表取締役の机の上の印鑑を使って受領印を押してそれを受け取って黙って机の引き出しの中に入れておいたが、後日、地主から地代支払いがないことを理由に立ち退きを請求され、その前提として催告書が到達していたか否かが問題となったという事案で、このような場合でも到達があったとしたものがある（最判昭和36・4・20民集15巻4号774頁・ハンドブック68）。

(2) みなし到達条項

　意思表示の当事者間であらかじめ「一定の事実があったときは到達とみなす」といった合意をしておくことは有効である。しかし社会的妥当性を欠く場合には効力を否定される（新90条）。また、消費者契約法10条は、消費者に不利で不当な条項を無効とする。銀行取引では、一般に「銀行からの通知等が取引の相手方に延着・不着の場合でも、通常到達すべき時に到達したものとする」旨の条項が用いられるが、これは第三者に対する効力はないと解されている（東京高判昭和58・1・25判時1069号75頁など）。

3　契約の成立時期

- 契約は、申込みの意思表示を承諾する意思表示が到達した時に成立する。
- 申込みは、承諾期間を定めた場合にはその期間内撤回できない。

◆ 条　文 ◆

(1) 到達主義への変更

　契約では申込みと承諾という二つの意思表示があるので、これらの意思表示が合致して契約が成立する（新522条1項）。旧法はこの契約の成立に関して、到達主義の原則に対する重大な例外を設け、承諾の意思表示は、発信時に効力を生じるとしていた（旧526条1項）。これによれば、契約は、承諾の意思表示を発信した時に成立することになる。これは、承諾をした者に履行の準備を早くさせたり第三者との取引を可能にしたりして取引を迅速にしようという理由による。しかし、このような規定は手紙のやり取りに相当の時間がかかることを想定したものであり、今日の取引の実情に合致しない。今日ではそれほどの時間はかからないので原則どおり到達主義によるのが世界の潮流である。わが国でも、コンピューター、ファックス、テレックス、電話を用いた承諾については、民法の規定は適用されないこととされていた（電子消費者契約及び電子承諾通知に関する民法の特例に関する法律4条）。

　そこで民法改正では、旧526条1項は削除され、承諾もまた、申込みと同様、相手方へ到達した時に効力を生じることになった（新97条1項）。したがって、契約は、申込みに対する承諾の意思表示が申込をした者に到達した時に成立する。これに伴い、電子承諾通知に関する特例も削除され、法律名も、電子消費者契約に関する民法の特例に関する法律に変更された。

(2) 申込みの撤回・失効についての例外

①撤回

　意思表示は、到達後はもはや撤回できないのが原則である。承諾期間を定めた申込みは、その期間内は、撤回権を留保していない限り撤回できな

い（新523条1項）。しかし、契約は承諾がなければ成立しないので、承諾がないまま申込みだけが宙ぶらりんの状態にならないよう、一定の場合には到達後でも申込みを撤回することができる。すなわち、承諾期間を定めない申込みは、申込者が承諾の通知を受けるのに相当な期間経過後であれば撤回できる（新525条1項の反対解釈）。また、承諾期間を定めない申込みでも、対話者間であれば、対話の継続中はいつでも撤回することができる（新525条2項）。

②失効

　撤回しない限り申込みが効力を有し続けるのも不合理なことがある。そこで、承諾期間を定めた申込みは、期間内は原則として撤回できない反面、その期間内に承諾の通知を受けなかったときは効力を失う（新523条2項）。改正前の旧法の下では、承諾について発信主義が採られていたので、期間内に承諾が発信されていれば契約は成立するのではないかという問題があり、このような結果を回避するために、学説上、到達を条件（条件については4参照）とする契約の成立を認めるなど種々の法律構成が主張されていたが、改正により、承諾についても到達主義が採用されたことによりこのような問題はなくなった。なお、承諾が延着した場合には、申込者は、それを新たな申込みとみなしてもよい（新524条）。

　他方、承諾期間を定めない申込みについては、それが対話者間であれば、対話の終了により（終了後も失効しない旨を表示していたときを除き）失効する（新525条3項）。隔地者間でどうなるか規定はないが、通説は、承諾の通知を受けるのに相当期間撤回はできないものの（新525条1項）、そこからさらに相当期間を経過して申込みは失効すると解している。

(3) 申込み後の死亡・能力喪失等についての例外

　すでに述べたように、意思表示の発信後に表意者が死亡・意思無能力・制限行為能力となっても意思表示は効力を失わないのが原則であるが（新97条3項）、契約の申込みについては、例外がある（新526条）。すなわち、①申込者が死亡・能力喪失等により申込みが失効する旨の意思をあらかじめ表示していたとき、または②相手方が承諾の通知を発するまでに申込者の死亡・能力喪失等の事実を知ったときには効力を失う（新526条）。この

97

図表9　意思表示・申込み・承諾の効力発生時期

	一般の意思表示	申込み		承諾
効力発生時期	到達時（97Ⅰ）			
撤回	到達後不可	承諾期間の定めあり	撤回権留保以外不可（523Ⅰ）	到達後不可
		承諾期間の定めなし	隔地者間：相当期間経過後可（525Ⅰ）	
			対話者間：対話中可（525Ⅱ）	
失効	不到達で失効	承諾期間の定めあり	期間内に承諾不到達で失効（523Ⅱ）	不到達で失効
		承諾期間の定めなし	隔地者間：相当期間経過疑さらに相当期間経過で失効（解釈）	
			対話者間：対話終了で失効（525Ⅲ）	
死亡・能力喪失等	効力は失われない（97Ⅲ）	①失効する旨の意思をあらかじめ表示していたとき、②相手方が承諾の通知を発するまでに申込者の死亡・能力喪失等の事実を知ったときには効力を失う（526）		効力は失われない（97Ⅲ）

ような場合には、効力を失わせても当事者双方に不利益が生じないからである（以上につき、図表9参照）。

◆　**解　釈**　◆

契約の成立の証明

　以上のような契約成立の仕組みからすると、申込みと承諾によって契約が成立したことを主張するためには、申込みの到達があったこと、および承諾の到達があったことを主張・立証しなければならない（この点は、申込者でも承諾者でも同じ）。

　これに対して、申込者が申込みについて承諾期間を定めていた場合で承

98

諾がその期間内に到達しなかったときは、申込者はその事実を抗弁として主張・立証し、契約の成立を阻止することができる。また、申込者（または相続人もしくは代理人）は一定の場合には、申込みの撤回または死亡・能力喪失等を抗弁として提出することもできる。

◆ 発 展 問 題 ◆

　前述のように、電子消費者契約及び電子承諾通知に関する民法の特例に関する法律は、民法改正により、電子承諾通知に関する規定（4条）が削除され、電子消費者契約に関する民法の特例に関する法律と名称変更されたが、それ以外でも民法に対する重要な例外を規定している。すなわち、同法では、1条と2条で法律の趣旨と用語の定義がなされた後に、消費者がコンピューターの画面上で、クリックという瞬時の誤動作でうっかり契約を結んだことになってしまうことを避けるために、錯誤（新95条）に関する例外を認めて契約の効力を否定しやすくする規定が置かれている（同法3条）。

　しかし、手紙のやり取りを想定した民法の世界とコンピューターによる世界とがまったく同じになったというわけではない。たとえば、承諾通知の到達とは何時なのかについては、申込者による了知可能性を基準にすれば、郵便のようにメールが申込者に実際に到達した時ではなく、申込者がメール・サーバーへアクセス可能になった時と解することになろう。しかし、たとえば承諾者のメールが申込者のサーバーに到達後、サーバーの故障や管理者によるミスなどによって申込者がアクセスできなくなってしまったような場合には、サーバー管理者を選択したのは申込者であり瞬時でもアクセス可能であった以上到達したとするのか、それとも郵便の不着の場合と同様に承諾者がリスクを負うとするのかは簡単に断定できない。また、承諾が到達したことの主張・立証責任は承諾者側にあるが、メールの場合には、郵便とは逆に発信の証明は容易である反面、到達の証明は相手のタイム・スタンプの設定まかせというところがある。こうした問題は、コンピューターならではの新たな問題である。

99

4 条件

- ・条件は、将来発生するか否かが不確実な事実に法律行為の効力をかからせる附款である。
- ・条件には、停止条件（法律行為の効力発生を条件成就の時まで停止しておく）と解除条件（条件成就によって法律行為の効力を消滅させる）とがある。
- ・条件付法律行為における当事者の利益は期待権として保護されており、侵害があった場合にはその排除や損害賠償請求が認められる。また、通常の権利と同様にして処分等をすることができる。
- ・条件成就によって不利益を受ける者が故意に条件成就を妨げたときは、条件は成就したものとみなすことができ、また条件成就によって利益を受ける者が不正に条件を成就させたときは、条件は成就しなかったものとみなすことができる。

◆ 条 文 ◆

　法律行為は成立すれば直ちに効力を生じるのが原則である。しかし、法律行為の当事者は、任意に法律行為の効力の発生・消滅に一定の制限を加えることができる。このような制限のことを附款（契約の場合は合意により、単独行為の場合は一方的な意思表示による）といい、これには条件と期限がある。以下ではまず条件についてみよう。

(1) 条件の意義

　条件とは、将来発生するか否かが不確実な事実に法律行為の効力をかかわらせる附款である。条件といえるためには、将来に関することで、かつ、成否が未確定な事実でなければならない。将来に関することでも成否が確実な事実に関することは、次に述べる期限である。たとえば、「今度雨が降ったら」100万円あげようというのは期限であるが、「今週中に雨が降ったら」100万円あげようというのは条件である。

　また、条件は法律行為の内容そのものではない。たとえば、「雑草を刈ってくれたら10万円支払う」というのは、条件ではなく、雑草の刈り取りと

10万円の支払いを内容とする契約である。条件付の法律行為との区別がそれほど明確ではないこともあるが、いずれかは契約解釈によるほかない。その他、日常的には、契約に付随する条項（売買で買った物を配達してもらう合意をする場合など）のことを条件ということもあるが、これもまた契約内容そのものであり、ここでいう条件ではない。

(2) 条件の種類と効力

条件には、停止条件と解除条件とがある。①停止条件とは、法律行為の効力の発生を条件成就の時まで停止しておくという条件であり、効力は条件成就時に発生する（民127条1項）。②解除条件とは、条件成就によって法律行為の効力を消滅させるという条件であり、すでに発生していた効力が条件成就によって消滅する（民127条2項）。

たとえば、金銭を借り入れる場合に、もし返済できなければその代わりに所有している土地で返済すると契約するのは、停止条件付代物弁済契約であり、土地の売買の場合に、もし1年以内に建物を建築しなければ売買は効力を失うと契約するのは、解除条件付売買契約である。

(3) 期待権の保護

条件付法律行為では、停止条件か解除条件かにかかわらず、当事者の一方は、条件成就によって一定の利益を得られる（権利を得たり、義務を免れたりする）という期待を持っている。「結婚したら家をあげる」といった停止条件付の場合が分かりやすいが、解除条件の場合でもかまわない。このような利益のことを期待権といい、次のような保護がある。

①期待権の侵害禁止

条件付法律行為の当事者は相手方の期待権を侵害してはならない（民128条）。たとえば停止条件付で車を売却する契約で、条件成就未確定の間に売主が故意または過失でこの車を壊してしまった場合には、売主は買主に対して債務不履行または不法行為による損害賠償責任を負う。ただし実際に損害が生じるのは条件が成就した時か侵害によって不成就が確定した時であるから、それまでは損害賠償を請求できないと解すべきであろう。

なお、民法128条は当事者間についてのみ規定しているが、第三者が故

101

意・過失で期待権を侵害した場合でも不法行為責任（民709条）を負うのは当然である。また、侵害の結果を待つだけでなく、侵害行為の排除も請求できる。

②期待権の処分等

期待権は、通常の権利と同様にして処分、相続、保存、担保提供することができる（民129条）。たとえば、住宅ローンを組むときに、借主の住宅に火災保険金を付けて、その請求権（条件付保険給付）について金融機関のために質権を設定することは一般的に行われている。

③条件成就・不成就の擬制

条件の成就によって不利益を受ける者が故意に条件の成就を妨げたときは、相手方は条件が成就したものとみなすことができる（新130条1項）。故意とは、自己の行為が条件成就を妨げることになることを認識していればよく、不利益を免れようとする意思までは不要であると解されている。相手方は、故意と違法な妨害行為によって条件成就を妨げられたことを主張・立証すれば、条件が成就したものとして権利を行使してよい。たとえば、10秒以内にコップを20個縦に積んだら100万円を贈与するという契約で、19個まで積んだところ、約束した者がわざと山を壊したような場合がこれにあたる。①の侵害行為にも該当するので、有利なほうを選択行使すればよい。

条件の成就によって利益を受ける者が不正に条件を成就させたときは、相手方は条件が成就しなかったものとみなすことができる（新130条2項）。これは改正により新設された規定である。このような場合は契約違反であるとも構成しうるが（保険17条では、被保険者の故意・重過失で生じた損害については責任を負わないと規定されている）、判例はさらに進んで、故意に条件を成就させた場合には、旧130条の類推適用により、条件が成就しなかったとみなしていた（最判平成6・5・31民集48巻4号1029頁・百選Ⅰ-40・ハンドブック111〔かつらの特殊な製法について、その製法でかつらを製造販売したら違約金を支払うとの和解契約がなされたが、違約金を受ける立場の当事者が第三者を使って相手方にその製法のかつらを作らせるよう仕向けたという事例〕）。この判例法理が明文化されたものである。1項は故意、2項は不正

第7章 ◆ 法律行為の効力の発生時期／条件

となっているが、1項もまた、「故意に妨害した」ことが必要であるから、両者ともに、「信義則に反して故意に」という意味であって、具体的な適用では違いがないであろう。

(4) 特殊な条件

民法は次のような特殊な条件について規定を置いているが、内容的には規定がなくても当然のことである（注意規定という）。

①不法条件

不法行為をすることを条件とする法律行為は無効である（民132条前段）。ある者を殺したら1000万円あげるというような契約である。また、不法行為をしないことを条件とする場合でも同様に無効である（民132条後段）。殺さないでくれたら1000万円あげるというような契約である。これらの条件によって法律行為全体が不法性を持つことになるからである（公序良俗違反〔新90条〕が具体化されたものである）。

②不能条件

実現することが社会通念上不可能な条件を不能条件という。不能条件を停止条件にした場合には、法律行為は無効である（民133条1項）。法律行為が実現されることは絶対にないからである。また、不能条件を解除条件にした場合には、法律行為は無条件になる（民133条2項）。法律行為が効力を失うことが絶対にないからである。

③純粋随意条件

条件の成就を当事者の意思にのみ委ねる条件のことを純粋随意条件という。純粋随意条件を停止条件にした場合には、その条件が単に債務者の意思のみにかかるときは、法律行為は無効である（民134条）。たとえば、気が向いたら100万円あげようというような場合。このような場合には、法的拘束力を生じさせる意思などない（すなわちまともに金銭をあげる気がない）といえるからである。逆に、もらう側の気が向いたら100万円もらうというように権利者の随意に委ねる条件ならかまわない（大判大正7・2・14民録24輯221頁・ハンドブック112）。また、純粋随意条件を解除条件にした

103

場合には、法律行為は有効なままである。たとえば、気が変わったら返してもらうという条件で100万円を貸した場合。当事者の立場が不安定であることに変わりはないが、いったん成立した契約に基づいて実際に金銭を借りている以上、その効力を否定するのは妥当でないからである。

④既成条件

法律行為の当時すでに条件の成否が確定している条件のことを既成条件という。既成条件付法律行為では、たとえ当事者は知らなくても、客観的には条件となった事実は成就または不成就に確定しているので、それにしたがって法律行為は無条件または無効になる（民131条）。

図表10　特殊な条件の種類

特殊な条件の種類		停止条件	解除条件
不法条件 （132条）	不法行為をする条件	無効	無効
	不法行為をしない条件	無効	無効
不能条件（133条）		無効	無条件
純粋随意条件 （134条）	債務者の随意に委ねる条件	無効	有効
	債権者の随意に委ねる条件	有効	有効
既成条件 （131条）	条件成就が確定している場合	無条件	無効
	条件不成就が確定している場合	無効	無条件

◆ 解 釈 ◆

条件に関して、以上のような詳細な条文にもかかわらず、なお不明確な点があり、以下のような解釈が行われている。

（1）条件に親しまない行為

次の法律行為は、条件を付すには親しまない行為であると解されている。条件を付けた場合には、そのような法律行為は、効力に関する特別の規定（たとえば手形法）がない限り全部無効となる。

104

①**条件を付けることが社会的妥当性を欠く行為**

　婚姻、養子縁組、認知、相続の承認、相続の放棄のように家族法上の行為（身分行為）や、手形の振出、裏書などに条件を付けると、効力が生じるか否かが確定しない状態が蔓延して家族法秩序ないし取引法秩序を不安定にしてしまうので、これらの行為には条件を付けられないと解されている（手形については、手形1条2号、12条1項などに規定がある）。婚姻に条件を付けることは実際よくありうるが（たとえば、就職できたら結婚しようと約束する）、これは当事者の意思としては、文字どおり条件付婚姻ではなく、婚約が成立したものと解すべきである。

②**単独行為**

　取消し、解除などの単独行為は一方的な意思表示によって行われる行為であり、相手方はそもそも不安的な地位にあるので、条件を付けるとその地位をさらに不安定にしてしまう。そこで、単独行為については、原則として条件を付すことができないと解されている（相殺については民法506条1項で禁じられている）。しかし、例外的に、相手方の同意があった場合または相手方に不利益を与えない場合には、条件を付すことも許される。

(2) 条件成就の擬制に類似する行為

　条件成就の妨害に関して実際によく問題になるのは、不動産仲介業者の仲介を受けていながら、仲介による取引が成立した場合の報酬を支払うのを避けるために、業者との関係を切った上で相手方と直接取引してしまったという事例である。このような場合、判例は旧130条（新130条1項）により故意に条件成就を妨げたとみなして仲介報酬の請求を認めている（最判昭和39・1・23民集18巻1号99頁・ハンドブック110、最判昭和45・10・22民集24巻11号1599頁）。

　しかし、報酬請求は、業者がした仲介と直接取引との因果関係がある限度でのみ認められるべきであり、さしたる仲介をしていないような場合にまで全額の報酬を請求できるというのは妥当でない。そうするとこの問題は、新130条1項の場合に似てはいるが、むしろ期待権侵害（民128条）による損害賠償請求の問題として処理すべきである。

(3) 法定条件

　条件とは当事者が任意に定めるものである。これに対して、法律の規定によって定められた要件のことを法定条件ということがある（たとえば、農地3条は農地の売買には農業委員会または知事の許可が必要であると規定している）。これらの要件は当事者が任意で設定しているものではなく、ある法律行為の成立要件そのものであり、附款としての条件ではない。

　しかし、法定条件を充たすまでの当事者の立場は条件の場合に似ているところもあり、期待権の侵害禁止の規定（民128条）は法定条件にも類推適用されると解されている（最判昭和39・10・30民集18巻8号1837頁〔ただし一般論として〕）。これに対して、条件成就の擬制の規定（新130条1項）は、類推適用されない（最判昭和36・5・26民集15巻5号1404頁〔農地の所有権移転につき知事の許可を得られなくしてしまった事例〕）。類推適用を認めると法定条件がクリアーされてしまったことになるが、そうしたのでは法が公益上の必要に応じて定めた要件なしで法律行為の効力を認めたことになってしまうからである。

5　期限

- ・期限は、将来発生することが確実な事実に法律行為の効力をかかわらせる附款である。
- ・期限には、確定期限と不確定期限（発生することは確実だがそれが何時かが不確定な期限）とがあり、不確定期限と条件の区別が難しい場合がある。
- ・期限には始期または終期があり、始期には、すでに成立している法律行為における債務の履行期限と法律行為の効力発生をある事実の到来まで停止する停止期限とがある。また、終期は、ある事実の到来によって法律行為の効力を消滅させる期限である。
- ・期限の利益は債務者にあると推定されている。
- ・期限の利益は放棄することができるが、これにより相手方の利益を害してはならない。
- ・債務者は、法定の信用失墜事由が生じた場合には期限の利益を喪失する。

106

> ・銀行取引では、期限の利益喪失約款により債務者が期限の利益を喪
> 失する事由が拡大されている。

◆ 条 文 ◆

(1) 期限の意義と種類

　期限とは、将来発生することが確実な事実に法律行為の効力をかかわら
せる附款である。たとえば、「○月○日までに代金を支払う」というような
場合。もっとも、期限は当該契約にとって必要不可欠な場合もあり（たと
えば借りた物を返すという契約では、物をあげてしまうのでない以上、通常は永
遠に貸すということはありえない）、このような場合の期限は単なる附款を
超えて契約の内容であるといえる。ただ、以下の説明はこの両方にあては
まるといってよい。期限には以下のような種類がある。

①確定期限と不確定期限

　期限には、発生時期が確定している期限と、発生することは確実だがそ
れが何時かが不確定な期限とがある。「○月○日」というのは前者であり、
「今度雨が降った時」というのは後者である。

②始期と終期

　期限には、始期または終期がある。始期とは、すでに成立している法律
行為における債務の履行時期を定める期限（これを履行期限という）、また
は、法律行為そのものの効力の発生をある事実の到来まで停止する期限
（これを停止期限という）である。たとえば「○月○日までに代金を支払う」
というのは履行期限であり、一般的には「履行期」と呼ばれている。また
「○月○日から家を賃貸借する」というのは停止期限である。民法には、履
行期限についての規定はあるが（民135条1項）、停止期限についての規定
がない。しかし契約自由の原則に則り、当事者が必要に応じて自由に定め
てよい。たとえば、「一定期間内に家賃を支払わなければあらためて意思
表示をすることなく賃貸借契約を解除する」という意思表示は、よく利用
されている。停止条件と解さないのは、立証責任の公平な分担のためであ
る（条件だとその成就を解除権者が主張・立証しなければならないが、期限だと

107

未到来を相手方が主張・立証しなければならない）。

終期とは、ある事実の到来によって法律行為の効力を消滅させる期限であり（民135条2項）、「○月○日まで家を賃貸借する」というのがこれにあたる（なお、「○月○日から×月×日まで家を賃貸借する」という場合の時間的長さは後に第19章で扱う「期間」であって期限ではない）。

(2) 期限の利益
①意義
　期限の利益とは、期限が付いていることにより当事者が受ける利益のことである。たとえば、「来年3月末日までに金銭を返済する」というのは、その時までは返さなくてもよいということを意味する。当事者のいずれが利益を有するかは場合によって異なるが、期限は債務者に債務の履行を猶予する趣旨で付けられることが多いので、民法は、期限の利益は債務者にあるものと推定している（民136条1項）。推定であるから、当事者が反対の特約をした場合や、契約の解釈によって反対の趣旨であることが明らかにされた場合にはそれによる（たとえば金銭の貸借では利息に関する利益は債権者にある）。

②期限の利益の放棄
　期限の利益は放棄することができる（民136条2項本文）。たとえば、「3月末日に金銭を返済する」となっていても、債務者はそれ以前に一方的な意思表示で期限の利益を放棄して返済してかまわない。ただし、相手方の利益を害してはならない（民136条2項ただし書）。したがって、債務者は、返済期までの利息は付けて返済し、債権者に損失が生じないようにしなければならない。なお、貸金業者から利息制限法違反の利率で金銭を借りたが、期限前に一括返済する場合には、期限までの利息計算は約定ではなく利息制限法に基づいて計算すればよい（最判平成15・7・18民集57巻7号895頁）。

③期限の利益の喪失
　債務者は以下の事由（法定喪失事由）が自己に発生した場合には期限の利益を喪失する（民137条）。いずれの場合にも、債権者との間で期限が付さ

れた際の信頼関係を損ない、債務者としての信用を失墜させる状態である
といえるからである。期限の利益を喪失すると債務者はもはや期限の利益
を主張できなくなる。

①破産手続開始の決定を受けた場合、②担保を滅失・損傷・減少させた
場合、③担保を提供する義務があるのに提供しない場合。

◆ 解 釈 ◆

(1) 期限に親しまない行為

条件の場合ほどではないにしても、身分行為や単独行為に期限を付すこ
とで権利関係を不安定にする場合（期限付きの婚姻など）、または相手方に
不利益を与える場合には、期限を付けられないと解すべきである。

(2) 条件と期限の区別

不確定期限は、条件との違いが明確でない場合がある。発生確実なのが
期限で、不確実なのが条件であるというように概念的には区別は明確だが、
実際には、確実か否かを物理的・客観的に判断できない場合があるからで
ある。たとえば「出世払い」（出世したら返済するという金銭貸借）は、概念
的には、いずれ返済してもらうが出世するまでまたは出世しないことが確
定するまで返済を猶予するという趣旨であれば期限になり、出世しなけれ
ば返済しなくてよいという趣旨であれば条件になるといえるが、そもそも
何が「出世」であるかは明確でない。結局は契約解釈によるほかないが、
判例には、出世払いの約定は不確定期限であるとしたものがある（大判大
正4・3・24民録21輯439頁・ハンドブック113）。

(3) 期限付法律行為の保護

条件付権利は、期待権として民法上保護されているが（民128条、129条）、
期限付権利についてはそのような規定がない。しかし、法律行為の履行期
限（履行期）については、すでに権利は発生しているがその期限まで請求で
きないだけであるから（たとえば金銭の返済期限の場合）、完全に有効な法律
行為として保護されるのは当然である。また、法律行為の発生・消滅にか
かわる期限については、期限の利益の到来によって利益を受ける者の立場
は、条件の場合と異なり確実なのであるから、少なくとも条件の場合と同

様以上に保護されてよい。そこで、通説は、民法128条、129条は期限付法律行為に類推適用されると解している。

(4) 期限の利益喪失約款

　銀行の与信業務（貸付取引）では、法定の期限の利益喪失事由（民137条）だけでは債権者である銀行の利益がはかられず、まったく不十分であるとして、期限の利益喪失に関する特約があらかじめ用意されている（期限の利益喪失約款とか期限の利益喪失条項という）。すなわち、銀行取引を開始するにあたって取引の相手との間で締結される各銀行の銀行取引約定書には、①当該事由の発生で当然に期限が到来するという約定と、②当該事由が発生した場合には銀行の意思表示によって期限を到来させるという約定とに分けて、それぞれ詳細な期限の利益喪失事由が定められている。たとえば、債務者がその銀行に有する預金に対して第三者による仮差押えや差押えの命令が発送されたときは、その時点で債務者は銀行に対する全債務について当然に期限の利益を失うとして、仮差押えや差押えが到達によって効力を生じて預金の払戻等ができなくなる前に、すでに銀行が貸金債権と債務者の自行預金とを相殺しうる立場にあったという状態を作り出している（図表11の①3参照）。

図表11　銀行取引約定書における期限の利益喪失約款の一例

銀行取引約定書における期限の利益喪失約款の一例

① 　私について次の各号の事由が一つでも生じた場合には、貴行から通知催告等がなくても貴行に対するいっさいの債務について当然期限の利益を失い、直ちに債務を弁済します。

　1．支払の停止または破産、民事再生手続開始、会社更生手続開始、会社整理開始もしくは特別清算開始の申立があったとき。

　2．手形交換所の取引停止処分を受けたとき。

　3．私または保証人の預金その他の貴行に対する債権について仮差押、保全差押または差押の命令、通知が発送されたとき。

　4．住所変更の届出を怠るなど私の責に帰すべき事由によって、貴行に私の所在が不明となったとき。

② 　次の各場合には、貴行の請求によって貴行に対するいっさいの債務の期限の利益を失い、直ちに債務を弁済します。

　1．私が債務の一部でも履行を遅滞したとき。

　2．担保の目的物について差押、または競売手続の開始があったとき。

　3．私が貴行との取引約定に違反したとき。

　4．保証人が前項または本項の各号の一にでも該当したとき。

　5．前各号のほか債権保全を必要とする相当の事由が生じたとき。

第8章 法律行為の効力否定

1 法律行為からの離脱

- いったん成立した法律行為は原則として有効であり、当事者には、合意解約によるか法定の解除による以外、それから離脱する自由はない。
- 法律行為の成立時においてその内容が実現不可能であった場合でも、法律行為は無効とならない。
- 法律行為が不完全であった場合には、いったん成立した法律行為でも後にその効力を否定することができる。

◆ 条 文 ◆
(1) 法律行為遵守の原則

　前章までで述べたように、法律行為は意思表示が存在すれば成立し、また、その効力を制限する条件や期限が定められていなければ、それで直ちに効力を生じる。あとは目的とされた内容がきちんと履行されるかどうかだけが問題となる（これは民法総則ではなく債権法の問題である）。したがって、法律行為がいったん成立すれば、原則として、当事者にはそこから離脱する自由はない。法律行為をするにあたっては個人意思が尊重され、契約自由の原則が認められているからといって、法律行為からの離脱も自由であるとしてしまったのでは、法律行為は社会的信用を有するものとはならず、「契約を中心とした取引社会」が成り立たないからである。
　そこで民法では、以下の場合にしか法律行為からの離脱が認められない。

第8章 ◆ 法律行為の効力否定／法律行為からの離脱

①合意解約

　合意解約とは、法律行為の当事者がその法律行為をとりやめるという合意をする場合である。いわば円満な方法による離脱であり、法律行為の存在を前提にしている第三者に対する配慮の問題は残るものの、原則として離脱を認めて差し支えない。

②債務不履行による解除

　契約の相手方によって契約上の債務が履行されない場合に、一方の意思によって契約をはじめからなかったことにする（遡及的無効という）場合である（民540条以下）。解除すれば、自分は反対債務を履行する義務から免れ、また、他の者と新たに契約をし直すこともできるようになる（たとえば、時間指定したのに、いくら待っても出前の寿司が配達されない場合に、契約を解除して、代金を支払わず、他の店に注文し直す）。

③特殊な解除等

　例外的には、存在する法律行為を維持することよりも、そこから離脱することを欲する当事者の意向を尊重して優先する特殊な場合もある。たとえば、書面によらない贈与は解除が認められており（新550条）、委任契約では受任者はいつでも契約解除することができるし（新651条）、組合からは組合員はいつでも脱退できる（民678条）。これらはいずれも、法律で解除が認められている特殊な場合である。

　以上のように、法律行為がいったん成立すれば、相手方の了解が得られるか、相手方に義務違反があるか、または法律の定めがある特殊な場合でなければ、自分の都合だけで一方的に離脱できないのが原則である。

(2) 法律行為の効力否定による離脱

　しかし、法律行為が成立したものの、それが完全なかたちで行われていなかったと主張する場合には、上記の場合に該当しないときでも、法律行為の効力を否定して、そこから離脱することが認められている。それが無効、取消しという制度である。無効および取消しの原因を分けると、①法律行為をする資格がなかったと主張する場合、②法律行為の要素である自らの意思表示が効力のないものであったと主張する場合、③法律行為の内

113

容が法律上または社会的に許されないものであったと主張する場合の三つの場合に分かれており、それぞれの場合もまた細かく分かれる。

　これ以外に、法律行為の内容が法律行為の成立時において実現不可能なものであった場合にも法律行為は無効となるという法理（原始的不能の概念）を認めるのが伝統的な通説であった。しかし、最近の有力説は、世界的な潮流を背景に、そのような法律行為も有効であり、あとは履行の段階で、履行できるか否か、またそれに責任があるか否かという問題として処理すべきであると主張してきた。そこで民法改正により、原始的不能概念は放棄された（新412条の2第2項参照）。

　そこで以下ではまず、法律行為の実現不可能性に関する議論の経緯と新法の考え方を解説し、次いで①～③がどのような場合かを概観、法律行為の効力が否定される場合の全体像を明らかにしたうえで、次章以下でそれらの詳細を順次解説することにする。

2　法律行為の実現不可能性

・伝統的な通説によれば、法律行為の内容が法律行為の成立時において実現不可能なものであった場合には、原始的不能として、法律行為は無効となると解されていた。
・しかし、近年の有力説によれば、法律行為の履行時に履行を実現できるか否かが問題であり、法律行為の成立時において実現不能な法律行為も有効であり、履行できないことについての責任が問題となるにすぎないと解されていた。
・民法改正により、原始的不能概念は放棄され、あとは履行の段階で問題が処理されることになった。

◆ 条 文 ◆

　民法改正前には、法律行為の内容が法律行為の成立時において実現可能なものでなければならないことを要求している条文はなかったが、伝統的な通説は、実現可能性は法律行為が有効であるための当然の前提条件であると解してきた。そして、法律行為の成立時にその内容を実現することが

不能であったときは、法律行為は無効であると解してきた。これを原始的不能という。

　しかし民法改正により、新法は、契約について、債務の履行がその契約の成立の時に不能であったとしても、履行不能として損害賠償を請求できると明文で規定した（新412条の2第2項）。これは、「契約に基づく債務を履行することが契約成立時に不能であったときであっても、契約は効力を妨げられない」という考え方を基礎として、その代表的な効果として債務不履行による損害賠償を請求できることを示したものである。したがって、新法の下では、原始的不能概念は放棄された。

　伝統的な通説から新法に至るまでの過程では種々の議論がなされた。そこで以下では、その議論の経緯を概観しておくことにする。

◆ 解 釈 ◆

(1) 伝統的通説

　伝統的な通説は、法律行為の内容が法律行為の成立時において実現不可能なものであった場合には、法律行為は、成立時点ですでに意味のないものとなるので、無効であると解していた。そして、これを原始的不能と呼び、法律行為の成立後に実現不可能になった場合を後発的不能と呼んで、両者を区別していた。原始的不能には、物理的不能だけでなく、社会通念から見て実現不能な場合も含む。たとえば、日本海溝に落とした指輪を引き揚げるという契約は、物理的には不可能とはいえないが、現在の科学技術からすれば実現不可能であり原始的不能とされる。これに対して、後発的不能の場合には、法律行為は有効であり、不能は法律行為の履行の問題として処理される。

　たとえば、すでに滅失している建物について売主・買主双方がこれを認識しないままこの建物を目的として売買契約が締結された場合、売買契約は無効となり、そうした契約を締結させたことについて売主に過失（契約締結上の過失）があったときは、不法行為による損害賠償責任を負う（民709条）。これに対して、売買契約締結時には建物が存在していたが、その後滅失して履行できなくなった場合には、売主に帰責性があるときは履行不能による債務不履行責任を負い（旧415条）、売主・買主双方に帰責性がないときは、残された代金支払債務がどうなるかという問題になる（危険

115

負担として旧534条の解釈問題になる）。

　このように、原始的不能と後発的不能を峻別し、前者では法律行為が無効であるとして無効な行為をさせた責任を問題にし、後者では有効な法律行為の履行を問題にするのが伝統的な学説であった。

(2) 原始的不能論に対する批判

　これに対して、最近では、上記のような原始的不能論に対する批判的な見解が有力になっていた（加藤、潮見、山本）。

　すなわち、①原始的不能の法律行為が無効であるというのは、法律行為という概念にとって論理必然的な帰結ではない。②原始的不能論の根拠は、法律行為の実現に裁判所が助力しようとしてもできないので、法律行為を有効としても意味がないというところにあるが、それは法律行為成立後に不能になった場合でも同じことである。③法律行為の成立時には実現が不可能でも、履行時までに実現可能になれば法律行為は有効であるのだから（たとえば、売買契約時に建物はなくても、履行時までに建ててそれを引き渡すという契約は有効である）、法律行為の成立時に不能かどうかで区別する必要はない。④相手方からすれば、ともに法律行為の内容が実現されないという点で同じなのに、法律行為の前か後かで法律効果が違いすぎる。以上からすれば、法律行為の内容が実現不可能かどうかは履行の段階で一律に処理すべきであり、履行できないことについて帰責性があれば、債務不履行責任の問題として（契約締結上の過失も不法行為の問題ではなくなる）、また、帰責性がない場合で履行に対して反対債務（代金支払債務など）がある双務契約の場合には、反対債務を履行拒絶できるか否かという問題として処理すべきである、というのである。

(3) 実際上の差異

　法律行為成立時点での不能にこだわりすぎることには、本来有効とすべき場合までもが無効とされてしまうという問題がある。たとえば、すでに滅失している建物を目的とする売買契約でも、とくにその建物でなくてもよいという趣旨であれば、契約解釈によって他の建物を目的とする売買契約と解することができる場合もありうる。日本海溝に落ちた指輪を引き揚げるという契約でも、ある人が特殊な深海探索船を開発して引き揚げると

116

第8章 ◆ 法律行為の効力否定／法律行為の不完全性

いうつもりでこれを請け負ったのであれば、そのような契約を無効とする
必要はない。このように考えると、たとえ原始的不能概念を認めるとして
も、そもそも、実際にはむしろきわめて例外的な場合のみとなる。原始的
不能の問題は、今日ではむしろ、債務不履行など主として債権法上の問題
に影響を及ぼすのみである（たとえば、目的物の一部がはじめから不能であっ
た場合、代金債務は当然減額されるのか、それとも引渡しを受けられなかった部
分についての損害賠償の可否という問題になるのかなど）。原始的不能概念は、
今日ではその歴史的役割を終えたといえるであろう。

◆ 発 展 問 題 ◆

　すでに滅失していることを知らないままでの建物の売買契約のように、
法律行為の当事者が目的物の不存在を認識していなかった場合には、目的
物の存在について錯誤があったことになる。後に述べるように、法律行為
の基礎とした事情に錯誤があった場合には法律行為は取り消しうるものと
なる（新95条1項2号）。言い換えれば、目的物の存在に関する錯誤も新
95条にいう錯誤になりうるのであろうか。

　改正前の判例は、錯誤の規定は履行が可能な場合にのみ適用されるとし
て、錯誤の主張を認めず、原始的不能による無効を認めていた（大判大正
8・11・19民録25輯2172頁〔実現不可能な染料の製法の譲渡契約〕）。しかし、
改正後の新法の下では、このような錯誤も有効に成立した法律行為の錯誤
となりうるであろう。両者の違いは大きいようにみえるが、有効になると
解したところで履行はできないのであるから、実際には、売主は損害賠償
で事後処理をすることになる点では異ならない。

3　法律行為の不完全性

・法律行為の不完全性を理由に法律行為の効力が否定されることがあ
る（無効・取消し）。
・不完全性による法律行為の無効・取消し原因は、(1) 法律行為をす
る資格がなかった場合、(2) 法律行為の要素である意思表示の効力
がない場合、(3) 法律行為の内容が法律上または社会的に許されな
いものである場合に分かれる。

117

・(1) には二つ、(2) には八つ、(3) には三つの場合がある。

◆ 条 文 ◆

　法律行為が不完全であったと主張することにより法律行為の効力を否定することができるのは、以下の場合に限られる。すべて明文の規定がある。

　効力否定には、無効と取消しという二つの場合がある。簡単に言えば、無効とは、法律行為の効果がはじめから生じないことであり、取消しとは、有効に成立している法律行為について無効にするか有効なままとするかの選択権を与える制度である（取り消すとはじめから無効であったことになる。新121条）。このような効果の詳細は第17章でまとめて述べることとし、以下では法律行為の不完全性による無効・取消しの原因にはどのようなものがあるかを概観する。

(1) 資格の欠落

　法律行為をする資格がなかったことを理由にして法律行為の効力を否定することができるのは、「意思無能力」と「制限行為能力」の場合である。

①意思無能力

　意思無能力とは、自分のした法律行為の意味や結果を認識し判断する能力がない状態のことをいう。たとえば、生まれたばかりの乳児や重度の精神障害者などがこれに該当しうる。改正前には、意思無能力について規定する条文はなかったが、学説・判例上、そのような者のした法律行為は意思に基づく行為とはいえないので、法律行為は当然に無効となると解されてきた。新法ではこれを受けて、意思無能力者がした法律行為は無効とすると規定された（新3条の2）。

②制限行為能力

　制限行為能力者制度は、判断能力の十分でない者をあらかじめ法定して定型化し、そのカテゴリーに入る者を制限行為能力者として、これらの者を保護する者を置き、制限行為能力者が保護者の関与なしに法律行為をした場合には法律行為を取り消すことができるという制度である（民4条以

第8章 ◆ 法律行為の効力否定／法律行為の不完全性

下）。法定されたカテゴリーとして、未成年者、成年被後見人、被保佐人、被補助人の四つがある。

(2) 要素の欠落

法律行為の要素である意思表示の効力がないことを理由にして法律行為の効力を否定することができるのは、「心裡留保」、「虚偽表示」、「錯誤」、「詐欺」、「強迫」、「誤認」、「困惑」、「過量取引」によって意思表示がなされた場合である（新93条〜新96条、消費者契約4条）。これらに該当して意思表示の効力が否定されれば、それを要素として成り立っている法律行為もまた効力が否定されることになる。たとえば、売買契約の売主の意思表示（申込み）の効力が否定されれば、たとえ買主の意思表示（承諾）が有効であっても、二つの意思表示の合致があったとはいえなくなるので、売買契約も効力が否定されるのである。

①心裡留保

心裡留保とは、意思表示の表意者が真意ではないことを知りつつ意思表示をした場合である。自ら真意ではないことを知りながらあえて意思表示をしたのであるから、たとえ真意がないといっても社会的にそれが通用するはずはなく、心裡留保による意思表示は原則として有効である（新93条1項本文）。しかし、法律行為の相手方が表意者の真意でないことを知っていたか、または注意すれば知ることができたときは、相手方を保護する必要はないので、意思表示は無効となる（新93条1項ただし書）。ただし、この無効は、善意の第三者には対抗することができない（新93条2項）。この2項は、改正によって新設されたものである。

②虚偽表示

虚偽表示とは、意思表示の相手方と通じてした虚偽の意思表示である。意思表示をする真意がなく、しかもそれを相手方と通謀しており、相手方を保護する必要はないので、このような意思表示は無効である（民94条1項）。しかし、この意思表示が有効であると信じた第三者を保護する必要があるので、虚偽表示による無効は善意の第三者には対抗できない（民94条2項）。たとえば、ある人が相手方と通謀して売る意思がないのに自己の

119

不動産を相手方に売却するという契約を結んだ場合には、売るという意思表示は無効となり、売買契約も無効となる。しかし、この売買契約に基づいて相手方名義の登記がなされ、事情を知らない第三者がこの不動産を相手方のものだと信じて買った場合には、最初の売主は、そのような第三者には相手方との売買契約が無効であると主張することができず、第三者はその不動産を取得することができる。

③錯誤

　意思表示は、法律行為の目的および取引上の社会通念に照らして重要な錯誤がある場合は取り消すことができる（新95条1項）。取り消された意思表示は無効となる（新121条）。錯誤とは、意思と表示とが一致していない場合、および法律行為の基礎とした事情についての認識が真実に反する場合で、そのことを表意者自身が認識していない場合である（すなわち思い違い）。たとえば、甲という物を売るつもりで乙と表示してしまったような場合である。錯誤がなかったならばそのような意思表示はしなかったであろうといえるような錯誤でなければならないので、どのような錯誤があった場合でも取り消すことができるわけではない。また、表意者に重大な過失があったときは、原則として取り消すことができない（新95条3項）。改正前には、意思表示をする動機に錯誤があった場合（動機の錯誤）も錯誤に含まれるか否かという議論があったが（たとえば、よい品質のジャムだと思って買ったら粗悪品だったような場合）、判例は、動機を表示していたのであれば含まれると解してきた。学説上種々の議論があったが、改正により、新法では判例の立場が採用された（新95条2項）。また、錯誤による取消しは、善意・無過失の第三者には対抗することができない（新95条4項）。この4項もまた、改正によって新設されたものである。

④詐欺

　詐欺による意思表示は取り消すことができる（新96条1項）。詐欺とは、他人を騙して錯誤に陥れ、その錯誤に基づいて意思表示をさせる行為である。取引に際して自分の商品のことを多少なりとも良く言うのは無理もないことであり、詐欺といえるためには社会通念に照らして許容される限度を超えていることが必要である。また、詐欺による意思表示の取消しは、

120

錯誤の場合と同様、善意・無過失の第三者には対抗できない（新96条3項）。改正前は善意のみが規定されていたが、改正により、騙された表意者の利益をも考慮して、善意・無過失に変更された。

⑤強迫

強迫による意思表示もまた取り消すことができる（新96条1項）。強迫とは、他人に恐怖心を生じさせ、その恐怖心に基づいて意思表示をさせる行為である。強迫による意思表示の取消しは第三者にも対抗することができる（新96条3項の反対解釈）。

⑥誤認

事業者と消費者との間で結ばれる契約を消費者契約というが（消費者契約2条3項）、消費者契約を勧誘するに際して、事業者が誤認を生じさせる行為をし、それによって消費者が契約を締結した場合には、消費者は自己の意思表示を取り消すことができる（同4条1項、2項）。誤認を生じさせる行為とは、不実告知（事実と異なることを告げる）、断定的判断の提供（「必ず儲かる」などと言う）、不利益事実の不告知（意図的に不利益な事実を告げない）をいう。これは消費者を保護するための特別の規定であり、民法の錯誤・詐欺の要件が緩和されているものといえる。ただし、この取消しは善意・無過失の第三者に対抗できない（同4条6項）。

⑦困惑

消費者契約を勧誘するに際して、事業者が消費者を困惑させる行為をし、それによって消費者が契約を締結した場合も、消費者は自己の意思表示を取り消すことができる（同4条3項）。困惑を生じさせる行為とは、不退去（帰ってくれというのに帰らない）、監禁（帰してくれというのに帰してくれない）をいう。これもまた、消費者を保護するための特別の規定であり、民法の強迫の要件が緩和されているものといえる。ただし、この取消しは善意・無過失の第三者に対抗できず（同4条6項）、この点では強迫と異なる。

⑧過量取引

消費者契約を勧誘するに際して、事業者が商品やサービスの分量、回数、

121

期間がその消費者とっての通常の分量等を著しく超えるものであることを知っていた場合には、消費者は自己の意思表示を取り消すことができる（同4条4項）。高齢者などに通常は必要がない分量等の契約を締結させる被害が増加してきたことにより、2016年の消費者契約法改正で導入された。ただし、この取消しも善意・無過失の第三者に対抗できない（同4条6項）。

（3）内容の違法

　法律行為の内容が法律上または社会的に許されないものであることを理由にして法律行為の効力を否定することができるのは、「強行法規違反」、「不当条項規制（消費者契約8条～10条）、「公序良俗違反」（新90条）の場合である。

①強行法規違反

　強行法規とは、必ず従わなければならない法規であり、それに違反すると法律行為は無効となる（これに対して、特約によって排除できる法規のことを任意法規という）。結論は至極当然であるが、このことを直接定める明文はない。従来は、民法91条が任意法規に反する意思表示が有効であることを定めているので、その反対解釈として導かれると説明されてきた。しかし最近では、強行法規違反は後述の公序良俗違反の一類型であるという見解が有力である。これによれば、強行法規違反は独立の無効原因ではなくなり、法規違反の内容が公序良俗に反する場合に無効とされることになる（詳しくは第16章1参照）。

②不当条項規制

　不当条項規制とは、消費者契約法の場面で、消費者に一方的に不利な契約条項の全部または一部を無効とする規定である（消費者契約8条～10条）。①不当条項を個別に掲げた「不当条項リスト」と、②リストに該当しない場合でも不当な条項を無効とするための「不当条項の一般条項」とが規定されている。

図表 12　法律行為の効力否定原因

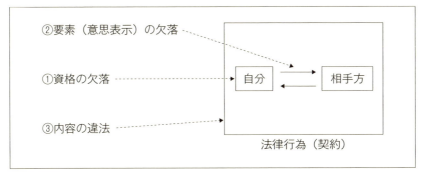

③公序良俗違反

　公序良俗とは、「公の秩序又は善良の風俗」の略であり、社会的妥当性という意味であると解されている。公序良俗に反する法律行為は無効である（新90条）。たとえば、暴利行為、詐欺的な商法、愛人契約等々、その例には事欠かない。「社会的妥当性に反する」という基準が極めて広いため、社会生活上のありとあらゆる場面から問題が持ち込まれるからである（このような包括的な条項を一般条項という）。古くは反倫理的な契約が問題となることが多かったが、近年では通常の取引関係での不公正・不公平な契約（たとえば、金融商品取引で損失を生じた場合に特定の者にだけ損失を補てんする契約など）が問題とされることが多くなっている。

4　各原因の相互関係

- 法律行為の無効・取消しは、紛争解決の最後の手段として主張されることが多い。
- しかし、各無効・取消原因は簡単に主張・立証できるものではない。
- 公序良俗違反には、幅広い内容が盛り込まれうるため、法律行為の効力を否定する最後の拠り所として種々の問題が持ち込まれることになる。

◆ 条 文 ◆

　以上のような法律行為の無効・取消原因について、どれを最初に主張しなければならないといった優劣は定められていない。無効・取消しを主張しようとする当事者が自己の事情に合わせて自由に選択することができる。

◆ 解 釈 ◆

　しかし実際には、これらの主張は、取引社会全体の中で考えればきわめて異常で例外的な場合であるから、簡単に認められるわけではない。

(1) 他の離脱方法との関係

　法律行為の当事者は、法律行為の途中にそこから離脱しようと考える場合、通常は法律行為が有効に存在していることを前提にして考えるので、合意解約、法定解除のかたちで離脱することができれば、あえて例外的な法律行為の不完全性を主張・立証する必要はない。したがって訴訟では、これらを理由とする主張は最後の手段となることが多い。

(2) 不完全性の原因相互の関係

　また、不完全性を理由とする効力の否定も、それぞれの原因は簡単に主張・立証できるわけではない。「制限行為能力」や「強行法規違反」は、明確な法規違反の場合であるから、それに該当しなければ主張できないし、「詐欺」・「強迫」は、自分のことではなく相手方の行為がそれに該当すること、しかも、それが社会的に許容されないレベルにあることを主張しなければならないという難しさがある。「心裡留保」、「虚偽表示」や「誤認」・

図表13　公序良俗違反の最終手段性

「困惑」は相手方の認識や関与度しだいであるし、善意または善意・無過失の第三者には対抗できない。「意思無能力」や「錯誤」では、自分の事情だけを主張して効力を否定できるが、それだけにそれらに該当するか否かは厳格に判断される。これらには該当しないが、法律行為の効力が維持されるのは納得できないと考える場合には、最終的には「公序良俗違反」として、法律行為の社会的妥当性を問題にするほかない。この主張が認められなければ、それ以上法律行為の効力を否定する手段はなくなる。このため、公序良俗違反には法律行為の効力を否定する最後の拠り所として種々の問題が持ち込まれることになる。

◆ 発 展 問 題 ◆

　法律行為の効力否定原因にはさまざまなものがあるが、実際の紛争は、たとえば詐欺の事案、錯誤の事案などというようにあらかじめ決められているわけではない。実際の紛争には、法律上問題になる事実だけでなく、問題にならない事実も多数含まれており、この紛争を民法上解決するためには、まず、これらの錯綜する事実の中から、何が民法上問題になる事実なのかを的確に抜き出さなければならない（紛争を民法というフィルターを通して見て光るところを発見する）。また、抜き出した事実は、単に並べて順番に処理すればよいというものではなく、どの事実に焦点を当てて主張したらよいか、またどういう主張の仕方をしたら効果的かについて、各種の無効・取消原因の特徴やポイントを十分に理解したうえで、当該紛争の解決には何が適切かを考え、戦術を取捨選択していかなければならない。こうした思考作業を経て、ようやくある紛争が詐欺とか錯誤の事案であると法律構成されることになるのである。社会的には同じような紛争であっても、こうした作業の経過によって法律上はまったく異なる事案として構成され、実際には重要な争点が見過ごされてしまうこともありうる。各種の無効・取消原因を使いこなすためには、事実に対する洞察力、各無効・取消原因についての十分な知識と、これらの全体を広く見渡して考える戦略が必要なのである。

図表14　法律行為の効力否定原因一覧

類型	原因	条文	効果	自分の事情	相手方等の事情
(1) 資格の欠落	①意思無能力	3条の2	無効	判断能力の欠如	なし
	②制限行為能力	5Ⅱ, 9, 13Ⅳ, 17Ⅳ	取消し	①制限行為能力者 ②同意なし	なし
(2) 要素の欠落	①心裡留保	93Ⅰただし書	無効	真意でない	相手方の悪意・過失 第三者が善意でないこと
	②虚偽表示	94Ⅰ	無効	①通謀 ②虚偽の意思表示	第三者が善意でないこと
	③錯誤	95Ⅰ	取消し	①重要な錯誤 ②重大な過失なし	第三者が善意・無過失でないこと
	④詐欺	96Ⅰ	取消し	詐欺	第三者が善意・無過失でないこと
	⑤強迫	96Ⅰ	取消し	強迫	なし
	⑥誤認	消費者契約法4Ⅰ, Ⅱ	取消し	誤認	第三者が善意・無過失でないこと
	⑦困惑	消費者契約法4Ⅲ	取消し	困惑	第三者が善意・無過失でないこと
	⑧過量取引	消費者契約法4Ⅳ	取消し	①過量 ②事業者の悪意	第三者が善意・無過失でないこと
(3) 内容の違法	①強行法規違反	(91)	無効	強行法規違反	なし
	②不当条項	消費者契約法8〜10	無効	不当条項	なし
	③公序良俗違反	90	無効	社会的妥当性の欠如	なし

第9章 法律行為をする資格の欠落

1 資格の欠落を理由とする法律行為の効力否定

- 法律行為をする資格が欠落していることを理由にして法律行為の効力を否定することができるのは、意思無能力と制限行為能力の場合である。
- 意思無能力は、理論上は制限行為能力者制度の基礎をなすが、機能的には、制限行為能力者制度を補完する役割を果たす。

◆ 条 文 ◆

　法律行為をする資格がなかったことを理由にして法律行為の効力を否定することができるのは、「意思無能力」(新3条の2)と「制限行為能力」(民4条以下)の場合である。意思無能力概念は、法律行為の効力をいかにして否定するかという機能的な観点から見ると、制限行為能力制度を補完する役割を果たしているが、法律行為をするためにはどのような能力が必要かという理論的な観点からすると、制限行為能力制度の基礎をなしている。民法上のどの制度を理解するにあたっても、この理論と機能という二つの視点を持つことが重要であるが、理論を十分理解しないままで機能を論じることはできない。そこで以下では、理論的な順序に従って、意思無能力、制限行為能力の順に解説し、その中で両者の機能を考えることにする。

2 意思無能力

- 意思無能力とは、自己の行為の意味や結果を認識し判断する能力を

欠く状態をいう。

・意思能力の有無は、個々の具体的な事案ごとに、当該行為時における行為者の精神能力の程度、当該行為の性質・態様などを勘案して総合的に判断される。

・近時の有力説によれば、意思無能力は、一定の判断能力を欠く者を保護するための概念である。

・意思無能力者のした法律行為は無効であるが、意思無能力者保護に十分な範囲のみで認められる無効（取消し的無効）と解すべきである。

・意思無能力者が制限行為能力者でもある場合には、両者の立場とも主張できると解すべきである。

◆ 条 文 ◆

　すでに述べたように、すべての人には権利能力があり、権利・義務の主体となることができるが、そのような地位を自分自身で取得できるか否かは別問題である。たとえば、生まれたばかりの乳幼児でも契約の当事者になることはできるが、そうだからといって自分で契約できるわけもない。すなわち、法律行為をするためには、一定の知能段階に達しており、自己の行為の意味や結果を認識し判断する能力が必要である。このような能力のことを「意思能力」といい、意思能力を欠く状態を「意思無能力」という。従来これに関する明文の規定はなかったが、2017年の改正により明文化された。しかし、その意義、根拠、機能は解釈に委ねられている。

◆ 解 釈 ◆

(1) 意義

　意思能力とは、大体7歳から10歳程度の精神能力であると解されている。しかし、実際には、個々の具体的な事案ごとに、当該行為時における行為者の精神能力の程度、当該行為の性質・態様などを勘案して総合的に判断される。たとえば、投資取引のように専門知識を要する取引や保証契約のように義務負担の大きい行為ほど意思無能力であると認められやすい。したがって同一人であっても、ある行為については意思無能力であるとされながら、その他の行為については意思能力があるとされることがありう

128

る。このことは、意思無能力概念が文字通り個々人の能力の問題ではなく、法律行為の効力を否定するための理由づけとして機能していることを示すものである。しかも、意思無能力は、要件が法定されている制限行為能力とは異なり、最終的には裁判官によって判断されることになるので、訴訟を提起してみなければ結果がどうなるか分からないという非常に不安定な概念である。裁判例では、かなり多くの事例で意思能力の有無が争われている。乳幼児などが問題となることは実際にはなく、成年の精神障害者や高齢者などが問題となることが多い（たとえば最近の事例として、東京地判平成 10・10・30 判時 1679 号 46 頁〔統合失調症の老女による全財産の贈与〕、東京高判平成 11・12・14 金法 1586 号 100 頁・ハンドブック 13〔くも膜下出血の後遺症が残った者による金銭貸借契約〕、東京高判平成 12・3・16 判時 1715 号 34 頁〔88 歳の高度の認知症患者による遺言作成〕、福岡高判平成 16・7・21 判時 1878 号 100 頁〔知的障害がある者による連帯保証契約〕など多数）。

(2) 根拠

　伝統的な意思理論からすれば、人は自らの意思に基づいてのみ権利を取得し義務を負う。したがって、その論理的な帰結として、意思能力がない者の行為は、意思に基づくとはいえず、そのような行為から法律効果は発生しない（すなわち当然無効である）と説明する。

　これに対して、近時の有力説は、一定の判断能力を欠く者に取引に関する一般ルールをそのまま適用することは妥当でないとして、そのような者の保護という点を強調する。後述の制限行為能力者制度の利用にも限界があり、そこから漏れてしまう者を保護するために意思無能力という概念が必要である、というのである。このような説明は、伝統的な意思理論と矛盾するわけではないが、法律行為の効力否定はこのような者を保護する限度で認めればよいことになるので、効果の理解で違いが生じることになる。

　そもそも、意思能力・意思無能力は、通常は問題にされることはなく、権利義務を帰属させるのが妥当でない場合にはじめて問題にされる法技術というべきであるから、有力説の理解が基本的には正当である。ただし、このような機能的な見方をより徹底すると、制限行為能力者制度やその他の効力否定原因が機能している限り、意思無能力概念は必要ないのではないかという疑問が生じる（発展問題で考えてみることにする）。

129

(3) 効果

　意思無能力者のした法律行為は無効である（新3条の2。大判明治38・5・11民録11輯706頁・百選Ⅰ-5〔手形振出の事例〕参照）。しかし、判断能力を欠く者の保護という点を強調すれば、この無効の意味は、誰からでも主張できる無効ではなく、意思無能力者に無効を主張するか否かのイニシアチブを与え、それ以外の者（たとえば行為の相手方）には無効主張を認めないというものであって、「取消し的無効」であると解すべきである。また、無効主張の結果としてのすでに受領していた利得の返還の範囲については、制限行為能力を理由とする取消しの場合とともに、その行為によって現に利益を受けている限度（「現存利益」という）でのみ返還義務を負うとされている（新122条の2第3項）。さらに、これを一歩進めて、無効を主張できる期間についても、取消権の期間制限規定（民126条）を類推適用すべきであろう。主張期間の制限はまだ多数説とはいえないが、この概念の補完的な役割を重視すればそれが正当ではないかと思われる。

◆ 発 展 問 題 ◆

(1) 制限行為能力との関係

　意思無能力と制限行為能力との関係は、両概念の意義をどのように捉えるかによって理解が異なる。概念的に見れば、制限行為能力とは別に意思無能力を観念する以上、両方の要件を充たす場合にはそれぞれの主張をすることができると解することになる。以前はこのように考えられていた。これに対して、機能的に、制限行為能力制度が十分でないところを意思無能力で補完すると捉えると、制限行為能力に該当する場合には意思無能力の主張は認めるべきでないと解することになる。

　しかし、両者の要件・効果が異なる以上、当事者がいずれを主張するほうが得策かを考慮して主張すればよい。たしかに、効果の点では、意思無能力による無効と制限行為能力による取消しとを同じように解すれば解するほど意思無能力の独自性はなくなる。しかし、制限行為能力制度の補完という意味は、単に制限行為能力者に該当しない場合の補完に限られない。たとえ制限行為能力者であっても取り消しうる行為の範囲などは限定されているので、意思無能力はこの点をも補完する。このように解すれば両者の主張は併存してかまわない。

(2) 民法の定める無効・取消原因全体との関係

　しかし、意思無能力概念に対する機能的な見方をさらに徹底すると、民法には制限行為能力者制度以外にも、明文でその他の効力否定原因が定められており、それらを利用してもなお意思無能力概念が必要なのかという疑問が生じる。換言すれば、民法が規定する無効・取消原因のいずれにも該当しないが（すなわち、制限行為能力者でなく、意思表示の点でも民法93条〜96条に定める無効・取消し原因がなく、内容的にも社会的に妥当であって強行法規違反や公序良俗違反に該当せず、さらには消費者契約法上の無効・取消原因もない）、それでも法律行為の効力を否定すべきだというのは、一体いかなる場合があるのだろうか。それぞれの原因に一部関係しながらそれを充たすとまではいえないような場合（たとえば、判断能力の低さにつけ込んで契約書にサインさせたが、錯誤・詐欺・強迫などとまではいえない場合）がそれにあたるともいえるが、そのような場合には、当事者の置かれた状況、相手方の対応など契約締結時の事情も考慮して当該契約の妥当性を判断し、全体として社会的に妥当な契約ではない、すなわち、公序良俗に違反するといえば足りることもある（東京地判平成17・11・11判時1956号105頁は、慢性的な統合失調症にあることを知りつつ勧誘した外国為替証拠金取引について、契約内容が公序良俗に反するだけでなくこのような者に対して勧誘行為を行うことが社会的に相当でない行為であると判断している）。意思無能力を利用する前には、その他の各種の無効・取消原因との関係を十分検討すべきである。

(3) 責任無能力との関係

　不法行為の場面では、「責任無能力」という概念が用いられている。これは、未成年者が「自己の行為の責任を弁識するに足りる知能を備えていなかったとき」（民712条）、または「自己の行為の責任を弁識する能力を欠く状態にある」こと（民713条）をいい、このような者には不法行為による損害賠償責任を負わせることができない。意思無能力は法律行為の効力に関する概念であり、責任無能力は不法行為に関する概念であって、両者は守備範囲を異にするが、いずれも行為者の精神能力に関する点で共通している（意思無能力に民712条、713条を類推適用できるとする説もある）。能力の程度を一般的に考えると、やっていいことか悪いことかを判断する能力（責任能力）のほうが行為の細かい意味や内容を理解する能力（意思能力）よ

りも低いようにみえるが、実際の裁判例では、一概にそのようには認定されていない。たとえば、被害者の救済という観点からすれば、賠償する財力のない行為者本人は、責任無能力であり不法行為責任を負わないとして、その監督者の責任（民714条）を問題にしたほうがよいこともある。これとは逆に、従業員の不法行為について使用者責任を追及するためには（民715条）、その前提として従業員自身に不法行為責任があること（すなわち責任能力があること）が要求される。このように、意思無能力も責任無能力もその目的や機能に応じて理解すればよく、これらをあえて統一的に捉える必要はないのである。

3　制限行為能力者制度の基本理念

- ・意思無能力には、①立証の困難性、②一定の年齢以上の未成年者への対応不能、③相手方保護の欠如といった問題点がある。
- ・そこで、民法は、判断能力が十分でない者を制限行為能力者として定型化し、そのカテゴリーに含まれる者であれば、個々の者の意思能力の有無を問題にすることなく一律に取引上の能力（行為能力）を制限している。
- ・制限行為能力者制度は、一方で、制限行為能力者に一定の行為の取消権を付与するとともに、他方で、保護機関を置いて、法律行為の代理をさせたり制限行為能力者がする行為に同意をさせたりしている。

◆ 条 文 ◆

(1) 意思無能力の問題点

　意思無能力には、以下のような難点がある。すなわち、第一に、本人側の問題点として、意思無能力であることは、法律行為の効力を否定しようとする当事者本人が主張・立証しなければならない。しかし、このような主張をするには行為者の精神状態に関する医学的な証明をしなければならないなど非常な困難を伴う。また、法定代理人のように本人に代わって主張してくれる保護者がいるわけでもない。さらに、年齢的に見て、たとえ

意思能力があるとしてもそれで取引に関する判断能力も備わっているとは
到底いえない場合もある（たとえば小学校高学年）。第二に、法律行為の相
手方からすれば、外見上客観的に意思能力の有無を判断することができず、
後に不測の損害を被る可能性がある。

(2) 制限行為能力者の定型化

そこで、民法は、判断能力が十分でない者を一定のタイプに定型化し、
そのカテゴリーに含まれる者であれば、個々の意思能力の有無を問題にす
ることなく一律に、その者の取引上の能力（これを行為能力という）を制限
している。これが「制限行為能力者」という制度である。

制限行為能力者には、①未成年者、②成年被後見人、③被保佐人、④被
補助人という4つのタイプがある。また、後見については、法定の制度以
外に任意に利用できる任意後見制度がある。第2次世界大戦前には、妻も
制限行為能力者であり（当時の民14条〜18条）、また、戦後も2000年4月
以前までは、未成年者、禁治産者、準禁治産者という三カテゴリーであっ
た。しかし本格的な高齢者社会の到来を迎えて従来の制度が根本的に見直
された結果、2000年4月より新しい成年後見制度が施行され、それによっ
て現在の4カテゴリーとなった。未成年制度および成年後見制度の詳細を
見る前に、以下ではまず制度の全体像と制度全体にかかわる問題について
見ておこう。

(3) 制限行為能力者制度の基本的仕組み

制限行為能力者制度は、第一次的には、制限行為能力者の保護を目的と
している。そしてそのために、①一方では、制限行為能力者がした法律行
為によって不利益を被らないように、一定の条件の下で取消権を付与して
いる（取り消すことができる行為の範囲は、制限能力者のカテゴリーによって異
なる）。②また他方では、制限行為能力者の行為能力の不十分さを補うた
めに保護機関を置いて、それに法律行為の代理をさせたり制限行為能力者
がする行為に同意をさせたりしている。このような「取消し」と「保護機
関」が制限行為能力者制度の両輪である。

また、第二次的には、制限行為能力者を定型化して法定し、かつある者
がそれに該当していることを公示（登記）することによって、取引の相手方

に事前の注意を促すほか、制限行為能力者と取引してしまった相手方に催告権を与えて、事後的な問題処理にも対応できるようにしている。

図表 15　制限行為能力者制度の全体像

制度		カテゴリー	本人	保護機関	取消権
未成年制度		未成年者	20歳未満	法定代理人（同意権・代理権）	法定代理人の同意のない行為
成年後見制度	法定後見制度	成年被後見人	事理弁識能力を欠く常況＋審判	成年後見人（代理権）	原則としてすべての行為
		被保佐人	事理弁識能力が著しく不十分＋審判	保佐人（一定の重要行為の同意権・特定の行為の代理権）	保佐人の同意がない一定の重要行為
		被補助人	事理弁識能力が不十分＋審判	補助人（特定の行為の同意権・代理権）	補助人の同意がない特定の行為
	任意後見制度（任意後見契約法）	制限なし	将来事理弁識能力が不十分＋任意後見契約	任意後見人（代理権）、任意後見監督人	なし

4　成年後見制度の概要

・成年後見制度は、本人自身による自己決定をできるだけ尊重し、残存している能力を活用しながら、家庭や地域内で通常の生活ができるような社会を作るという考え方（ノーマライゼイション）を基本理念としている。
・このため、成年後見制度は、①本人の自己決定をできるだけ尊重する（日常生活に関する行為）、②判断能力の低下の程度に柔軟に対応するための制度を創設する（被補助人）、③本人の身上監護にも配慮する（身上配慮義務）、④成年後見制度の利用者であることを戸籍とは別に記載する（成年後見登記）ことなどを骨子とする制度となっている。

◆ 条 文 ◆

(1) 行為無能力者制度とその問題点

　現在の制限行為能力者制度は、未成年者制度と成年後見制度とを組み合わせたものであるが、以前は、未成年者、禁治産者、準禁治産者からなる行為無能力者制度が置かれていた。しかし、この制度には以下のような難点があった。①行為能力が一律に剝奪ないし制限され硬直的であった。たとえば、禁治産者はすべての行為を後見人に代理してもらうこととされ、自らの行為はすべて取り消しうるものとされていた。②未成年者を除くと、禁治産者と準禁治産者という2つのカテゴリーしかなく、また、これらの要件が厳格であったため、これらに該当しない者はたとえ判断能力が通常人より低下していても保護を受けることができなかった。③行為無能力者の財産管理に主眼を置いた制度であり、日常的な身上監護については関心事ではなかったため、金持ちのための制度と揶揄されるようになっていた。④行為無能力者であることが戸籍に記載され、また禁治産、準禁治産という用語の語感から、コトが公になることを回避しようとするため、実際上利用しにくい制度となっていた。

(2) 成年後見制度の理念

　そこで、本格的な高齢者社会の到来を迎えて、制度の根本的な見直しが行われ、新たな成年後見制度が 1999 年（平成 11 年）12 月に成立し、2000年（平成 12 年）4 月から施行されるに至ったのである。

　成年後見制度は、判断能力が欠如ないし不十分な者であってもその者自身による自己決定をできるだけ尊重し、残存している能力を活用しながら家庭や地域内で通常の生活ができるような社会を作る、というノーマライゼイション（normalization）の考え方を基本理念としている。そしてこの理念を具体化するために、成年後見制度では、以下のような改善が図られた。その結果、成年後見制度は、従来の行為無能力制度と比較して、飛躍的に利用が増加しつつある（成年被後見人についていえば、年々増加し、現在では毎年 3 万件弱の申立てがあり、総数で 15 万人程度の利用者がある）。

①本人の自己決定の尊重

　本人の自己決定をできるだけ尊重するため、日常生活に関する行為は自分の判断だけでできるとされた。日常生活に関する行為とは、食料品や衣類の購入、電気・水道・ガス・電話などの料金の支払い、これらのための預金の引き出しなど日常生活をするために不可欠な行為である（もう少し広く、民 761 条に定める夫婦間の日常家事債務の連帯責任と同様、通常の日常生活上の行為と解する説もある）。金融業者からの借入れや家の外壁の修理契約などは、制限行為能力者がつけ込まれやすい契約であるが、これらは日常生活に関する行為とはいえない。

　また、上記の改正とともに制定された任意後見契約法によって、現在は判断能力があるが、将来の判断能力の低下に備えたいと考える者が任意後見契約を結ぶことができるようになった。

　なお、婚姻（民 738 条）、離婚（民 764 条）、養子縁組（民 799 条）、離縁（民812 条）、認知（民 780 条）など、家族法上の行為については、以前の行為無能力制度の時代から、本人の意思を最大限尊重するために特別規定が設けられ、本人だけの判断でできるとされていることが多い。しかし、家族法上の行為であっても財産にかかわる行為や他人に影響を及ぼす行為については、本人を保護しその判断を支援するために、成年後見制度の適用があると解されている。

第9章 ◆ 法律行為をする資格の欠落／制限行為能力者の相手方の保護

②カテゴリーの多様化

判断能力の低下の程度に柔軟に対応し、かつそれに必要十分な範囲で保護するために、新たに被補助人というカテゴリーが新設され、従来の二カテゴリーから三カテゴリーとなった。また、禁治産者、準禁治産者という名称を廃止し、成年被後見人、被保佐人、被補助人という名称を採用した。

③身上監護への配慮

財産管理だけでなく、身上監護（本人の生命や健康の保持、身の回りの世話など）にも配慮するために、家族法に保護者に対して本人の身上配慮義務が創設された（民858条、876条の5第1項）。ただし、これらは配慮義務にとどまっており、実際の介護や身上監護活動を保護者自身が行うというわけではない。また、任意後見契約は財産管理とともに身上監護を内容としている。さらに制限行為能力者の審判の請求に関して、身寄りのない認知症の高齢者などについては、市町村長も請求できる（老人福祉32条など）。

④成年後見登記制度

戸籍に記載されていた従来の制度を改め、成年後見登記制度が創設された。これによれば、未成年者（これは戸籍の生年月日から明らかとなる）以外の制限行為能力者は、裁判所書記官の嘱託により、登記所に備えられた登記ファイルに記載される。任意後見契約もまた、公証人の嘱託により登記される。登記記録の開示（登記事項証明書の交付）請求は、プライバシー保護のために、本人、4親等内の親族、保護機関、国または地方公共団体の職員などに限定されており、制限行為能力者の行為の相手方や債権者などは含まれていない。これらの者は本人等に証明書の提出を要求するほかない。しかし金融実務などでは、手続を簡便に進めるために、取引の相手方が作成した書類（自分には行為能力がある、ないし制限行為能力者ではないといった趣旨の書類）に署名・押印するという方法（いわゆる「ないこと証明」）が普及している。

5 制限行為能力者の相手方の保護

・制限行為能力者の相手方を保護するために、催告権と取消権の剥奪

137

とが認められている。
・催告権とは、相手方が一定の期間を定めて追認をするか否かを問い合わせる権利である。
・取消権の剥奪とは、制限行為能力者が詐術を用いて能力者であると信じさせた場合に取消権を失わせる制度である。
・これらはすべてのカテゴリーの制限行為能力者について認められる。

◆ 条 文 ◆

制限行為能力者制度は、第一に本人の保護を目的としているので、その反面として行為の相手方の利益は犠牲となる。しかしその目的の範囲内ではできるだけ相手方の利益にも配慮すべきである。そこで民法では以下のような制度が認められている。

(1) 催告権

制限行為能力者には一定の場合に法律行為の取消権が付与されているので、行為の相手方は、取り消されるのか否かが不確定で不安定な状態に置かれる。そこで、相手方には、次の表のようにして、本人ないしその保護機関がその法律行為を追認するのか否かを明確にするよう催告する権利が認められている（新20条）。なお、被保佐人または被補助人に対して保佐人または補助人の追認を得るよう催告することはできるが（新20条4項）、未成年者または成年被後見人本人に対する催告は、これらの者を保護する

図表16　法律行為の効力否定原因

	催告の方法	催告の相手方	確答がない場合
行為能力者となった後	1か月以上の期間を定めて、その期間内に追認するか（または追認を得るか）否かを催促	本人	追認とみなす
制限行為能力者のままの間		保護機関	追認とみなす
		被保佐人、被補助人	取消しとみなす

138

ために認められていない。

(2) 取消権の剥奪

制限行為能力者制度を悪用する者は保護に値しない。そこで、制限行為能力者が能力者であると信じさせるために詐術を用いたときは、もはや取消しできなくなる（民21条）。取消権が剥奪されるための要件は、「能力者であると信じさせるために」、「詐術を用い」、「これにより相手方が行為能力者であると誤信した」ことであるが、これらに関して以下のような議論がある。

◆ 解 釈 ◆

(1) 能力者であると信じさせるため

これには、制限行為能力者が保護機関の同意を得ていると信じさせる場合も含まれると解するのが通説である。さらに、制限行為能力者であることが相手方に明らかとなった場合には、相手方には同意の有無を確認すべき義務があるとする説もある（四宮・能見）。

(2) 詐術

詐術といえるためには、単に制限行為能力者であることを黙秘しただけでは足りないが、他の言動などと相まって相手方を誤信させまたは誤信を強めたと認められるときは詐術に当たると解されている（最判昭和44・2・13民集23巻2号291頁・ハンドブック16〔ただし具体的には詐術を否定した〕）。しかしこれでは制限行為能力者の保護が薄くなる可能性があるとして詐術の拡張には慎重であるべきであるとする説もある（河上、平野）。

(3) 相手方の誤信

たとえ詐術を用いても相手方が誤信していない場合には、相手方を保護する必要はなく取消権は剥奪されないと解されている（茨木簡判昭和60・12・20判時1198号143頁・ハンドブック15〔未成年者がキャッチセールスの勧誘員の指示に従って虚偽の生年月日を記入した事案〕）。学説では、相手方が過失によって知らなかった場合でも取消権は剥奪されないとする説もある（近江）。しかし、相手方は行為者が制限行為能力者であるか否かを確認し

139

なかったことにより取消しというリスクを負う以上、詐術が用いられた場合にはそのリスクが軽減されてもよく、取消権の剥奪につき相手方に無過失までは要求できないと解すべきである。

6 未成年者

- ・未成年者とは、20歳未満の者をいうが、近い将来18歳未満の者となる可能性がある。
- ・未成年者が婚姻すると成年擬制がはたらく。
- ・未成年者の保護者は法定代理人であり、親権者がなる。親権者がいない場合には未成年後見人が選任される。
- ・未成年者は、原則として法定代理人の同意を得て自ら行為するか、法定代理人に代理してもらわなければならない。
- ・法定代理人の同意を得ないでした行為は取り消すことができる。
- ・例外的には、同意を得ないですることができる行為が法定されている。
- ・未成年者と法定代理人の利益相反行為については、特別代理人が未成年者を代理する。

◆ 条 文 ◆

　以下では、未成年者をはじめとして制限行為能力者の各カテゴリーについて解説する。どのような場合に法律行為の効力が否定されるかを理解するためには、制度の仕組みの理解が必要であり、それには家族法の規定も併せて見なければならない。そのため、条文中心の細かい説明になるが、ポイントは、カテゴリーによって行為能力の制限にどのような違いがあるか、法律行為が取り消されるのはどのような場合か、保護者にはどのような権限があるか、である。

(1) 未成年者の意義

　未成年者とは、20歳未満の者をいう（民4条）。ただし、未成年者が婚姻したときは、成年に達したものとみなされる（民753条）。これを「成年擬

制」という。婚姻によってその夫婦が独立した社会生活をおくることができるようにするためである。離婚した場合でも未成年者に戻ることはないと解されている。また、成年とみなされるのはあくまで私法上の措置である。たとえば、婚姻しても喫煙や飲酒が許されるわけでもない。

なお、2015年の公職選挙法の改正により、18歳以上の者に選挙権が認められることになったが、民法でも、近い将来、未成年者とは18歳未満の者とされ、それに伴い、関係法令も改正される可能性がある。

未成年者が他の制限行為能力者のカテゴリーにも該当しうる場合には、同時に他の制度を併用させてかまわない（未成年者でも後述の成年後見開始の審判を受けることは可能）。むしろ、判断能力の低い未成年者が成年後に併用していた制度をそのまま利用でき、制限行為能力者の保護に切れ間が生じないので、併用しておくほうが望ましい。

以下で見るように、未成年者の行為能力の制限は、成年被後見人よりも緩やかで、被保佐人よりは厳格であり、保護者の同意を得て行為するか、保護者に自分の代わりに行為してもらうという二本立ての制度になっている。

(2) 未成年者の保護者

未成年者の保護者は、法定代理人である。法定代理人には、原則として親権者がなる。親権者とは、未成年者の父母が婚姻中はその父母のことである（民818条3項）。父母が離婚した場合には、いずれか一方が親権者となる（民819条1項、2項）。父母がそもそも婚姻していない場合には、母が親権者であるが、父が子を認知した場合には、父母の協議で父を単独親権者と定めたときに限り父が親権者になる（民819条4項）。事実上または法律上親権を行う者がいなくなった場合には、未成年後見人が選ばれ（民838条1号）、未成年後見人が法定代理人になる（民859条1項）。

(3) 保護者の権限

法定代理人は、未成年者の財産について包括的な権限を有している。具体的には、①未成年者がする法律行為に対する同意権（民5条1項）、②包括的な管理権および代理権（民824条本文、民859条1項。ただし、未成年者の行為を目的とする債務が生じる法律行為を代理するには、未成年者の同意が必

要である。民 824 条ただし書）、③同意のない行為の取消権（民 120 条 1 項）、
④同意のない行為の追認権（民 122 条）である。

(4) 利益相反行為

　法定代理人と未成年者との利益が相反する法律行為（利益相反行為）を代
理するには、そのための特別代理人の選任を家庭裁判所に請求しなければ
ならない（民 826 条 1 項）。たとえば、親の借財について未成年者名義の不
動産に担保を設定するような場合である。複数の未成年者の法定代理人と
なっている場合（兄弟など）に、未成年者相互の利益が相反する場合にも利
益相反行為となり、一方のために特別代理人の選任を請求しなければなら
ない（民 826 条 2 項）。特別代理人は、法定代理人や未成年者から独立した
者が望ましいが、実際には、家裁が職権で適任者を見出す手段はなく、申
立人の挙げる候補者（おじさんなど）がそのまま選ばれるのが普通である。

(5) 未成年者の法律行為

　未成年者が法律行為をするためには、原則として、法定代理人の同意を
得て自ら行為するか（民 5 条 1 項本文）、または、法定代理人に代理しても
らわなければならない。しかし例外的には、①単に利益を得または義務を
免れる行為（民 5 条 1 項ただし書）、②法定代理人が処分を許した財産を処
分する行為（民 5 条 3 項）、③法定代理人から営業を許可された場合に、そ
の営業に関する行為（民 6 条 1 項、民 823 条 1 項、民 857 条）は同意を得るこ
となく単独ですることができる。しかし、③の場合には、許可後に未成年
者が営業に堪えることができないと判断したときは、法定代理人は許可を
取り消しまたは制限することができる（民 6 条 2 項、民 823 条 2 項、民 857
条）。この取消しは、民法 121 条にいう法律行為の取消しとは異なり、相手
方保護のために遡及効はない（取消し前になされた行為は有効なまま）と解
されている。

　このほか、身分法上の行為については、家族法に特別の規定が設けられ
ていることが多い（たとえば前述の民 737 条）。また、訴訟行為（訴えの提起
など）については、法定代理人によってのみすることができ、たとえ同意
を得ても自らすることはできない（民事訴訟 31 条本文）。ただし、成年擬制
がはたらく場合および上記①〜③の例外に当たる場合には単独ですること

ができる（同31条ただし書）。労働契約については、法定代理人が未成年者に代わって契約を締結することができない（労働基準58条1項）。保護者の顔をして未成年者を食いものにするのを避けるためである。

(6) 同意を得ていない行為の取消し

未成年者が法定代理人の同意を得ずに単独でした行為は、未成年者自身（民5条2項）または法定代理人（新120条1項）が取り消すことができる。未成年者がすでに受領していたものは返還しなければならないが、前述したように、返還の範囲は現に利益を受けている限度に制限される（新121条の2第3項）。行為の相手方には催告権があること（新20条）、行為能力者であると信じさせるために詐術を用いたときは取消権が剥奪されること（民21条）はすでに述べた。

◆ 解 釈 ◆

未成年者が法定代理人の同意を得なくともできるのは具体的にはどのような行為かについて、以下の解釈が定着している。

(1) 単に利益を得または義務を免れる行為

未成年者が贈与を受ける場合や債務の免除を受ける場合などをいう。このような場合ならば未成年者が不利益を被ることがないからである。たとえば、親戚の人からお年玉をもらうのにいちいち親の同意を得る必要はない。しかし、貸金の返済を受けることは、現金が増える反面、債権という財産が減るので、この例外には該当しない。

(2) 法定代理人が処分を許した財産を処分する行為

法定代理人が目的を定めて処分を許した財産（たとえば、学費、旅費、パソコン購入費など）は、その目的の範囲内ならば自由に選択することができる（パソコンの機種など）。また、目的を定めないで処分を許した財産（たとえば小遣いなど）は、使途について自由に選択することができる。

(3) 法定代理人から営業を許可された場合に、その営業に関する行為

上記2つの場合に比べてこの場合は問題が大きい。たとえば、親から出

143

店を許された飲食店での材料の仕入契約や客に飲食を提供する契約などがこれにあたる。この例外は、営業を円滑に行うためにはいちいち同意を得ることが非現実的であることから、包括的な同意を与えたものと考えることができる。

営業とは、広く営利目的ならよいと解されているが、未成年者自身が営業主であることが必要であり、雇われる場合は含まれない。戦前の事例ではあるが、未成年の芸妓が芸妓としての衣類購入費用を借りたという事案で、芸妓も営業にあたるとされた裁判例がある（大判大正4・12・24民録21輯2187頁〔芸妓ももよ事件〕）。なお、未成年者が商行為としての営業をするためには、商業登記をしなければならない（商5条）。

許可は、営業を特定したものでなければならない。「何をやってもよい」は認められない。逆に、営業を許す以上は、その営業に関する行為はすべて許可しなければならず、一部のみ許可する（たとえば10万円未満の取引のみ可）というのも認められない。

7 成年被後見人

・成年被後見人とは、判断能力を欠く常況にあり、後見開始の審判を受けた者をいう。
・成年被後見人の保護者として成年後見人が選任される。
・成年被後見人の行為は、原則として成年後見人が代理して行う。
・成年被後見人がした行為は取り消すことができる。
・ただし、日常生活に関する行為は、成年被後見人が自らすることができる。

◆ 条 文 ◆

(1) 成年被後見人の要件

成年被後見人となるには、「精神上の障害により、事理を弁識する能力を欠く常況」にあること、および家庭裁判所が「後見開始の審判」をすることが必要である（民7条）。

事理を弁識する能力とは、判断能力のことである。常況とは、まれには

戻ることがあっても大体いつもそうであることでよい。また、審判とは、訴訟（対審・当事者主義・公開）と異なり、非対審構造・職権主義的・非公開でなされる裁判所の判断であるが、家裁の審判がなければ、いくら判断能力がない者であっても成年被後見人にはならない。審判の請求権者は、本人（申請時には一時的にせよ能力が回復していることが必要である）、配偶者、4親等内の親族（子、孫、父母、祖父母、おじ・おば、いとこなど）、検察官（身寄りのない人のため）、他の制限行為能力者から移行する場合の関係者（保佐人など）である。身寄りのない認知症の高齢者などについては、市町村長も請求できる（老人福祉 32 条など）。後見開始の審判がなされると、旧制度の禁治産者の場合のように戸籍に記載されるのではなく、法務局の後見登記ファイル（磁気ディスク）に登記される（後見登記 4 条）。本人または配偶者・一定の親族は、登記事項証明書の交付を申請できるが、プライバシー保護のため、取引の相手方などは申請できない。以下で見るように、成年被後見人の行為能力の制限は、制限行為能力者の中で最も厳格であり、原則としてすべての行為を保護者にしてもらうという仕組みになっている。

(2) 保護者

　成年被後見人には成年後見人が付される（民 8 条、民 843 条 1 項）。また、後見人の職務を監督したり、後見人に代わって行為したりする必要がある場合には、成年後見監督人が選任される（民 849 条の 2 以下）。旧制度の禁治産者では、夫婦の場合には当然に配偶者が後見人になったが、夫婦が共に高齢者という状況では適切でないこともあり、現制度では、適任者が成年被後見人となることとなった（民 843 条 4 項）。また、複数の者を後見人にしてもよい（民 859 条の 2 第 1 項）。法人も後見人になることができる（民 843 条 4 項）。

(3) 保護者の権限と制限

　成年後見人は、成年被後見人の生活・療養・財産管理全般に関して責任を負っており、①身上配慮義務を負い（民 858 条。前述のように、本人の生命・健康・精神状態や生活状況に注意すべき義務であり、実際に介護などをするわけではない）、②法定代理権（民 859 条 1 項）、③成年被後見人がした行為の取消権（新 120 条 1 項）を有する。

ただし、①成年被後見人が居住している不動産を処分するには（売却、賃貸借、その解除、抵当権の設定など）、生活に重大な影響を及ぼすので、家庭裁判所の許可を得なければならない（民859条の3）。また、②未成年者の場合と同様、成年被後見人と後見人との利益が相反する行為をするには、家庭裁判所に特別代理人の選任を請求しなければならない（民860条、民826条）。

（4）成年被後見人の法律行為の取消し

　成年被後見人のした法律行為は原則として取り消すことができる（民9条）。たとえ後見人の同意を得ていた行為だったとしても、同意は無意味なので取り消せる。取消権者は、本人（最低限、意思能力は必要であると解されている）または成年後見人である（新120条1項）。

（5）日常生活に関する行為

　上記を厳格に解すると、日常の生活上の定型的で些細な行為でも取り消せることになってしまうが、これでは制度改革にあたって考慮されたノーマライゼイションの理念に反する。そこで、日用品の購入などの日常生活に関する行為は、成年被後見人であっても自分でできることとされている（民9条ただし書）。スーパーでの買い物や公共料金の支払いなどがこれにあたる。電器製品や家具の購入なども含まれるという説もあるが、本人保護のためにはむしろ日常生活に最低限必要な行為に限定すべきである。実際には個々のケースごとに判断するほかないが、契約書が作成されるような契約（家のリフォーム契約や金銭の借入契約など）は通常これにはあたらないというべきである。

8　被保佐人

- ・被保佐人とは、判断能力が著しく不十分であり、保佐開始の審判を受けた者をいう。
- ・被保佐人の保護者として保佐人が選任される。
- ・被保佐人は、一定の重要行為をするには保佐人の同意を得なければならない。

第9章 ◆ 法律行為をする資格の欠落／被保佐人

・また、保佐人は、家庭裁判所がとくに認めた行為の代理権を有する。
・保佐人の同意を得ないでした行為は取り消すことができる。
・ただし、日常生活に関する行為については、同意なくすることができる。

◆ 条 文 ◆

(1) 被保佐人の要件

被保佐人となるには、「精神上の障害により、事理を弁識する能力が著しく不十分」であること、および家庭裁判所が「保佐開始の審判」をすることが必要である（民11条）。

家裁の審判がなければ、いくら判断能力が著しく不十分な者であっても被保佐人にはならないこと、審判の請求権者、登記ファイルへの登記は、成年被後見人の場合と同様である。以下で見るように、被保佐人の行為能力の制限は、未成年者や成年被後見人よりも緩やかであり、普通の行為は自分自身の判断でできるが、重要行為については保護者の同意が必要であり、さらにとくに必要な場合には保護者に代理させるという仕組みになっている。

(2) 保護者

被保佐人には保佐人が付される（民12条、民876条の2第1項）。また、必要がある場合には、保佐監督人が選任される（民876条の3第1項）。適任者を選任すること、複数の者が保佐人になりうること、法人も保佐人になりうることは成年被後見人の場合と同様である。

(3) 保護者の権限と制限

保佐人は、①身上配慮義務を負い（民876条の5）、②被保佐人が財産上の重要な行為をする場合の同意権（民13条1項、2項）、③家庭裁判所が審判によってとくに認めた行為の代理権（民876条の4）、④被保佐人が保佐人の同意を得ないでした行為の取消権（新120条1項）を有する。家裁が保佐人に代理権を与える場合には、本人の能力の欠如が成年被後見人ほどではないので本人の意思を尊重するために、本人の同意が必要である（民876

147

条の4第2項）。代理権を認める場合には、行為が特定されていれば、ある程度包括的な指定（範囲が広い指定）でも、個別指定（個々の行為の指定）でもよい。

(4) 被保佐人の法律行為

被保佐人は、一定の重要行為をするには保佐人の同意を得なければならない（新13条）。重要行為とは、①元本の領収、借財、保証人になること、不動産の処分など、新13条1項1号〜9号に列挙されている行為（ただしこれらは例示であると解されている）、②これらの行為を制限行為能力者の法定代理人としてすること（同項10号）および、③家裁の審判によって指定された行為（同条2項）である。日常生活に関する行為はこれらから除外される（同条1項ただし書、同条2項ただし書）。また、被保佐人の利益を害するおそれがないにもかかわらず保佐人が同意しない場合には、被保佐人は家裁に対して「同意に代わる許可」を請求することができる（同条3項）。

(5) 同意を得ていない行為の取消し

同意を得ていない行為は、本人または保佐人が取り消すことができる（新13条4項、新120条1項）。旧制度の準禁治産者の場合には、保佐人の取消権について明文がなく、これを認めるべきか否かで争いがあったが、同意権がある以上その実効性を確保するためには取消権を認めるべきであるというのが多数説であった。現行制度ではこれを受けて、取消権者に同意権者も含まれることが明文化された（新120条1項）。

9　被補助人

- ・被補助人とは、判断能力が不十分であり、補助開始の審判を受けた者をいう。
- ・被補助人の保護者として補助人が選任される。
- ・被補助人は、家庭裁判所が定めた特定の行為をする場合に限り、補助人の同意を得なければならない。
- ・また、補助人は、特定の行為の代理権を有する。
- ・補助人の同意を得ないでした行為は取り消すことができる。

第9章 ◆ 法律行為をする資格の欠落／被補助人

・日常生活に関する行為については、当然に、同意なくすることができる。

◆ 条 文 ◆

(1) 被補助人の要件

被補助人となるには、「精神上の障害により、事理を弁識する能力が不十分」であること、および家庭裁判所が「補助開始の審判」をすることが必要である（民15条）。

家裁の審判がなければ、いくら判断能力が不十分な者であっても被補助人にはならないこと、審判の請求権者、登記ファイルへの登記は、成年被後見人・被保佐人の場合と同様である。以下で見るように、被補助人の行為能力の制限は、制限行為能力者の中で最も緩やかであり、大体の行為は自分自身の判断でできるが、審判によって定められた特定の行為についてだけは保護者の同意が必要か、保護者に代理させるという仕組みになっている。旧制度ではなかった類型であり、行為能力の制限の範囲が限定されている分、利用しやすい制度として創設された。

(2) 保護者

被補助人には補助人が付される（民16条、民876条の7第1項）。また、必要がある場合には、補助監督人が選任される（民876条の8第1項）。適任者を選任すること、複数の者が補助人になりうること、法人も補助人になりうることは成年被後見人・被保佐人の場合と同様である。

(3) 保護者の権限と制限

補助人は、①身上配慮義務を負い（民876条の10）、②審判によって定められた特定の行為を被補助人がする場合の同意権（民17条1項）、③審判によって定められた特定の行為の代理権（民876条の9第1項）、④被補助人が補助人の同意を得ないでした行為の取消権（新120条1項）を有する。補助人には、必ず特定の行為についての同意権、代理権の双方または一方がある。いずれも有しないのでは補助する意味がないからである。この同意権・代理権は、補助開始の審判とは別の審判で付与され、いずれについて

149

も本人の同意が必要である（民17条2項、民876条の9第2項）。

(4) 被補助人の法律行為

　被補助人は、特定の行為をするには補助人の同意を得なければならない（民17条1項）。特定の法律行為が何かは、被補助人、補助人、補助監督人の申立てにより家裁が決める（民17条1項、民876条の9第1項）。不動産のように特定の重要な財産の処分などが考えられる。ただし、その範囲は、新13条1項の被保佐人が同意を要する行為よりも狭くなければならない（民17条1項ただし書）。代理権が付与される行為の範囲についてはそのような制限はないが、実際上は同意権と同じ程度になるであろう。被補助人は、ほとんどの行為は同意なくしてできるので、とくに日常生活に関する行為についての規定は設けられていない。被補助人の利益を害するおそれがないにもかかわらず補助人が同意しない場合には、被補助人は家裁に対して「同意に代わる許可」を請求することができる（民17条3項）。

(5) 同意を得ていない行為の取消し

　同意を得ていない行為は、本人または補助人が取り消すことができる（民17条4項、新120条1項）。補助人のような同意権者にも取消権があることは保佐人の場合と同様である。

10　任意後見制度

> ・将来の判断能力の低下に備えたい者、法定後見制度の利用を望まない者は、任意後見契約をすることができる。
> ・任意後見契約は、後日、任意後見監督人が選任された時に効力を生じる。
> ・任意後見人は契約に基づいて後見事務と代理をし、任意後見監督人がこれを監督する。
> ・任意後見は法定後見と併存せず、原則として任意後見が優先する。

第 9 章 ◆ 法律行為をする資格の欠落／任意後見制度

◆ 条 文 ◆

(1) 趣旨

任意後見制度は、任意後見契約に関する法律（任意後見契約法、1999 年）に基づく制度であり、また、法律行為の効力否定には関係がないが、民法上の成年後見制度と密接に関わりを有するので、以下でその概要を解説しておこう。

任意後見制度は、法定の成年後見制度に該当しないが将来の能力の減退に備えておきたい者や、法定の制度の利用を望まず自らの意思で後見を利用したいという者の要望に応える制度である。この制度では、本人の行為能力が制限されるわけではない。通常の委任契約（民 643 条以下）を利用する方法もあるが、それによったのでは本人の判断能力が低下してしまった後に受任者を監督するものがいなくなってしまうので、本人の意思を明確に確認できるようにするとともに、受任者を監督する者を選任するという仕組みが必要になるのである。

(2) 任意後見契約

任意後見契約とは、将来判断能力が不十分な状況になった際の自分の生活、療養看護、財産管理に関する事務を委託し、代理権を付与する契約である（同 2 条 1 号）。公正証書によらなければならず（同 3 条）、公証人から登記ファイルに登記される。契約の締結によって直ちに効力を生じるのではなく、判断能力が不十分な状況になったときに、本人、配偶者、4 親等内の親族、受任者の請求によって家裁が任意後見監督人を選任した時から効力を生じるとされている（同 2 条 1 号、4 条 1 項本文）。任意後見監督人が選任されると受任者は任意後見人に就任する（家族や知人のほか、弁護士や福祉の専門家・法人などが考えられる）。

(3) 任意後見人の権限

任意後見人は、契約によって定められた事務を行い、代理権を行使するが、本人の行為能力が制限されているわけではないので、同意権や取消権はない。

任意後見は、法定後見とは併存しない。法定後見等の開始の審判の請求がなされた場合には、原則として本人の意思に基づく任意後見が優先し、

151

家庭裁判所が法定後見などのほうが本人の利益になると判断した場合に限り、法定後見などへ移行し、任意後見契約は終了する（同 10 条）。

◆ 発 展 問 題 ◆

　法定後見制度や任意後見制度は、概念的には、それぞれ対象としている者の判断能力欠如の程度が異なるが、実際上は、自分の周りに何らかの保護を要する者がいる場合に、どのカテゴリーに該当するのかを判定することは難しい。結局、本人がその名義にかかる財産をどの程度所有しているか、本人が他人との関わりをどの程度持ちうる状況で生活しているか、家族を中心とする周囲の者がどの程度本人を保護することができるかといったことに応じて、必要とされる行為能力制限の程度が選択されることになろう。わが国では、身内のことは身内で処理するといった風潮もあって、周囲を見渡しても、法定後見制度などを利用している者を見出すことはそれほど多いわけではない。しかし核家族化が進行する一方で高齢者が増加するという社会状況の中で、介護がもはや家族内だけで対処できる問題ではないことが明らかとなっているように、本格的な高齢化社会は、いやおうなしにこれらの制度の積極的な利用を促すことになろう。

第10章 法律行為の要素の欠落
(1) 意思表示

1 意思表示の意義

・意思表示とは、権利変動を欲する意思を表示する行為である。
・意思表示の効力が否定されれば、法律行為の効力も否定される。
・契約において一つの意思表示の効力が否定されれば、他方の意思表示が有効でも契約の効力が否定される。

◆ 条 文 ◆

　民法総則では、第5章法律行為の第2節として意思表示の規定が設けられている。しかし、意思表示と法律行為との関係や意思表示の意義などを規定する条文はなく、いきなり新93条から新96条で意思表示の効力が否定される場合について規定されている。

　したがって、法律行為と意思表示の基本に関わることがらはすべて解釈に委ねられており、この解釈次第で新93条以下の条文の意義や適用範囲をどのように理解するかも大きく影響を受けることになる。

◆ 解 釈 ◆

　意思表示とは、権利変動を欲する意思を表示する行為であると解されている。すでに述べたように、法律行為は、解釈上、意思表示に基づく行為であると定義されており、意思表示が存在しなければ法律行為は成立しない。したがって、意思表示は、法律行為が効力を生じ、当事者がそれに拘束される根拠であると同時に、いったん成立した法律行為であっても、意思表示の効力が否定されれば、それを要素として成り立っている法律行為

もまた効力が否定されるという意味において、法律行為の効力否定根拠でもある。たとえば、売買契約の売主の意思表示（申込み）の効力が否定されれば、たとえ買主の意思表示（承諾）が有効であっても、二つの意思表示の合致があったとはいえなくなるので、法律行為（売買契約）も効力を否定されるのである。このことから分かるように、法律行為と意思表示とを概念的に区別することには、契約のように複数当事者の意思表示の合致によって成立する法律行為であっても、その一方当事者の事情によって法律行為全体の効力を否定することができるという点で実益がある。本章から扱う法律行為の要素の欠落では、まさにこの点がポイントとなる。

　なお、一つの意思表示のみで成立する法律行為である単独行為では、一見すると意思表示と法律行為とは同義であるように見えるが、たとえば遺言のような要式行為では、たとえ意思表示が有効に存在しても、それ以外に一定の方式を備えないと法律行為は成立しないので（民960条）、やはり法律行為と意思表示とを区別する実益がある。

◆ 発 展 問 題 ◆

　学説上、意思表示がなくても一定の事実が存在するというだけで法律行為が生じることがあるという理論がある。これを「事実的契約関係論」という。たとえば、電車やバスなどの公共交通機関の利用契約、電気・水道・ガスの供給契約、自動販売機での商品購入契約などの社会類型的行為の場合や、契約関係が終了したり無効であったりしても契約関係があるのと同様の状態が継続している場合には、そのような関係に入った者は、意思いかんにかかわらず、その関係から生じる法律効果に拘束されるというのである。

　たしかにこのような取引においていちいち意思表示があったか否かを問題にすることは煩雑極まりない。しかし、このような取引でも、異議がある者にはその主張を認めるべきである（たとえば制限行為能力や意思表示の不存在）。実際には、事実状態から利益を享受しておきながら、後に意思表示をしたことはないと主張することはほとんどないであろうし、また主張してみたところで、すでに述べた「意思実現」によって契約が成立したとされたり（新527条）、後述の「黙示の意思表示」があったとされることが多いであろうが、そうだからといって、意思表示がないという主張をあら

154

第10章 ◆ 法律行為の要素の欠落（1）　意思表示／意思表示の構造

かじめ封じる必要はない。事実的契約関係論は、ともすれば意思表示が形骸化しそうな法律行為を捉えて意思表示不要とする一般論を立てるものであるが、むしろそのような場面での意思表示の実を確保することが重要である。

2　意思表示の構造

・意思表示の効力を判断するにあたっては、原則として効果意思と表示行為が考慮される。
・意思表示は表示行為がなければ成立しない。
・表示行為に相応する内心の効果意思がなくても意思表示は成立し、あとはその効力が問題となる。
・動機は原則として考慮されないが、例外的には考慮される場合がある。
・表示意思（表示意識）は、表示行為をしようとする意識であるが、意思表示の成立要件であると解する必要はない。

◆ 条 文 ◆

　意思表示がどのような構造を有しており、意思表示が成立するためにはどのような要件が必要なのかを規定する条文はない。そこで学説は、意思表示の構造を細かく分析し、意思表示においては何が重要なのかを説明しようとしている。

◆ 解 釈 ◆

(1) 意思表示のプロセス

　意思表示は意思を表明する行為であるが、これを細かく見るともっと複雑なプロセスを経る。たとえば、ある人が宝石店でプレゼント用に指輪を買うという意思表示をする際には、①指輪をプレゼントしようと思う→②この指輪を買おうと決める→③店の人に言おうと思う→④「この指輪をください」と表明する、というプロセスを経て一つの意思表示に辿り着く（これは意思表示を超スローモーションで見た場合のことであって、実際にはこ

155

れらは瞬間的に経過する)。

①は意思表示をする動機である。②は指輪を買うという法律効果を発生させようとする意思(効果意思という)である。③は効果意思を外部に表明しようとする意思ないし意識(これを表示意思ないし表示意識という)である。そして最後に④の表示行為に至る。これに対して店の人が「この指輪を売る」という意思表示をすれば、二つの意思表示の内容が合致して「指輪の売買契約」という法律行為が成立する。このうち、指輪の売買契約という法律行為から意思表示を見る場合に重要なのは、指輪を買う・売るという意思の存否とそれらの表示であるから、意思表示で考慮されるのは、原則として効果意思と表示行為である。

ただし、動機と効果意思は実際には連続的で区別が難しいことがある。たとえば「こんな指輪を買ってプレゼントしたら喜ぶだろうな」と思ったのは、動機かそれとも効果意思か。このような場合は、法律行為の当事者の意思表示が合致する内容(指輪の売買契約)を考えればよい。それに対応するものだけが効果意思であるから、上記では指輪を買うと決断していればそれが効果意思であり、それ以外のことは動機である。

(2) 表示行為

意思表示が存在する(すなわち成立している)といえるためには、表示行為が必須の要件である。意思表示が意思の表明である以上、外部から認識できる表明そのものがなければ意味がないからである。表示行為には、文書、手紙、口頭での伝達のように意思の表明が明確に分かるものだけでなく、行動や態度による表明(たとえば頷く)も含まれるし、場合によっては何もしないこと(不作為という)や沈黙も表示行為であると評価されることもある。たとえば、他人の建物と知りつつ黙って長年住んでいるのに、所有者がこれを知りつつ出て行けとも賃料を払えとも言わなかったような場合には、建物の使用貸借契約(無料で借りる契約)の申込みと承諾があったと判断されうる。このように、明示的になされたのではないが意思表示であると判断できるものを総称して「黙示の意思表示」と呼ぶが、そういえるためには、存在しない意思表示の押し付けになってはならず、明示の意思表示があったと同等に評価できる場合でなければならない。消費者契約では、「何日以内に返品しなければ契約を承諾したものとみなす」というよ

156

第 10 章 ◆ 法律行為の要素の欠落（1） 意思表示／意思表示の構造

うな条項を入れて勝手に商品を送りつけてくる商法があるが（ネガティブ
オプション）、これを無視しても承諾の意思表示がない以上契約が成立する
ことはない（特定商取引 59 条 1 項）。

(3) 効果意思

これに対して、効果意思は、意思表示の成立にとって必須の要件ではな
い。たとえばある意思があると表明した手紙が存在していれば、社会的に
はその人の「意思表示があった」と評価できるからである（これを表示から
推断される効果意思（表示上の効果意思）があると説明して、内心の効果意思と
区別することもある）。このように意思表示は、突き詰めれば、効果意思と
されるものの表示行為である。もちろん、表示行為に相応する（内心の）効
果意思が実際には存在しない場合（たとえば、ある物を買いたいと手紙に書い
たが、購入希望金額を一桁多く書き間違えていた場合）には、意思表示の効力
が問題になる。たとえ意思表示が成立していても、その効力が否定されれ
ば法律行為の要素が欠落して法律行為の効力も否定されるので、このよう
な場合が法律行為の効力否定原因として重要になるわけである。

(4) 動機の取扱い

動機は、効果意思を形成するうえでは重要なものであるが、個人的なも
のであって、他人にはどうでもよいことが多いので（店の人にとっては、指
輪を何に使おうと関係ない）、法的には重要な意味を付与することができな
い。また、通常は動機にしたがって効果意思が形成されるので、特に効果
意思と別に考慮する必要もない。そこで民法では、動機は原則として意思
表示の効力に影響を与えないこととしている。しかし、例外的には、動機
が単に個人的な事情であるというにとどまらず、意思表示の効力に決定的
な意味を有することもある（たとえば、婚約しないのに婚約指輪を買っても仕
方ない）。動機がどの程度考慮されるべきかについては、新 93 条以下の解
説で個別に見てゆくが、特に問題になるのは、動機と効果意思の間に離齬
があったがそれを認識していなかった場合（動機の錯誤〔法律行為の基礎と
した事情についての錯誤〕という）である。このような場合に、どのような
要件の下で動機を考慮して意思表示の効力を否定してよいかは難問である
（第 13 章で扱う）。

157

図表17 法律行為の構造

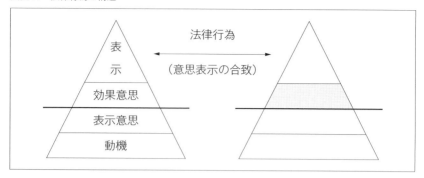

(5) 表示意思（表示意識）の取扱い

　表示意思（表示意識）は、効果意思を外部に表示しようとする意思（意識）である。学説の中には、二つの例を挙げて、これがなければ意思表示は成立しないとする考え方がある（佐久間、平野）。第一の例は、昔ドイツで講学上用いられた例である。すなわち、トリアーという町のワイン市場の競売では、せり売りで手を挙げると増価の申し出をしたことになっていたが、これを知らずに見物していた観光客が向こうにいる友人を呼ぶために手を挙げたというものである。また、第二の例は、ある土地を売ろうとして売買の申し込みを手紙に書き、相手の宛名を書いて封筒に入れて机の上に置いていたところ、家人が切手を貼って勝手に投函してしまったというものである。これらの場合には、それぞれ表示行為はあったが、増価する意思・土地を売る意思を表示する意識はなかったのだから意思表示としては成立していないというのである。

　しかし、第一の例は、表示意思だけでなく、そもそもワインを買おうという効果意思がない場合であり、意思表示の成立を認めた上で、表示行為に相応する効果意思がない場合として処理すれば足りる（錯誤の問題になる）。また、第二の例では、効果意思はあるのだから、むしろ意思表示を有効としてよい。そうするといずれの場合にも表示意思を問題にする必要はないことになろう。そこで通説は、意思表示において表示意思（表示意識）は特に考慮する必要はないと解している（四宮・能見）。

　なお、上記の例とは逆に、表示行為と表示意思だけがある場合は新93条から新95条で扱われる。このような場合も、意思表示は成立していると

された上でその効力が問題とされる。

◆ 発 展 問 題 ◆

　意思表示において効果意思と表示行為のみに着目する通説によれば、効果意思の形成過程は、意思表示の効力を考えるにあたって原則として考慮されない。例外的に、他人による干渉によって効果意思が形成された場合（詐欺、強迫〔以上、新96条〕、誤認、困惑、過量取引〔以上、消費者契約4条〕）に意思表示を取り消すことができるのみである。また、動機も前述のように原則として考慮の外に置かれる。

　これに対して、最近の学説の中には、意思には効果意思のレベルの前にもうひとつ深層意思のレベルがあるとする説がある（加藤）。それによれば、意思表示は深層意思、内心的効果意思、表示行為という三層構造でできており、内心的効果意思と表示行為のレベルで相手方と合意ができていても（これを表層合意という）、これが深層意思の合致による合意（これを前提的合意という）と齟齬している場合には、法律行為は無効となるという（三層的法律行為論）。たとえば、有名画家の作品であることを前提にして締結された偽作の絵画売買契約では、それが真作であるという前提的合意と偽作の売買契約である表層合意との間に齟齬があるので契約は無効になるというのである。

　たしかに、一つの意思表示に二重の意思の存在を観念するのはこれまでにない発想である。しかし、上記の例で当事者は「偽作の売買契約」で合意しているわけではなく、「絵画の売買契約」を合意しているだけなので、表層合意（絵画）と前提的合意（真作）とは別のことを対象にしており、前提的合意と齟齬しているのは表層合意ではなく実際の事実そのものである（すなわち、真作であるという認識と、偽作であるという事実とが齟齬している）。そうすると、この説は、前提的合意という概念を用いながら、実質的には、絵画の売買契約に付加的に、もし真作であるという当事者の認識と事実とが異なっていた場合には売買は効力を失うという「別の合意」が売買にくっついている場合があると指摘するものではなかろうか。そして、そうだとすれば、売買と別の合意という二つの合意に相応した二つの意思表示が存在しているだけであって、とくに一つの意思表示の中に深層意思を観念する必要はないということになるのではなかろうか。

159

3 意思表示の基本原理

・意思表示の基礎には、意思によって法律関係を組み立てるという意思理論がある。
・意思理論において尊重される意思は、法的に意味がある意思だけであり、意思の存否の判断は、法的な評価の問題である。
・意思表示の効力を判断するにあたって意思を重視する考え方（意思主義）と表示を重視する考え方（表示主義）とがある。
・民法は、意思主義を基本としながら、表示主義もあわせて考慮する立場を採っている。
・意思主義と表示主義は二律背反的なものではなく、意思表示の効力を考える際には、問題となる場面ごとに、「自己決定の原理」、当事者の「帰責性」、社会や相手方の「信頼保護」といった基本原理を考慮して判断しなければならない。
・意思表示の効力が否定される原因は、講学上、意思の欠缺と瑕疵ある意思表示に分類されることがあるが、絶対的な分類ではなくこのように分けることに実益はない。

◆ 条 文 ◆

　意思表示の効力について、民法には新 93 条から新 96 条の個別規定が設けられているが、民法が全体としてどのような基本的態度を採っているのかを明らかにする条文はない。このため、学説では基礎理論として以下のような解釈が展開されている。これは、個別規定の解釈に直接影響するわけではないが、各条文を解釈する際の基本的姿勢に影響を与える。

◆ 解 釈 ◆

(1) 意思理論

　意思表示とは、権利変動を欲する意思を表示する行為である。前述したように、近代民法は人の尊厳を尊重し、その自由な意思によって社会を動かそうとしているので、当事者による意思の表明が権利変動にとって決定的に重要な意味を持つのは当然である。このように、意思という概念を基

160

本として法律関係を組み立てる理論のことを意思理論（Willensdogma）といい、近代民法は、国によって意思を尊重する程度に差があってもいずれもこの理論を基礎としている。

しかし他方で注意しなければならないのは、ここで問題にしている意思は、心理学や精神医学上の概念ではなく、あくまで法律学上の概念であって、人の行動によって権利変動が生じることを法的に説明するための法技術であるということである。したがって、意思を尊重するといっても、社会生活上意味がある意思だけが尊重されるのであり、法律効果の発生を意欲していない社交的・儀礼的な関係の発生だけを意欲するような場合には、効果意思があるとはいえない。裁判例でも、ホステスの歓心をかうために将来の独立資金をやると約束しても完全な効果意思があったとは認められず、自発的に履行することはよいが相手方から履行を請求することはできないという特殊な債務（自然債務という）を負うにすぎないとされた例がある（大判昭和10・4・25新聞3835号5頁・ハンドブック42〔カフェー丸玉女給事件〕。ただしこのような中途半端な効果意思を認めることが妥当かどうかは問題である。ホステスからの履行請求を否定するだけならば、効果意思がないとして処理するほうがすっきりしている）。

また、ある人にどのような意思があったのかまたはなかったのかと判断することも、自然科学的な意味での存否の判定ではなく、紛争事実の中から当事者が挙げる証拠に基づいてどのような意思を読み取ることができるかという法的評価にほかならないのである。

(2) 意思主義・表示主義

意思表示という概念の基礎に意思理論があるとしても、いったん成立した意思表示の効力を判断するにあたって重視されるのは意思なのか表示なのかについては考え方の対立がある。ただし、これらはいずれも意思表示という概念を否定するものではなく、意思を基本に考えるという点で異なるところはない。違いは意思の意味をどのように捉えるかという点にある。

①意思主義

意思表示における意思主義とは、意思表示の効力を判断するにあたって、内心の効果意思を重視する考え方である。すなわち、意思表示は表示行為

161

があれば成立するとしても、表意者がそれに拘束されるためには、それが本当に表意者の内心の意思に基づいたものであることが必要であるとする。これによれば、表示があってもそれに相応する内心の効果意思が存在しない場合には、意思表示の効力は否定される。これは、意思表示における「自己決定」（自分のことは自分で決める）の原理を尊重する考え方であるといえる。しかし、このような考え方によると、その意思表示が社会や相手方にどのように受け止められたかにかかわりなく、表意者の内心次第で意思表示の効力が左右されるという問題が生じる。

②表示主義

これに対して、表示主義とは、意思表示の効力を判断するにあたって表示を重視する考え方である。すなわち、たとえ意思を尊重するといっても、所詮、表意者の内心など分からないのであり、その人の意思の表明であるとしてなされた表示から推断される意思（表示上の効果意思）を尊重すれば十分であるとする。これによれば、表示に相応する内心の効果意思がなくても意思表示の効力が否定されることはない。これは、意思表示の社会性を尊重し、意思表示をなした者の責任すなわち「帰責性」を重視するとともに、社会や相手方の「信頼保護」を重視する考え方であるといえる。このような考え方によると、意思主義とは逆に、意思表示に対する社会的信頼が保護される反面、表意者が不利益を被ることがあるという問題が生じる。

(3) 民法の基本的態度

以上のような考え方の相違は、かつてドイツで民法典が制定される際には深刻な対立を招いた。わが国でもかつてはこのような対立が図式的にクローズアップされたこともある。しかし、今日ではこれらは二律背反的なものではないというべきである。「自己決定」や「帰責性」、「信頼保護」は、意思表示の効力を考えるにあたって、立場の違いにかかわらず基礎に置かれるべき原理である。そのような意味では、意思主義も表示主義もそのまま徹底して貫徹されるべきではない。意思表示の効力が問題となる場面ごとに、その場面ではどのような原理を優先させて効力を判断することが適合的かを考えるべきであり、問題はこれらの諸原理の調整にある。したが

162

ってまた、社会経済の動向によっても何を重視するかということは変化しうる。

　民法は、後に順に見ていくように、新93条から新96条において、基本的には内心の意思を重視する意思主義的立場を採りながら、相手方や第三者を保護する必要がある場面では表示主義的立場を採っており、いずれかに偏していない（折衷主義）。ただし、これらの解釈においては、経済の発展を背景に意思表示に対する信頼が強調された時期を経て、今日では、消費者保護や自決権などの意識の高まりを背景に自己決定や帰責性が強調される傾向が見られる。

図表18　法律行為の構造

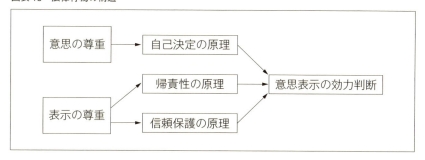

(4) 意思の欠缺と瑕疵ある意思表示

　新93条から新96条は、伝統的には、表示に相応する内心の効果意思が欠けている場合（新93条～新95条）と、表示に相応する効果意思は存在するが意思の形成過程に瑕疵（欠陥）がある場合（新96条）とに分けられてきた。前者を「意思の欠缺（けんけつ）」といい、後者を「瑕疵（かし）ある意思表示」という。意思の欠缺では、意思表示の効力が否定される場合には無効という効果が付与されるが、瑕疵ある意思表示では、効果意思と表示行為とが離齟しておらず、正常に意思が形成されたとはいえない点に問題があるだけなので、効果は取消しとされ、取消権者に意思表示を有効とするか無効とするかのイニシアチブが与えられている。

　しかし、このような分類は、講学上の整理は別としても、実益という点では、各条文の解釈を離れて前者だからどうだとか後者だからどうだということはないので、意味のある分類ではない。また、錯誤においては、改

正により、動機の錯誤もまた錯誤の一場合として規定されたが（新95条1項2号）、これは意思の形成過程に瑕疵がある場合であり、上記の分類には収まらない。効果の点でも、錯誤による意思表示の効力否定は、無効（旧95条）から取消しに変更されている（新95条1項）。さらにいえば、そもそも問題となる事案は、あらかじめ錯誤の事案とか強迫の事案というように絶対的に決まっているわけではなく、どの規定が問題になるかは、紛争当事者の戦術や戦略によって選択される相対的なものである。このように、各規定の解釈にあたっては、形式的な分類に捉われることなく、それぞれの規定の趣旨と機能に即した理解をすることが必要である。

今日で意味のある整理は、表意者の帰責性の段階に応じた整理である。民法改正では、このことが強く意識され、それに応じて当事者間の効力、第三者に対する効力が再整理されたことは明らかである。これは、後述の各規定の解釈においても十分意識されなければならない。

図表 19　意思表示規定の順列

概念	帰責性	当事者間の効力	保護される第三者
心裡留保（93 条）	強	原則有効・例外無効	善意
虚偽表示（94 条）	↑	無効	善意
錯誤（95 条）		取消し	善意無過失
詐欺（96 条）	↓	取消し	善意無過失
強迫（96 条）	弱	取消し	なし

◆ **発 展 問 題** ◆

前述した「帰責性」という原理は、近年では、表示行為に相応する内心の効果意思を欠いていても意思表示が効力を否定されない場合があることの正当化根拠として、種々の場合に用いられている。詳しくは後にそれぞれの箇所で解説するが、たとえば、意思表示に関する規定でも、民法94条2項は、虚偽表示ではないが虚偽の不動産登記名義が存在し、それを信じて取引に入った第三者を保護するために類推適用されており、その際に第三者を保護することを正当化するために、真の権利者に虚偽の登記名義が作出されることについて帰責性があることが類推適用の要件となると解されている。これによれば、帰責性は、従来、取引の安全や信頼の保護とい

第 10 章 ◆ 法律行為の要素の欠落（1）　意思表示／意思表示の基本原理

う観点から、本来ならば無効である意思表示でも有効であることが認められてきた場合において、その範囲の無限定的な拡大に歯止めをかけるために、単に「基本原理」であるというのではなく、「要件」として機能している。しかし、要件といえるためには、その意義や限界が明確に設定されなければならない。効果意思とは別の意思があるということなのか、意思とは異なる別の要素なのか、意思表示の効力とは別に責任だけを負うということなのか、などを考えなければならないが、私見によれば、意思に基づかない表示が存在している場合に、その表示に対して責任を負うべきである（表示を有効なものと認めなければならない）というためには、そのような表示が存在していることを認識していたというだけでは足りず、そのような表示があることを認識し、かつ、それを受け容れていたこと、すなわち「認容」しているといえることが最低限度必要なのではなかろうか。

165

第11章 法律行為の要素の欠落
(2) 心裡留保

1 心裡留保の意義

- 真意でないことを知りながら意思表示がなされたことを心裡留保という。
- 心裡留保による意思表示が原則として有効なのは、表意者の帰責性と相手方の信頼とが重視されているからである。
- 「真意でない」ことの意味を「効果意思がない」と解する限り、心裡留保は限定的な場合にしか問題にならない。
- 動機と表示行為との間に意識的な齟齬があった場合は、心裡留保ではないと解されているが、真意の理解の仕方によってはこの場合も心裡留保に含まれると解する余地がある。

◆ 条 文 ◆

新93条1項によれば、意思表示は、表意者が真意ではないことを知ってしたときでも、効力を妨げられないが、相手方が表意者の真意ではないことを知りまたは知ることができたときは無効であると規定されている。このように真意でないことを知りつつ意思表示がなされた場合を心の裡（うら）に留保したものがあるという意味で心裡留保という。

◆ 解 釈 ◆

(1) 心裡留保の原則的有効性

心裡留保による意思表示がなぜ原則として有効なのかは、理論的には難しい問題である。ある意思表示をしておきながら、後になって、あれは本

心からしたものではなかったと主張する場合、意思表示における意思主義的な観点を重視するならば、たとえ表示行為があっても効果意思を欠いているので意思表示は無効となるはずである。実際、民法には、効果意思がなかったと主張する場合について新93条〜新95条で三つの規定が設けられているが、そのうち意思表示が原則として有効であると規定されているのは新93条だけである。しかし、心裡留保には、以下のように、他の2つの場合とは異なる要素がある。

①錯誤（新95条）との違い

　錯誤による意思表示は、思い違い、すなわち表意者が真意ではないことを自覚しないまま意思表示をした場合である。この場合には、表意者保護の観点から、錯誤が重要なものであれば意思表示は原則として取り消すことができるものとなる（新95条1項）。これに対して心裡留保は、表意者が真意でないことを自覚しながらあえて意思表示をした場合である。このような場合には、いわば自業自得であって、表意者を保護する必要はない。すなわち、心裡留保が原則として有効とされるのは、表意者自身の「帰責性」が重視されているからである。

②虚偽表示（民94条）との違い

　通謀虚偽表示は、相手方と通じて虚偽の意思表示をした場合である。この場合には、意思表示は原則として無効となる（民94条1項）。表意者は真意でないことを自覚しており、帰責性という点では心裡留保と異ならないが、相手方もまた表意者が真意でないことを知って意思表示に加担しており、そのような相手方を保護する必要はないからである。これに対して心裡留保は、表示者が相手方の関与なく自分だけで真意でない意思表示をした場合であり、意思表示が有効であると信頼した相手方を保護する必要がある。すなわち、心裡留保が原則として有効とされるのは、相手方の「信頼保護」が重視されているからである。

　このように、心裡留保による意思表示が原則として有効とされるのは、表意者との帰責性と相手方の信頼とが重視されているからである。

167

(2) 真意でないことの意義

　真意ではないことを知りながら意思表示をするとは、効果意思がないことを知りながら意思表示をしたことであると解されている。しかし、それが実際上一体どういう場合なのかは、分かったようで分からない問題である。通常の取引場面で、意思表示の後になって本心ではないことを知りながら意思表示をしたなどと主張することはあまり考えられない。主張してみても、たとえば契約書が作成されていたような場合にはなおさらのこと、意思があったと認定されるのが一般的であろう。効果意思の欠如を主張するにしても、前述の錯誤を主張することのほうがまだありうることである。

　それでもなお効果意思の自覚的な欠如を主張することがあるとすれば、①冗談や戯言^{ざれごと}のように、はじめからまともな意思表示ではないことを自覚していた場合や、②その場しのぎで相手方を欺こうとした場合（恋人と別れるに際してその場を収めるためにお金もないのに多額の慰謝料を払うと約束したとか、職場で不祥事を起こした際に退職する気は毛頭ないのに型どおり会社に退職願を提出したような場合）くらいしか残らない（ドイツでは、①を非真意表示とし、②を心裡留保として条文上分けて規定されている）。

　さらに、①でも、表示行為自体から冗談や儀礼だと分かるような場合は、そもそも法的な意味での意思表示があったとはいえないので、ここでいう心裡留保ではないというべきである（「透明人間になれる薬を売ってやる」と言ったところで意思表示とはいえない）。また②でも、いろいろ迷ったが最終的にはそのような意思表示をすることを決断したとか、意思表示の後になってからしなければよかったと悔やんでみたところで（翻意）、そのような心理過程は意思表示の効力には無関係である。

　このように、「真意ではない」ということの意味を「効果意思がない」と理解する限り、心裡留保は、限定的な場合にしか問題にならない。

◆ 発 展 問 題 ◆

　表示行為に相応する効果意思はあったが、その効果意思を形成する基礎となった動機が欠如している場合はどのように扱われるべきであろうか。これまでほとんど論じられていない問題であるが、心裡留保における「真意でない」ことの意義を考えてみるためには重要である。たとえば、次のような「名義貸し」の事例で考えてみよう。

第11章 ◆ 法律行為の要素の欠落 (2)　心裡留保／心裡留保の効力

　Yは、友人Aから、「クレジットで商品を買いたいが、自分の名義では
受け付けてくれないので名義を貸してほしい、代金は自分が払うので迷惑
はかけない」と頼まれて、名義を貸し、AがYの名でX信販会社とクレジ
ット契約を結んだ。ところがその後Aの支払いが滞り、XはYに対して
支払いを請求してきた。

　このような場合、確かにYはクレジット契約の当事者になる意思は有
している。しかし、実際に支払いをするのはAであり、Xによる立替払い
の利益を受けたのもAである反面、Y自身には借りた金銭を返済するつ
もりはない（商品を購入するつもりもない）ので、この点では自ら債務を負
担するという表示行為の動機が欠けている。前章までにすでに述べたよう
に、意思表示において動機は原則として考慮されないが、例外的には一定
の条件の下で考慮されることもある（動機の錯誤がその典型であるが、これ
については後に扱う）。結果の妥当性という点からすれば、上記のような場
合にも、XがYには真に債務を負担する気がないことを知っていたかま
たは知ることができたのであれば、Xを保護する必要はなく、意思表示は
無効とされるべきであろう（XはAに請求すべきである）。そこで判例は、
上記のような場合、クレジット契約の当事者となる意思があるので心裡留
保ではないが、旧93条ただし書（新93条1項ただし書）が類推適用される
としている（最判平成7・7・7金法1436号31頁・ハンドブック49。山本）。

　しかし、心裡留保ではないが新93条1項ただし書だけが類推適用され
るというのは、動機と意思表示との関係を説明しないままで結果の妥当性
だけをはかるものであり中途半端である。振り返って考えてみれば、新93
条はそもそも「意思がない」とは規定しておらず、「真意ではない」と規定
しているのであるから、動機に心裡留保がある場合もそれに含まれると解
釈することは条文上可能ではなかろうか。もしこのように発想を転換する
ならば、新93条1項ただし書は名義貸しのような場合にもそのまま適用
できることになる。

2　心裡留保の効力

・心裡留保を理由にして意思表示を無効とするためには、表意者は、
　心裡留保であることのほかに、真意でないことを相手方が知ってい

169

たかまたは知ることができたことを主張・立証しなければならない。
・相手方に過失がある場合に意思表示を無効とすることは、相手方に不利であるように思えるが、過失の主張・立証責任が表意者にあるので、実際上さほど酷にはならない。
・表意者が無効を主張しない場合でも、相手方にとって無効であることに利益があるときは、相手方からの無効主張を認めてよい。
・心裡留保による意思表示が無効とされる場合でも、相手方との間で新たに法律関係に入った善意の第三者には、無効を対抗することができない。

◆ 条 文 ◆

　心裡留保による意思表示は、原則として有効なままである（新93条1項本文）。しかし例外的に、表意者の真意でないことを相手方が知りまたは知ることができたときは、意思表示は無効となる（新93条1項ただし書）。

　これを法律行為の効力否定という観点から見れば、表意者が心裡留保を理由に意思表示の効力を否定するためには、①意思表示が真意でないこと、②そのことを表意者が認識していたことだけでなく、③表意者の真意でないことを相手方が知りまたは知ることができたことも主張・立証しなければならない。新93条1項本文だけを主張しても、意思表示は有効なままであり、相手方としてはこれに対して何ら反論する必要がないからである。したがって、本条の機能上の意味は1項ただし書にある。

◆ 解 釈 ◆

(1) 過失

　表意者の真意でないことを相手方が知っているとき、すなわち悪意である場合には、相手方を保護する必要はない。しかし表意者の真意でないことを相手方が知ることができたのに知らなかった場合、すなわち過失がある場合にも相手方を保護する必要がないと規定されていることには、学説上批判がある（河上、佐久間、平野）。とくに、冗談のような場合ではなく嘘をついている場合には、多少なりとも相手を欺こうとする意識があるのだから、相手方に無過失まで求めるのは酷ではないかというわけである。た

第 11 章 ◆ 法律行為の要素の欠落（2）　心裡留保／心裡留保の効力

しかに、相手方は意思表示がなされるたびにそれが表意者の真意によるものか否かまでいちいち確認しなければならないというのでは、取引を安心して行うことなどできなくなるであろう。しかし、新 93 条 1 項ただし書では、相手方が自らの善意・無過失を主張・立証しなければならないのではなく、表意者が相手方の悪意または過失を主張・立証しなければならないことが重要である。すなわち、相手方が自ら「何を確かめたか」を証明する必要はなく、表意者において相手方が「何を確かめなかったか」を主張・立証しなければならない。実際問題としてそのような証明があったと認められるのは、冗談のように通常人なら誰が見ても真意でないことが分かる場合か、またはとくに相手方が表意者の本心を知りうる特殊な立場にあった場合だけになろう。したがって、過失がある場合を含めてもとくに相手方に酷だとはいえない。

(2) 相手方からの無効主張

　表意者が意思表示の無効を主張しない場合に、相手方から無効を主張することはできるか。条文からは明らかでないが、学説上、新 93 条は相手方保護の規定であり、相手方がその保護を欲しない場合には無効の主張を認めてよいとする説（内田、河上、潮見）と、新 93 条 1 項ただし書は表意者保護の規定であり、表意者が無効を主張できない場合には相手方に無効の主張を認める必要はないとする説（近江）とがある。相手方保護の意味が問題となるが、意思表示の裏に相手方にとっては表示行為よりも有利な真意が隠されているような場合もありうることを考えると（たとえば、売買の意思はなかったが贈与する意思はあり、相手方もそのことを知っていたような場合）、そのような場合には相手方からする心裡留保の主張を認めることにも意味があるのではなかろうか（贈与は有効とする）。

(3) 第三者に対する効果

　旧 93 条には第三者保護の規定が設けられていなかった。そうすると、たとえば心裡留保によって不動産が売却され、相手方がそれを第三者に転売していたような場合、表意者が無効の主張に成功して第三者に対して不動産の返還を請求すると、第三者はこれに応じなければならなくなってしまう。しかし、同じような転売の場合であっても虚偽表示では民法 94 条 2

171

項があるので、第三者が善意であれば表意者は意思表示が無効であること
を対抗できない。心裡留保と虚偽表示とは相手方との通謀があるか否かで
異なるが、表意者に帰責性がある点では共通しており、第三者保護の必要
性も同様にある。そこで改正前の判例（最判昭和 44・11・14 民集 23 巻 11 号
2023 頁）・通説は、善意の第三者には民法 94 条 2 項が類推適用されると解
してきた。

このような判例・通説を受けて、改正によって、新 93 条 2 項が新設され、
心裡留保による意思表示の無効は、善意の第三者に対抗できないと規定さ
れた。なお、善意の主張・立証責任が表意者にあるか第三者にあるかとい
う問題については改正前から争いがあり、判例・多数説は第三者にあると
するが、むしろ、現に存在する意思表示の効力を否定しようとする表意者
が第三者の悪意を主張・立証しなければならないと解すべきである。

3　心裡留保の適用範囲

> ・心裡留保は、契約だけでなく、単独行為や合同行為でも問題になる。
> ・しかし身分行為や法人に対する財産拠出行為には、行為の性質上、
> 　新 93 条は適用されない。

◆ 条 文 ◆

新 93 条が適用される意思表示の範囲につき、条文上はとくに限定がな
い。しかし、解釈によって、意思表示の性質上適用がないとされる場合や、
逆に、心裡留保ではないがそれと似ているとして新 93 条 1 項ただし書が
類推適用される場合がある。

◆ 解 釈 ◆
(1) 適用例

前述のように、新 93 条はさほど多くの場合に問題になるわけではない
が、ここでは、実際上問題となる事例を紹介しよう。以下のような場合に
は、社会的実体としてはまったくの嘘であるとまではいえないこともある
が、少なくとも表示行為から導かれる法律効果をそのまま享受するつもり

第11章 ◆ 法律行為の要素の欠落（2）心裡留保／心裡留保の適用範囲

はなく、法的には真意でなかったといってよい場合である。

　①Y男とX女は同棲していたが、Yが別れ話を持ち出したところ、Xがこれを強く拒否した。Yは、Xを説得するために、支払う気がないにもかかわらず、その場しのぎで手切れ金として2000万円を支払うとの書面を作成してXに交付した。後にXがYに対して2000万円の支払いを請求した場合、Yがあの書面どおりに支払うつもりはなかったこと、および意思表示時の話し合いの状況や自分の職業・収入などからすれば、XもYが支払うつもりがなかったことを知っていたかまたは知ることができたと主張・立証できれば、Yの意思表示は無効となり、2000万円を支払う必要はなくなる（東京高判昭和53・7・19判時904号70頁参照）。

　②Y私立大学の教員Xが学生指導をめぐって他の教員と対立し、それが原因で学長Aの怒りを買った。この大学ではこのような場合には、反省の意と大学残留の希望を示す方法として、退職願をAに提出するのが慣わしになっていた。そこでXもこれに従い、「汚名挽回のために勤務の機会を与えてほしい」と告げて、Aに退職願を提出した。Aはこれを受け取り、慎重に行動するよう諭したが、後日、退職願を受理してXに退職するよう勧告してきた。このような場合、Xが退職願の無効確認請求を提訴して、退職するつもりはないこと、およびYの慣行やXの言動、Aの対応などからすれば、Yの代表者であるAもXが退職するつもりがなかったことを知っていたかまたは知ることができたと主張・立証できれば、退職願は無効となる（東京地決平成4・2・6労判610号72頁、東京地判平成4・12・21労判623号36頁など参照）。

(2) 単独行為・合同行為への適用

　新93条は、単独行為（追認、債務免除など）や合同行為（法人の設立行為）にも適用される。相手方のない単独行為（たとえば共有持分の放棄）では、相手方がいない以上、新93条1項ただし書の適用はありえないように見えるが、実際にはそれによって権利義務を取得した者がいることもあり（ある者の共有持分の放棄により他の共有者の持分が増加する）、そのような場合には新93条1項ただし書が類推適用されると解すべきであろう。

173

(3) 適用が否定される行為

①身分行為

　身分上の行為、たとえば婚姻、養子縁組、離婚などでは、当事者の真意を最大限尊重する必要があるので、新93条は適用されない（最判昭和23・12・23民集2巻14号493頁・ハンドブック45〔養子縁組〕）。したがって、真意によらない身分行為は、意思理論の原則どおり、効果意思を欠くものとして、相手方がたとえ善意無過失であっても無効である。ただし、真実親子関係にある子について、認知する意思がないのに認知届をしたというような場合には、認知制度の趣旨から見て届出者の意思と真実親子であるという事実のいずれを尊重すべきかが問題となる（しかしこれはもはや心裡留保の問題ではない）。

②法人への財産拠出行為

　法人へ財産を拠出するという約束には、民法総則における意思表示の無効・取消し規定の適用がないと明文で規定されており、新93条1項ただし書も適用されない（会社51条1項、同211条1項、一般法人140条1項）。法人の財政的基盤が遡及的に失われて大きな影響が生じるのを避けるためである。

(4) 代理権濫用の取扱い

　代理人が代理権の範囲内で、自己または第三者の利益を図るために代理行為をした場合を代理権濫用というが、このような場合には、代理人には本人を代理する意思（代理意思）があり、その表示もあるので、心裡留保とはいえない。しかし、代理行為の相手方が、代理人の意図を知りまたは知ることができたのであれば、代理行為をそのまま有効とする必要がない。そこで、改正前の判例（最判昭和42・4・20民集21巻3号697頁・百選Ⅰ-26・ハンドブック46など多数）・多数説は、自己または第三者の利益を図るという意図と、本人のために代理行為をするという表示との間に離齬があるとして、旧93条ただし書（新93条1項ただし書）を類推適用し、相手方が代理人の意図について悪意または過失があるときは、代理行為は無効であると解してきた。

　しかし、これは心裡留保ではないことを前提にしながら、悪意または過

第 11 章 ◆ 法律行為の要素の欠落（2） 心裡留保／心裡留保の適用範囲

失がある相手方を排除するために旧 93 条ただし書に仮託したものであり、本来は代理の問題であると解されてきた。そこで改正により、代理の節に代理権濫用に関する規定が新設され（新 107 条）、その効果も無効ではなく、無権代理とみなすこととされた（後述の第 18 章 4 で詳しく扱う）。

第12章 法律行為の要素の欠落
(3) 通謀虚偽表示

1 虚偽表示の意義

- 通謀虚偽表示とは、相手方と通謀して、虚偽の意思表示をした場合をいう（民94条1項）。
- 虚偽表示では、表意者の帰責性と第三者の信頼保護の観点から、第三者に対する無効主張が制限される（民94条2項）。
- 民法94条2項は、今日では、とくに不動産取引において無効な登記名義を信頼した第三者を保護するために広く利用されている。

◆ 条 文 ◆

　意思表示の欠落を理由に法律行為の効力を否定する第二の場合は、通謀虚偽表示である。民法94条1項によれば、相手方と通じてした虚偽の意思表示は無効となる。このように、相手方と「通謀」して、「虚偽の意思表示」をした場合のことを通謀虚偽表示という。心裡留保と同様に表示行為に対する効果意思を欠いているが、表示行為の相手方と通謀している点で異なる。相手方と通謀してわざわざ虚偽の意思表示をするのであるから、当事者は、積極的に何らかの目的を有していることが多く、単なるミス（錯誤）や嘘（心裡留保）以上に種々の場合がある。たとえば、虚偽表示で不動産を売買して登記名義を移転するという場合でも、脱税目的、不動産の管理をしてもらう目的、相手方に信用をつけさせる目的などさまざまな場合がありうる。

176

第12章 ◆ 法律行為の要素の欠落（3） 通謀虚偽表示／虚偽表示の意義

◆ 解 釈 ◆

(1) 虚偽表示の基礎

虚偽表示が原則として無効なのは、表意者に表示行為に対応する効果意思がないからである。しかし、善意の第三者との関係では、無効を対抗することができない（民94条2項）。対抗の意味は後に詳しく述べるが、ここではとりあえず、「主張できない」ことと理解しておけばよい。これは、表意者には虚偽であることを認識しながら意思表示をしたという帰責性があり、他方、善意の第三者にはその意思表示を信頼したという信頼保護の要請があるからである。この「帰責性」と「信頼の保護」の観点から第三者に対する無効主張が制限されている点に民法94条の特徴がある。

(2) 立法の沿革と現在の規定

しかし、このような意思表示の無効と第三者保護という特徴は、立法当初から意図されていたものではない。すなわち、ボアソナード草案および旧民法では、民法94条のような規定は置かれておらず、フランス民法に倣って、当事者間で作成された証書を否定する秘密の証書（反対証書という）は当事者間では効力があるが、善意の第三者には対抗できないという規定が置かれていた。これは、隠匿された行為に関するごく当然の規定であったのである。ここでは、「隠匿行為の不対抗」というのがもともとの趣旨であった。

しかし、旧民法から現行民法に代わる際に、ドイツ民法に倣って法律行為および意思表示の規定が総則に設けられることになったのに伴い、この規定も証書ではなく意思表示一般の規定にすることとされ、かつ、隠された行為の側からでなく外見の虚偽表示の側から、それが無効であるという形で規定されることになった。また同時に、ドイツ民法にはない善意の第三者に関する部分はそのまま残すこととされた。起草者には、旧民法の規定の趣旨を変えるという認識はなかったが、これを結果から見ると、民法94条は、虚偽表示が原則無効でありながら、例外的にいわば無から有が生じることを認めるという特殊な意味を持つ条文に変貌した。後述のように、今日、民法94条2項は無効な不動産登記を信頼した第三者の保護のために広く利用されているが、その背景にはこのような事情があったのである。

177

(3) 改正法の立場

　民法改正では、本条が改正されることはなかったが、本条がどのような趣旨の規定であるのかが問題になった。すなわち、本条には、上記のように、隠匿行為の不対抗、外形的な意思表示の無効、善意の第三者の信頼保護という三つの要素があるが、そのうちどの要素が基礎であるかが議論されたのである。そして、現在の判例・通説、および後述の民法94条2項類推適用を前提にする限り、外形的な意思表示の無効を基礎とし、第三者に対する表意者の帰責根拠は、表意者が自ら意図して虚偽の意思表示をしたことに基づくものとして再定位された。しかし、民法94条2項類推適用の場面では、後述のように、真の所有者が自ら虚偽の意思表示をしたという要素がなく、その分、第三者の信頼保護の要素がクローズ・アップされることになるので、本人の帰責性と第三者保護の調整点をどのあたりに設定するかという問題は、依然として残された。

2　虚偽表示の要件

・虚偽表示を理由に意思表示の効力を否定するためには、①意思表示が真意に基づかないこと、②そのことを表意者が認識していること、③相手方と通謀していることを主張・立証しなければならない。
・同じような虚偽表示でも、それをする当事者の目的はさまざまである。
・当事者の目的にしたがって別の法律行為が虚偽表示の背後に隠されているときは、そのような隠匿行為は有効である。

◆ 条 文 ◆

　虚偽表示を理由に意思表示の効力を否定しようとする者（通常は表意者自身だが、それ以外の者のこともある）は、「通謀」による「虚偽の意思表示」であること、詳しく言えば、①意思表示が真意に基づかないこと、②そのことを表意者が認識していること、③相手方と通謀していることを主張・立証しなければならない。しかし、これ以上具体的にどのような場合が虚偽の意思表示に当たるのかは条文上明らかでない。

178

第12章 ◆ 法律行為の要素の欠落（3）　通謀虚偽表示／虚偽表示の要件

◆ 解 釈 ◆

(1) 虚偽表示の具体例

　虚偽表示には、当事者の目的との関係でさまざまな場合があるが、問題が生じる代表的な場合である不動産売買でいえば、以下のような例がありうる。これらはいずれも虚偽の意思表示としては同じであるが、その目的が違っている。

①隠匿行為不存在（虚構）型

　隠匿行為が存在しない虚偽表示は、単なる虚構（fiction）であり、外形行為の効力だけが問題になる。たとえば、愛人に生活費を支払うために、債権証書を作成してその利息名義で生活費を支払っていた場合、債権者による強制執行を免れるために、不動産を売却した場合、不動産賃借人を追い出すために、賃貸人が不動産を譲渡した場合などである（強制執行免脱の場合には、登記を預かるという契約が隠されているという見解もあるが、それは売買の結果であって管理してもらうことが真意だとはいえない）。

②隠匿行為併存型

　外形行為に隠匿行為が併存している場合には、隠匿行為の内容は多種多様である。たとえば、不動産を管理してもらうために、不動産を譲渡したことにした場合、権利名義人となる者に信用を付与するために、不動産を譲渡したことにした場合、脱税目的で、贈与を売買であったとした場合などである。

　このような類型では、隠匿行為（不動産管理委託契約、自己の財産に対する担保権設定契約、贈与契約）が存在する。このような隠匿行為は、それ自体法律行為であるから、その効力は外形行為の無効とは別の問題になる（次の **(3)** 隠匿行為参照）。

(2) 契約解釈との関係

　①のような場合の意思表示は、当事者の目的のレベルで違法性を帯びている。このため、これらの場合は、意思表示の真実性ではなく、法律行為の違法性からその効力を否定する新90条の公序良俗違反との関係が問題になりうる。同条による場合には、当事者間では、不法原因給付（民708

179

条）が問題になり、目的物の返還を請求できないことがありうる。また第三者保護の規定はない。

　②のような場合でも、たとえば贈与を売買と仮装した場合などは、所有権を譲渡するという点では、両者は共通しており、売買という契約形式にもかかわらず、代金支払いがないことを主張・立証すればこれを贈与契約と解釈することも可能である。

　このように、虚偽表示における当事者の目的と虚偽表示との関係を考えると、虚偽表示というまでもない場合もありうるように思われる。ただし、いずれによるかは所与的に決まっているものではなく、当事者の主張・立証に依存しているところが大きい。

(3) 隠匿行為

　虚偽表示の背後に、真実意図された別の法律行為が隠されている場合（前述②の不動産管理委託契約、担保権設定契約、贈与契約など）、このような行為を隠匿行為という。隠匿行為についての規定はないが、当然有効であると解されている。たとえば、ある物を貸したのにこれを売買したという虚偽の意思表示をすれば、売買契約は無効となるが、賃貸借契約は有効である。したがって目的物が相手方に引き渡されている場合、売買契約としては無効であっても、賃貸借契約の効力として返還を請求できないことになる。また、真実は贈与であるのに売買の虚偽表示によって不動産登記名義を移転したというような場合には、贈与契約は有効であり、所有権移転という点では贈与も売買も同じなので、登記原因が違っていても登記の抹消請求は認められるべきでない。ただし、善意の第三者に対しては、表意者は外形どおりの責任を負わなければならないので、隠匿行為の効力を主張できないことには注意が必要である。

◆ 発 展 問 題 ◆

　信託は、委託者の一定の財産を受託者に託してその管理や処分をしてもらう制度であり（信託2条1項）、信託行為が受託者の名で行われるので、虚偽表示と似ている。しかし、信託では、信託の意思で信託契約が締結され（同3条1号）、また、不動産の場合には信託登記をしないとそれが信託財産であることを第三者に対抗できないので（同14条）、信託行為は意思

と表示が一致しており、虚偽表示ではない。

それでは、たとえば実際には担保に提供するつもりで不動産を譲渡するという登記をした場合（譲渡担保という）や、債権を取り立ててもらうつもりで債権を譲渡するという通知を債務者にした場合（取立てのための債権譲渡という）はどうなるか。意思と表示とが一致していないので虚偽表示であるということになるのであろうか（ただし、譲渡担保で登記原因を譲渡担保とした場合は、真意と表示は一致している）。

判例・通説は、このような行為では、意思表示から導かれる効果と意思表示によって達成しようとしている経済目的とが一致していないだけであって、表示に見合う意思は存在しており、これは信託ではないが信託に似ている行為、すなわち「信託的行為」であり、虚偽表示ではないと解している（なお、事案によっては、このような行為も信託そのものであると解釈できる場合もあろう）。

しかし、当事者間の真意は、担保権を設定する、または債権の取立てを委任するということであり、これらの行為は虚偽表示であるが、隠匿行為である担保設定契約、取立委任契約が有効なのだと解しても結果は異ならない。むしろ、第三者との関係は民法94条2項を適用して処理するほうが妥当である（このため学説でも、虚偽表示ではないとしながら民法94条2項を類推適用する見解が有力である）。このような考え方は、今日の学説上は受け入れられていないが、虚偽の権利の外観（不動産登記や債権譲渡の通知）も隠匿行為の表示として有効であり、ただ善意の第三者には隠匿行為の効力（担保設定、取立て委任であること）を主張できないと解すれば、わざわざ信託的行為という概念を立てる必要はないのではなかろうか。

3　虚偽表示の効力

・虚偽表示の当事者間では、意思表示は無効である。
・しかし善意の第三者に対しては、無効を対抗することができない。
・善意の主張・立証責任は第三者にあるとするのが通説であるが、むしろ無効を主張する者にあると解すべきである。
・第三者とは、虚偽表示を有効であると信じて新たな法律関係に入った者をいう。

・第三者が無過失であること、および、目的物が不動産である場合に登記を備えていることは必要ないと解すべきである。
・善意の第三者からの転得者が悪意である場合でも、民法 94 条 2 項の効果が第三者で確定しているので転得者は保護されると解するのが判例・多数説である。

◆ 条 文 ◆

(1) 当事者間の効力

　虚偽表示の要件①〜③（意思表示が真意に基づかないこと・そのことを表意者が認識していること・相手方と通謀していること）のすべてが立証されると、意思表示は無効となる（民 94 条 1 項）。したがって、虚偽表示によってすでに引き渡していた物があれば、その返還を請求することができるし、すでに受け取っていた物があれば、それを返還しなければならない（新 121 条の 2 第 1 項）。

(2) 第三者に対する効力

　しかし、第三者が①民法 94 条 2 項にいう第三者であり、②虚偽表示について善意である場合には、虚偽表示が無効であることをその第三者には対抗することができない。①の主張・立証責任は第三者にある。②については、判例（最判昭和 35・2・2 民集 14 巻 1 号 36 頁、最判昭和 41・12・22 民集 20 巻 10 号 2168 頁、最判昭和 42・6・29 判時 491 号 52 頁）・多数説は、無効に対する例外であるから第三者に主張・立証責任があると解するが、有力説は、意思表示をした者に帰責性があること、第三者にとっては存在する意思表示を有効であると信じるのが通例であることから、無効を主張する者に主張・立証責任があるとする（近江）。第三者保護が例外である以前に、存在する意思表示の効力を否定しようとすること自体が例外的なことであるから、有力説が妥当である（後述 5 の民法 94 条 2 項類推適用では事情が異なる）。しかし、具体的に第三者とはどのような者か、また、対抗することができないとはどういう意味かは条文上明らかでなく、種々の解釈が展開されている。

第 12 章 ◆ 法律行為の要素の欠落（3）　通謀虚偽表示／虚偽表示の効力

◆ 解　釈 ◆

(1) 善意の第三者

①第三者

　民法 94 条 2 項にいう第三者とは、当事者およびその包括承継人（相続人
など、当事者の権利義務を包括的に承継した者）以外の者で、虚偽表示を有効
な意思表示であると信じて新たな法律関係に入り、そのために無効を主張
する者と対立して相容れない法律上の利害関係を有するにいたった者をい
うと解されている（大判大正 5・11・17 民録 23 輯 2089 頁、大判大正 9・7・23
民録 26 輯 1171 頁）。

　たとえば、虚偽表示の相手方から目的物を譲り受けた者（最判昭和 28・
10・1 民集 7 巻 10 号 1019 頁）、目的物を賃借した者、虚偽の登記名義人から
抵当権の設定を受けた者（大判昭和 16・10・24 新聞 3334 号 4 頁）などは第三
者にあたる。相手方の一般債権者（たとえば相手方に金銭を貸している者）
は、虚偽表示を有効と信じて債権者になったとはいえないので、第三者に
含まれないが、このような債権者でも、相手方名義になっている不動産を
差し押さえたような場合（差押債権者）には、判例（最判昭和 48・6・28 民集
27 巻 6 号 724 頁）・通説は、差押えによって新たな関係に入ったとして第三
者にあたると解しているが、差し押さえただけではそういえないと解する
少数説もある（平野）。その他に、相手方が破産した場合の破産管財人も破
産を契機に債権者全員の利益のために活動する者であり第三者にあたる
（大判昭和 8・12・19 民集 12 巻 2882 頁）。

　他方、相手方の単なる一般債権者のほか、債権が虚偽表示によって譲渡
された場合の債務者などは、第三者にあたらない。代理人が虚偽表示をし
た場合の本人も、法律上は当事者であって第三者ではない。虚偽表示で土
地が譲渡された場合のその土地上の建物の賃借人は（たとえば A が B に土
地を仮装譲渡したところ、B がこの土地上に建物を建てて C に貸した場合）、実
際上は土地の譲渡が無効とされることによって重大な影響を受けるが、判
例は、法律上は虚偽表示の目的物である土地について直接利害関係を有し
ているわけではないので、第三者にあたらないとしている（最判昭和 57・
6・8 判時 1049 号 36 頁）。しかし学説では、賃貸人が土地所有権を失えば賃
借人の立場も覆されるとして、法律上の利害関係を有すると解する説が有
力である（四宮・能見、河上）。

183

②善意

民法94条2項が適用されるためには、第三者が善意（虚偽表示であることを知らない）でなければならない。利害関係を有するにいたった時点で善意であればよく、その後に悪意（事情を知った）になってもかまわない（最判昭和55・9・11民集34巻5号683頁）。また、無過失までは不要とするのが、従来の判例（大判昭和12・8・10新聞4181号9頁）・通説であった（近江、加藤、佐久間。河上、平野は善意無重過失とする）。表意者に帰責性があるのに第三者に虚偽か否かの確認義務を負わせるのは妥当でないからである。

これに対して、民法におけるその他の第三者保護規定（新109条以下の表見代理、民192条、新478条など）では、無過失を要求するものが多い。そこで民法94条2項でも、保護に値する第三者か否かを総合的にかつ柔軟に判断するために無過失を要求すべきであるという有力説があった（内田）。

民法改正にあたり、無過失を要求すべきか否かが議論されたが、虚偽表示では、他の場合と異なり表意者自らが虚偽の意思表示をしたという強度の帰責性があることから、無過失まで要求すべきでないとすることで落ち着いた。したがって今後は、文字どおり善意のみで足りることが明らかとなった。

③登記の要否

虚偽表示の目的物が不動産である場合でも、第三者は登記を備えている必要はないというのが判例（前掲、大判昭和12・8・10）・通説である。不動産取引で登記が必要なのは、一つの不動産が二重に譲渡されたような場合に譲受人間の優劣を決する必要があるためであるが（民177条。詳しくは物権法）、民法94条2項の場合には、第三者と表意者の優劣は問題にならず、表意者はそもそも不動産を相手方から取り戻す権利があること自体を第三者に主張できないからである。

これに対して、学説の中には、できるだけのことをしたという意味で第三者が登記を備えていることが必要である（通常の場合と区別するために権利保護要件としての登記という）という少数説もある。しかし、無過失の要否と同様、虚偽の登記を作出した表意者に対して、できるだけのことをすべきであると第三者に要求するのは妥当でなく、本条は登記によって問題を解決する基盤を欠いているというべきであり、登記は不要であると解す

べきである。

(2) 転得者

第三者からさらに目的物を譲り受けた転得者や担保権の設定を受けた者も、独立して民法94条2項のいう「第三者」にあたると解されている。したがって、第三者が悪意であっても、転得者が善意であれば、転得者は保護される。

問題は、第三者は善意であるが転得者が悪意の場合である。たとえば、Aの不動産が虚偽表示でBに譲渡され、Bから善意の第三者Cへ、Cから悪意の転得者Dへ譲渡された場合、Dは保護されるのか。

判例（大判昭和6・10・24新聞3334号4頁、大判昭和10・5・31民集14巻1220頁）・多数説（内田、河上、佐久間、潮見、四宮・能見、平野）は、Cに民法94条2項が適用されればそれで法律関係は確定し、Dはその権利を適法に承継するだけであるから、Dは当然保護されると解する（これを絶対的構成という）。これに対して少数説（近江、加藤）は、悪意者を保護する必要はなく、民法94条2項の適用は個別に考えればよいとして、Dが悪意の場合にはAは無効を対抗できると解する（これを相対的構成という）。

この議論は、もし少数説によった場合には、Dは自分に対する譲渡人であるCに対して、他人の物を譲渡した責任（新561条）を追及して、譲渡契約を解除し、支払った代金の返還を請求するという事態が生ずるのではないか、そしてそれでは結局、善意のCを保護したことにならないのではないかという点、およびDが目的物を転売する可能性を狭める（虚偽表示であることを黙秘して転売するという不誠実な行為を招く）のではないかという点にポイントがある。判例・多数説はこういった面倒をはじめから回避しようとするわけである。

このように、転得者が保護に値するかという点では少数説に分があるが、法律関係全体の法的安定性という点では判例・多数説に分がある。ただし判例・多数説では、悪意の転得者が善意の第三者をいわばダミーのように介在させる事態に対応する必要がある。事情に応じて権利濫用の法理や第三者と転得者を同一人と認定する（第三者を転得者の使者・代理人とみる）ことで対応すればよいであろう。

(3) 虚偽表示の撤回

　善意の第三者が現れる前に、当事者間で虚偽表示を撤回することは自由である。しかし撤回したといえるためには、単に撤回を合意するだけでなく、虚偽表示に基づく権利の外観を除去しなければならないと解される。たとえば、虚偽の土地売買契約の撤回を合意しただけで登記名義を回復していなければなお虚偽表示が存在していると解すべきであるし、善意の第三者出現後に登記名義を回復しても民法94条2項が適用されると解すべきである。ここでの撤回は、その法律効果の問題ではなく、事実の問題だからである。

◆ 発 展 問 題 ◆

(1) 民法192条と民法94条2項

　虚偽表示の目的物が動産である場合には、虚偽表示の相手方からこれを譲り受けたり、これに質権を設定したりした第三者は、動産取引保護の一般規定である民法192条（即時取得）によっても保護される（これを占有の公信力という）。物権法上の制度であり、本書では詳しく述べないが、即時取得では、第三者が取引行為によって目的物を占有すればそれだけで善意・無過失が推定されるので、民法94条2項の善意の主張・立証責任が第三者にあると解する通説に立つ限り、第三者にとっては同条よりも民法192条を主張したほうが有利である。このため、民法94条2項は、実際上は動産以外、とくに不動産について問題となる。逆の言い方をすれば、不動産登記名義を信頼して取引に入った者については、民法192条のような一般的保護規定はないが、登記名義が虚偽表示による場合であれば民法94条2項によって第三者が保護されることになる。もしこの虚偽表示という要件を緩やかに解すれば、民法94条2項は実際上、不動産取引における一般的な第三者保護規定に近づくことになる（5の民法94条2項類推適用参照）。

(2) 対抗不能の意味

　善意の第三者に対抗することができないとはどのような意味か。これまでは「主張できない」ことと理解しておけばよいとしてきたが、ここではもう少し深く考えてみよう（なお、民法は、種々の規定で対抗できないという

文言を使用しているが、その意味は一様でない。ここでは、民法 94 条 2 項の場合に限る）。

　対抗できないとは、表意者側から善意の第三者に対して無効であることを主張できないが、第三者の側から無効を主張するのは妨げないという意味である（ただし通常そのような主張をすることはないであろう）。しかし、対抗できない結果として法律関係がどうなるかは、なかなか難しい問題である。たとえば、AB 間の虚偽表示によって A の不動産が B に譲渡され、B がこれを善意の第三者 C に譲渡したとする。この場合、A は C に AB 間の譲渡が無効であることを対抗できず、C に対して不動産の返還を請求することができないが、そうすると、C はどのようにして所有権を取得したことになるのであろうか。これについて二つの考え方がある。

　①法定効果説（法定取得説）

　この説によれば、所有権は A から C へ直接移転する。B は無権利者であるから、C が B から所有権を取得することはありえず、AC 間には契約関係はないが、法の規定によって所有権が承継されると解するのである（近江、四宮・能見）。

　②無効主張否認説（承継取得説）

　この説によれば、所有権は A から B、B から C へと順次承継されるとする。A は C に対して無効を主張できないので、結果として C との関係では AB 間の意思表示も有効であったものとして取り扱われると解するのである（山本）。

　両説の違いは、虚偽表示をした A がこの不動産を D に今度は真実譲渡した場合に、C と D のいずれが所有権を取得するのかという問題において顕在化する。

　①説からすれば、この場合、不動産は A を基点として C と D とに二重に譲渡されたことになるので、先に登記を備えた者が優先する（民 177 条）。判例（最判昭和 42・10・31 民集 21 巻 8 号 2232 頁〔D が C の登記前に処分禁止の仮処分の登記をした事例〕）もこの考え方によっているといわれている。

　これに対して、②説からすれば、A を基点として対立関係に立つのは B と D であることになり、B は結果的に有効になる登記をすでに備えているので B が優先し（民 177 条）、その承継人である C もそのまま D に優先するはずである。しかし、このように解すると、自動的に C が優先してしま

187

うという問題があり、②説に立ちつつ、Bの登記は無意味であるからCが登記を備えなければならないとする見解もある（山本）。

　この議論は、民法における対抗不能の意味が多義的であいまいであることに由来するが、少なくとも民法94条2項では、善意の第三者Cがいる場合には（Dを含めた）誰もがAの意思表示を虚偽であると主張できないことが重要である。そうすると、DもBの存在を否定することができないのであるから、②説が妥当であると思われる（Cがいなければ、DはAの意思表示の無効を主張すればよく、Bと優劣の関係にならない）。

図表20　「対抗できない」ことの意味

4　虚偽表示の適用範囲

・民法94条は、相手方のある単独行為にも適用される。
・相手方のない単独行為や合同行為についても、実質的には通謀によるといえる場合には、民法94条を類推適用すべきである。
・身分上の行為については、意思を最大限尊重するという観点から民法94条は適用されず、したがって善意の第三者も保護されない。
・要物契約では、要物性を充たさないと契約が成立しないが、それを充たしたといえるような虚偽の外観がある場合には、民法94条の適用があると解すべきである。
・債権者を害する法律行為の効力を否定する場合、債権者は、詐害行為取消権（新424条）と民法94条のいずれを選択して主張してもよいと解すべきである。

第 12 章 ◆ 法律行為の要素の欠落 (3)　通謀虚偽表示／虚偽表示の適用範囲

◆ 条 文 ◆

　民法 94 条はどのような法律行為の意思表示に適用されるのかについて、条文上の限定はない。しかし、実際には以下のような行為についてそのまま適用してよいか議論がある。

◆ 解 釈 ◆

(1) 単独行為・合同行為

　単独行為とは、表意者の一方的な意思表示によって効力を生じる法律行為である。しかし、虚偽表示といえるためには相手方と通謀していればよいので、相手方のある単独行為（たとえば契約の解除。最判昭和 31・12・28 民集 10 巻 12 号 1613 頁）にも適用がある。

　また、相手方のない単独行為や複数の表意者が同じ内容の意思表示をする合同行為（法人の設立行為）でも、その意思表示によって利益を得る者があり、その者との間の了解で意思表示がなされたような場合には、実質的には通謀によって意思表示がなされた場合に類似するので、民法 94 条 1 項を類推適用できると解されている（最判昭和 42・6・22 民集 21 巻 6 号 1479 頁〔共有持分権の放棄〕、最判昭和 56・4・28 民集 35 巻 3 号 696 頁・ハンドブック 53〔財団法人設立行為〕）。

(2) 身分上の行為

　虚偽の身分上の行為については、心裡留保でも述べたように、表意者の意思を最大限尊重する必要があるので、そもそも真意を欠く意思表示として無効であり、民法 94 条は適用されないと解されている（大判明治 44・6・6 民録 17 輯 362 頁〔養子縁組〕、大判大正 11・2・25 民集 1 巻 69 頁〔離婚〕）。94 条 1 項によっても無効であることは同じであるが、2 項の適用が問題にならない点が異なる。しかし、家族法上の行為ではあっても、遺産分割協議や相続放棄などのように財産上の効果を伴う行為については、民法 94 条の適用があると解すべきである。

(3) 要物契約

　書面によらない金銭消費貸借契約は、金銭の授受を成立要件とする契約（要物契約）である（民 587 条）。そこで、たとえば、A が B から金銭を借り

189

るという契約をしたところ、Bがこの債権をCに譲渡した場合、Cは民法94条2項によって保護されるのか、それともAB間の消費貸借契約はそもそも成立していないので保護される余地はないのかが問題になる。

判例（大判大正15・9・4新聞2613号16頁、大決昭和8・9・18民集12巻2437頁など多数）・通説は民法94条2項の適用を認める。第三者が不動産登記を信頼したような場合と異なり、単なる合意に手形のような効力を認める結果にはなるが、表意者（債務者）には積極的にそれを利用しようという意図があるので、実際に金銭授受があったような外観が作出されている場合であれば、第三者を保護してよいであろう。なお、債権が譲渡されても、債務者は譲渡人に対して生じている事由を譲受人に対抗することができるが（新468条1項）、その場合でも、譲受人には民法94条2項の適用がある（大判大正3・11・20民録20輯963頁）。

(4) 詐害行為

詐害行為とは、債務者が債権者を害することを知りながらした法律行為であり、債権者はその取消しを裁判所に請求することができる（新424条1項）。そこで、たとえば、Aが債権者、Bが債務者である場合に、BがAからの強制執行を免れる目的で唯一の財産である不動産をCに譲渡したような場合には、この譲渡契約は、民法94条によって無効なのか、それとも詐害行為として取り消されるのかが問題となる（なお、前述のように執行免脱目的の譲渡は虚偽表示ではなく新90条違反が問題になると解しても同じ問題が生じる）。形式論的には、無効なものは取り消せないということになるようにも見える。しかし、いずれの規定も債務者による背信的な法律行為の効力を否定するための手段にほかならないのであるから、債権者は、事案の具体的な事情に応じて主張・立証しやすいほうを選択すればよい（実際の訴訟では、両者は選択的にまたは併行して主張されることが多い）。債権者が詐害行為取消しを選択した場合に、相手方が虚偽表示で無効であるから詐害行為にならないなどと抗弁することは、信義則違反であり認められないと解すべきである。

◆ 発 展 問 題 ◆
代理人が相手方と通謀して虚偽表示をした場合、虚偽表示の前提として

の意思の不存在については代理人が基準となる（新101条1項）。したがって、本人と相手方との間での虚偽表示になる（大判大正3・3・16民録20輯210頁）。しかし、判例の中には、虚偽表示と構成せず、代理人には本人を欺く権限がないので、このような場合には代理人は相手方の意思伝達機関となり、相手方の意思表示が真意に基づかない意思表示（心裡留保）となるから、本人が善意・無過失であれば意思表示は有効（新93条1項）となるとしたものがある（大判昭和14・12・6民集18巻1490頁）。しかし、事情を知らない本人であっても、代理人の行為に対するリスクは本人が負担すべきであり、このような技巧的な解釈は必要ないであろう。

5　民法94条2項の類推適用

- ・わが国では、権利変動を伴わない虚偽の不動産登記を信頼した者を保護し、権利変動があったものと取り扱うこと（登記の公信力）は認められていない。
- ・しかし、判例・学説は、虚偽の登記名義が作出されたことについて真の権利者に帰責性がある場合には、民法94条2項を類推適用して登記を信頼した第三者を保護している。
- ・判例は、真の権利者の帰責性を順次緩和し、真の権利者に重大な不注意があったことで足りるとするところまで到達している。
- ・学説では、類推適用の無限定な拡大を危惧し、真の権利者の積極的な意思関与があることを類推適用の要件とすべきであるとする説が有力である。

◆ 条 文 ◆

(1) 不動産取引と登記の公信力

　Aが所有する不動産について、Bが登記名義を勝手に自己に移転したうえで、この不動産を自己のものであるとして第三者Cに売却したとしよう。

　この場合、わが国では、Bは無権利者であるから、たとえCがこの不動産はBのものであると信じていたとしてもCが不動産の所有権を取得することはない。これに対してドイツでは、Bが無権利者であっても、Bが

所有者であるという登記を信じて取引したCは所有権を取得する。このように登記を信じた者を保護する制度を登記の公信力という。立法政策上のこのような違いは、不動産登記に対する信頼度の差から生じる。詳しくは物権法の問題であるが、これが民法94条2項の類推適用の出発点なので、それにかかわる限りで説明しておこう。

図表21　登記の公信力

ドイツでは、不動産登記の真実性を確保するために、登記所の登記官吏には実質的審査権（登記を裏づける取引が実際にあったか否かを審査する権限）が付与されている。そして、こうした厳格な制度の下でなされる登記の信頼性を確保し、登記を信じていれば安心して取引できるように、例外的に登記が無効であってもそれを信頼した者を公信力によって保護しているのである。

これに対して、わが国の不動産官吏には、形式的審査権（登記手続きのための書類等が整っているかを審査する権限）しか付与されておらず、たとえ登記所での手続きは厳格であっても登記原因が真実存在していない登記が生じる可能性が高い（「地面師」と呼ばれる者が勝手に登記名義を改ざんしたというような記事が時おり新聞紙上でも取り上げられる）。そのような状況の下で登記に公信力を認めたのでは、不動産の所有者が不当に損害を被る事態が増えてしまう。わが国でも実質的審査権を付与すればよいといえるかもしれないが、そのためには莫大な人員措置が必要であるとともに、それを要請する社会状況が存在していることが必要である。明治時代に民法を制定する時期には、わが国でそこまでする必要はないと考えられたのである。

(2) 民法94条2項類推適用による補完

すでに述べたように、動産取引では、Aが所有する動産を占有しているBがこれを自己のものであるとして第三者Cに売却した場合には、ドイツだけではなくわが国でも、Bを所有者であると信頼したCは即時取得によ

って動産の所有権を取得する（民 192 条）。このように占有に公信力が認められているのは、動産取引では不動産のように登記制度がなく、動産を占有している者が所有者であると信頼して取引をせざるを得ないので、動産取引の安全を保障し促進するためにはそのような信頼を保護する必要があるからである（ただし、近年、動産についても登記制度が設けられた）。

　ところが第二次大戦後、わが国では、不動産取引が活発化して、不動産が商品化する状況が広く認められるようになった。このような状況の下では、不動産取引においても動産取引におけるのと同様に、安心して不動産取引ができるようにするために、登記の名義人が所有者であると信頼して取引した者を保護する要請が高まる。ここで注目されたのが民法 94 条 2 項である。同条項は、虚偽表示による意思表示の無効は善意の第三者に対抗できないと規定しているので、冒頭の例でも、Bの登記名義が AB 間の虚偽表示によって作出されたものであった場合には、Cは保護される。そこで、たとえ AB 間に虚偽表示がない場合であってもそれに類似した関係があれば、同条項を類推適用してCを保護することができるのではないかと考えられたのである。

　虚偽表示ではないが虚偽表示に似ているとする場合を緩やかに解すれば解するほど、不動産登記に公信力を認めたのに近くなる。現に判例は、以下で見るように、類推適用の範囲を順次拡大させ、今日では、民法 94 条 2 項の類推適用は、わが国おいて不動産登記に公信力がないことを補完する機能を果たしているとまでいわれるようになっている。

◆ 解 釈 ◆

(1) 判例による民法 94 条 2 項類推適用の発展過程

　判例は、以下に見るように、一つの民法 94 条 2 項類推適用を基礎に次の類推適用を展開し、さらにそれを基礎にして次の類推適用を展開するというように類推適用の範囲を順次拡大させてきた。この判例の展開過程は、民法解釈がどのようにして行われ、時代とともにどのように変遷していくかを考えるための恰好の素材を提供している。そこで以下では、民法 94 条 2 項類推適用の要件について述べる前に、真の所有者 A、登記名義人 B、第三者Cとして、判例の展開過程を見ておくことにしよう。

193

①**外形自己作出型への類推適用**

　判例は、まず、AB 間に虚偽表示はないが、A の意思に基づいて B 名義の虚偽の登記が作出され、そのことについて AB 間に通謀があるかまたは B の承諾がある場合について民法 94 条 2 項を類推適用した（外形自己作出型）。すなわち、建物買受人 A の夫の妾 B 名義で移転登記がなされ、その後第三者 C に売却されたという事案において、移転登記を B 名義にしたことが A の意思に基づくならば、実質においては、A がいったん移転登記を受けた後、通謀虚偽表示で B に移転登記をした場合と何ら異ならないから、民法 94 条 2 項を類推適用して、A は B が所有権を取得しなかったことを善意の C に対抗できないとした（最判昭和 29・8・20 民集 8 巻 8 号 1505 頁・ハンドブック 50）。この判決は、民法 94 条 2 項類推適用を明言した初の最高裁判決であり、その後の判例の展開の原点となった（最判昭和 37・9・14 民集 16 巻 9 号 1935 頁、最判昭和 41・3・18 民集 20 巻 3 号 451 頁、最判昭和 44・5・27 民集 23 巻 6 号 998 頁）。

図表 22　外形作出型（通謀型）

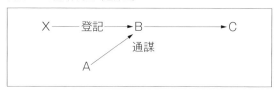

　類推適用するためには、通謀か登記名義人の承諾があることが必要であるという判例の態度は、学説から、民法 94 条 2 項類推適用のためには本人の意思だけが重要であると批判された。そこで判例も、この批判を受け入れるようになり、登記名義を B にすることが A の意思に基づいてなされた場合には、AB 間に通謀がなく、また B の承諾がなくても、虚偽の登記名義が A の意思によって作出されたという点においては虚偽表示と同一なので、民法 94 条 2 項が類推適用されると解するようになった。たとえば、A が他から買い受けた山林につき子 B の承諾なく B 名義で移転登記を受けていたところ、B が第三者 C に売却したという場合には、B の登記が真の所有者 A の意思に基づくものである以上、民法 94 条 2 項が類推適用される（最判昭和 45・7・24 民集 24 巻 7 号 1116 頁）。この判決は、類推適用

の根拠を通謀ないし承諾の存在ではなく真の所有者の意思に求めることに転じたものであって、条文の文言への依存を脱却しており、実質的には類推適用という解釈手法を用いた新たな法創造をしたといえる（外形自己作出型の完成）。この判決以降、民法94条2項類推適用はより自由に展開されることになった。

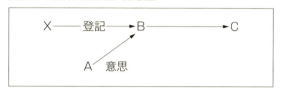

図表23　外形自己作出型（意思型）

②外形他人作出型への類推適用

次に判例は、たとえば、Aが贈与を受けた建物が他人によってB名義で家屋台帳に登録され、その後登記されてCに処分された場合（最判昭和45・4・16民集24巻4号266頁）のように、B名義の登記をAが作出したのではない場合であっても、Aがこれを明示または黙示で事後的に承認していれば、事前に承認を与えた場合とAの帰責性の程度において差がないので、民法94条2項が類推適用されると解するようになった（外形他人作出型）。

これによって少なくとも理論上は、真の権利者と登記名義人との関係がどのようなものであろうとも真の権利者の承認のみで類推適用を認めることができ、しかもたとえ承認が事後的なものであろうともかまわないことになり、類推適用の範囲が格段に広がった。

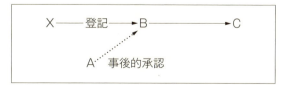

図表24　外形他人作出型（事後的承認型）

実際、その後の判例は、虚偽の登記名義作出に対する真の権利者の事前

の関与がない場合について、登記名義の放置を帰責根拠として類推適用を
肯定するものが現われるに至った（最判昭和45・9・22民集24巻10号1424
頁・百選Ⅰ-21・ハンドブック52、最判昭和45・11・19民集24巻12号1916頁、
最判昭和48・6・28民集27巻6号724頁、最判昭和62・1・20訟月33巻9号
2234頁）。

これに対して、学説からは、類推適用の限界を超えるものではないかと
の懸念が示されており、また、真の権利者の意思関与の程度が低い場合に
も類推適用を認めるとしても、そのカウンターバランスとして、第三者保
護要件を厳格に解してCには善意だけでなく無過失を要求すべきではな
いかとの主張もなされている。しかし判例は、民法94条2項単独の類推
適用については、今日に至るまで善意のみで足りるとの姿勢を崩していな
い（前掲、最判昭62・1・20は無過失が不要であると明言している）。

図表25　外形他人作出型（放置型）

```
┌─────────────────────────────────────────┐
│   A·····················B──────────►C    │
│                                          │
│   放置           登記                     │
└─────────────────────────────────────────┘
```

③意思外形非対応型への民法94条2項と新110条との重畳的類推適用

ABが通謀して作出したBの権利外観を超える登記名義がBによって
さらに作出された場合には、第三者Cが信頼した登記名義は、Aの意思に
基づくものではなく、またAが事後的に承認しているわけでもない。し
かし判例は、たとえば、ABが売買予約を仮装してBに仮登記を経由した
ところ、Bが勝手に本登記にしたうえでCに売却した場合（最判昭和43・
10・17民集22巻10号2188頁）には、民法94条2項および新110条の法意
に照らし、善意無過失の第三者Cが保護されるとしている（意思外形非対
応型）。新110条の表見代理については第18章9で詳しく説明するが、簡
単に言えば、代理人が代理権の範囲外の代理行為をした場合でも、それが
代理権の範囲内の行為であると信じるについて相手方に正当な理由がある
ときは、代理行為は有効になるという規定である。ここでの場合には、当
事者の通謀によって作出された虚偽の権利外観を超える外観が登記名義人
によって作出されており、このことに真の権利者は直接関与していないが、

第三者が信頼した登記名義は通謀による第一の権利外観の自然的発展であり、この点で新110条の場合に類似していると考えるのである。

このように新110条を併せて類推することによって、類推適用の範囲はさらに拡大するが、Aが虚偽の外観に対する認識すらない場合でも責任を負う可能性がある点では、公信力に限りなく近づくという問題を内包している。他方では、同条の正当な理由の解釈においては、相手方の善意だけでなく無過失が要求されているので、ここでの第三者にも善意だけでなく無過失が課せられることになった。

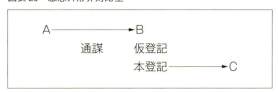

図表26　意思外形非対応型

④外形与因型への民法94条2項と新110条との重畳的類推適用

以上のような判例の展開を背景にして、最近では、判例はさらなる展開を果たしている。それは、虚偽の登記名義がBによって勝手に作出された場合であっても、それにAが原因を与えていたときは、民法94条2項および新110条の類推適用により、善意無過失の第三者Cが保護されるというものである（外形与因型）。

たとえば、真の権利者Aから不動産の賃貸事務等を任されていたBが預かっていた書類等を利用して勝手に自己への移転登記をしてCに売却したという場合には、Aは自ら虚偽の外形を作出しておらず、またBの作出した外形を事後的にせよ承認しているわけでもないので、①や②のように民法94条2項を類推適用することが困難である。しかし、このような場合でも、判例は、Bが本登記をすることができたのは真の所有者Aの余

図表27　外形与因型

りにも不注意な行為によるものであり、帰責性の程度は自ら外観の作出に積極的に関与した場合やこれを知りながらあえて放置した場合と同視しうるほど重いとして94条2項と新110条の重畳的な類推適用を認めている（最判平成18・2・23民集60巻2号546頁・百選Ⅰ-22・ハンドブック54）。

　このような場合に新110条を併用することは、③の場合とは意味が異なる。すなわち、③の場合には、真の権利者は第一の権利外観が作出されることを通謀ないし認容しており、これが第三者の信頼した虚偽の登記がなされる原因となったのであり、新110条は真の権利者の認識・認容と作出された虚偽の登記とのギャップを埋めるために利用されている。これに対して、ここでの場合には、そもそも何らかの虚偽の外形が作出されることについて真の権利者には認識・認容がまったくないにもかかわらず、同条を利用することによって真の権利者の帰責性を補充しているのである。しかし、このように真の権利者の虚偽の権利外観に対する意思関与がまったくない場合にまで類推適用を拡大することは疑問である（河上）。判例でも、最判平成15・6・13判時1831号99頁は、不動産の買主Aが売主会社の代表者Bに移転登記手続を依頼していたところ、Bが勝手に自己名義に移転登記してCに売却したという事案において、真の権利者Aは虚偽の外観の作出に何ら積極的に関与しておらず、それを放置していたともいえないとして、類推適用を否定している。

図表28　判例における類推適用の拡大

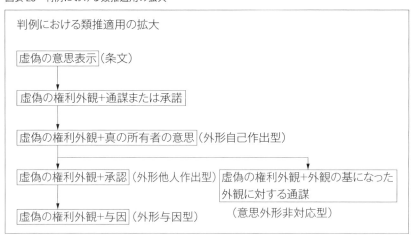

第 12 章 ◆ 法律行為の要素の欠落（3） 通謀虚偽表示／民法 94 条 2 項の類推適用

(2) 類推適用の要件・立証責任

①民法 94 条 2 項単独の類推適用の要件・立証責任

　判例の展開過程から民法 94 条 2 項単独の類推適用（外形自己作出型、外形他人作出型）の要件を抽出すると以下のようになる。

・虚偽の権利外観の存在

・それに対する真の権利者の帰責性

・虚偽の権利外観について善意の第三者であること

　これらの要件のうち、虚偽の権利外観の存在以外の要件の主張・立証責任は、第三者にあると解すべきである。通常の虚偽表示の場合には、真の権利者と登記名義人の間には虚偽にせよ、意思表示が存在するので、虚偽表示であることを主張しなければその意思表示が有効になるだけである。したがって、その意思表示が無効であることを主張する者（すなわち表意者である真の権利者）に虚偽表示であることの主張・立証責任があると解すべきである。また、第三者の善意については、すでに述べたように、判例・多数説は第三者に立証責任があるとするが、むしろ、存在する意思表示はこれを有効であると信じるのが通常であるから、真の権利者が第三者の悪意の主張・立証責任を負うべきである。

　しかし、民法 94 項 2 項の類推適用の場合には、真の権利者と登記名義人の間には虚偽の意思表示は存在しないので、真の権利者は所有権に基づきその登記が虚偽の登記であることを主張しさえすればよい。したがって、第三者がこれを阻止しようとする場合には、虚偽表示に類似した関係があること（帰責性）および自らが善意の第三者であることを主張・立証すべきである。

　なお、第三者の主観的要件について、判例は善意のみで足りるとしているが、私見によれば、それでは真の権利者の帰責性の程度にかかわらず一律に第三者が保護されることになり妥当でない。無過失まで要求して、真の権利者の帰責性との相関的判断を可能にすべきである（無過失の主張・立証責任は、善意と同様、第三者にあると解すべきである）。

②民法 94 条 2 項および新 110 条の重畳的類推適用の要件・立証責任

　民法 94 条 2 項および新 110 条の重畳的類推適用（意思外形非対応型、外形与因型）の要件は以下のとおりである。

199

・虚偽の権利外観の存在
・それに対する真の権利者の与因
・虚偽の権利外観について善意・無過失の第三者であること

　①の場合と同様に、虚偽の権利外観以外の要件の主張・立証責任は、第三者にあると解すべきである。民法94条2項単独の類推適用におけるような直接的な帰責性ではなく、間接的な帰責性（与因）でよいとされているのがポイントである。また、そう解することのバランス上、判例でも第三者には無過失まで要求される。しかし前述したように、真の権利者の与因にまで要件を緩和することは、果てしない類推適用につながるので、このような類推適用には賛成することができない。民法94条2項の類推適用は、①のように同条項のみの単独類推適用に限り、かつ、権利外観に対する真の権利者の直接的な帰責性を要件とすべきである。

◆ 発 展 問 題 ◆

(1) 遡及的物権変動への類推適用

　たとえば、不動産の所有者Aが強迫によってBに不動産を売却する意思表示をし、これに基づいて登記名義をBに移転したが、その後Aがこの意思表示を取り消したところ（新96条1項）、Bがまだ自分の手元に登記が残っていることを利用して不動産をCに譲渡してしまった場合、民法94条2項の類推適用によってCを保護することができるだろうか。これはいったん有効になされた不動産の権利変動がその後に取り消されて、はじめから権利変動がなかったとみなされる場合（新121条）における第三者保護という問題である。取消しだけでなく、AB間で締結された契約が解除された場合などにも同じような問題が生じる（このように物権の変動が遡及的に無効になることを遡及的物権変動という）。

図表29　遡及的物権変動と登記

　この場合のAは、意思表示を取り消したのであるから、Bから登記を取

り戻すことができる。しかしＡがそうしないうちに、ＢがＣに売却して
しまったというのであるから、Ａには取り戻すべき登記を放置していたと
いう帰責性があるともいえる。そうだとすれば、この場合にも民法94条2
項を類推適用できる余地は十分ある。実際、有力説はそのように解してい
る（内田、河上、潮見、四宮・能見）。

　しかし、判例は、このような場合には、民法94条2項類推適用ではなく、
不動産が二重に譲渡された場合にどちらの譲受人が優先するかという問題
に関する物権法の規定（民177条）を適用している（大判昭和17・9・30民集
21巻911頁・百選Ⅰ-55・ハンドブック64）。すなわち、Ａが意思表示を取り
消すと、ＢにはＡに対して登記を返還しなければならないという義務が発
生するので、いわばＢからＡに対して逆向きの権利変動（復帰的物権変動
という）が生じると解するのである。そうすると、Ｂは、一方ではＣに対
して登記を移転しなければならないが、他方ではＡに対しても登記を返
還しなければならず、Ｂの立場はちょうど一つの不動産をＡとＣに二重
に譲渡した場合と同じになるというのである。これによれば、ＡとＣのう
ち、先に登記を備えたほうが優先する。

図表30　対抗問題説

A ←———————— B ————————→ C
登記

　判例は、ＢからＣへの譲渡がなされた後にＡが取り消したという場合
には、このような構成を採らず、Ｂは完全な無権利者だと解するので、Ｃ
が保護されることはない。他方、民法94条2項類推適用による場合にも、
Ａが無効な登記名義を放置していた帰責性を問うのであるから、それは取
消し後のことになろう。また、取消し後に現れたＣが保護されるためには、
登記を備えていたことが必要と解するか、善意であることが必要であると
解するかの違いはあるが、実際問題としては、Ｃはその両方を満たしてい
ることが多いであろう。したがって、具体的な問題の解決としては、判例
と有力説とはほとんど同じ結果になる。

　このように、遡及的物権変動と第三者という問題においては、民法94条

201

2項の類推適用と物権法の民法177条の解釈とが交錯する。しかし、どちらかの法律構成で処理できるからそれでよいというものではなく、両者の理論的関係が明確にされなければならない。学説では、両者は同じ趣旨の規定であると解する見解や、まったく異なる制度であり守備範囲が異なると解する見解などさまざまな見解があるが、議論はいまだ決着を見ていない。民法177条の解釈を確定させることが先決であろう。

(2) 規定の趣旨との関係

すでに述べたように、規定の沿革はさておくとしても、民法94条2項は、意図的に虚偽の意思表示をした表意者の責任を定めたものである。しかし、民法94条2項が類推適用されるのは、虚偽の登記のみが存在し、表意者は何らの意思表示もしていない場面である。このような場面での第三者保護は、外形上の意思表示に対する責任ということを超えて、存在しない意思表示があたかも存在したかのような状況を生み出す。

民法94条2項類推適用が公信力のように一般的な権利外観保護を行うための借用にすぎないとまで割り切るならば格別、あくまで虚偽の意思表示をした者に対するサンクションであるという限界を維持するならば、真の権利者が虚偽の意思表示をしたのと同様に評価できるような積極的な意思関与が必要であり、虚偽の登記に対する結果責任（放置や不注意など）を問題にするだけでは不十分であるというべきではなかろうか。この限りで判例の類推適用の拡大には賛成することができない。バブル経済によって不動産が過度に商品化した時代が終焉を遂げつつある現在こそ、不動産登記は、本来、実際になされた権利変動を第三者に対抗するためのものにすぎず、実際に存在しない権利変動を存在したことにするものではないという原点に立ち返るべきである。

第13章 法律行為の要素の欠落
(4) 錯 誤

1 錯誤の意義

・錯誤とは、意思表示の過程で、ある事実についての表意者の認識と事実とがくい違っており、そのくい違いを表意者が認識していない場合である。
・意思表示の意味内容が明確でない場合には、錯誤を問題にする以前に、その解釈が問題になる。

◆ 条 文 ◆

　法律行為の要素の欠落を理由に法律行為の効力を否定する第三の場合は、錯誤（新95条）である。錯誤とは、ある事実について表意者の主観的な認識と客観的な事実とがくい違っており、表意者がそのくい違いを認識していない場合である。このくい違いに対する認識の欠如が錯誤の特徴である。しかし、民法上問題となるのはそのうちどのような錯誤なのかについて、旧95条は、「法律行為の要素に錯誤があったとき」と規定するのみであった。このため、同条でいう要素の錯誤とはいかなる場合であるのかは解釈に委ねられ、理論的に難解な問題となっていた。

　そこで民法改正では、「法律行為の要素」という表現が「法律行為の目的及び取引上の社会通念に照らして重要なもの」という表現に改められた。その詳細は、以下で順に解説する。

◆ 解 釈 ◆

　意思表示の過程で表意者に錯誤があるといっても、実際には種々の段階

203

での錯誤がありうる。しかし、錯誤は、意思表示の意味内容は明確だがその効力を否定しようという問題であることで共通している。これに対して、意思表示や法律行為がどのような内容であったかということは、錯誤以前の問題である。したがって、以下の場合は、錯誤に似ており混同しやすいが、錯誤ではないことに注意しなければならない。

(1) 無意識の不合意

たとえば土地の売買で、売主 A は甲地を売るというつもりであったが、買主 B は隣の乙地を買うつもりで、両者がこのくい違いに気づかないまま「A 所有の土地を B に売買する」という契約を締結したとする。この場合、甲、乙がともに A の所有であり、意思表示の解釈によって売買の目的とされたのはそのいずれかの土地であると特定できる場合には、他方の土地の売買だと思っていた者の意思表示に錯誤があることになる。

しかし、表示行為からだけでは目的物が甲地なのか乙地なのかが特定できない場合には、さらに売主・買主の意思を探求して解釈することになるが、そうすると A は甲地という意思表示をし、B は乙地という意思表示をしたことになる。このような場合には、A、B それぞれの意思表示には何らの錯誤も存在しないが、両者の意思表示が合致していないので、売買という法律行為がそもそも成立しているとはいえない。このような場合のことを「無意識の不合意」という。

(2) 意思表示の解釈

A も B も甲地を売買するつもりであったが、両者とも甲地のことを乙地という土地だと間違えていて「乙地を売買する」という契約を結んだ場合はどうなるか。A、B それぞれの意思表示を見ると、いずれの意思表示にも錯誤があるが、このような場合でも、すでに「法律行為の解釈」で述べたように、錯誤を問題にする前にどのような売買契約が締結されたのかを明確にすべきである。そうすると、当事者間では、乙地とは甲地のことであり、乙地という表示は甲地の表示であってそれが合致しているといえるので、売買契約は甲地の売買として有効に成立していると解釈することができる。したがってこのような場合も錯誤ではない。

これに対して、A だけが甲地を乙地という土地だと勘違いしていて、B

は乙地を買うつもりで「乙地を売買する」という契約を結んだ場合は、売買契約の目的物は表示の客観的な意味に従って乙地であると解釈されるから、Aの意思表示に錯誤があることになる。古い判例には、生糸製造権の売買で、定められた代金額の中に組合から売主に支給される補償金が含まれているか否かで売主と買主の理解が違っていた場合（買主は含まれていると思っていたが売主は含まれないと思っていた）について、代金額に含まれるという契約であるとしながら、両当事者の意思が合致していないので契約は不成立であるとしたものがあるが（大判昭和19・6・28民集23巻387頁・百選Ⅰ-18）、今日では、代金額に含まれる契約であると解釈できるのならば、契約はそのようなものとして成立しており、含まれないと思っていた売主の錯誤の問題になると解すべきであったと考えられている。

(3) 共通錯誤

それでは、AもBも、甲地と乙地とが違う土地であることは知っていたが、両者がともに甲地と乙地を取り違えて、甲地を売買するつもりで「乙地を売買する」という契約を結んだ場合はどうか。このような場合は、両者の意思表示を解釈しても、両者はいずれも甲地を売買する意思で乙地と表示しているのであるから、当事者双方に同じ錯誤があることになる。このような場合を「共通錯誤」という。共通錯誤では、表意者に錯誤があっても相手方にも同じ錯誤があるので、表示行為に対する信頼という問題は生じない。むしろ錯誤したとおりに取り扱うことのほうが両者の認識に合致する。したがって通常の錯誤の場合とは異なり、表意者が錯誤したまま甲地の意思表示であると解すればよい。

たとえば、上記のように、当事者双方が甲地の売買のつもりでいたならば、売買契約はそのまま甲地を目的としていると解釈すればよい。判例には、印字ミスによって1500万円と記載された手形を150万円の手形と誤解して裏書した事例で、裏書人の錯誤だとしたものがあるが（最判昭和54・9・6民集33巻5号630頁・ハンドブック59）、この事案は共通錯誤の事案であったので、少なくとも当事者間では150万円の手形であると解釈する余地があったのではなかろうか。

他方、共通錯誤が表示行為ではなく、意思表示の前提とする事実に関わる場合には、意思表示はその前提を欠く、意味のない意思表示となると解

すべきである。たとえば、土地の売主・買主双方が付近に地下鉄の駅ができると誤信し、それを前提にして高価格の代金額を定めていたような場合には、売買はその前提を欠く法律行為であって、本来は当然に無効であると解すべきである。しかし、民法にはこのような共通錯誤により法律行為が無効となることを直接規定する条文がない（ただし、新95条3項2号では、表意者に重過失があるときは錯誤の主張をすることができないことの例外として、共通錯誤の場合が規定された。これについては後述する）。解釈論としては、当事者のいずれかが（上記の例では買主であろう）新95条に基づいて自己の意思表示の取消しを主張することになるであろう。

　なお、共通錯誤は、意思表示当時における認識と事実との離齬の問題であり、意思表示後の事情の変更によって意思表示がどのような影響を受けるかという問題（事情変更）とは場面を異にする。たとえば、地下鉄の例でいえば、意思表示当時には地下鉄の駅ができる計画があったが、その後に計画が取り消されたというような場合は、もはや錯誤の問題ではない（事情変更は契約法で扱われる問題である）。

2　錯誤の要件

- 錯誤による意思表示は、法律行為の目的および取引上の社会通念に照らして重要なものであるときは、取り消すことができる。
- 取消しの対象となる錯誤は、意思表示に対応する意思を欠く錯誤、または表意者が法律行為の基礎とした事情についての認識が真実に反する錯誤である。
- 表意者が法律行為の基礎とした事情についての認識が真実に反する錯誤については、その事情が表示されていなければならない。
- 錯誤が表意者の重大な過失によるものであった場合には、原則として意思表示を取り消すことができないが、相手方が悪意または重大な過失があったとき、または錯誤が共通錯誤であったときは取り消すことができる。

第 13 章 ◆ 法律行為の要素の欠落（4） 錯誤／錯誤の要件

◆ 条 文 ◆

(1) 重要な錯誤

　錯誤による意思表示は、「法律行為の目的及び取引上の社会通念に照らして重要なもの」であるときは、取り消すことができる（新 95 条 1 項）。旧 95 条では、法律行為の「要素」に錯誤があるときと規定されていたが、それ以上は明らかでなかったために、具体的にいかなる場合がこれにあたるかは解釈に委ねられ、種々の議論が展開されてきた。そして、判例（大判大正 3・12・15 民録 20 輯 1101 頁）・学説では、「当該法律行為にとって重要な事項に関する錯誤であり、かつ、その錯誤がなかったならば表意者だけでなく通常人もそのような意思表示をしなかったであろうと認められる錯誤」のことをいうと解するのが共通理解となっていた。すなわち、錯誤無効の主張をする者には、錯誤の「重要性」と意思表示との「因果関係」を主張することが求められる。新法の下では、①表意者が目指していた目的だけでなく、社会通念に照らしてみても重要な錯誤であること、および②そのような錯誤がなければ表意者は意思表示をしなかったであろうことを主張・立証しなければならない。このような要件は、旧法下での要素の解釈に関する共通理解と内容的に異なるものではないといえよう。しかし実際には、このような一般的基準だけではどのような錯誤が取消しの対象となるか否かを判断することは困難である（◆解釈◆参照）。

(2) 重大な過失

　表意者に重大な過失があったときは、表意者は、意思表示を取り消すことができない（新 95 条 3 項）。これによれば、錯誤取消しを主張する者（表意者）が (1) の要件を主張・立証しなければならず、これに対して相手方が「表意者に重大な過失があること」を主張・立証すれば（大判大正 7・12・3 民録 24 輯 2284 頁）、取消しは阻止される。重過失がある場合にまで錯誤の主張を認めることは、相手方の犠牲において軽率な表意者を保護しすぎることになるからである。重過失とは、少し注意すれば簡単に錯誤を回避できたのに、それすらしなかったことである。

　しかし、以下の場合には、表意者に重大な過失があっても取消しは妨げられない。

207

①相手方が、表意者に錯誤があることにつき悪意であるかまたは重過失によって知らない場合（新95条3項1号）

　このような場合には、相手方を保護する必要がないからである。旧95条では明文の規定がなかったが、判例（大判大正10・6・7民録27輯1074頁〔悪意〕）・学説上認められていた。改正にあたり明文化された。悪意・重過失の主張・立証責任は表意者にある。表意者ははじめから主張・立証する必要はなく、錯誤取消しの主張に対して相手方が表意者の重過失を主張・立証したときにはじめて、相手方の悪意・重過失を主張・立証するという関係になる。

②共通錯誤の場合（新95条3項2号）

　条文では「相手方が表意者と同一の錯誤に陥っていたとき」と規定されている。このような場合も相手方を保護する必要がない（東京地判平成14・3・8判時1800号64頁、大阪高判平成29・4・27判時2346号72頁）。

③電子消費者契約の場合

　コンピューターやファックスを利用した消費者契約の申込みまたは承諾の意思表示については、新95条3項柱書の適用が排除されている（電子消費者契約に関する民法の特例に関する法律3条）。これは、消費者が操作ミスでうっかりキーを押したり、押し間違いをしてしまうことがしばしば生じることに配慮して消費者を救済しようとしたものである。同条に該当することの主張・立証責任は消費者にある。しかし、事業者が消費者の意思の確認を求める措置を講じた場合（送信前に確認画面を設定するなど）や消費者が確認を放棄する意思の表明があった場合には、原則どおり新95条3項柱書が適用される（同3条ただし書）。

◆　解　釈　◆

　新95条1項にいう「法律行為の目的及び取引上の社会通念に照らして重要な錯誤」とは、具体的にはどのような錯誤か。これは旧95条にいう「要素の錯誤」の解釈をめぐって議論されてきた問題である。そこで、新法では、錯誤取消しの対象となる錯誤を「表示の錯誤」（1号）と、「表意者が法律行為の基礎とした事情についての認識が真実に反する錯誤」（2号）で

あることが明記された。しかし実際には、このような一般的基準だけで重要な錯誤か否かを判断することは困難であり、具体的な事案ごとに判断せざるを得ない。従来の裁判例を見ると、その判断には以下のような傾向があることだけ指摘しておこう。

(1) 表示の錯誤

表示の錯誤とは、意思表示の表示行為に錯誤がある場合である。これには大別して、人（当事者）についての錯誤と物（目的物）についての錯誤がある。

①人についての錯誤

人の同一性に関する錯誤（人違い）は、相手方が誰かが重視される取引（贈与、不動産の賃貸借など）では重要な錯誤になりやすいが、売買契約のように、取引の目的物や価格など契約内容に重点が置かれ、誰が取引の相手であるかがさほど重視されない取引では重要性が否定されやすい（例外的な事例として、最判昭和29・2・12民集8巻2号465頁は、戦時中の国防上の必要からやむなく土地を国に売却したが、実際には民間の財団法人が買主であったという事案で、売主の錯誤の主張を認めた）。

人の身分や財産状態に関する錯誤（人の属性の錯誤）は、通常は重要性が低い。相手方に一定の身分や資産があることを前提にしなければならないような取引は一般的にはなく、相手方が契約をきちんと履行してくれれば十分だからである。資力や返済能力の低い者に金銭を貸し付けたような場合には、貸付をした金融機関の錯誤が問題となりうるが、すでに金銭を貸し付けた後では、むしろ契約を有効なままにしたうえで、契約条件に違反したと主張して直ちに返済を迫るほうが得策であると判断されることが多いであろう。

②物についての錯誤

物の同一性に関する錯誤（目的物の取違え）は、法律行為の主たる目的に関わるため、重要な錯誤であることが多い（たとえば、東京高決昭和57・11・30判時1065号141頁〔入札物件を間違えた事案〕）。しかし、通常は、錯誤無効を主張する前に、正しい物の履行を請求するのが普通であろう。

物の数量・範囲・価格に関する錯誤は、事実との差が重大であるときは重要な錯誤になりやすい（たとえば、東京高決昭和 60・10・25 判時 1181 号 104 頁〔不動産の入札で 3500 万円のつもりで 3 億 5000 万円と書いてしまった事例〕、東京地判昭和 50・5・14 判時 798 号 59 頁〔土地の面積不足の事例〕）。しかし、いわゆるうっかりミスの場合が多いであろうから、重大な過失が表意者にあるとされて結局のところ錯誤取消しを主張できないと判断されやすい。

　物の性質に関する錯誤（物の性能や状態など）については、問題がある。特定物に関する契約では、世の中にその物は一つしかなく、それがどのような性質を有していようともその物を引き渡すほかないと考えると（このような考え方を「特定物のドグマ」という）、その物の性質は、通常は契約の主たる目的ではなく、錯誤があっても重要ではないことになる。これに対して、特定物に関する契約であっても、不特定物の場合と同様、その物が一定の性質を備えていることが契約の目的に含まれていると考えると、その錯誤は重要な錯誤になりやすい。契約の目的をどのように解するかは契約法の問題であるが、民法改正では、契約法において特定物のドグマのような考え方は放棄された（たとえば、新 562 条以下の売主の担保責任〔契約不適合〕は特定物・種類物を問わず適用される）。錯誤との関係では、判例は、従来から、その錯誤がその物にとって決定的な事項に関わるときは重要な錯誤になるとしている（たとえば、最判昭和 33・6・14 民集 12 巻 9 号 1492 頁・百選 II-76・ハンドブック 58〔ジャムが粗悪品であった事例〕、大阪高判昭和 56・9・21 判タ 465 号 153 頁〔脱毛機の性能不良の事例〕、東京高判昭和 58・6・29 判タ 508 号 128 頁〔原野商法（価値のない原野を将来値上がりすると思わせて販売する商法）の事例〕）。その契約に適合する性能を備えていない場合には、新 562 条以下の担保責任（契約不適合）の問題にもなりうる（両者の関係については後述する）。

(2) 法律行為の基礎とした事情についての錯誤

　どのような事情であろうとも法律行為をする基礎には一定の事情があるので、単に経済事情が意思表示当時の予想と異なる程度では重要な錯誤にはならない（福岡地久留米支判昭和 51・9・21 判時 856 号 83 頁）。しかし意思表示にとって決定的な事情であるときは重要な錯誤とされやすい（名古屋高判昭和 60・9・26 判時 1180 号 64 頁〔海外旅行に安く行けると誤信して英会話

教材を購入した事例〕、大阪高判平成 2・6・21 判時 1366 号 53 頁〔他に連帯保証人がいると誤信してした連帯保証契約の事例〕、最判平成 14・7・11 判時 1805 号 56 頁〔空クレジット（偽装クレジット）であることを知らずにしたクレジット返済債務の連帯保証契約の事例〕など）。和解や調停は、一定の法律状態を基礎にしてなされるので、その状態について錯誤があれば、重要な錯誤となりやすい（大阪高判平成元・4・25 判時 1325 号 70 頁〔訴訟上の和解の事案〕など）。

　なお、このような法律行為の基礎とした事情についての錯誤は、重要であるというだけでは取消しの対象とならず、その事情が法律行為の基礎とされていることが表示されている必要がある（新 95 条 2 項）。これは、いわゆる動機の錯誤の問題であり、後述 4 であらためて解説する。

　また、このような錯誤は、実際には前述した共通錯誤であることも多い。すでに述べたように、共通錯誤が意思表示の前提に関わる場合には、意思表示は当然無効と解すべきであるが、直接の条文がないので、解釈論的には新 95 条 1 項により錯誤による取消しを主張することになる。

　他方では、これとは逆に、相手方が表意者の錯誤を利用して意思表示をさせたという場合も少なくない。このような場合は、「不実表示」と呼ばれており、改正作業の初期段階では、このような場合について独立のルールを設けることが検討されたが、最終的には設けられることはなかった。したがって、このような場合は、本条の適用問題として処理されることになるが、詐欺（新 96 条）や消費者契約法の誤認（不利益事実の不告知）（消費者契約 4 条 2 項）とまではいえなくとも、相手方との情報格差を重視して表意者を救済すべきである一方、相手方は表意者の錯誤を知っている以上その信頼を保護する必要性は低いので、たとえ錯誤が表意者の動機に関するものであってもその表示がなされているか否か、および、錯誤が重要であるか否かは緩やかに判断されるべきである。

◆ 発 展 問 題 ◆

　旧 95 条の下では、要素の錯誤であることのほかに、学説では、表意者の錯誤について相手方に認識可能性があることを要件とすべきことを主張する説が有力であった（近江、内田、加藤、河上、平野）。これは、後述のいわゆる動機の錯誤も旧 95 条の錯誤に含まれるので、動機を認識し得ない相手方の信頼保護との調整をはかるために、明文では規定されていない要件

をあえて設定するものであった。また、意識的な意思と表示の齟齬である心裡留保でも、相手方の認識可能性がある場合にのみ意思表示は無効になる（新93条1項ただし書）こととの均衡も主張していた。

しかし、錯誤で相手方の認識可能性を要求することは、心裡留保の場合（有効が原則であり、認識可能性があるときは無効となる）とは逆に作用し、取消しできるはずの意思表示を有効なものとする要件として機能する。改正にあたり、新95条でも相手方の認識可能性は、表意者に重大な過失があるときでも取消しを認めるための要件であり、それ以上は独立の要件とはされていない。相手方の認識可能性は、錯誤が重要であるか否かの判断において考慮すれば十分ではなかろうか（このように解すると認識可能性は、「不実表示」に当たる場合のように、錯誤の重要性を緩和し、錯誤取消しを認めやすくなる方向で機能する）。

3　錯誤の効果

・錯誤の効果は、旧法の無効から、意思表示の取消しに変更された。
・錯誤による意思表示の取消しは、善意・無過失の第三者に対抗することができない。

◆ 条 文 ◆

(1) 当事者間の効果

錯誤の効果は、意思表示の取消しである（新95条1項）。旧95条では、無効と規定されていた。しかし、判例・学説は、表意者に重過失があるときは無効主張ができないとされていることから分かるように（旧95条ただし書）、同条は表意者保護の規定であるから、その趣旨からすれば、錯誤による無効は誰からも主張できる無効ではない、取消し的無効であると解釈してきた。改正では、このような解釈に従い、錯誤の効果は無効ではなく取消しであると規定されたのである。

取り消すと、意思表示ははじめから無効であったものとみなされる（新121条）。また、相手方は、すでに受けていた給付を原状に回復する義務を負う（新121条の2第1項）。これらの詳細は、第17章でまとめて解説する。

212

（2）第三者に対する効果

　錯誤による意思表示の取消しは、善意・無過失の第三者に対抗すること
ができない（新95条4項）。旧95条には、第三者保護の規定はなく、多数
説は、ミスをした表意者との比較において、善意の第三者を保護すべきで
あり、詐欺に関する旧96条3項を類推適用すべきであると解してきた。改
正では、意思表示の効力否定と第三者保護の関係が表意者の帰責性の程度
に応じて再整理され、意思表示が表意者の意図的な場合（心裡留保、虚偽表
示）から意図的でない場合（詐欺、強迫）までを並べてみると、錯誤は、意
図的な意思表示ではないが、強迫にように自由な意思決定が阻害されてい
るわけではないので、その効果を取消しとするとともに、第三者保護につ
いては詐欺取消しの場合と同様の規定が設けられた。

◆　解　釈　◆

（1）従来の議論との関係

　改正により、従来錯誤の効果についてなされてきた議論は、ほとんど解
消した。以下では、ここに至るまでの議論の過程を概略しておく。

①取消し的無効

　旧95条では意思表示は無効であると規定されていたが、これは表意者
保護の規定であるとして、表意者自らが無効を主張することができない場
合（旧95条ただし書）には、第三者も主張することができないと解されて
きた（最判昭和40・6・4民集19巻4号924頁）。また、このことから、表意
者が錯誤無効を主張することができても、実際には主張しない場合には、
第三者が主張することはできないと解されてきた（最判昭和40・9・10民集
19巻6号1512頁）。このような無効は、通常の誰からも主張できる無効（絶
対的無効）と異なり、取消しのように主張権者が制限されていることから、
「取消し的無効」とか「相対的無効」と呼ばれてきた。

　しかし、新法では、錯誤の効果は取消しになったので、そもそも、表意
者またはその代理人もしくは承継人以外は取消権を有せず（新120条2項）、
上記の議論は意義を失った。

②追認・主張期間

　無効な行為であることを知って追認した場合には、新たな行為をしたものとみなされる（民119条ただし書）。したがって遡及効はない。しかし、旧法の下では、錯誤の無効が取消し的無効であるならば、追認についても取消しに関する規定(旧122条)を類推適用し、表意者が追認すれば、もはや無効主張は認められないと解されてきた。また、無効の主張期間についても、取消しに関する規定(民126条)を類推適用すべきであると解されてきた。

　しかし、新法では、錯誤の効果は取消しなので、取消しに関する規定が適用されるのは当然であり、上記の議論は意義を失った。

③第三者保護

　旧法の下では、多数説は、錯誤の無効が取消し的無効であるとすれば、取消しの場合の第三者保護規定（民96条3項）を類推適用すべきであると解してきた。私見では、取消しの場合でも制限行為能力や強迫の場合には第三者保護規定がないように、意思表示の効力否定の手段が違えばその効果も異なりうるという見方を示していたが（本書初版）、表意者の帰責性を相互比較したうえで、詐欺取消しの場合と同様の第三者保護を規定した新95条4項には異存がない。

(2) 第三者に対する効果

　第三者が保護されるためには、善意・無過失、すなわち錯誤による意思表示であることを知らないか、知らないことにつき過失がないことが必要である。主張・立証責任は第三者にある。

　第三者の意義については、新95条4項は新設規定であり、判例や学説の蓄積はないが、詐欺に関する旧96条3項（新96条3項）についての解釈が概ね妥当すると考えられる。詳しくは、次章の詐欺を参照してほしいが、その概要は以下のとおりである。

　錯誤による意思表示の取消しを対抗することができない第三者とは、「錯誤による意思表示に基づく法律関係を前提に新たな法律関係に入り、その結果、取消しを主張する者と相容れない法律上の地位を有する者」である。たとえば、AB間で不動産売買がなされ、買主BがこれをCに転売したが、その後、Aの意思表示が錯誤により取り消された場合（取消し前の

第三者）、AB 間の売買契約が A の意思表示の欠落により取り消されて、その効果が C にも及ぶとしてしまうと、C は不動産を取得できなくなってしまうので保護される（この場合、C は、後述の詐欺の場合と同様、登記を備えている必要はないと解される）。他方、A の意思表示が取り消された後になって、B が手元に残っていた登記を悪用して不動産を C に転売したような場合の C（取消し後の第三者）は、取消しによってはじめて A と相容れない地位になったわけではないので、本条にいう第三者にはあたらない。しかし、取消し後の第三者をまったく保護する必要がないというわけではない。ここでも詐欺の場合と同様に解すれば、表意者 A と第三者 C との関係は、B を中心にして原状回復をはかる A と転売契約の履行を求める C との競合関係となると考えて、C が登記を備えていれば民法 177 条による保護されると解するか（判例・多数説）、無効な登記を信じた C とそれを放置した A との関係になると考えて、A に帰責性があり C が善意であれば民法 94 条 2 項類推適用によって保護されると解する（有力説）ことになろう。

　なお、目的物が動産である場合には、無権利者となった B から動産を取得していた C は、取消しの前後を問わず、即時取得（民 192 条）によって保護されるので、取消し前の第三者であっても本条の適用によるまでもない。他方、AB 間で不動産が売買された場合に、B の債権者がその不動産を差し押さえたり担保権（抵当権）を設定したりしたときは、C は第三者にあたるが、単に債権者であるというだけでは（一般債権者という）、新たな法律関係に入った者とはいえないので、その後に取消しがあっても第三者には当たらない。

◆ 発 展 問 題 ◆
第三者による錯誤の主張
　表意者が錯誤の主張をしない場合には、第三者が主張することを認める余地はまったくないか。旧法下での判例は、例外的に、第三者が無効主張をすることに利益がある場合にはその主張を認めていた（最判昭和 45・3・26 民集 24 巻 3 号 151 頁）。これは、Y から A、A から X へと有名画家の絵画が売買されたが、実際には偽作であったという事例である。X は A に支払った代金の返還を請求しようとしたが、A には返済資力がなくなっていた。しかし、YA 間の売買が無効であれば、A が Y に支払った代金が戻

ってくるので、Xもこれから返還を受けることができる。

　最高裁は、このように第三者が自己の債権を保全する必要があり、かつ、表意者自身も錯誤であることを認めている場合には、表意者自らは錯誤無効を主張する意思がなくても、第三者が錯誤無効を主張することを認めた。これは、あくまで表意者自身による主張が原則であり、表意者が錯誤であることを認めていないときまで第三者の主張が許されるわけではないという趣旨である。これに対して学説の中には、第三者（X）が自己の債権を保全するために、債務者（A）の権利（取消権的な無効主張権）を代位行使するのを認めればよいので、直接錯誤の主張を認める必要はないとする説が有力であった（旧423条〔債権者代位権〕）（河上、四宮・能見、平野）。これによれば、表意者（A）が錯誤であることを認めているという要件は不要になる。

　新法の下では、錯誤の効果は取消しであり、取消権を第三者に主張させることは妥当ではないので、第三者は債権者代位権（新423条以下）によって、債務者の取消権を代位行使すればよく、従来の有力説の主張がそのまま妥当するといえるであろう。

図表31　錯誤の主張・立証責任

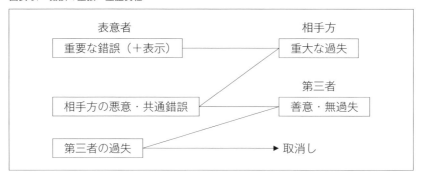

4　法律行為の基礎とした事情についての錯誤（動機の錯誤）

・錯誤は、意思表示の錯誤と動機の錯誤とに区分される。
・意思表示の錯誤は、表示上の錯誤と内容の錯誤に分かれる。
・動機の錯誤について、旧法下での判例は、その表示があり、かつ意

思表示の内容となっている場合に限り旧 95 条の錯誤に含めてきた。
・新法では、これを受けて、動機の錯誤は、法律行為の基礎とした事情についての錯誤として、新 95 条の下での錯誤になるが、その事情が法律行為の基礎とされていることが表示されていたときに限り取り消すことができると規定された。
・旧法下での学説では、動機が表示されていないときでも、一定の場合には錯誤の主張を認めるべきであるという説が主張されていた。
・新法の下でも、「表示」の意味をどのように解するかによっては、動機の錯誤の取扱いに違いが生じうるので、解釈上の問題がすべて解消したとはいえない。

◆ 条 文 ◆

(1) 錯誤の分類

　動機の錯誤を問題にする前に、錯誤は、伝統的には、意思表示のどの過程で存するかに応じて、意思表示の錯誤と動機の錯誤とに分けられてきた。新 95 条 1 項でも、錯誤は、①意思表示に対応する意思を欠く錯誤（1 号）と、②表意者が法律行為の基礎とした事情についてのその認識が真実に反する錯誤（2 号）とに分けられている。①が意思表示の錯誤（表示の錯誤）であり、②が動機の錯誤にあたる。

①意思表示の錯誤

　意思表示の表示について錯誤がある場合であり、これも二つの場合に分けられる。

　表示上の錯誤は、たとえば、1000 円と書くつもりで 10000 円と書いてしまったというように、表示行為に誤りがあった場合である。

　内容の錯誤は、たとえば、豪ドルと米ドルとが同価値であると誤解して、後者のつもりで前者の表示をしたというように、表示自体に誤りはないが、その表示の意味内容を誤解した場合である。

　人や物の同一性に関する錯誤、すなわち、人や物の取違えは、態様によって上記のいずれの場合もありうる。たとえば、グレープフルーツとグレープが違うことは知っていたが、前者のつもりで後者と表示間違いをした

場合は表示上の錯誤であり、両者が同じものだと思い込んで、前者のつもりで後者と表示した場合は内容の錯誤である。ただし、このような錯誤の区別は、新95条1号の適用上は違いが生じない。

②動機の錯誤

内心の効果意思と表示は一致しているが、意思表示の形成過程において事実と異なる判断・認識をし、これに動機づけられて意思表示をした場合を動機の錯誤という。新95条1項2号では、「表意者が法律行為の基礎とした事情についてのその認識が真実に反する錯誤」と表現されているが、これは、動機の錯誤が新95条の対象となることを示すものである。

改正前の判例では、受胎した良馬だと信じて馬を購入したが実際には受胎していない駄馬だった場合（大判大正6・2・24民録23輯284頁）、借家人が立ち退くと信じて家屋を購入したが実際には立ち退かなかった場合（最判昭和29・11・26民集8巻11号2087頁）、付近に地下鉄駅ができると信じて土地を購入したが誤情報だった場合など、例をあげればきりがない。

法律行為の一方の意思表示に動機の錯誤がある場合には、これを理由に意思表示の効力を否定することを認めるかについて慎重な対応が必要になる。相手方からすれば、意思表示自体には何の問題もなく、後で動機のことをいわれてもそれを認識していないか、たとえ認識していても自分には関係ないことが多いからである（彼女にプレゼントするために宝石を買うのか、自分で使うためかは宝石店にとってどうでもよい）。他方では、表意者からすれば、ある動機こそが意思表示をするにあたって決定的に重要である場合には、動機の錯誤であるからといって効力否定の主張を認めないいわれはないということになろう。

(2) 新法での動機の錯誤の取扱い

新95条によれば、表意者が法律行為の基礎とした事情についてのその認識が真実に反する錯誤（動機の錯誤）に基づいて意思表示を取り消すためには、その事情が法律行為の基礎とされていることが表示されていなければならない（新95条2項）。これは、改正前の判例（前掲、大判大正6・2・24、前掲、最判昭和29・11・26など）が、動機の錯誤はそれが表示され、意思表示の内容になっている場合に限り、旧95条の対象となるとしていたこと

218

を明文化したものである。表示は、明示の場合だけでなく、黙示でもよいと解されていたが（最判平成元・9・14判時1336号93頁・ハンドブック60）、新法の下でも同様に解してよいであろう。これは意思表示の内容化が重要であるという考え方による。逆にいえば、たとえ表示がなされていても、意思表示の内容となっていなければ、取消しの対象とはならないということである（最判平成28・1・12民集70巻1号1頁）。また、意思表示の内容となっていると評価できる動機であれば、必ずしも明示の表示がなくても、取消しの対象となりうると解すべきである。当たり前に合意の大前提となっている事実であるときは、当然のこととして明示の表示がなされないこともあろう（たとえば、宅地売買で建物を建設できる土地であること）。これを新法の解釈に適合させるには、法律行為の基礎とされていることが黙示に表示されていたと解することになろう。

　しかし、新95条2項の文言からは、表示さえなされていれば、それが意思表示の内容となっているか否かは問われないという解釈もできなくはない。このような理解によれば、表示は表意者の一方的なものでよく、動機が表意者にとって重要なものであるならば（新95条1項柱書の判断による）、それが当事者間の意思表示の内容となっている必要はないことになる。

　意思表示の内容化こそが重要であり、このような解釈は妥当でない。ただし、いずれの理解によっても、取消しが認められるためには、錯誤の重要性判断のチェックを受けるので、具体的な結論には大きな違いは生じないであろう。

◆　解　釈　◆

(1) 詐欺との関係

　次章で述べる詐欺による意思表示（新96条1項）は、他人を欺罔して錯誤に陥れ、それに乗じて意思表示をさせる場合であるから、必ず動機の錯誤を伴う。これは、動機の錯誤であってもそれが詐欺によって惹起された場合には、重要な錯誤であるか否かを問うことなく意思表示の効力を否定することを認めたものと理解することができる。しかし、動機の錯誤も本条の錯誤になることがあると解するときは、新95条と新96条との競合が生じうる（たとえば原野商法のような場合）。しかし、両者は意思表示の効力を否定するための手段にすぎないのであるから、事案の特性に応じて表意

者が主張しやすいほうを選択すればよいし、両方を主張してもよいと解すべきである（二重効）。ただし、旧法の下では、錯誤は無効で第三者保護規定がなく、詐欺は取消しで第三者保護がある（旧96条3項）という違いがあったが、新法では、両者ともに取消しで第三者保護があるので、いずれを主張しても効果の点では差がないことになった。

(2) 契約不適合との関係

目的物の性質（種類・品質）に関する錯誤では、その物が契約内容に適合しない目的物であることがある（契約不適合）。このような場合には、売主の担保責任（新562条以下。〔民559条で有償契約全般に準用されている〕）との関係が問題なる。旧法下での判例は、錯誤と瑕疵担保責任（旧570条）との関係につき、錯誤の主張が優先されると解しているといわれてきた（大判大正10・12・15民録27輯2160頁・ハンドブック57〔130馬力の電動機が実際には70馬力しかなかった事例〕、前掲、最判昭和33・6・14〔ジャムが粗悪品だった事例〕）。しかし学説では、旧570条優先説（特別法は一般法に優先する）ないし、選択可能説（両者は異なる趣旨の制度である）が有力であった。新法の下でも、詐欺との関係と同様、いずれによるかは表意者の選択に委ねるべきであろう。

◆ 発 展 問 題 ◆
改正前の議論の影響

すでに述べたように、旧95条では、その対象とされる錯誤の種類について明文の規定がなく、「要素の錯誤」であることが要求されているだけであった。このため、判例・学説上、意思表示の動機に錯誤があった場合をどのように取り扱うかをめぐって種々の議論がなされてきた。これらの議論は、錯誤の意義に関する理解の違いを反映した議論であった。このことからすれば、新法の下では直接の意義を失ったとしても、新法の解釈に関して今後も影響を及ぼす可能性がある。そこで以下では、従来の議論の概略を示し、今後の解釈との関連を指摘しておくことにする。各説の違いを理解するために、表意者だけが近くに地下鉄の駅ができると誤信して土地を購入したという例をあげておこう。

第13章 ◆ 法律行為の要素の欠落 (4) 錯誤／法律行為の基礎とした事情についての錯誤…

①動機表示説

　前述のように、従来の判例・通説は、意思表示の錯誤と動機の錯誤とを峻別し、動機が「表示」され、それが「意思表示の内容」になっている場合に限り、動機の錯誤を考慮してきた。地下鉄の例では、地下鉄の駅ができるので購入するという表示をして、それが意思表示の内容となっていると評価されれば、動機の錯誤が考慮されることになる。

②認識可能性説

　判例・通説に対しては、意思と動機との区別は実際上困難である、また実際上問題になるのは動機の錯誤が多いという批判があった。そして、意思表示の錯誤と動機の錯誤との区別を否定し（一元的構成）、後者もまた旧95条に含まれるとしながら、他方では、意思表示の相手方の信頼保護との調整を図るために、条文にはない要件として「相手方の認識可能性」を要求する。これを認識可能性説という。したがってこの説では、前述のように、動機の錯誤だけでなく、意思表示の錯誤についてもこの要件が課せられることになる。ただし、この説でも、何に対する認識可能性かについて、相手方が表意者の錯誤を認識していたかまたは認識しえた場合に限り錯誤無効を認める説（錯誤認識可能性説）、と、錯誤が表意者にとって重要な事項であることを相手方が認識していたかまたは認識しえた場合に限り錯誤無効を認める説（重要事項認識可能性説）とがあった。地下鉄の例では、買主が誤った情報によっていることを土地の売主が知らず知ることもできなかったときは、前者では、表意者の錯誤について認識可能性がないので錯誤無効にはならないが、後者では、表意者にとってそれが重要事項であることを認識しまたは認識できたといえる限り錯誤無効になる。

③合意原因説

　合意原因説は、以上の見解のような意思表示の錯誤か動機の錯誤かという問題の設定自体を批判し、錯誤では、意思表示による表意者の債務負担を正当化する理由を失わせるほどの重要な錯誤か否かが問題であるとする。動機の表示があるか否か、相手方に認識可能性があるか否かは問題にならず、錯誤無効が認められるか否かは、もっぱら錯誤の重要性判断にかかることになる。地下鉄の例では、地下鉄駅ができないとしてもその売買契約

221

を契約正義の観点から正当化できるか（具体的には購入価格がそれでもなお相当といえる範囲内か）によることになろう。

④動機錯誤不考慮説

動機錯誤不考慮説は、伝統的には、意思と動機の区別を維持し、旧95条にいう錯誤は意思表示の錯誤に限られるという意思表示の心理的分析によってきたが、近年では、動機の錯誤は表意者が情報収集に失敗したことから発生したものであり、これから生じる危険を相手方に負担させるのは妥当でないという理由づけによって再び有力少数説になっていた。この説によると、情報収集のリスクを相手方に負担させ、意思表示の効力を否定するためには、動機を条件・特約として合意していたこと、または法律上特別の規定があること（旧96条や旧570条など）が必要である。したがってこれはもはや錯誤の問題ではないことになる。地下鉄の例では、地下鉄駅ができることを売買契約の条件としまたは特約していた場合に限り、意思表示は効力を否定される。

以上のような学説は、新法の下では、①説での表示以外、そのまま妥当することはなくなったが、錯誤とはいかなる場合であるかに関する各説の理解の違いは、新法の解釈にも反映されていく可能性がある。たとえば、②説の立場からは、動機の「表示」は規範的判断であると解して、相手方に認識可能性がある場合には表示があったと解することが考えられる。また、③説の立場からは、意思表示の内容となっているか否かこそが重要であり、「表示」はその具体的表象にすぎないと解することが考えられる（本書の立場はこれに近い）。他方、④説の立場から、「表示」は意思表示の内容となっているだけでなく、当事者間の合意について必要であると解することが考えられる。これらの動向は、現時点では未確定である。

222

第14章 法律行為の要素の欠落
(5) 詐欺・強迫

1 詐欺

- ・詐欺による意思表示は、取り消すことができる。
- ・第三者の詐欺による意思表示は、相手方が悪意または有過失である ときに限り、取り消すことができる。
- ・しかし詐欺による取消しは、善意・無過失の第三者に対抗すること ができない。
- ・この場合の第三者とは、取消し前に、詐欺による意思表示に基づい て新たな法律関係に入った者をいうと解されている。

◆ 条 文 ◆

(1) 意義

①相手方の詐欺

　詐欺による意思表示は、取り消すことができる（新96条1項）。ただし、第三者が詐欺をした場合（第三者の詐欺）には、意思表示の相手方が詐欺の事実を知っているか知ることができたことが必要である（新96条2項）。以上の要件は、いずれも、詐欺による取消しを主張する者（表意者側）が主張・立証しなければならない。

　詐欺とは、他人の欺罔行為によって錯誤に陥った場合である。自由な意思形成が他人によって妨げられており、強迫の場合とともに、瑕疵ある意思表示とよばれる。錯誤については新95条があるが、詐欺では、それが他人によって引き起こされたことに着目して、重要な錯誤であるか否かを問うことなく意思表示を取り消すか否かのイニシアチブが表意者に付与され

223

ているのである。前章ですでに述べたように、重要な錯誤のほうが主張・立証しやすければ新95条を選択すればよく、詐欺のほうが主張・立証しやすければ、新96条によればよいというべきである。

②第三者の詐欺

　第三者が詐欺をした場合には、意思表示の相手方が詐欺について悪意または過失で知らない場合のみ取り消すことができる（新96条2項）。このような場合には、相手方も被害者なのであり、表意者よりも相手方を保護すべきであると考えられたためである。旧96条2項では悪意の場合のみ取り消すことができると規定されていたが、改正にあたり、心裡留保の場合（相手方が悪意または有過失であれば無効）と比較して、帰責性が低い詐欺の被害者のほうが、意思表示の効力否定が困難になるのは均衡を失するとして、相手方に過失がある場合にも取り消せることとされた。

(2) 効果
①原則

　詐欺の効果は、取消権の発生である（新96条1項）。取消権者は、表意者、その代理人、包括承継人（相続人など）に限られる（新120条2項）。これらの者が相手方に対する意思表示によって取り消す（民123条）。すでに目的物を引き渡しているような場合には、原状回復請求をすることになるが（新122条の2第1項）、取消しの相手方が請求の相手方とは限らないので注意が必要である。取り消された行為は、はじめから無効であったものとみなされる（新121条）。

②例外

　取消しは、善意・無過失の第三者に対しては対抗することができない（新96条3項）。善意・無過失の主張・立証責任は、第三者にあると解するのが通説である（潮見、四宮・能見）。旧96条3項では、善意のみが規定されていたが、学説では、本条を権利外観保護法理の一環であるとして、無過失まで要求するのが有力説であった。しかし、改正に当たっては、むしろその他の意思表示の効力否定原因との比較から、心裡留保や虚偽表示と比べると、表意者の帰責性の程度はそこまで高くない一方、強迫のように

帰責性がまったくないともいえないので、錯誤の場合と同様にして、善意・無過失であることを要するとされたのである。

◆ **解 釈** ◆

(1) 要件

条文上は「詐欺による意思表示」と規定されているだけであるが、厳密に解釈すれば以下の要件を備えていることが必要である。

①詐欺者に故意があること

詐欺者の故意は、二段階で必要である（二段の故意）。第一に、錯誤に陥れようとする故意が必要である。第二に、その錯誤に基づいて意思表示をさせようとする故意が必要である。これらのいずれかが欠けている場合は、詐欺には当たらない（大判大正6・9・6民録23輯1319頁）。たとえば、週刊誌の虚偽の記事を信じた読者がそれに基づいて意思表示をしても、出版社には通常それによって意思表示をさせようとする故意がないので、ここでいう詐欺にはならない。

過失によって結果的に欺した場合も含まれない（不動産物件の説明を間違え、買主がその説明に基づいて意思表示をしたような場合）。しかしこのような場合には、説明義務違反、情報提供義務違反として、債務不履行または不法行為による損害賠償の問題になりうる。

ここでいう錯誤は、表意者の自由な意思形成を妨げるものであればよく、新95条のように重要な錯誤である必要はない。すなわち、新95条には該当しない場合であっても、新96条には該当しうる。また、通常人なら錯誤しなかった場合であっても、表示者が錯誤に陥ったのであればよい。ただし、以下のように、錯誤と意思表示との因果関係は必要である。

②違法な欺罔行為があること

違法な欺罔行為であるといえるためには、厳密には、欺罔行為があること、および、それが違法であることが必要である。状況によっては、沈黙していることも欺罔行為にあたりうる。たとえば、提供すべき情報があるのに故意に沈黙して錯誤に陥れれば、詐欺であるといえる（東京地判昭和53・10・16判時937号51頁〔別荘地として売買された土地について、自然公園

法による建築制限があったが、売主である宅建業者がことさらこれを告げなかった事例〕）。この場合には、情報を提供すべき義務があることが前提になる。相手方が専門家であり表意者が非専門家であるというように定型的に情報格差がある場合、および、それを知れば意思表示はしないであろう情報を相手方だけが知っているというように特に当該取引において情報格差がある場合には、信義則上、情報提供義務があるといってよいであろう。

　社会生活上許容される限度内の行為であれば違法な欺罔行為には当たらない。たとえば、商品の売主が購入してもらうためにその商品を推奨することは度を超えていなければ許されることが多いであろう。しかし、このように解するために、詐欺とまではいえないが適正な取引上の駆け引きともいいがたい、いわゆる「詐欺的な行為」が抜け落ちてしまう。そこで、次章で扱う消費者契約法では、このようなグレーゾーンから消費者を救済するために、一定の詐欺的な行為についても「誤認による意思表示」として取消権が認められている。

③詐欺と意思表示との間に因果関係があること

　因果関係は、二段階で必要である（二段の因果関係）。すなわち、第一に、欺罔行為と錯誤との因果関係が必要である。第二に、その錯誤と意思表示との因果関係が必要である。この二段の因果関係があることによって、詐欺「により」意思表示をしたという要件が満たされることになる。

　もともと錯誤に陥っていた者が欺罔行為によって錯誤を強めて意思表示をしたという場合でも、詐欺によって自由な意思形成が妨げられたといえれば、このような場合も含まれると解されている。

(2) 効果

　効果で問題になるのは新96条3項である。後述のように、強迫による意思表示については、第三者保護規定がない。この違いについて、詐欺は強迫と比べて意思形成過程が侵害されている程度が低い、また詐欺された者にも過失がないとはいえない、という理由があげられている。

①第三者

　新96条3項にいう第三者とは、「詐欺による意思表示に基づく法律関係

を前提に新たな法律関係に入り、その結果、取消しを主張する者と相容れない法律上の地位を有する者」であると解されている。すなわち、意思表示を取り消されて意思表示がはじめから無効であったことになると、自己の法律上の地位が失われてしまう者である。たとえば、AがBの詐欺により不動産をBに売却したところ、BがこれをCに転売し、その後にAが取り消した場合のC（取消し前の第三者）がこれにあたる。しかし、Aが取り消した後になって、Bが自己のもとに残っていた登記を悪用してこれをCに転売した場合のC（取消し後の第三者）は、ここでいう第三者にはあたらない（大判昭和17・9・30民集21巻911頁・百選Ⅰ-55・ハンドブック64）。このようなCは、取消しによってはじめてAと相容れない地位になったわけではないからである。ただし、取消し後の第三者は、詐欺をした者を中心にして、詐欺者から不動産を取り戻す表意者と優先順位を争う関係になるとして、登記を備えていれば民法177条によって保護されるか（判例・多数説）、または表意者が取り消したにもかかわらず詐欺者のもとに虚偽の登記名義を放置していたことになるとして、民法94条2項類推適用によって保護される（有力説）と解されている（この問題は、第17章で詳しく取り上げる）。

また、AB間の売買以前から、Bに金銭を貸していた債権者C（一般債権者）も、その後に取消しがあっても第三者ではない。このようなCは、詐欺による意思表示に基づいて新たな法律関係に入った者ではないからである。しかし、このようなCがAからBへの不動産売買があったことを契機に、この不動産を差押えた場合には（差押債権者）、差押えという新たな法律関係に入ったといえるので、第三者に含まれると解されている。

なお、相手方から動産を取得して占有している第三者は、民法192条の即時取得によって保護されるので、実際上、新96条3項を持ち出す必要性に乏しい。したがって、新96条3項は不動産が目的物である場合に特に問題となる。

②登記の要否

不動産が目的物である場合に、第三者が登記まで備えておく必要があるかについては、見解が分かれている。学説には、新96条3項が適用される場合には、表意者と第三者とは、いずれが先に登記をしたかを争う関係（対抗関係）になく、表意者は第三者の存在を認めなければならないのであ

るから、登記は不要であると解する説（否定説）（平野）と、本来ならば取り消されて権利を失うはずの第三者が例外的に保護されるためには、できるだけのことをしたことが必要であり、自らの権利を保護するための要件として登記が必要であると解する説（権利保護要件説）（内田、河上）とがある。判例は、「対抗要件を備えた者に限定しなければならない理由は、見出し難い」とするが（最判昭和49・9・26民集28巻6号1213頁・百選Ⅰ-23・ハンドブック65）、具体的には、詐欺による農地売買で、農地売買は知事の許可がなければ売買できないので、詐欺をした買主が仮登記をし、それを転売して第三者が付記登記を備えていたという事案であったので（仮登記、付記登記は、新たな番号が付いた本登記ではない）、これが、本来は登記が必要だがこのような事案では本登記まではなくてもよいといったものなのか、それともそもそも登記は要らないといったものなのかで理解が分かれている。判決文を素直に読めば、後者であろう（山本）。

◆ 発 展 問 題 ◆
無効・取消し・解除・損害賠償の連続性

　沈黙による詐欺が問題となるような事例では、新96条以外に、錯誤（新95条）、契約不適合（新562条以下）、債務不履行（新415条）、不法行為（民709条）などが同時に問題になることもある。たとえば、マンションの部屋で以前に首吊り自殺があったことを秘したままこれを売却したような場合に、買主がこれは重大なことだと考えれば、①売主が重要な情報を故意に提供しなかった沈黙による詐欺なので取り消すという主張も可能であるし、②買主にはそのような事件がない普通のマンションだと思っていたという動機に錯誤があったので取り消すという主張も成り立ちうる。また、③購入した目的物であるマンションはその歴史的背景に基因する欠陥があったとして売買契約の契約不適合による売主の責任を追及して、売買契約の解除や損害賠償請求をすることも考えられるし（横浜地判平成元・9・7判時1352号126頁、東京地判平成7・5・31判タ910号170頁）、④売主が売買契約の付随義務としての情報提供を怠った債務不履行、または、⑤故意または過失によって買主に精神的・財産的損害を与えた不法行為だとして損害賠償を請求することも考えられる（このほかに、消費者契約法による取消しもありうる）。

　これらは、ある事実をどのような法的観点から捉えるかの違いであり、

併行して成り立ちうるが、法律実務の場では、買主がどのような主張を選択してどのような順序で主張するかを組み立ててゆくことが必要であり、そのためには当該事案の事情、要件の主張・立証のしやすさ、求める法律効果などを総合的に勘案した戦略的判断が必要になる。

2　強迫

> ・強迫による意思表示は、取り消すことができる。
> ・第三者の強迫による意思表示も、相手方の善意・悪意および過失の有無にかかわらず取り消すことができる。
> ・強迫による取消しは、善意・無過失の第三者にも対抗することができる。

◆ 条 文 ◆

(1) 意義

　強迫による意思表示は、取り消すことができる（新96条1項）。第三者が強迫をした場合（第三者の強迫）でも、詐欺の場合のような特別規定（新96条2項）はないので、原則どおり、相手方の善意・悪意および過失の有無にかかわらず取り消すことができる。強迫による意思表示であることは、取消しを主張する者（表意者側）が主張・立証しなければならない。

　強迫とは、他人の行為によって恐怖心を抱いた場合である。強迫という用語は、今日では一般化しているが、もともとは、強暴・脅迫を縮めた造語である。したがって、暴力を受けた場合、言葉によって脅された場合の両方を含む。詐欺の場合と同様ないしそれ以上に、自由な意思形成が妨げられており、瑕疵ある意思表示とよばれ、取り消すか否かのイニシアチブが表意者に付与されている。

(2) 効果

　強迫の効果は、取消権の発生である（新96条1項）。詐欺の場合と同様、取消権者は、表意者、その代理人、包括承継人（相続人など）に限られ（新120条2項）、これらの者が相手方に対する意思表示によって取り消す（民

123 条)。取り消された行為は、はじめから無効であったものとみなされ（新 121 条）、すでに給付を受けていた相手方は、原状に復させる義務を負う（新 121 条の 2 第 1 項）。

　詐欺の場合と異なり、第三者保護規定はないので、取消しは善意・無過失の第三者に対しても対抗することができる。

◆ 解　釈 ◆

(1) 要件

　条文上は「強迫による意思表示」と規定されているだけであるが、厳密に解釈すれば以下の要件を備えていることが必要である。

①強迫者に故意があること

　強迫者の故意は、二段階で必要である（二段の故意）。第一に、恐怖心を生じさせようとする故意が必要である。第二に、その恐怖心に基づいて意思表示をさせようとする故意が必要である。これらのいずれかが欠けている場合は、強迫には当たらない。

　詐欺と同様、過失による強迫は含まれない。ただし、過失でも不法行為は成り立つので（民 709 条）、損害賠償の問題にはなりうる。

②違法な強迫行為があること

　表意者の自由な意思形成を妨げる程度であればよく、表意者の意思選択の自由を完全に奪うことまでは必要ない（最判昭和 33・7・1 民集 12 巻 11 号 1601 頁〔多数の者が取り巻く状況の中で契約締結を迫られ、要求を入れなければ身に危険が及ぶと感じた事例〕）。完全に奪われた場合（たとえば、腕を押さえつけて署名させられたような場合）は、意思がないとして当然無効になるか（前掲最判参照）、そもそも意思表示として成立していないかであって、いずれにせよ新 96 条の強迫の場合ではない。

　また、表意者自身の意思形成を妨げるものであればよく、通常人を基準にするのではない。表意者が恐怖心を抱いた場合でも、客観的に見れば通常の経済活動の範囲内であるといえるケースもありうるが、そのような場合は通常は故意がないことが多いであろう。逆に、表意者の置かれた状況を悪用したり、経済的な意味での威圧をしたりした場合には、そのような

行為自体に違法性がなくても、全体として強迫になることもあると解すべきであろう。また、次章で扱う消費者契約法では、強迫とまではいえない行為でも、一定の場合には「困惑による意思表示」として取消権が認められている。

③強迫と意思表示との間に因果関係があること

詐欺の場合と同様、因果関係は二段階で必要である（二段の因果関係）。すなわち、第一に、強迫行為と恐怖心との因果関係が必要である。第二に、恐怖心と意思表示との因果関係が必要である。

④第三者の強迫

詐欺の場合と異なり、強迫の場合には第三者の強迫について特別の規定がない。そこで判例・通説は、新96条1項の原則に従って、相手方の善意・悪意にかかわらず取り消すことができると解している（大判明治39・12・13刑録12輯1360頁、最判平成10・5・26民集52巻4号985頁・百選Ⅱ-81）。

(2) 効果

詐欺の場合と異なり、第三者保護規定がないので、取消しは善意・無過失の第三者に対しても対抗できる。改正前の学説では、このような区別には合理性がないとして、新96条3項を類推適用すべきであるとする見解もあったが、通説は、詐欺と強迫とでは表意者の帰責性に違いがあるとして、第三者保護よりも表意者保護を優先すべきであるとしてきた。改正に当たっても、このような考え方により特別の規定は設けられなかった。

また取消し後の第三者は、詐欺の場合と同様、民法177条（判例・多数説）または民法94条2項類推適用（有力説）によって保護されると解されている。

図表32　詐欺・強迫による取消しと第三者保護

	取消し前の第三者	取消し後の第三者
詐欺	96条3項（善意・無過失）	177条（登記）（判例・多数説）または94条2項類推適用（帰責性・善意）（有力説）
強迫	なし	

231

第15章 法律行為の要素の欠落
(6) 消費者契約法・誤認・困惑・過量取引

1 消費者契約法

- 消費者契約法は、消費者契約に関して、契約締結過程を規律するとともに、事業者により定められた不当な条項を規制している。
- 消費者契約とは、事業者と消費者間で締結される契約である。
- 消費者とは、個人のことをいうが、事業者となる場合を除く。
- 事業者とは、法人その他の団体、および事業としてまたは事業のために契約当事者となる個人をいう。
- 事業性の有無は、ケースごとに判断される。
- 事業者および消費者には、消費者契約に関する努力義務がある。
- 消費者契約法は、消費者の保護ではなく、消費者の自立支援として、事業者と消費者との構造的な情報力・交渉力の格差を是正し、契約が適正に締結されるための民事ルールを設定するものである。

◆ 条 文 ◆

　本章では、消費者契約法（2000年）における契約の効力否定原因を扱う。同法は、特別法ではあるが、われわれが日常生活上関係する取引全般をカヴァーしており、実質的には、民法の一部を成すものとして全体として法律行為の効力否定原因を構成している。そこで、個々の効力否定原因について述べる前に、消費者契約法の目的・対象等を説明しておこう。なぜ消費者契約法に独自の効力否定原因が規定されているのかを理解する必要があるからである。

第 15 章 ◆ 法律行為の要素の欠落（6） 消費者契約法・誤認・困惑・過量取引／消費者契約法

(1) 消費者契約法の目的・対象

①目的

　消費者契約法は、「消費者契約」に関して、「契約締結過程を規律」するとともに、事業者により一方的に定められた「不当な条項を規制」することによって、消費者の利益を擁護することを目的としている（消費者契約1条。以下「消」と略す）。このうち、本章では前者について述べることとし、後者の不当条項の規制については次の第16章3で取り上げることにする。

②対象

　消費者契約法は、原則としてすべての消費者契約を対象としている。「消費者契約」とは、事業者と消費者との間で締結される契約である（消2条3項）。ただし、労働契約については、すでに労働法で一般の契約とは異なる規律がなされているので除外される（消48条）。なお、消費者契約であっても、消費者契約法に定めがない事項については民法が適用される（消11条1項）。

　「消費者」とは、個人のことをいう（消2条1項）。ただし、事業としてまたは事業のために契約の当事者となる場合は除かれる。たとえば、個人の事業を行うために商品の陳列棚を購入する契約は、事業のために契約当事者となる場合にあたる。

　「事業者」とは、法人その他の団体（会社、協同組合、病院など）および、事業としてまたは事業のために契約の当事者となる個人（個人店主、弁護士などの個人事業者など）をいう（消2条2項）。

　このように、消費者契約の適用についてのキーワードは「事業」であるが、定義がない。したがって、事業性の有無は実際にはケースごとに判断される。一般的に言えば、一定の目的をもって同種の行為を反復継続して行うことであるが、その他に専門性の有無も基準となる。しかし情報力・交渉力の格差に注目した法律であるから、営利目的である必要はない。

　なお、2006年の改正により、事業者が不特定・多数の消費者に対してする4条に定める勧誘行為、8条以下に定める不当な条項の使用について、適格認定を受けた消費者団体（適格消費者団体）に差止請求権が認められた（消12条）。消費者全体の利益を擁護するうえで重要である。

233

(2) 一般的努力義務

消費者契約法では、事業者、消費者の双方に以下のような努力義務が課せられている。

①事業者の努力義務（消3条1項）

事業者は、消費者契約の条項を定めるに際しては、消費者の権利義務などの契約内容が消費者にとって明確かつ平易なものになるように配慮しなければならない（平明作成努力義務）。また、消費者契約の勧誘をするに際しては、消費者の理解を深めるために、消費者の権利義務などの契約内容についての必要な情報を提供するよう努めなければならない（情報提供努力義務）。しかし、事業者がこれらに違反したからといって、その効果は定められておらず不十分である。ただし、これらの義務違反は、民法の規定を適用する際に影響を与えることはありうる。たとえば、錯誤の重要性、信義則違反としての債務不履行責任、故意・過失による利益の侵害としての不法行為責任などを基礎づける要素にはなりうる。

②消費者の努力義務（消3条2項）

消費者は、消費者契約を締結するに際して、事業者から提供された情報を活用するよう努めなければならない（情報活用努力義務）。また、消費者の権利義務などの契約内容を理解するよう努めなければならない（内容理解努力義務）。これらの義務は、消費者もまた単に保護される対象にとどまらず、主体的に消費者契約に臨むべきことを示しているが、実際には訓示規定としての意義しかない。

◆ 解 釈 ◆

(1) 消費者契約法制定にいたるまでの経緯

消費者契約法が制定されるにいたった背景には、以下のような事情がある。

①消費者問題

現代においては、消費生活に必要な商品やサービスは、これを提供する側の事業者と消費する側の消費者とにはっきり分かれた契約で提供される。

第15章 ◆ 法律行為の要素の欠落 (6) 消費者契約法・誤認・困惑・過量取引／消費者契約法

しかし、このような契約では、両者の情報収集力や交渉力に大きな格差があり、対等な当事者をモデルとして考えたのでは、一方的に消費者が不利な立場に立たされ、契約自由が形骸化する。そこでこれらの格差を是正し、消費者の利益が不当に損なわれることがないようにして、消費者の自己決定権を実質的に確保することが必要になる。

②「業法」による事業者の規制

わが国では、従来、各種の「業法」が消費者保護に一定の役割を果たしてきた。業法とは、ある特定の事業や事業者に対する各種の行政的規制を定める法律であり、これに基づいて当該事業や事業者を所管する行政庁が各種の監督や指導を行っている。たとえば、代金を数回に分けて物品を購入したりサービスを受けたりする割賦販売に関する割賦販売法、訪問販売・通信販売・連鎖販売取引（マルチ商法）・電話勧誘販売・キャッチセールス・展示会などを利用した催眠商法・モニター商法などの特殊な販売方法による取引に関する特定商取引法、不動産の取引や仲介に関する宅地建物取引業法（宅建業法）、金銭の貸し借りに関する貸金業規制法などが代表的である。

これらの法律の中には、消費者保護のための制度も存在する。たとえば、書面の作成・交付義務（事業者は契約内容を明記した書面を作成して相手方に交付しなければならない。たとえば割賦販売4条）や、クーリング・オフ（一定期間、何らの不利益を被ることなく契約の申込みを撤回し、締結した契約を解除できる制度。たとえば特定商取引9条）などがそうである。しかし、これらは、当該事業を健全に行わせるための規制の反射的・結果的な保護であり、また、業種ごとの規制であるため、消費者の立場から多様な消費者被害のすべてに対応することができないという限界がある。

③消費者保護から自立支援へ

1990年代に入り、規制緩和が進展して市場メカニズムの活用が唱えられるようになると、行政の役割は、事業の規制から自由で公正な取引を行える市場の整備へと移り、それに伴い、消費者もまた、そのような市場の中で自立した主体として行動することが求められるようになった。すなわち、消費者は、もはや保護されるべき弱き者と位置づけられるのではなく、消

235

費者取引の担い手として取引に積極的に参画し、自立的な自己決定により自ら権利を獲得してゆく強き者となることが期待されるようになったのである。しかし、ただ規制を緩和して消費者を市場に放り出し自己責任を強調するだけでは、情報力や交渉力のない消費者はすぐに市場の荒波にのみこまれてしまうだけである。自己責任の前提には自立があり、市場において消費者が事業者と対等な立場で主体的な役割を果たせるよう自立を支援する必要がある。このようにして、行政・立法の役割は、保護から自立支援へと大きく転換することになったのである。

消費者の自立を支援するためには、大きくいえば二つのことが必要である。一つは、消費者自身の自己決定能力を高めるために情報提供、消費者教育をすることであり、もう一つは、消費者の自己決定が歪められない市場環境の整備、監視、不正・不公正な行為の抑止である。そして、とくに市場環境を整備するためには、事業者と消費者間の情報力・交渉力の格差を是正し、契約が適正に締結されるための民事ルールを確立することが必要である。

(2) 民法との関係

前章までに述べてきた新93条～新96条の効力否定原因や、意思無能力・制限行為能力は、契約締結過程の適正化をはかるための民事ルールにほかならない。しかし、民法は、すべての契約当事者は平等であり、対等で自由な意思形成がなされることを前提にしているので、これをそのまま消費者契約のルールとするのは妥当でない。たとえば、意思無能力や制限行為能力は、それらに該当する例外的な場合にのみ認められるものであり、事業者と消費者間の能力に差があるというだけでは適用されない。錯誤（新95条）は、重要な錯誤でなければならないし、詐欺、強迫（新96条）は違法な欺罔行為、強迫行為でなければならないのに対して、消費者契約ではそこまではいえない微妙な状況の下で契約が結ばれることが多い。また、後に述べる強行規定違反や公序良俗違反（新90条）による契約の無効は、契約内容の適正化をはかるための民事ルールであるが、特に事業者と消費者間の格差に基づいて消費者が受け入れた契約条項が適正であるといえるか否かという観点に特化したものではない。事業者と消費者間に存在する情報力・交渉力の格差は、構造的な問題であり、個別の契約において例外

第15章 ◆ 法律行為の要素の欠落（6） 消費者契約法・誤認・困惑・過量取引／消費者契約法

的に生じる問題ではない。消費者被害から消費者を救済し、消費者の自己決定権を確保して、消費者の自立を支援するためには、個々の問題に個別的に対応するのではなく、構造的な問題についてのルールを定めることが望ましい。こうして、消費者契約法は、消費者契約の適正化に関する民事ルールを創設するために2000年に制定されたのである（2001年4月施行）。

◆ 発 展 問 題 ◆

消費者という概念

　事業者と消費者を区別する基準は、事業性の有無であるが、その定義は明確性を欠いている。同種行為の反復継続性、専門性のほか、営利性も考慮されると解されているが、これらは総合判断の要素にすぎず、程度問題であるという側面があることを否めない。このように、いわば入口段階で消費者契約法の適用があるか否かが問題となるような「消費者」概念は、労働者（労働法）、借地人・借家人（借地借家法）、制限行為能力者（民7条以下）のように特別のルールを設定するに十分な法的概念となりえているのか疑問があり、理念に立法や現実が追いついていない観がある。しかし、従来のように行為類型ではなく行為主体に着目して消費者契約の統一ルールを設定することには、保護から自立支援への政策転換をはかるとともに、縦割り行政に基づく業法による規制の弊害（隙間の発生、ルールの不均衡）を解消するという意義がある。黙っていても保護される時代は終わったのであり、消費者概念が曖昧だからといって、個々の事案において法の適用を自ら積極的に主張していかないのでは、ますます自立からは遠ざかるだけである。

　なお、民法改正作業の初期段階では、民法の中に消費者という概念を取り込むことが検討された。これは、国民の大多数が消費者であるという現状を考えれば、消費者概念は、もはや特殊な属性を有する概念とはいえず、これまで抽象的な自由人・平等人を対象としてきた民法を具体的な生身の人間を対象としたものに転換することすら想起させる大胆な提案であったように思われる。このような提案に対しては、民法典に規定されることによって、取引の一方当事者である消費者の保護だけがクローズ・アップされることへの懸念や、迅速な改正の困難性などが指摘され、結局実現することはなかった。しかし、このような議論を契機として、民法典の性格が

237

いかなるものかは、今後も議論を続けていかなければならない課題というべきであろう。

2　誤認

- ・事業者が消費者契約の締結について消費者に誤認を生じさせる勧誘行為をし、消費者がそれによって意思表示をしたときは、消費者は意思表示を取り消すことができる。
- ・誤認には、①不実告知、②断定的判断の提供、③不利益事実の不告知の三つの場合がある。
- ・消費者が取消権を行使するためには、事業者の行為が誤認の各場合にあたること、および、事業者の行為と誤認ならびに誤認と意思表示の因果関係を主張・立証しなければならない。
- ・誤認による取消しは、善意・無過失の第三者に対抗することができない。

◆ 条 文 ◆

(1) 意義

　消費者契約法による消費者契約の締結過程の規律には、「誤認」、「困惑」、「過量取引」がある（消4条）。ここではまず誤認を取り上げる。

　事業者が消費者契約の締結について勧誘をするに際し、消費者に誤認を生じさせる行為をし、消費者がそれによって契約の申込みまたは承諾の意思表示をしたときは、これを取り消すことができる（消4条1項、2項）。具体的には以下の三つの場合があるが、いずれも詐欺（新96条）、錯誤（新95条）の要件を緩和したものとなっている。ただし、誤認に関する消費者契約法の規定は、新96条の適用を妨げるものではないとされているので（消6条）、事業者の行為が消費者契約法の誤認の要件と民法の詐欺の要件を同時に充たす場合には、消費者はどちらを主張してもよい。

①不実告知（消4条1項1号）

　重要事項について事実と異なることを告げた場合である。パンフレット

などに記載していたような場合でも、当該消費者に誤認を生じさせれば含まれると解すべきである。しかし、主観的な評価（「私はすばらしいと思う」、「あくまで個人の感想です」などと言うこと）は含まれない。ただし、このような方法が一般化すると不実告知との区別は微妙になろう。

②断定的判断の提供（消 4 条 1 項 2 号）

当該消費者契約の目的となるものに関して、将来における変動が不確実な事項につき断定的判断を提供した場合である。「必ず儲かる」などと言う場合がこれに当たる。

③不利益事実の不告知（消 4 条 2 項）

重要事項について消費者の利益となる旨を告げ、かつ、消費者の不利益となる事実を故意に告げなかった場合である。日当たり良好なマンションであることを売り物にしておきながら、半年後には隣にビルができて日当たりが悪くなることを知りつつ黙っていたような場合がこれに当たる。事業者には故意があることが必要である。民法上、実際に沈黙による詐欺が認められるのは稀であることを考えると、不告知を誤認にあたるとしたことに意義はある。しかしこのように要件が限定されているので、単に沈黙していたというだけでは、この場合にあたらないことが多くなるであろう。さらに、消費者が事業者による情報提供を拒絶したときもこの場合に含まれない（消 4 条 2 項ただし書）。根本的には、事業者の情報提供義務が努力義務にとどまっていることが問題である。

④重要事項

①③の場合における重要事項とは、立法当初は、消費者契約の目的となるものの質、用途、価格、その他の取引条件であり、消費者の契約を締結するか否かについての判断に通常影響を及ぼす事項に限られていた（消旧 4 条 4 項）。平均的な消費者が基準となるのであって、当該消費者ではない。また、契約の前提となり、消費者の意思決定に影響を及ぼす事項であっても、契約を締結する動機に関わる事項は、ここでの重要事項にはあたらなくなってしまう。消費者は、契約の効力を否定しようとすれば、民法によって錯誤や詐欺を主張するよりほかなくなる。この点は、民法では不十分

であるとした消費者契約法の立法趣旨からすれば問題である。そこで現在では、①については、目的となるものが消費者の生命・身体・財産その他の重要な利益についての損害または危険を回避するために通常必要であると判断される事情も、重要事項であるとされている（消4条5項3号）。したがって、「この家は修理しないと耐震強度上危ない」といった不実告知も含まれる（1号、2号については後述の解釈でもう一度取り上げる）。訪問販売や電話勧誘販売を規制する特定商取引法でも、このような動機に関する事項の不実告知も契約取消しの対象となることとされている（特定商取引9条の2、24条の2、40条の3、49条の2、58条の2）。

(2) 受託者・代理人

　事業者が第三者に消費契約の締結を委託した場合、その受託者（媒介人）が消費者に誤認を生じさせたときは、4条が準用され、事業者がそのような行為をしたものとして取り扱われる（消5条1項）。また、消費者の代理人、事業者の代理人、受託者の代理人は、それぞれ消費者、事業者、受託者とみなされる（消5条2項）。したがって、消費者の代理人が消費者でない場合でも、4条の適用があることになる。

(3) 主張・立証責任

　消費者は、事業者の行為が上記 (1) の①～③いずれかに該当することを主張・立証しなければならない。また、因果関係については、民法の詐欺の場合と同様、事業者の行為と誤認との因果関係、および誤認と意思表示との因果関係を主張・立証しなければならない（二段の因果関係）。主張・立証責任の点では、特別の手当てはなされていないのである。

(4) 効果

　誤認の効果は、消費者がした意思表示について取消権を発生させることである（消4条1項、2項）。しかし、この取消しは、善意・無過失の第三者に対抗することができない（消4条6項）。詐欺の場合（新96条3項）と同様に扱う趣旨である（民法改正に合わせて無過失が付加された）。

　取消権は、追認することができる時（通常は誤認に気づいた時）から1年、または契約締結時から5年のいずれか先に経過した場合には消滅する（消

第15章 ◆ 法律行為の要素の欠落 (6) 消費者契約法・誤認・困惑・過量取引／誤認

7条1項)。民法の規定 (民126条) よりもかなり短くなっているので注意が必要である。これは、消費者契約が日常頻繁に行われていることから、迅速な処理、法律関係の早期確定が要請されるためである。

なお、会社法などによって詐欺を理由とする取消しができないものとされている株式・出資の引受けや基金の拠出に関する契約については (たとえば会社51条2項)、消費者契約法に基づいて取り消すことはできない (消7条2項)。

◆ **解 釈** ◆

消費者契約法4条5項の「重要事項」と、4条1項2号の「将来における変動が不確実な事項」について議論がある。

(1) 重要事項の拡張

消費者契約法4条5項の文言からすれば、1号、2号における重要事項とは、消費者契約の目的となるものの質、用途、価格、その他の取引条件で消費者の判断に通常影響を及ぼすべき事項である。したがって、これを限定的に解すれば、契約の目的や取引条件ではない事項は、たとえ消費者の意思決定に影響を及ぼすものであっても、重要事項にはあたらないことになる。たとえば、「今使っている電話機は使えなくなる」といった不実告知があり、これに動機づけられて契約を締結しても、契約の目的である新しい電話機について不実告知をしたわけではないので、消費者は契約を取り消すことはできない。

しかし、同条の趣旨が事業者の行為によって消費者に契約をしなければならないという決断をさせるような誤認を惹起した点にあるとするならば、重要事項については「消費者の判断に通常影響を及ぼすべき事項」か否かだけを基準とすればよく、契約の目的や取引条件はその例示にすぎないと解することができる。このように解するほうが、消費者に例外的な特別の保護を与えるのではなく、消費者契約に関する基本ルールを定めるという消費者契約法の趣旨に沿うのではなかろうか。

(2) 将来における変動が不確実な事項の意義

消費者契約法4条1項2号にいう「将来における変動が不確実な事項」

241

についての断定的判断は、金利や株価など経済的な事項に限られるという見解が一般的である。これは、金融商品に関係した問題が従来多かったこと、および経済的な事情は誤認しやすいという事情に基づいている。しかし、現在の規定上は経済的な事項に限るいわれはない。「必ず痩せる」というような断定的判断も、消費者が確実であると誤認するようなものであるならば、取消権を発生させると解すべきである（仮に含まれないとするならば、詐欺にあたるというべきである）。

◆ **発 展 問 題** ◆

　誤った情報や説明が提供され、または、提供されるべき情報や説明が提供されないで消費者契約が締結された場合、消費者が事業者にどのような主張をすることができるか、その法律構成はここでの誤認だけに限定されない。

　たとえば、誤った情報内容がそのまま正しい情報として契約内容となっている場合には、消費者は、情報どおりの契約の実現を求めて、契約の履行を請求するのが普通であろう。事業者がこれに応じられなければ、債務不履行の問題となり、消費者は事業者に不履行について帰責性がある場合には、契約の解除、損害賠償請求を主張することができる。このような場合には、誤認による取消しは問題にならない。消費者はまずこのような主張をするであろう。

　これに対して、情報内容が契約内容になっていないと判断される場合、すなわち契約締結の動機に関わる部分について誤情報が提供されまたは情報が提供されなかった場合（たとえば誤情報に基づき価格が吊り上げられたような場合）には、消費者にとって契約がそのまま履行しなければならなくなるのを避けるためにその取消しを求めることができる。しかし、このような場合には、他方で、事業者には信義則上または契約の付随義務として正しい情報の提供義務があり、その違反であるとして、契約を有効であるとしたままで債務不履行ないし不法行為に基づく損害賠償を請求することも可能である。契約の目的となっているものを入手したいか否か、どちらが要件の主張・立証が容易か、過失相殺（債務不履行、不法行為の場合）されてもやむを得ないかなどの事情を考慮して戦術を選択すべき問題である。

第 15 章 ◆ 法律行為の要素の欠落（6） 消費者契約法・誤認・困惑・過量取引／困惑・過量取引

3 困惑・過量取引

・事業者が消費者契約の締結について消費者を困惑させる勧誘行為を
し、消費者がそれによって意思表示をしたときは、消費者は意思表
示を取り消すことができる。
・困惑には、①不退去と、②監禁がある。
・消費者が取消権を行使するためには、事業者の行為が困惑の各場合
にあたること、および、事業者の行為と困惑ならびに困惑と意思表
示の因果関係を主張・立証しなければならない。
・困惑による取消しは、善意・無過失の第三者に対抗することができ
ない。
・消費者にとって通常の分量を著しく超える商品の販売・サービスの
提供についても、消費者は意思表示を取り消すことができる。
・主張・立証責任や効果は、困惑と同様である。

◆ 条 文 ◆

（1） 困惑の意義

　事業者が消費者契約の締結について勧誘をするに際し、消費者を困惑さ
せる行為を行い、消費者がそれによって契約の申込みまたは承諾の意思表
示をしたときは、これを取り消すことができる（消 4 条 3 項）。具体的には
以下の二つの場合があるが、いずれも強迫（新 96 条）の要件を緩和したも
のとなっている。ただし、新 96 条の適用を妨げるものではないとされて
いるのは、誤認と同様である（消 6 条）。誤認と異なり、契約の内容に着目
したものではないので、重要事項に関わるか否かは問題にならない。

①不退去（消 4 条 3 項 1 号）

　消費者がその住居またはその業務を行っている場所から退去すべき旨の
意思を示したのに、事業者が退去しない場合である。押し売りに対して、
「帰ってくれ」といったのに帰らないので、やむをえず契約したような場合
がこれに当たる。退去を明言した場合だけでなく、態度（身振り手振り）や
間接的表現（「忙しいので」など）でも意思の表明にあたるというべきである。

243

②監禁（消4条3項2号）

　消費者が勧誘を受けている場所から退去する旨の意思を示したのに、事業者が退去させない場合である。事務所へ連れ込んで勧誘し、契約をするまで帰さないような場合がこれに当たる。「帰してくれ」といった直接的言動だけでなく、態度（席を立って帰ろうとする）や間接的表現（「用事がある」など）でも意思の表明にあたるというべきである。しかし、いわゆる幻惑行為（勧誘会場へ連れ込んで特殊な雰囲気を作り出し、契約しなければならない気にさせてしまう行為）がこれに含まれないことになってしまうのは問題である（消費者が帰りたいと言えないような状況にいち早く追い込んでしまうことが横行してしまう）。また、執拗な電話勧誘のような行為も除外されてしまうが、これについては、特定商取引法により、クーリング・オフの制度が設けられている（同24条）。

(2) 受託者・代理人

　事業者が第三者に消費契約の締結を委託した場合にも4条が準用されること（消5条1項）、および、消費者の代理人、事業者の代理人、受託者の代理人がそれぞれ消費者、事業者、受託者とみなされること（消5条2項）は、誤認の場合と同様である。

(3) 主張・立証責任

　消費者は、事業者の行為が(1)の①または②に該当することを主張・立証しなければならない。また、因果関係については、民法の強迫の場合と同様、事業者の行為と困惑との因果関係、および困惑と意思表示との因果関係を主張・立証しなければならない（二段の因果関係）。以上は、誤認の場合と同様である。

(4) 効果

　困惑の効果は、誤認と同様である。すなわち、消費者がした意思表示について取消権が発生する（消4条3項）。しかし、この取消しは、善意・無過失の第三者に対抗することができない（消4条6項）。困惑は、強迫の要件を緩和したものであるが、この点では強迫よりも効果が制限されている。第三者にも対抗しようとするなら、強迫を主張するほかない。

第15章 ◆ 法律行為の要素の欠落 (6) 消費者契約法・誤認・困惑・過量取引／困惑・過量取引

　取消権は、追認することができる時（通常は困惑を脱した時）から1年、または契約締結時から5年のいずれか先に経過した場合には消滅するのも誤認と同様である（消7条1項）。会社法などによって強迫を理由とする取消しができないものとされている株式・出資の引受けや基金の拠出に関する契約については（たとえば会社51条2項）、消費者契約法に基づいて取り消すことはできないことも同様である（消7条2項）。

(5) 過量取引 (消4条4項)

　事業者が消費者契約の勧誘をする際に、物品、権利、役務その他の契約目的となるものの分量、回数または期間がその消費者とっての通常の分量等を著しく超えるものであることを知っていた場合には、消費者は消費者契約の申込みまたは承諾を取り消すことができる（消4条4項前段）。後で分量などを追加する契約をした場合でも合算して取り扱われる（同項後段）。これを過量取引という。近年、高齢者などを狙って、通常は必要がない分量などの契約を締結させる被害が増加してきたことにより、2016年の消費者契約法改正で導入された。

　主張・立証責任や効果は困惑と同様であるが、事業者が知っていたことは、通常の分量などを著しく超えることが主張・立証されれば、事実上推定されると解すべきである。

245

第16章 法律行為の内容の違法

1 内容の違法による法律行為の効力否定

- ・法律行為の内容が法律上または社会的に許されない場合には、法律行為は効力を否定される。
- ・このような効力否定原因には、①強行法規違反、②消費者契約法による不当条項規制、③公序良俗違反の三つがある。
- ・公序良俗違反は、法律行為の内容規制に関する原則的規定として、その内容が多様化している。
- ・強行法規違反は、従来の通説によれば民法91条の反対解釈により無効となると解されてきたが、新90条の公序良俗違反の一態様と捉えるべきである。

◆ 条 文 ◆

(1) 効力否定原因

　法律行為は、資格または要素である意思表示に問題がない場合であっても、その内容が法律上または社会的に許されないものであるときに効力を否定されることがある。このような効力否定原因としては、「強行法規違反」、消費者契約法による「不当条項規制」、「公序良俗違反」の三つがある。

　消費者契約法8条以下の不当条項規制については、消費者契約の場面で公序良俗違反を具体化したものであると解することでほぼ異論がない。他方、強行法規とは、法律行為の当事者の意思に関係なく適用される法規であり、当事者からすれば従わなければならない法規のことをいう。しかし、強行法規違反を正面から規定している一般的な条文はない。このため、公

序良俗違反（新90条）との関係をどのように解するかについて議論がある。このように、法律行為の内容の違法による効力否定原因は、新90条の公序良俗違反を中心にして各原因の相互関係が議論されている。

(2) 機能

　法律行為の効力を否定しようとする者からすれば、強行法規違反、不当条項規制、公序良俗違反は、これまで述べてきた法律行為をする資格に関する効力否定原因（意思無能力、制限行為能力）、意思表示に関する効力否定原因（心裡留保、虚偽表示、錯誤、詐欺、強迫、誤認、困惑、過量取引）のいずれの要件を充たさない場合であっても、法律行為の効力を否定することができるチャンスが与えられていることになる。とくに、公序良俗違反は、後に述べるように、法律行為の内容規制に関する原則的規定であり、かつ、要件が抽象的・一般的であるため（一般条項という）、法律行為の効力を否定する最後の拠り所として種々の問題が持ち込まれ、その内容が非常に多様化している。

◆ 解 釈 ◆

　強行法規は、当事者が従わなければならない法規である。しかし、民法では、強行法規であることが文言から明らかなものは多いが（たとえば「～しなければならない」「～することができない」と規定されている。民146条、民175条など）、違反の効果を規定しているものはほとんどない（例外として賃貸借の存続期間に関する新604条1項後段など）。このため、強行法規違反の法律行為が無効とされる根拠条文は何かが議論されている。

(1) 伝統的な考え方（二元論）

　従来の通説は、強行法規違反は法律行為の適法性に関するものであり、他方、公序良俗違反は法律行為の社会的妥当性に関するものであるとして両者を区別する（近江、四宮・能見）。そのうえで、強行法規違反については、民法91条を反対解釈すれば「公の秩序に関する規定と異なる意思を表示したときは、その意思に従わない」ということになり、ここでいう「公の秩序に関する規定」というのが強行法規のことであるから、ここから「強行法規に反する法律行為は無効である」という命題を導くことができると

247

解する。また、学説の中には、率直に民法典には「書かれざる原則規定」があり（たとえば、私的自治の原則）、強行法規違反もその一つであるとして、そこからダイレクトに無効を導く説もある。これらはいずれも強行法規違反と公序良俗違反とを区別するものである。

(2) 最近の有力説（一元論）

しかし最近では、強行法規違反は公序良俗違反の一類型であり、強行法規違反というカテゴリーは独自の意義を有しないと解する説が有力になっている（大村、河上、佐久間、平野、山本）。すなわち、①起草者は、新90条における公の秩序に反する行為として法規違反行為のことを考えていた、②民法91条は、法規に違反する法律行為であっても例外的に有効になる場合があることを定めているにすぎない、③各種の法規のうち何が強行法規であるかを判断するためには、結局のところ、当該法規に違反する行為が社会的に妥当なものとして許容できるか否かを個別的に判断せざるを得ない、④強行法規が規定する内容も公序良俗の内容に含まれるはずである。そして、これらからすれば、法規違反については、法規に違反していることを考慮しながら当該法律行為が公序良俗に反しないか否かを判断すべきであるというのである。

(3) 新90条のスクリーニング

上記の議論は、単なる形式論理的な問題ではない。法規違反行為であっても、①法規中に違反行為の効力が明確に規定されている場合については、上記の議論をする必要がない。問題は、②強行法規であることは明らかであるが違反の効力が規定されていない場合と、③強行法規であるか否かが文言からは明らかでない場合である。これらの場合に、法律行為が法規に違反するからといって、それだけでその効力を否定することはできない。違反の態様は様々でありうるのであるから、そのような行為を無効とする前に、法規の趣旨からそれが妥当な行為であるか否かというスクリーニングをもう一度かけるべきである（ただし、あくまで当該法規の目的の観点からする判断であり、当該行為の社会的妥当性だけを問題にすべきではない）。また、後述のように公序良俗違反では、今日、法律行為の内容だけでなく法律行為の手段が妥当でない場合も取り扱われ、公序良俗違反の効果も絶対無効

第 16 章 ◆ 法律行為の内容の違法／強行法規違反

一辺倒ではなく一部無効など多様化しており、これによって法規違反の態様や程度に見合った効果を導くほうが妥当でもある。したがって、強行法規違反は新 90 条の一態様として取り扱うべきである。

以上のように解すると、法律行為の内容の違法による効力否定原因は、公序良俗違反の下に統一され、その中に、①強行法規違反、②消費者契約法の不当条項規制、③その他の三つの場合があるというように整理できる。そこで以下ではまず①②について解説し、その後、③の公序良俗違反の一般論、および公序良俗違反の効果を解説することにする。

図表 33　内容の違法による効力否定原因の関係

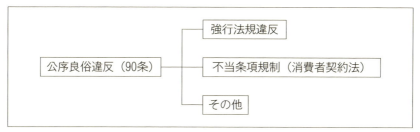

2　強行法規違反

・強行法規違反は、法規違反の法律行為が公序良俗違反であると判断された結果であり、法規をあらかじめ強行法規と任意法規に分ける意義は乏しい。
・行政的な取締法規のうちの効力規定違反も、当該行為が公序良俗違反であると判断された結果であり、取締法規をあらかじめ効力法規と狭義の取締法規に分ける意義は乏しい。

◆　条　文　◆
(1) 要件
 1 で述べたように、強行法規違反の法律行為は、従来の通説によれば民法 91 条の反対解釈ないし書かれざる原則規定により無効になるので、その要件は、①当該規定が強行法規であること、および②法律行為がその法

249

規に違反していること、となる。しかし、最近の有力説によれば、法規違反行為のうち新90条により無効とされる場合が強行法規違反ということになるので、その要件は、①法規に違反する法律行為であること、および②法律行為が当該法規の目的に照らして公序良俗に反すること、となる。しかし、いずれにせよ、強行法規違反の効果が明文で規定されている場合には、それによる。

(2) 片面的強行法規

法規の中には、当事者の一方を保護するために、他方当事者にとってのみ強行法規であるものがある。これを片面的強行法規という。たとえば、借地借家法9条、30条、37条は、借地借家法の一定の規定に反する特約で借主に不利なものは無効とすると規定しているので、借地借家法の一定の規定は貸主にとってのみ強行法規である。

◆ 解 釈 ◆
(1) 強行法規と任意法規との区別

強行法規に対して、法律行為の当事者の意思（特約）によって排除できる法規（すなわち、従うか否かが当事者の任意である法規）を任意法規というが、従来の通説によれば、この両者をどのようにして区別するかが強行法規違反を論ずるための先決問題となる。しかし、前述のように、その文言から強行法規であることが分かるものもあり、また、その逆に、その文言から任意法規であることが分かるもの（「別段の意思表示がないときは」といった文言からは特約が可能であることが分かる）もあるが、そのような例はさほど多くない。民法上では、一般的には、物権法や家族法のように法律関係を画一的に規律する必要がある法制度に関する規定（たとえば抵当権、婚姻に関する規定など）や一定の政策目的のために制定された特別法の規定（たとえば借地借家9条、21条、37条参照）は強行法規であることが多く、債権法のように契約自由の原則が働く分野では任意法規が多い（たとえば弁済の場所に関する新484条1項など）などといわれるが、傾向を示す以上に決定的なものではない。結局のところ、ある規定が強行法規であるか否かは、法文上明らかな場合を除き、個々の法規の趣旨から見て当該法規違反行為が新90条の公序良俗違反か否かという判断に基づかざるを得ない。換言

第 16 章 ◆ 法律行為の内容の違法／強行法規違反

すれば、強行法規・任意法規という区別は、多くの場合、法規違反行為の
法律行為について個別的にその効力を判断した結果にすぎず、あらかじめ
先に決まっている区別であるとはいえない。

　判例を見ても、ある法規を強行法規であると解し、そこから直ちに無効
を導いている事例もまれにはあるが（最判昭和 45・2・26 民集 24 巻 2 号 104
頁〔宅地建物取引業法に違反する仲介報酬の定めの事例〕）、ほとんどは、法規
違反という事実からだけでなく公序良俗違反になるか否かによって法律行
為の効力を判断している。たとえば、最判昭和 39・1・23 民集 18 巻 1 号 37
頁・ハンドブック 34 は、食品衛生法違反の有毒アラレの販売契約について、
食品衛生法に抵触するがそれだけで販売契約が無効になるわけではないと
して、このような契約は有毒アラレを一般大衆の購買のルートに乗せ、そ
の結果公衆衛生を害するに至るので公序良俗に抵触し無効であるとしてい
る。また、最判平成 11・2・23 民集 53 巻 2 号 193 頁・百選 I -17 は、会員
権譲渡の方法以外では脱退できないというヨットクラブの規約について、
民法 678 条がやむを得ない事由がある場合には組合員は常に組合から任意
に脱退することができる旨を規定している部分は強行法規であるとして、
約定はこれに反し無効であるとした。しかし、同時に、やむを得ない事由
があっても任意の脱退を許さないことは「組合員の自由を著しく制限する
ものであり、公の秩序に反する」としており、公序良俗違反のスクリーニ
ングをかけている（その他に、最判昭和 38・6・13 民集 17 巻 5 号 744 頁〔弁護
士法に違反した非弁護士による弁護活動の委任契約の事例〕など多数）。

(2) 脱法行為

　脱法行為とは、形式的には法規に違反しないが、実質的には違反する行
為のことをいう。法規を回避するために手の込んだ他の法形式が採られる
ことが多い。たとえば、古典的な事例であるが、恩給の受領を債権者に委
任する契約に、受領金を債権の弁済に充当する契約、債務を完済するまで
委任契約を解除しない特約などが組み合わせられると、実質的には恩給を
担保にすることを禁止する法規を回避するものとなる。このような場合は、
形式上は法規に違反していないので、法規違反の一言で法律行為を無効と
することができず、実質論を展開せざるをえない。このように、脱法行為
が無効であることがその法規で規定されている場合を除き、ここでも当該

251

行為によって導かれる結果が当該法規の趣旨に照らして新90条の公序良俗違反か否かを判断しなければならないわけである。したがって脱法行為であっても、無効とされる行為もあれば（上記の恩給担保について、最判昭和30・10・27民集9巻11号1720頁は、受領委任契約は有効であるが、不解除特約などは無効であるとしている）、逆に、当該法規の趣旨に反せず、かつ法制度の不備を補い取引の要請に応えるものとして有効とされる行為もある。たとえば、譲渡担保は、目的物を債権者に引き渡さなければならないという質権の規定（民345条）を回避し、目的物を債務者の手許に置いたままで担保に供するために、担保ではなく譲渡という法形式を採る契約であるが、これは在庫商品や工場の機械のように実際上債権者に引き渡せない物を担保化できないという法制度上の不都合に応じたものであり、今日ではこれを有効と解することに異論はない。

(3) 取締法規違反

　行政の観点から私法上の取引に制限を加える法規のことを広義の意味での取締法規という。すでに見た宅地建物取引業法、食品衛生法、弁護士法などにそのような規定がある。このうち、違反すると私法上の効力も否定される規定のことを効力法規といい、違反して行政上の不利益や罰則が課されても私法上の効力には影響しない規定のことを狭義の取締法規ということがある。そうすると、効力規定であるか否かを判断する基準が問題になるが、明文上明らかなもの（たとえば農地法3条7項によれば、同条1項に違反して農業委員会の許可を受けないで農地を譲渡しても無効である）を除き、ここでも法規の趣旨から違反行為が公序良俗に反するか否かを個別的に判断せざるを得ない。したがって、効力規定か狭義の取締規定かということ自体を問題にする意味は乏しい。裁判例を見ると、広義の取締法規に違反する行為でも、有効であるとするものもあれば無効であるとするものもある。以下、簡単に傾向だけ紹介しておこう。

①行為そのものまたは行為内容が規制されている場合

　法規の規制目的から見て容認できない行為は無効とされる。たとえば、前述の食品衛生法違反の有毒アラレ事件ではアラレの販売契約が無効とされた。しかし、導入預金契約（第三者に融資することを条件とする預金契約）

や両 建預金契約（貸付金を預金させて拘束する契約）は、それらを規制する
法規違反ではあるが私法上は有効であると解されている（最判昭和 49・3・
1 民集 28 巻 2 号 135 頁〔導入預金〕、最判昭和 52・6・20 民集 31 巻 4 号 449 頁・
ハンドブック 35〔両建預金〕）。

②無資格・無免許でなされた行為

　当該法規が有資格者であることをどの程度強く要求しているかによる。
たとえば、前述の弁護士法違反の非弁護士による弁護活動の報酬契約は無
効とされているが、他方では、行政書士法違反、宅地建物取引業法違反、
建築士法違反、バーの無許可営業、道路運送法違反、食品衛生法違反（最判
昭和 35・3・18 民集 14 巻 4 号 483 頁・百選 I -16〔無許可業者による食肉買い入
れの事例〕）などの場合には、無資格・無免許者による取引行為も有効と解
されている。

③取引価格・報酬制限違反の行為

　各種の経済統制法規（政策的に取引価格・報酬等を統制する法規）違反の事
例は非常に多く、各法規の趣旨にしたがって有効または無効とされている
が、全体的な傾向としては、無効とする場合でも、制限を超過する部分の
みが無効（一部無効）とされている（たとえば最判昭和 45・2・26 民集 24 巻 2
号 104 頁〔宅地建物取引業法違反の仲介報酬契約の事例〕）。

◆ 発 展 問 題 ◆

(1) 任意法規の強行法規化

　任意法規とは、法律行為の当事者の意思（特約）によって排除できる法規
であるが、これがあたかも強行法規のようにして機能する場合があり、こ
れを任意法規の強行法規化と呼ぶことがある。たとえば、交渉力、情報力
に圧倒的な格差がある者の間で一方当事者に不利な契約条項が定められた
ような場合に、これを新 90 条の公序良俗に違反するとして無効とし、当事
者が何も定めていないとして任意法規を適用するようなことがありうる。
このような場合には、結果的にその法規を強行法規と解するのと同じこと
になる。このことから重要なのは、法規は、強行法規に限らず、取引につ
いてのスタンダードを規定しているということである。後述の消費者契約

法による不当条項規制では、まさにこのような趣旨から不当条項が無効とされる場合がある（消10条）。したがってまた、法規違反行為は、法規違反でない行為と比べて、それだけで異例とされて新90条のスクリーニングにさらされる蓋然性が高いといえる。しかし同時に、これが契約自由への不当介入にならないよう注意する必要がある。

(2) 履行段階論

　法規違反行為、とくに取締法規違反行為について、強行法規・任意法規、効力法規・狭義の取締法規という分類とはまったく異なる観点からその効力を判断すべきであるという学説がある。それによれば、行政的な法規は事前予防・禁止の観点から規定されているのであるから、違反行為に基づく履行がなされているか否かで効力を分けて考えるべきだとする。しかし履行段階論でも、(a)①すでに履行されている場合には、これを事後的に無効とすることは妥当でないが、②いまだ履行されていない場合には、法規の目的にしたがって有効か無効かを判断すべきであるという見解、(b)①すでに履行されている場合でも法規の目的をよりよく実現するためには無効とすることもありうるが、②いまだ履行されていない場合には、一方で行為を禁止しておきながら他方で履行を認めるのでは評価が矛盾するので、一律に無効とすべきであるという見解がある。

　すでに述べた強行法規違反・公序良俗違反の一元論からすれば、履行段階論が示す具体的な結論自体は、法規違反行為が公序良俗違反であるか否かないし公序良俗違反の効果をどのように考えるかという問題の中に解消されうる。しかし、この理論が公法と私法との関係について新しい視点を提供していることには注意しなければならない。すなわち、上記の見解のうち(a)説は、公法・私法の峻別論（役割分担）を前提にしているが、(b)説は、むしろ公法・私法の相互依存論（共同・協調）に親和的である。また、後述4で述べる公序良俗違反の一般論においても、経済法令の目的実現を私法も擁護すべきである（すなわち経済法令の目的実現のために私法上も違反行為を無効とする）という見解（経済的公序論）が有力に主張されている。このような公法・私法の相互関係という問題は、単に強行法規違反や公序良俗違反の解釈論にとどまらず、もう一段階高い視点から考えなければならない問題である。

254

第 16 章 ◆ 法律行為の内容の違法／不当条項規制

3 不当条項規制

・消費者契約法の不当条項規制は、消費者契約の場面で公序良俗違反
を具体化したものである。
・不当条項規制には、①不当条項を個別に掲げた不当条項リストと、
②リストに該当しない場合でも不当な条項を無効とするための一般
条項とがある。
・不当条項リストでは、①事業者の責任制限条項、②消費者の解除権
放棄条項、および③消費者の損害賠償額の予定・違約金条項で不当
なものが無効とされる。
・一般条項では、不当条項リストに該当しない場合でも、消費者の利
益を一方的に害する条項が無効とされる。

◆ 条 文 ◆

　消費者契約法では、前章で述べた「契約締結過程の規律」とともに「不
当条項の規制」が定められている。それによれば、消費者契約において消
費者に一方的に不利な契約条項の全部または一部が無効とされる（消 8 条
以下）。具体的には、①不当条項を個別に掲げた「不当条項リスト」と、②
リストに該当しない場合でも不当な条項を無効とするための「不当条項の
一般条項」（消 10 条）とがあり、前者には、事業者の損害賠償責任を減免す
る契約条項（消 8 条）、消費者の解除権放棄条項（消 8 条の 2）、消費者の支払
う損害賠償額等を予定する契約条項（消 9 条）がある。これらはいずれも、
後述 4 で述べる公序良俗違反の一般論を消費者契約の場面で具体化したも
のと解すべきである。

　以下では、各場合の要件を順次説明することにする。

(1) 不当条項リスト
①責任制限条項（消 8 条）・解除権放棄条項（消 8 条の 2）

　以下の三つの場合がある。第一に、事業者の債務不履行（契約違反）につ
いて、損害賠償責任（新 415 条）を全部免除する条項（消 8 条 1 項 1 号）、事
業者の故意または重過失による損害賠償責任を一部免除する条項（消 8 条

255

1項2号）は無効である。たとえば、「いかなる場合でも一切責任を負いません」とか「○○円を限度とします」などがこれにあたる。「責任がある場合を除き、賠償には応じません」という条項は当たり前のことなので有効である。なお、事業者の軽過失による損害賠償責任を一部免除するという条項は、まったく有効になるわけではなく、内容的に見て後述の不当条項の一般条項（消10条）に抵触すれば、やはり無効となる。

　ただし、以上のような条項であっても、消費者契約が有償契約である場合に、引き渡された物が種類または品質に関して契約の内容に適合しないときに、事業者または第三者が契約不適合の責任（追完、代金・報酬の減額。新562条以下）を負うとされている場合、または第三者が契約不適合によるその損害賠償責任の全部または一部を引き受けるとされている場合には無効とならない（消8条2項）。

　第二に、事業者の債務不履行により生じた消費者の解除権を放棄させる条項は無効である（消8条の2）。損害賠償と切り離されているのは、両者が別の制度（債務者の責任追及か、反対債務からの解放か）だからである。

　第三に、事業者の債務の履行に際してなされた不法行為について、民法の損害賠償責任（民709条以下）を全部免除する条項（消8条1項3号）、事業者の故意または重過失による損害賠償責任を一部免除する条項（消8条1項4号）は無効である。たとえば、運送業者の従業員が業務の途中で荷物を盗んだ場合でも運送業者は責任を負わないとする条項などがこれにあたる。また、軽過失の場合については第一の場合と同様である。

②損害賠償額の予定・違約金条項（消9条）

　以下の二つの場合がある。第一に、契約解除に伴い消費者が支払う損害賠償額の予定、または違約金に関する条項で、これらの合算額が事業者に生じる「平均的な損害額」を超える場合には、その超過部分は無効である（消9条1号）。旅行契約の解除に伴うキャンセル料が一般的な額よりも高額な場合などがこれにあたる。解除に伴う金銭的負担にかかわるものであれば、キャンセル料、解約手数料など名目にはこだわらない。

　この規定に関しては、学納金の返還訴訟が有名であり、数多くの判例がある。判例は、入学金については返還を要しないが、その他の授業料等については事業者である学校法人に損害がないとして返還しなければならな

いとすることで確立している（最判平成 18・11・27 民集 60 巻 9 号 3437 頁・ハンドブック 73、最判平成 18・12・22 判時 1958 号 69 頁）。

　第二に、消費者が支払うべき金銭について債務不履行をした場合における損害賠償額の予定、または違約金に関する条項で、これらの合算額のうち、「支払期日の支払残高に年 14.6% を乗じて計算した額」を超える場合には、その超過部分は無効である（消 9 条 2 号）。商品代金だけでなく、賃料を滞納したような場合が含まれる。14.6% というのは日歩 4 銭×365 日という計算であり、それが相場と考えられたからである。

(2) 一般条項

　以上のような不当条項リストに該当しない場合であっても、①「消費者の不作為をもって契約の申込みまたは承諾をしたものとみなす条項」（ネガティブオプション）、および②「民法その他の法律の公の秩序に関しない規定による場合に比して消費者の権利を制限し、または消費者の義務を加重する条項」であって「信義則に反して消費者の利益を一方的に害するもの」は無効である（消 10 条）。そもそも強行規定違反にあたれば無効であるのは当然であるから、そうでなくても要件後半の検討の結果無効とされる場合があるということになる。本条の趣旨は、不当条項リストに該当しない場合を広く扱うことにあり、前述したように、事業者の軽過失による債務不履行責任・不法行為責任を一部免除するという条項や、事業者の契約不適合についての責任の一部を免除する条項もこの規定の対象にはなりうる。

◆ 解 釈 ◆

(1) 平均的な損害額を超えることの主張・立証責任

　消費者契約法 9 条 1 号の「平均的な損害額」を超えることの主張・立証責任は、事業者と消費者のどちらにあるか。法律行為の効力否定を主張する者が負うという原則からして消費者にあるといわざるを得ないが（前掲、最判平成 18・12・22 など）、それを余りに厳格に解しては法の趣旨に反する。したがって、業者間の標準約款や同種業者の条項などと比較して高額であることを証明すれば事実上の推定が働くと解すべきである。このように解すれば、事業者がそれを覆せない限り平均的な損害額を超えることが証明

されたことになる。

(2) 消費者契約法 10 条の法規

消費者契約法 10 条にいう「任意規定の適用による場合に比し」の「規定」の意味については、①契約自由に介入する以上、要件は明確でなければならないから、法律に明文の規定がある場合に限るという説（立法担当者）と、②特約がない場合の契約当事者の権利義務を定めるのは明文の規定に限られないとして、判例・学説等によって認められた法理も含むという説（河上、四宮・能見、山本）とに分かれている。本条の趣旨は、要件後半の消費者に一方的に不利益な条項であれば無効とするというところにあると解すべきであり、その判断基準となるものとしては後者のように広く解するのが妥当である。

(3) 個別交渉

消費者契約法は、弱者としての消費者保護ではなく消費者の自立支援（自己決定権の確保）を目的としているとの観点から、消費者と事業者との個別交渉を経た条項については、不当条項規制の対象にならないという説がある。しかし、個別交渉が形式的なものにすぎない場合や無理を強いられてやむを得ず同意したような場合を排除するのは妥当でない。個別交渉の有無は無効の判断要素の一つとして考慮すれば十分であろう（ただし、個別交渉に当事者の実質的対等性を要求すれば結論は変わらない）。

4 公序良俗違反の意義

- ・新 90 条の公序良俗違反は、法律行為の内容規制に関する一般法である。
- ・新 90 条は一般条項であり、種々の場合を広く包含できる反面、判断基準があいまいになるという問題がある。
- ・公序良俗違反の類型においては、反倫理的な行為よりも通常の経済取引行為がより多く問題とされる傾向が見られる。
- ・公序良俗違反の判断時期については、行為当時とともに履行時を基準とする説が有力である。

258

第 16 章 ◆ 法律行為の内容の違法／公序良俗違反の意義

・公序良俗違反による契約自由への介入が正当化される根拠は、契約
正義ないし基本権（自己決定権）の保障であると解する説が有力であ
る。

◆ 条 文 ◆

(1) 法律行為の内容規制の一般法

　新 90 条は「公の秩序又は善良の風俗に反する法律行為は、無効とする」
と規定している。旧 90 条では「……反する事項を目的とする法律行為」と
されていたが、後述のように、今日の判例・学説は、法律行為の直接の内
容の妥当性だけでなく、法律行為がなされた経緯や手段なども考慮して内
容の妥当性を判断しており、新法ではそれを反映させたのである。本条は
「公序良俗」と略されるが、厳密にいえば、公の秩序（公序）とは国家・社
会の秩序のことであり、善良の風俗（良俗）とは社会の一般的な道徳観念の
ことである。比較法的には両者を区別する国もあるが、わが国の通説によ
れば、いずれに違反しても効果は同じであるから両者を厳密に区別する意
義はなく、両者をまとめて「社会的妥当性」のことであると解されている。
　1 で述べたように、新 90 条は、法律行為の内容規制に関する原則的規定
である。公序良俗違反の具体的態様としての強行法規違反（法規違反で公
序良俗に反する法律行為）と消費者契約法における不当条項規制については
すでに述べたので、以下では、公序良俗違反の一般論および公序良俗違反
の効果について述べる。

(2) 一般条項性

　公序良俗ないし社会的妥当性という概念は、極めて抽象的・一般的であ
り、法律行為の効力否定に関する最後の拠り所として種々の場合を幅広く
包含しうるという利点がある反面、どのような場合がその違反に当たるの
かを一義的に定義できないという問題点がある。後に発展問題で述べるよ
うに、私的自治の原則に基づいて当事者が合意した法律行為の効力がなぜ
否定されるのか、その根拠をめぐって議論があるが、それをどのように解
するかにかかわらず、個々の事案における公序良俗違反の判断が恣意的に
なされてはならない。このため、学説は、公序良俗違反の具体的内容を類

259

型化したり、公序良俗違反の判断時期を議論したりして、その判断基準を
できるだけ明確にしようとしている。

◆ 解 釈 ◆

(1) 公序良俗違反の類型

公序良俗違反の類型といっても論者によって様々な整理の仕方がある。
以下では、第2次大戦後における数多くの裁判例を参考に、当該法律行為
がどのような法秩序に違反するかという観点から整理しておこう。全体的
な傾向として、反倫理的な行為よりも通常の経済取引、労働関係、消費者
取引などが問題とされることが相対的に多くなっており、新90条の機能
が社会全体の公益の保護から当事者間の公正・公平の調整へと移っている
（なぜこのような移行がみられるのかについては、後述の◆発展問題◆参照）。

①法規違反

1で述べたように、公序良俗違反と強行法規違反の一元論によれば、明
文で効力が規定されている場合を除き、法規違反行為のうち公序良俗違反
である行為が強行法規違反ということになる。また、両者を区別する二元
論でも、強行法規違反というだけでなく、再度新90条の網をくぐらせて効
力が判断されていることが多い。この場合、法規違反の法律行為が公序良
俗に反するか否かは、当該法規の趣旨・目的に照らして判断されるべきで
ある。殺人契約や賭博契約などのように刑法に反する契約は当然無効であ
るが、そのような契約を前提にした契約も無効である（賭博の借金や負け金
を借り受ける契約について、最判昭和46・4・9民集25巻3号264頁）。行政的
な取締法規違反に関する裁判例を見ると、行為そのものを禁止しまたは行
為内容を規制する法規の違反行為（有毒アラレ事件など）、無資格・無免許で
なされた行為、取引価格・報酬制限違反の行為があり、前二者では、当該
行為が当事者間だけでなく第三者や社会全体に影響を及ぼすか否かが基準
となっており、後者では、制限を超過する部分のみが無効とされるという
傾向が見られる。

②取引法秩序違反

法規違反ではなくとも、民法をはじめとする取引法秩序に照らして不公

正・不公平な行為は公序良俗違反となる。不正な取引（談合契約、裏口入学あっせん契約など）や当事者の一方のみを害する行為（暴利行為など）が典型的である。ここでは、自由で公正・公平な取引であるかが判断基準となり、法律行為の効力を否定しようとする当事者は、それらを逸脱する事実を主張・立証することになる。内容そのものが不合理とまではいえなくとも、手段すなわち契約締結過程において取引通念に反し当事者の一方の窮状や無思慮につけ込んだ行為は公序良俗違反になる（詐欺的商法や適合性原則に反する投資契約など。金地金の先物取引につき、最判昭和 61・5・29 判時 1196 号 102 頁）。これは新 90 条が狭い意味での法律行為の内容規制にとどまらず、たとえ制限行為能力や詐欺・強迫などに当たらなくても法律行為の効力否定に関する最後の拠り所として機能することをよく表している。このような場合に法律行為の効力を否定しようとする者は、手段が妥当でないこととともに、それによって法律行為全体が反公序良俗性を持つことを主張・立証することになろう。また、取引の価格・報酬が過剰な場合、契約の一部の条項が一方当事者にとって不公平である場合（不当な約款など）には、行為すべてではなく、過剰・不公平な部分のみが公序良俗違反とされる。

　なお、改正にあたり、暴利行為について、通常の公序良俗違反とは別に規定を設けることが検討された。そこでは、相手方の窮状、未経験、判断能力のなさなどに乗じて、著しく均衡を失する利益を得ようとする行為を無効とすることが考えられていた。最終的には定式化が困難であるなどの理由から明文化は見送られたが、その趣旨は、当然のことながら、新 90 条の解釈において生かされるべきである。

③家族法秩序違反

　家族法秩序の精神と相容れない行為（愛人契約、愛人への遺贈など）は公序良俗違反となる。このような場合に法律行為の効力を否定しようとする者は、家族法の制度趣旨などに照らして当該行為がいかにそれから逸脱しているかを主張・立証することになる。もっとも、いわゆる手切れ金契約は、正当な家族法秩序への復帰を目的としているので有効であると解されている。また、家族法秩序違反の行為と経済的利益とが結びついている場合（愛人の生活費、愛人との間の子の養育費など）には、家族法秩序違反以外の目的が含まれていることがあるので（生存の保障など）、利益供与の目的

や当事者の生活状況などの事情を総合的に勘案して、有効ないし一部のみを無効とするなど柔軟な処理がされることがある（最判昭和61・11・20民集40巻7号1167頁・百選Ⅰ-12・ハンドブック37は妻子ある男性が愛人に財産の3分の1を遺贈するという行為が公序良俗に反しないとしている）。

④憲法秩序違反

　個人の尊厳や法の下の平等といった憲法の理念に反する行為（売春契約、従業員間で不平等な労働契約など。たとえば、女子若年定年制について男女雇用機会均等法以前の最判昭和56・3・24民集35巻2号300頁・百選Ⅰ-14・ハンドブック36）は公序良俗違反となる。憲法が私法関係にそのまま適用されると解することはできないが（第1章◆発展問題◆参照）、少なくとも、その理念は私法関係の内容を限定づけるというべきである。したがって、たとえ民法上の各条文に規定されていない事項であっても、憲法の理念に反することを主張・立証すれば、法律行為の効力を否定することができる。戦前からわが国では、貧家の親に金銭を貸し、その代わりに娘の身柄を拘束して芸娼妓をさせ親の借金を返済させるという芸娼妓契約が横行していた。戦前の判例では、身柄拘束の部分は無効だが前借金の部分は有効であると解されていたが、戦後は、新しい憲法の理念の下で全体として公序良俗違反であると解されるに至った（最判昭和30・10・7民集9巻11号1616頁・ハンドブック33）。労働契約では、労働者保護のために、逆に労働者に不利な条項のみが無効とされて契約自体の効力は維持される（最判平成元・12・14民集43巻12号1895頁、最判平成元・12・21判時1340号135頁など）。

⑤その他、正義・公正・公平の理念に反する行為

　現在の法律の下では保護法益として明確に認知されていない利益（たとえば環境）であっても、その侵害行為を放置したのでは正義・公正・公平の理念に著しく反する場合には、積極的に新90条を活用すべきである。公序良俗違反に含まれる事例は、そのような先駆的な裁判例の積み重ねによって、その後に民法上の新たな法理（たとえば過剰担保に対する清算義務の承認や不動産の二重売買に関する背信的悪意者論）や特別法（たとえば各種の消費者保護立法や男女雇用機会均等法）として発展していくものが多い。このように、新90条には、現在の法体系ないし理論では適切に処理しきれな

第16章 ◆ 法律行為の内容の違法／公序良俗違反の意義

い新しい問題が暫定的に持ち込まれるという機能があり、裁判官はそのような動向に敏感でなければならない。

(2) 公序良俗違反の判断時期

　公序良俗違反の判断の基準時は、当該法律行為がなされた時点かそれとも後に公序良俗違反の有無を判断する時点かが問題になる。行為当時には公序良俗に反しない行為がその後反するとされるようになったとしても、原則として行為時を基準としなければ法的安定性が損なわれる。しかし問題は、法律行為（契約）が未履行であった場合に後に履行請求を認めるか否かである。

　この問題に関する代表的な判例として、最判平成 15・4・18 民集 57 巻 4 号 366 頁・百選 I -13・ハンドブック 34 がある。これは、資金運用を託された証券会社が顧客に損失が生じた場合にはそれを補塡する契約を結んでいたという事案であった。契約当時の証券取引法の下では、損失補塡契約は私法上は有効であると解されていたが、その後同法が改正されて、履行請求時には損失補塡が禁止されていた。判決では、このような損失補塡契約も有効であるとされたが、同時に履行請求については、履行時の法律に反するので認められないとされた。これによれば、証券会社が任意に履行することは認められる余地があるが、これを認めたのでは損失補塡の禁止が結果的に意味を失いかねない。このため学説では、履行が問題になる場合には、契約時だけでなく履行時にも公序良俗に反しないものでなければ、契約は全体として無効と解すべきであるとする説が有力である（河上、四宮・能見）。

　なお、上記と逆に、契約時には公序良俗違反であったが、履行請求時には違反でない場合については、無効な契約が有効に転ずることがない以上、それに基づく履行請求はありえないと解すべきである（河上、四宮・能見）（すでに履行していたものの返還請求については、後述 5 の公序良俗違反の効果参照）。

◆ 発 展 問 題 ◆
公序良俗違反の正当化根拠

　私的自治の原則に基づいて当事者が任意に合意した法律行為について、

なぜ国家（裁判所）が介入してその効力を否定することができるのか、その正当化根拠は理論的にはかなり難しい問題である。戦前のように団体主義的な国家観の強かった時代には、公序良俗は法体系の全体を支配する理念であり、旧90条は民法の場面でその片鱗が現れたものであると解されていた（根本理念説）。このような理解の下では、公序良俗こそが原則であり、国家は国家秩序の逸脱に対して積極的に関与すべきであり、その際に裁判官が利用しやすいインデックスのために類型化が必要であるということになる。

　戦後になるとそのような国家観は後退し、私法においても法律行為の自由が再び原則的な地位を占めるに至ったが（類型化もむしろ新90条の適用を限界づけるという意味に変わる）、その反面、新90条において国家による介入の根拠となるべき理念があいまいなものとなっていた。そのため最近では、契約自由に対する新90条による介入を正当化するための根拠を戦前とは異なる視点から積極的に示す必要があるとする見解が有力になっている（潮見）。

(1) 契約正義論

　契約自由が私法上の基本原則であるとしても、個人が社会の中で活動する以上、契約は社会的制約を受けるが、そうした制約を正当化するのは契約正義であり、新90条はその実現を担っているとする（大村）。このような見解の背景には、最近の公序良俗違反では、国家秩序と異なる国家外の秩序としての経済的秩序（経済的公序）の確保が大きな比重を占めるようになっているという事情がある。契約正義は、契約自由と対立しながら同時に契約自由を方向づけ支援するものであり、公序良俗違反はそのために積極的役割を担うものとなる。

(2) 基本権秩序論

　憲法を頂点とする法的ヒエラルキーからすれば、民法は私的生活関係の領域において国家が個人に与えた権利・自由を保障する制度として位置づけられるとする。そして、新90条は基本権（自己決定権）を保障するための国家の介入手段であり、契約によって個人の基本権が侵害されている場合（基本権保護型公序良俗）や、法令を通じた一定の政策目的をよりよく実

現するために必要な場合（政策実現型公序良俗）に、契約自由に対して介入することが正当化されるとする（山本）。

　これらの見解はいずれも新90条による国家の介入に積極的であるが、その意味するところは戦前の根本理念説とは大きく異なる。契約自由という私法上のルールが暴走する自由競争になってはならず、その健全な発展のために新たな理念を基礎とする公序良俗が果たすべき役割は大きいと位置づけることになるからである。

5　公序良俗違反の効果

- 公序良俗違反の法律行為は無効である。
- すでに履行がなされていた場合に、それが不法原因給付であるとされると、原則として給付したものの返還を請求できなくなる。
- 法律行為の条件が公序良俗に反する場合でも、法律行為は無効となる。また、不法な行為をしないことを条件とする法律行為も無効である。
- 公序良俗違反による無効について、最近では、法律行為の一部のみを無効としたり、公序良俗違反ではあっても不法原因給付には当たらないとするなど、効果が多様化している。
- 法律行為の動機が公序良俗に反する場合には、相手方の信頼との調整をはかって有効または無効とする見解が多いが、むしろ、相手方の信頼にかかわらず法律行為は無効となるが、不法な動機を有していた者は善意・無過失の相手方の履行請求に対して無効の抗弁を主張することができないと解すべきである。

◆ 条 文 ◆

(1) 原則的効果

　公序良俗違反の効果は法律行為の無効である（新90条）。強行法規違反の場合（明文がない場合）、消費者契約法の不当条項規制の場合（消8条〜10条）も同様である。無効の意義については、詳しくは後に第17章で扱うが、本来、「無」すなわち何もないことを意味するので、法律行為全部の効力が

失われる。

　無効とされた法律行為に基づいてすでに履行がなされている場合には、その原状回復を請求できるのが原則である（新121条の2第1項）。しかし、公序良俗違反の場合には重大な例外がある。すなわち、民法708条本文によれば、不法な原因のために給付をした者は、給付したものの返還を請求することができない。これを「不法原因給付」という。そして公序良俗違反の法律行為がここでいう不法な原因にも当たるとされる場合には、給付したものの返還を請求できないことになる（たとえば、賭博契約の負け金や麻薬売買の代金をすでに支払っていた場合）。ただし、不法の原因が給付の受益者についてのみ存在する場合（たとえば麻薬入りだと知らずにチョコレートを買って代金を支払った場合）には、返還を請求することができる（民708条ただし書）。一方だけが悪質な場合にまで返還請求を認めないとする必要はないからである。

(2) 条件の違法

　法律行為自体は公序良俗に反しないが、法律行為に付けられた条件が公序良俗に反する場合でも、法律行為は無効となる（民132条前段）。このような条件を不法条件という（第7章4参照）。民法132条では「不法な条件」と規定されているが、これは公序良俗違反のことであり、同条は公序良俗違反を具体化したものであると解されている。たとえば、殺人をしたら金銭を贈与するという契約は、贈与契約自体に反公序良俗性はないが、停止条件が公序良俗に反するために全体として反公序良俗性を持つことになり無効となる。また、不法な行為をしないことを条件とする法律行為も無効である（民132条後段）。たとえば、殺さないでくれたら金銭を贈与するという契約は、してはならないことをしないだけのことがあたかも特別なことをしていることになるので、全体として無効である。

◆ 解　釈 ◆
(1) 無効の多様化
　公序良俗違反の法律行為は全部無効であり、かつ、不法原因給付に当たる場合には給付したものの返還を請求することができないのが原則である。しかし最近では、公序良俗違反の場に種々の事例が持ち込まれるとともに、

その妥当な解決方法も多様でありうることを反映して、公序良俗違反であっても全部無効ではないとされたり、不法原因給付には当たらないとされたりする場合が増えている。

①一部無効

たとえば、過剰な報酬を定めた契約が公序良俗違反とされる場合には、過剰な部分のみの一部無効であるとされることが多い（たとえば、宅建業法の報酬制限違反について最判昭和45・2・26民集24巻2号104頁）。また、不当な条項を含む労働契約においては、当該条項のみが無効とされ、残りの部分は有効として労働契約自体の効力は維持される（前掲、最判平成元・12・14など）。このような一部無効は、法律行為を全部無効としたのでは当事者の一方のみを害する場合に頻繁に見られる。この場合には、一部無効＝残部有効であるから、残部だけの契約がはじめから締結されていたとして、それが本当に当事者間の公正・公平を実現する契約だといえるか否かに注意しなければならない。そういえなければ、契約は原則どおり全部無効とされるべきである。

②返還請求

詐欺的な商法による契約が公序良俗違反とされる場合には、すでに履行がなされているときでも、不法原因給付には当たらないとしてその返還請求が認められることがある（たとえば大阪地判平成元・9・14判タ718号139頁など）。前述したように、不法原因給付でも民法708条ただし書に当たる場合には返還請求が認められるが、詐欺的な商法では消費者の側にも帰責性があることがあり（「一儲けしてやろう」など）、そのような場合には同条を利用することが困難なこともある。しかし、そもそも不法原因給付に当たらないとすれば、返還請求が認められることになる。既履行の給付の返還請求を認めないという判断は、未履行の契約の履行請求を否定する以上に強力な効果であり、民法708条の判断と新90条の判断とは別でありえてよい。さらに、法律行為がその内容・手段においてそれほど不合理なものであるとはいえず、また当事者双方にそれぞれ帰責性があるような場合には、法律行為は公序良俗違反ではないとしながら、相手方の説明義務違反などに着目して債務不履行（新415条）や不法行為による損害賠償を請

求する（民 709 条）ということも考えられる。この場合には新 418 条、新 722 条 2 項により過失相殺が可能となる。このように解すると、公序良俗違反とすでに給付されていたものの返還請求との関係については、多様な法律構成がありえ、事案の特殊性に応じた柔軟な対応が可能となっている。

(2) 動機の不法

　法律行為の動機（法律行為の基礎とした事情についての認識）が公序良俗に反するものであった場合、法律行為の効力はどうなるか。たとえば、殺人の目的で金物屋から包丁を購入する契約を結んだ場合や、賄賂とする目的で銀行から金銭を借り入れたような場合に問題になる（なお動機が条件とされていれば不法条件の問題になる）。このような場合、相手方は包丁の代金の支払いや貸金の返還を請求することができるか、また購入者・借主は包丁・貸付の履行を請求することができるか。これについて明文の規定はなく、また判例の態度は明確でない。学説では、以下のように、動機の錯誤（法律行為の基礎とした事情についての錯誤）における議論（第 13 章 4 参照）を反映しつつ、それとは若干異なる議論が展開されている。

　すなわち、①表示説は、動機が相手方（金物屋・銀行）に表示されている場合に限り無効とする（加藤〔相手方が悪意の場合も含める〕）。②認識可能性説は、相手方が動機を知っていたか、過失で知らなかった場合には無効となるとする。相手方の悪意または過失の立証責任は表意者にある（河上）。③相関関係説は、動機の違法性の程度と相手方の関与の程度・認識の有無を相関的に判断して有効または無効となるとする（内田、佐久間、平野）。④原則無効説は、社会的妥当性を欠く動機があるのに、表示や相手方の認識の有無で判断するのは妥当でないとして、原則として無効であるが、相手方が善意・無過失である場合に限り無効を主張できないとする（近江）。②説とは逆に、善意・無過失の立証責任は相手方にある。

　以上の学説のうち②説または③説が有力である。しかし、違法性の認識がないまま公序良俗に反する事項を内容とする行為をしたからといってそれが有効になることはないのであり、それは不法な動機についても同様ではなかろうか。動機の違法性が顕著である場合にも、相手方の信頼を優先させて法律行為が有効になると解することは妥当とはいえない（錯誤の場合のように表意者保護と相手方の信頼保護との調整が問題ではない）。したが

第16章 ◆ 法律行為の内容の違法／公序良俗違反の効果

って、動機とはいえそれが公序良俗に反すると判断される場合には、法律行為は無効であるというべきである。ただし、相手方からの履行請求に対しては、自ら不法の動機を有しながら法律行為をした者は、信義則上、法律行為の当時善意・無過失であった相手方に対して無効の抗弁を主張することができない（悪意・過失の立証責任は表意者にある）と解すべきではなかろうか（④説に近い）。他方、相手方に対する履行請求に対しては、相手方は無効を主張できることになる。

◆ **発 展 問 題** ◆

ここでは、今後の公序良俗違反の発展を予測するために、以上述べてきた公序良俗違反における最近の変化を整理しておこう。

①公序良俗違反による契約自由への介入

私的自治、契約自由という私法上のルールに則って当事者が合意した法律行為でも、公序良俗に反する場合には無効とされる。それが正当化される根拠について、戦前は国家秩序の維持という理念が強調されたが、戦後、とくに最近では、国家秩序とは別の取引上の契約正義を実現するため、ないしは憲法上の基本権（自己決定権）を保障するために契約自由が制限されると解されるようになっている。

②公序良俗違反の問題領域

どのような内容の法律行為が無効とされるかについて、戦前は国家秩序や人倫に反する行為が問題とされることが多かったが、戦後になると、しだいに通常の経済取引、消費者取引、労働関係などの経済的活動に関する行為が問題とされるようになっている。

③法規違反との関係

強行法規違反は、以前は公序良俗違反とは別の問題であると解することが一般的であったが（二元論）、最近では、むしろ法規違反行為で公序良俗に反する行為が強行法規違反であると解されるようになっている（一元論）。このような理解によれば、強行法規違反や消費者契約法による不当条項規制は、公序良俗違反の一類型となる。

269

④**法律行為の対象**

　伝統的には、公序良俗違反では法律行為の内容の社会的妥当性が対象とされてきたが（例外として不法条件）、最近では、それ以外に、契約締結過程における一方当事者の説明や勧誘方法などの手段や、法律行為の動機が不法である場合など、法律行為のプロセスとの相関において法律行為全体が反公序良俗性を有しているか否かも問題とされるようになっている。

⑤**判断基準の変化**

　公序良俗違反の判断基準もまた、それが社会的に許しがたい行為であるか否かよりも、法律行為の当事者間で公正・公平が確保されているかという調整の観点に移行している。

⑥**公序良俗違反の効果**

　以上のような公序良俗違反の変化に伴い、公序良俗違反の効果についても、一部無効を認めたり、民法708条の不法原因給付に当たらないとするなど多様な効果が導かれるようになっている。

図表34　最近の公序良俗違反

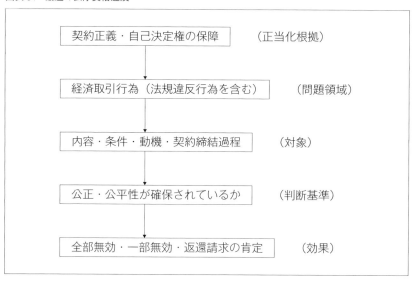

第17章 法律行為の無効・取消し

1 法律行為の効力否定の効果

- 法律行為の効力否定の具体的効果は、無効または取消しである。
- 無効とは、法律行為の効果が何もないことであり、不存在とは異なる。
- 取り消すことができる行為は、取り消すまでは有効な行為である。
- 法律行為の効力が否定されると、未履行給付を拒絶し、または既履行給付の返還を請求することができる。
- 一つの法律行為について複数の効力否定原因が存在する場合には、当事者はどのような原因を主張するかを自由に選択することができるというのが判例・通説である。
- 撤回、解除、クーリング・オフは、無効・取消しと似ているが、異なる概念である。

◆ 条文 ◆

　前章までに、どのような場合に法律行為の効力が否定されるかという要件の面から法律行為の効力否定原因を見てきた。本章では、法律行為の効力が否定される場合の具体的効果を扱う。もっとも、これまでも個々の効力否定原因について、効力が否定された場合の効果を説明してきた。そこでここでは、このような個別問題ではなく、各効力否定原因に共通する問題および無効・取消しの具体的な内容を説明する。

(1) 効力否定の具体的効果

　法律行為の効力が否定される場合、その具体的効果は、無効または取消しである。これに関して、総則では民法119条以下に9か条が設けられている。詳しくは後述するが、無効と取消しの基本的な意味および違いは以下のようである。

①無効

　無効は、これまでにも頻繁に出てきた概念であるが、実はこれを定義している条文はない。あまりにも当然のことであり定義するまでもないと考えられたためである。しかし今日では、無効といってもその内容は単一ではなく、各効力否定原因における解釈によって多様化している。それについては後に述べることとし、ここでは、無効の原則的な意義は無、すなわち「何もないこと」であると定義しておく。

　しかし無効は、あくまで現に存在する法律行為に対する法的評価であって、不存在とは異なる。意思表示は、効果意思がなくても表示行為があれば成立するので（ただし、表示行為以外に表示意思ないし表示意識があることが必要であると解するか否かについては見解の対立がある。第10章2 **(5)** 参照）、意思表示を構成要素とする法律行為も成立していることになる。したがって、「何もない」とは、法律行為がないということではなく、法律行為はあるが効力がない、という意味である。たとえば、申込みと承諾とが合致していなければ契約は不成立であり存在していないが、申込みと承諾とが合致して契約が成立していても、新93条1項ただし書での心裡留保にあたれば契約は無効となって、その効果は何もないと評価されるのである。

②取消し

　他方、取消しについては、新121条で「取り消された行為は、初めから無効であったものとみなす」と規定されている。取り消せば無効になるのであるから、取り消して法律行為を無効にするか、取り消さずに有効なまま維持するかの選択の余地があることになる。換言すれば、取り消すことができる行為は、取り消されなければ有効な行為である。これが無効との決定的違いである。

　すでに述べたように、民法は、法律行為の内容や意思表示そのものが不

完全な場合には無効とし、法律行為そのものは完全でも、法律行為をする資格（制限行為能力）や意思表示の過程（錯誤、詐欺、強迫、および消費者契約法上の誤認、困惑）に問題がある場合には、当事者の自己決定権を尊重して取消しを採用している。

　このように、取消しは、取り消すか否かのイニシアチブを与える制度であり、誰が取り消すことができるのか（取消権者）、いつまで取り消せるのか（期間、追認）が問題となる。

(2) 効力否定後の法律関係

　法律行為が無効または取り消された後の法律関係はどうなるか。一般的にいえば、法律行為に基づく権利・義務が発生しないことになるが、詳しく見れば以下のようになる。

①未履行給付の拒絶

　法律行為に基づく給付が未だなされていない場合には、相手方からその履行を請求されてもこれを拒絶することができる。具体的には、相手方が法律行為に基づいて履行を請求してきた場合に、それに対する抗弁としてその無効または取消しを主張することになる。これに対して相手方は、無効・取消しを阻止する根拠（新95条3項の重過失、民126条の取消権の期間制限など）を主張・立証しなければ履行請求は認められないことになる。

②原状回復義務

　給付がすでになされていた場合には、相手方は、法律行為がなかった状態に戻す義務（これを原状回復という）を負うので（新121条の2第1項）、給付をした者は、自ら無効・取消しを主張して、給付されたものの返還請求をしなければならない（ただし、民708条の不法原因給付に当たる場合には返還請求できない）。改正前には、これを認める明文規定がなかったので、この返還請求権は、無効・取消しによって給付には「法律上の原因」がなかったことになるとして、不当利得返還請求権（民703条以下）として認められると解されてきた。ただし、給付したものが有体物であり、それがそのまま相手方の手もとにある場合には、法律行為の無効・取消しによってその物の所有権が移転しなかったことになるとして、所有権に基づく返還請

求も観念できる（これを物権的返還請求権という）。しかしここでは、所有者が泥棒に対して返還請求するような場合と異なり、当事者間には法律行為があったことを前提としながら、その効力が失われたことによる清算をするという法律関係が存続しているので、そのための不当利得（給付利得という）だけが問題になると解すべきである（不当利得法においては、不当利得を給付利得と侵害利得〔勝手に他人のものを持ち去ったというような場合の不当利得〕とに類型化する問題が関係しているが、ここではこれ以上立ち入らない）。また、当事者がお互いに給付をしている場合には、これらの返還は、相互の対価的バランスが取れ、かつ公平にかなう限り、双務契約の履行関係と同様に、同時に履行すべきである（新533条〔同時履行の抗弁権という〕）と解されている。新法は、以上のような趣旨を明確にするために原状回復という表現を用いたのである（清算ルール）。

これに対して、給付された物がすでに相手方から第三者に譲渡されている場合には、例外的に第三者がその物の所有権を取得しない限り（動産の場合には民192条の即時取得がありうる。また、不動産の場合でも、新93条2項、民94条2項、新95条4項、新96条3項、消4条6項の場合には無効・取消しを善意または善意・無過失の第三者に対抗できない）、清算関係にない者に対する請求として、所有権に基づく返還請求をすることになると解されている（ただし、虚偽表示では、私見のように、通説と異なって、例外にあたらなければ当事者間の清算関係を第三者にも主張できることになると解すると、第三者との関係も清算関係を反映したものになる）。

③原状回復の例外

原状回復には三つの場合に例外がある。

第一に、無償行為（たとえば贈与）に基づいて給付を受けていた者が、給付を受けた当時に、無効であることまたは取り消すことができる行為であることを知らなかった（善意）ときは、その行為によって現に利益を受けていた限度、すなわちすでに消費したものを除いて手元に残っている限度（現存利益という）でのみ返還義務を負う（新121条の2第2項）。改正により新設された規定である。これは、無償行為においては、相手方への原状回復はなく、原状回復が相手方からの一方的なものになるので、すでに費消したりしてしまった利益まで回復させるのは酷であり、現に利益が残っ

ている限りでの返還として相手方の信頼を保護するのが妥当だと考えられたからである。不当利得法では、善意である場合には現存利益の限度での返還になるが（民703条）、原状回復では、原則としてすべての給付を返還しなければならず、無償行為である場合のみの例外となる。もっとも、たとえば受け取った金銭で他人に対する借金を返済したとか、それを生活費に充てたような場合には、支出しなければならない費用について出費を免れた分だけ現に利益を得ている（財布の中身が減っていない）といえるので、返還しなければならない（大判昭和7・10・26民集11巻1920頁など）。

　第二に、行為の時に意思無能力または制限行為能力であった者は、無効・取消しによって返還すべき給付がある場合でも、無効な行為または取り消すことができる行為であったことについて善意・悪意を問わず、現に利益を得ている限度でのみ返還義務を負う（新121条の2第3項）。意思無能力者、制限行為能力者を保護する趣旨である。

　第三に、消費者契約法上の誤認・困惑・過量取引に基づき消費者契約の申込みまたは承諾の意思表示を取り消した場合には、消費者は、給付を受けた当時において取り消すことができることを知らなかったときは、現に利益を受けている限度でのみ返還義務を負う（消6条の2）。消費者を保護する趣旨である。

　なお、改正作業の過程では、詐欺または強迫を受けて意思表示を取り消した者も相手方（詐欺者、強迫者）にすべてを返還すべきとするのは妥当ではないので、現存利益の返還に限定すべきではないかが議論されたが、これらの者の保護は、そもそも意思表示の取消しを認めることで図られているとして、特別の規定が新設されることはなかった。

④果実・使用利益の帰属

　給付したものを相手方が使用していた場合の利益（使用利益という）、第三者に貸していた場合の賃料（法定果実という）や、代金を受領していた場合の利息はどうなるか。新法でも規定されることはなく、解釈に委ねられているが、契約が解除された場合の原状回復においては、これらも返還しなければならないと規定されており（新545条2項、3項）、これとの均衡および原状回復という趣旨から、返還しなければならないと解するのが妥当であろう（ただし、詐欺・強迫の場合には③での議論を反映して、返還不要と解

275

する見解もある）。

⑤給付したものが消費された場合

　給付したものを返還すべき場合にそれが消費されてしまっていたとき、③の例外に当たらなければ、消費されたものの価格相当額を返還しなければならない。明文規定はないが、原状回復という趣旨からすれば認められるのは当然である（消費してしまえば返さなくてよいというのでは不合理である）。

◆　解　釈　◆

図表35　効果から見た効力否定原因

効力否定原因	条文	効果	対第三者
意思無能力	民3条の2	無効	―
心裡留保	民93条1項ただし書		民93条2項
虚偽表示	民94条1項		民94条2項
強行法規違反	個別法規・民90条		―
不当条項規制	消8条～10条		―
公序良俗違反	民90条		―
制限行為能力	民5条2項、9条、13条4項、17条4項	取消し	―
錯誤	民95条1項		民95条4項
詐欺	民96条1項		民96条3項
強迫	民96条1項		―
誤認	消4条1項、2項		消4条6項
困惑	消4条3項		消4条6項
過量取引	消4条4項		消4条6項

(1) 効力否定原因の重複

　法律行為の効力否定原因を効果の点から整理すると以上のようになる。

　それでは、一つの法律行為について、主張することが可能な効力否定原因がいくつか重複する場合、当事者はそのうちどれを主張すればよいか。このような事態のうち、錯誤と詐欺とが競合する場合についてはすでに述

べたが、それ以外でも、①無効と無効の競合（たとえば意思無能力と公序良俗違反）、②無効と取消しの競合（たとえば意思無能力と制限行為能力）、③取消しと取消しの競合（たとえば制限行為能力と詐欺）について、種々の組み合わせがありうる。判例・通説は、これらの効力否定原因には一般法・特別法の関係が存在しないので、当事者はどのような原因でも自由に選択することができると解している（単純競合説）。学説の中には、複数の規範が適用できる場合に一つの規範だけを適用すると、他方の規範の趣旨が没却されてしまうので（たとえば、制限行為能力者を詐欺した場合と通常人を詐欺した場合とでは事情が異なる）、これら複数の規範内容を統合した規範が適用されるべきであると解する説もある（規範統合説）。しかしこれでは、その具体的な規範内容はどのようなものかを事案ごとに考えなければならないという問題が残る。

　判例・通説による場合でも、②の場合については、「無効なものを取り消すことはできない」と硬直的に考えると、無効のみを主張できることになる。しかし、無効・取消しは、ある法律行為に対する法的評価にほかならないのであって、あらかじめ無効や取消しの事案であると決まっているわけではない。これまで繰り返し述べてきたように、実際の紛争ではどのような原因に基づいて法律行為の効力を否定するかを選択するのは、当該事案との関係でどのような要件を主張するのがベターかという判断による。これに効果の観点から、無効と取消しとの違い、第三者に対する効果の違いなどを勘案することによって、当該紛争の解決を有利に導くための法的な戦略・戦術ができあがるのである。

(2) 無効・取消しの類似概念

　以下の概念は、無効・取消しと似ているように見えるが、実際にはまったく異なる。

①撤回

　撤回の意義については諸説があり、確定しているとはいえないが、近年では、取消し原因に基づかずに、一方的に意思表示ないし法律行為をなかったことにする行為であると解されている。撤回するまでは法律行為の効力が否定されないという点では取消しに似ているが、取消し原因に基づい

ていない点で異なる。また、はじめから効力を生じさせない撤回は無効に似ているが、撤回しなければ有効なままである点で異なる。

撤回は、法律行為そのものについて問題があるわけではないので、これを簡単に認めてしまうと法律行為に対する信頼が損なわれてしまう。そこで撤回は、法律の規定がある場合にのみ認められると解されている。未成年者に対する営業許可の取消し（民6条2項）、代理権のない者が代理行為をした場合に相手方からする契約の取消し（民115条）は、取消しという文言が用いられているが、実際には撤回であると解されている。また、契約に関して承諾期間を定めてした申込み（新523条1項）、遺言（民1022条）などについては、撤回であることが明文で規定されている。

②解除

契約の解除は、有効な契約の効力を否定する行為である。民法には解除できる場合が法定されているが（民540条以下〔法定解除〕など）、当事者間の約定で解除権を付与する場合もある（約定解除）。契約が解除されると、当事者間には契約がなかった状態に戻す関係（原状回復）が生じるので（新545条1項）、この点で取消しに似ている。しかし、解除は、法律行為そのものに問題がある場合ではなく、法律行為成立後の事情による（たとえば期日までに代金を支払わない、過失で物を壊してしまったので引き渡せないなど）点で異なる。ただし、書面によらない贈与の解除（新550条）、書面でする消費貸借の解除（新587条の2第2項）、使用貸借の解除（新593条の2）、寄託の解除（新657条の2）は、このような趣旨とは異なり、いったん契約が成立したが原状回復の問題が生じる前に（履行がなされる前に）にその拘束力を排除することを認めるものである（むしろ③のクーリング・オフに似ている）。

③クーリング・オフ

クーリング・オフ（cooling-off）は、何らの理由がなくても契約からの離脱（申込みの撤回または契約の解除）を認める制度である。無効や取消しと異なることは明らかであるが、何らの理由も不要である点で、通常の撤回や解除とも異なる。現在のところ、消費者に冷静になって考える機会を与えるために、一定の取引形態（割賦販売や訪問販売など）について、かつ、

278

第 17 章 ◆ 法律行為の無効・取消し／無効

一定の期間のみ特別法で認められている（割賦販売 35 条の 3 の 10、特定商取引 9 条、宅建業 37 条の 2 など）。

2 無効

- 無効では、完全無効が原則である。
- 完全無効とは、①最初から、②当然に、③全部にわたり、④誰からも、⑤誰に対しても、⑥いつまでも、⑦確定的に無効であることをいう。
- 無効な行為であることを知って追認した場合には、新たな行為をしたものとみなされる。これは本来の意味での追認ではない。
- 無権代理行為を追認した場合には遡及効があり、無権利者による他人物の処分行為の追認について類推適用されると解されている。
- 今日では、完全無効の特徴を有しない無効（不完全無効）が認められ、無効の内容が多様化している。
- 一部無効は、明文規定または解釈により認められているが、残された法律行為の効力をどのように解するかが重要である。
- 取消し的無効は、主張権者が制限される無効であり、対抗不能な無効は、主張する相手方が制限される無効である。
- 無効行為は、他の別の行為であると解することができる場合にそのような行為に転換して有効とされる場合がある（無効行為の転換）。

◆ 条 文 ◆

(1) 完全無効

前述したように、無効について定義する条文はない。しかし、一般的に言えば、効果がまったくないことであり、より詳しく言えば、以下のような意味で効果が発生しないことであると解されている。このような無効の形態を「完全無効」と呼んでおくことにする。無効は原則として完全無効であり、明文の規定または解釈によって例外が認められない限り、すべての無効に当てはまる。

①最初から：無効な行為は、法律行為をしたときからずっと無効である。

279

②当然に：無効な行為は、無効であることを主張してはじめて無効になるのではなく、要件を充たせばそれだけで当然に無効である。③全部にわたり：無効な行為は、その行為全部が無効である。④誰からも：無効な行為については、誰からも無効であることを主張してよい。⑤誰に対しても：無効な行為は、すべての人にとって無効であり、ある者に対しては無効だが、他の者に対しては有効であるということはない。⑥いつまでも：無効な行為は、永遠に無効であり、いつまでに主張しないと無効といえなくなるということはない。⑦確定的に：無効であることは確定しており、無効な行為を後で有効な行為に変えようとしても変えることはできない。

(2) 無効行為の追認

　無効な行為は、追認しても効力を生じない（民119条本文）。無であるから、それを追認したところで何も生まれないからである。ところが民法では、当事者が無効であることを知りながら「追認」した場合には、新たな行為をしたものとみなすと規定されている（民119条ただし書）。しかしこれは、無効な行為の表示を利用して新しく別の行為をするのであれば、それは構わないという意味であり、通常の意味での追認ではない。ただし、新たな行為であっても無効原因が存在すれば、その行為も無効になるのは当然である。したがって、公序良俗違反の法律行為は、無効原因が除去されない限り、追認しても無効である（たとえば、人身売買契約は追認したからといって有効になるわけではない）。

　新たな行為であるから、それは追認の時点から効力を有し、前の法律行為の時点に遡らないのが原則である。しかし、無権代理行為を本人が追認した場合だけは、遡及して効力を生じ、無権代理行為ははじめから有効な代理行為であったことになる（民116条）。詳しくは代理で述べるが、無権代理は、代理行為の内容が妥当でないことに基づく制度ではなく、代理人と称する者に代理権がなかっただけであるから、必ずしも本人に不利益な結果を招くわけではない。そこで、本人の追認によりはじめから代理権が与えられていたこととしても差し支えないとされているのである。

第 17 章 ◆ 法律行為の無効・取消し／無効

◆ 解 釈 ◆

(1) 無効の多様化（不完全無効）

前述したように完全無効は多くの点から法律行為の効果が無であること
であると解されているが、今日では、以下のように、解釈によってこれら
の特徴を有しない無効の存在が認められており、無効の内容が多様化して
いる。これらを総称して「不完全無効」と呼んでおく。

①一部無効

法律行為の一部だけが無効となることが認められる場合がある。後述の
ように明文で認められている場合もあるが、明文がない場合でも、判例・
学説は、法律行為のうち、無効な部分を除いた残りの部分だけでも法律行
為の効力を維持させるべき合理的な理由がある場合には、一部無効が認め
られると解している。具体的に一部無効とするか全部無効とするかは、規
定の趣旨、当事者の意思、結果の妥当性などを総合的に考慮して判断すべ
きであるが、以下のような場合に問題となる。

第一に、期間や金額の制限がある場合に、これを超過する合意をした場
合には、超過する部分だけが無効とされることが多い（民278条1項、民
360条1項、民580条1項、新604条1項、利息制限1条、同4条1項、消9条
など）。明文の規定がない場合でも、同様に解することができる場合が多
いであろう（第16章5◆解釈◆ (1) ①参照）。また、金額を錯誤したような
場合には、もともと意図していた金額での合意が認められることがある
（最判昭和54・9・6民集33巻5号630頁・ハンドブック59〔150万円のつもりで
1500万円と印字された手形の事例〕）。このように解しても、契約内容が合理
的なところまたは当事者が本来意図していたところに調整されるだけであ
り、当事者に無理を強いるものとはならない。

第二に、金額・期間以外の点についての合意が無効とされる場合に、そ
の合意は全部無効かそれとも規制に抵触する限りでの一部無効であろうか。
消費者契約法の不当条項規制（消8条1項2号）に関して、賠償責任をあら
ゆる場合に一部免除する条項について争いがあるが、契約の一方当事者が
他方当事者に比べて社会的・経済的に優越した立場にある契約（消費者契
約など）では、ダメもとで不当な条項を盛り込むことを避けるためには、全
部無効と解すべきであろう。しかし、他の一般的な場合には一部無効とし

281

てよい。

第三に、契約の一部の条項が無効な場合に契約全体が無効となるか否かは、その条項の趣旨（本質的条項か付随的条項か）、残部分との密接関連性の程度、残部分を有効とした場合の結果の妥当性などを考慮して判断すべきである。公序良俗に関して前述したように、芸娼妓契約は戦前において一部無効と解されていたが、戦後には全部無効と解されるにいたった（最判昭和 30・10・7 民集 9 巻 11 号 1616 頁・ハンドブック 33）。逆に、労働契約に関する判例では、男女平等に反する女子若年定年制や結婚退職制を定める条項だけが無効とされ、労働契約そのものは有効なままと解されている。一部無効と解された部分について補充する必要がある場合には、任意法規や補充的契約解釈によって補充されることになる。ただし、一部無効とすることが契約の両当事者のいずれもがまったく望まないような結果となることは避けるべきである。たとえば、他に共同保証人がいると錯誤して連帯保証人になったという場合に、債務の 2 分の 1 について責任があるとした裁判例があるが（大阪高判平成 2・6・21 判時 1366 号 53 頁・ハンドブック 63）、その当否は疑問であり、全部有効か全部無効と解すべきであったように思われる。

②取消し的無効としての相対的無効

相対的無効という用語は、何が絶対的でないのかに応じて、(a)無効を主張することができる者が限られるという意味に解する見解、逆に、(b)無効を主張することができる相手方が限られるという意味に解する見解、(c)両者を含むとする見解があり、理解が確定していない。最近ではこの用語に否定的な見解もある。そこで、ここではその内容に応じた用語を使うことにする。

取消し的無効というのは、無効を主張できる者が限定される無効である。意思無能力による無効は、本人を保護する趣旨であるから、本人のみが主張することができると解されている。主張権者が限られるという点で取消しに似ている。取消しに関する主張期間の制限（民 126 条）、追認（新 122 条）の規定は、取消し的無効に類推適用されるべきである。主張期間の制限を認めることは、「いつまでも」という完全無効の特徴を制限することでもある。

③対抗不能としての相対的無効

　虚偽表示は、当事者間では無効であるが、善意の第三者には無効を対抗することができない（民94条2項）。同条が類推適用される場合も同様になる。このような場合には、無効の主張が対人的に制限されることになる（新95条4項、新96条3項、消4条6項では取消しの対抗不能となる）。ただし、このように人によって有効になったり無効になったりするのでは、法律関係が複雑になるという問題がある（第12章3◆発展問題◆ **(2)** 参照）。

(2) 遡及的追認

　前述したように、民法119条によれば、無効な行為は「追認」しても遡及的にはじめから有効な行為となることはないが、無権代理行為を本人が追認した場合だけは、その効力が遡及して、はじめから有効な代理行為であったことになる（民116条）。これは、そうしても必ずしも本人の不利益になるわけではないことに基づく。この理は、ある物の所有者でないがそれを自己のものであると称して他に処分した場合にも妥当し、真の所有者が無権利者の行為を追認した場合には、民法119条によるのではなく、民法116条を類推適用して、はじめから有効な処分であったことにすべきであると解するのが判例（最判昭和37・8・10民集16巻8号1700頁・百選Ⅰ-38・ハンドブック102〔無権利者による抵当権設定を追認した事例〕)・通説である。このような場合には、他人の物を目的とした契約自体は有効であるが、それだけでは相手方はその物に対する権利（物権）を取得することができないので、遡及的追認を認める意義がある。なおこの場合には、物の所有権は、無権代理行為の追認の場合と異なり、所有者から無権利者を経由して相手方に移転することになると解されている（ただし、処分権限の追認とみられる場合は所有者から直接移転する）。

(3) 無効行為の転換

　無効な行為でも、他の別の行為であると解することができる場合には、そのような行為として有効にしてよいと解されている。これを無効行為の転換という。民法にはこれを認める一般的な規定はないが、個別的に認めている場合がある（民971条〔秘密証書遺言としては無効な遺言でも自筆証書遺言として有効〕)。

283

明文の規定がない場合でも、学説では、①無効な法律行為が他の法律行為の要件を充たしている場合で、かつ、②当事者が当初の法律行為の無効を知っていれば別の法律行為をしたであろうと認められる場合には、無効行為の転換を認めてよいと解されている。具体的にはケースによるが、たとえば、駐車のために他人の土地を借りる地上権設定契約は、その土地において工作物または竹木を所有する目的ではないので無効であるが（民265条参照）、賃貸借契約として有効と解してよい。無効な要式行為から別の要式行為への転換（たとえば身分行為の場合）については、転換後の行為にも方式遵守の要請がある以上、どこまで認めてよいかがとくに問題となるが、判例は簡単には転換を認めていない。肯定例としては、妻以外の女性との間にできた子（非嫡出子）を夫婦間の子（嫡出子）として届け出た場合には、認知として有効とされた例がある（最判昭和53・2・24民集32巻1号110頁・百選Ⅲ-30・ハンドブック106）。自分の子であることを認め、それを届け出る意思があるといってよいからである。しかし、他人の子を嫡出子として届け出た場合に養子縁組として有効になることはないとされ（最判昭和50・4・8民集29巻4号401頁・百選Ⅲ-39など）、また、自分の子でない者についてした認知届が養子縁組として有効となることはないとされている（最判昭和54・11・2判時955号56頁）。これらの場合には自分の子とする意思はあるが、判例はそれ以上に養子縁組の要式性を重視しているものと思われる。

◆ 発 展 問 題 ◆
効力否定の原因と効果を対応させた整理の可能性

　無効が多様化している状況の下では、法律行為の効力否定原因は、これまでの分類、すなわち、①法律行為をする資格の欠落、②法律行為の要素の欠落、③法律行為の内容の違法という分類よりも、効力否定の効果の観点から、その程度の強弱に応じて再整理したほうが分かりやすいのではないかという疑問が生じる。学説には、効力否定原因をその保護法益に応じて公益的無効・取消し（公益の保護）と私益的無効・取消し（当事者の保護）とに分ける見解があるが、これもまた効果との関係を意識したものであるといえる（前者は完全無効、後者は不完全無効）。しかし、効力否定原因はこの両者に明確に分類できないものもあり（虚偽表示など）、このような分類

第 17 章 ◆ 法律行為の無効・取消し／取消し

も一応の目安にすぎない。また、前述したように、無効の範囲、主張権者、主張の相手方などの点での多様化の状況は、論点ごとおよび効力否定原因ごとに異なっており、一律に効力否定の効果が強いものから弱いものへと順序よく並べることができない。将来的には、効力否定原因の趣旨・目的に応じて不完全無効の具体的内容を整理し、効力否定原因の要件と効果を対応させた一覧表が書けるような分類を目指すべきである（民法改正では、意思表示の無効・取消しと第三者保護の関係について、表意者の帰責性の程度と第三者保護を相関的に考慮して再整理が行われた）。

3　取消し

- ・取り消すことができる行為は、取り消すまでは有効な行為であるから、誰が取り消すことができるか（取消権者）、いつまで取り消すことができるか（期間制限、追認）が問題になる。
- ・取消権者は、原則として、本人・その代理人・承継人であるが、制限行為能力による取消しでは、同意権者も取消権者となる。
- ・取消しは、相手方に対する意思表示によって行う。
- ・取消権は、追認をすることができる時から5年間行使しないときは、時効によって消滅し、行為の時から20年を経過したときも消滅する。ただし、消費者契約法上の取消権については、期間が短縮されている。
- ・取り消すことができる行為の追認は、取消権の放棄を意味する。
- ・追認の意思表示がない場合でも、追認できる時以後に一定の事実があった場合には、追認したものとみなされる（法定追認）。
- ・取消権者の保証人には、取消権はないが、取り消されるか否かが確定するまで履行拒絶権がある。
- ・取消しの結果、給付物の返還を請求する場合には、判例は、返還請求権は取消権とは別の時効にかかるとするが、学説では、返還請求権も取消権の期間制限内に行使しなければならないと解する説が有力である。

285

◆ 条 文 ◆

(1) 遡及的無効

　新 121 条は、「取り消された行為は、初めから無効であったものとみなす」と規定している。これは、すでに述べたように、取り消すことができる法律行為は、取り消さなければ有効なままであるということである。このように、取り消すか否かによって法律関係が決定的に異なるのが取消しの特徴である。そうすると次には、誰が取り消せるか（取消権者）、いつまで取り消せるか（期間制限・追認）などが問題になる。そこで民法典には、これらの取消しに特有の問題についていくつかの条文が置かれている。これは、無効についてはその内容を規定する民法総則の条文がほとんどなく、解釈によって無効が多様化していることと対照的である。

(2) 特殊な取消し

　無効・取消しと類似しているが異なる概念についてはすでに述べた。ここでは、取消しという文言が用いられているが、民法 121 条にいう取消しと異なるものについて見ておこう。

①撤回

　前述のように、未成年者に対する営業許可の取消し（民 6 条 2 項）、無権代理行為の相手方からする取消し（民 115 条）は、実際には撤回であると解されている。

②後見・保佐・補助開始審判の取消し、失踪宣告の取消し

　成年後見開始、保佐開始、補助開始の審判を受けたが、その後にその原因が消滅したときは、本人などの請求により、家庭裁判所は審判を取り消さなければならない（民 10 条、民 14 条、民 18 条）。また、失踪宣告は、失踪者が生存することまたは宣告で死亡とみなされた時と異なる時に死亡したことの証明があったときは、本人などの請求により、家庭裁判所は失踪宣告を取り消さなければならない（民 32 条）。しかしこれらの取消しは、国家機関の行為に関するものであり、法律行為の取消しではない。

③詐害行為取消し

　詐害行為取消し（新424条以下）とは、債務者が債権者を害することを知りながらした行為を債権者が取り消すことを裁判所に請求するという制度である。たとえば、金銭を借りている債務者が唯一の財産を第三者に贈与して借金の返済ができない状況を自ら作り出したような場合である。債権者は、これをみすみす見逃したのでは債務者から返済も受けられず、また強制執行しても空振りに終わってしまう。そこで、このような債権者を害する行為については、債権者は法律行為の当事者ではないが取り消すことができるとされているのである。しかし、この場合の法律行為の取消しは裁判によらなければならないだけでなく、取消しの意味は、判例・通説によれば、法律行為を取り消すとともに、詐害行為の目的物を債務者に返還するよう請求するという二つの内容を含んでいる（取消し＋返還請求）。また、法律行為それ自体に欠陥があるわけではない。したがって、この取消しもまた新121条の取消しとは異なる。

④家族法上の取消し

　家族法上の婚姻・養子縁組の取消し（民743条以下、民803条以下）は、取消権者の範囲、取消しの方法（家庭裁判所への訴えの提起）、期間制限などの点で、総則の取消しと異なっている。また、たとえ取り消しても現実に婚姻・養親子関係を継続していたという事実が消えることはないので、取消しの効果は将来に向かってのみ生じるとされている（民748条1項、民808条1項）。

(3) 取消権

　法律行為を取り消す場合、取り消すことができる者は当該法律行為に関係する一定の者に限定され、その一方的な意思表示によって法律行為の効力を否定することができる。このように、ある者の一方的な意思表示によって法律関係を形成（創設・変更・廃棄）することができる権利のことを「形成権」とよんでいる。形成権という文言は民法典にはないが、これは明治期の立法当時にはそのような概念が知られていなかったためであると解されている。取消権のほかに、契約の解除権（民540条）、売買の一方の予約における予約完結権（民556条）なども形成権であると解されている。

(4) 取消権者の範囲
①共通の取消権者

　民法総則の取消しでは、本人・その代理人・承継人が取消権者となるのが基本である（新120条1項と2項に共通する者）。消費者契約法では、消費者の代理人は消費者とみなされている（消5条2項）。承継人について定めがないが、当然民法と同様にして取消権者となるという趣旨であると解すべきである。

　制限行為能力者本人も単独で取消権を行使することができるが、これもまた取り消すことができるのだろうか（取消しの取消し）。しかし、このような場合には確定的に取消しの効力が生ずると解されている。そうでないと法律関係が煩雑になり、また取消しによって行為能力の制限違反が解消されるのでそれをさらに取り消させる実益もないからである。

　代理人には、法定代理人（法律の規定による代理人。未成年者の親権者〔民824条〕など）、任意代理人（本人が選任した代理人）が含まれる。

　承継人とは、ある者の権利・義務を承継した者のことであり、承継には、包括承継と特定承継とがある。前者は、ある者のすべての権利・義務が一括して承継される場合であり、相続（相続人）・包括遺贈（包括受遺者）や会社の合併（合併後の会社）がこれにあたる。また後者は、ある者の特定の権利・義務だけが承継される場合であり、ある物の買主や賃借人などが特定承継人にあたる。しかし、取消しの場合には、たとえば取り消すことができる行為で取得した目的物を譲り受けた者が取消権まで承継するとは実際上考えられない。また、後述の法定追認があったとされて、そもそも本人も取り消しできなくなる場合がほとんどであろう。したがって、ここでいう特定承継人とは、実際には本人の契約上の地位をそっくり譲り受けた者に限られる。

②制限行為能力による取消し

　制限行為能力による取消しの場合（制限行為能力者が他の制限行為能力者の法定代理人としてした行為については、他の制限行為能力者を含む）には、上記の者のほか、同意権者が取消権者に含まれる（新120条1項）。カッコ内は、後述の代理において、旧102条と異なり、制限行為能力者が他の制限行為能力者の法定代理人としてした行為については制限行為能力を理由と

して取り消すことができるとされた（新102条ただし書）ことに併せて、改正により追加された（その意味については第18章5参照）。同意権とは、制限行為能力者のする法律行為に同意を与える権限であり、親権者（親権者がいない場合には未成年後見人）および、家裁から同意権を付与された保佐人・補助人が有している。しかし、親権者（未成年後見人）はそもそも代理人であるから、ここでの同意権者に二重に含める意味はない。他方、代理人ではないが同意権がある者については、かつては明文がなく、取消権があるか否か議論があった。多数説は、同意権の実効性を確保するために取消権を認める必要があると解していたが（そうでないと同意を得ないで法律行為をしても取り消せなくなってしまう）、2004年の民法の現代語化に伴い明文化された。

(5) 取消しの方法

　取消しは、相手方が確定している場合には、法律行為の相手方に対する意思表示によって行う（民123条）。これは、一方的な意思表示でする単独行為である。訴えを提起する必要はない。相手方が確定していない場合には、客観的に見て取消しの意思表示と認められるような行為があればそれでよいと解されている（民123条の反対解釈）。

(6) 取消し後の法律関係

　取消し後の法律関係がどうなるかは、すでに無効の場合に併せて述べた。以下では、とくに取消しの場合の注意点をまとめておこう。

　①取消しは意思表示によって効力を生じるので（家族法を除く）、たとえば給付した物の返還を請求する場合には、直ちに原状回復請求をしてその過程で取り消したことを主張・立証すればよく、あらためて取消しのための訴訟を提起する必要はない。

　②意思無能力者および制限行為能力者は、無効または取消しによって返還すべきものがある場合でも、善意・悪意に関わらず、現に利益を得ている限度、すなわちすでに消費したものを除いて手元に残っている限度で返還義務を負う（新121条の2第3項）。意思無能力者・制限行為能力者を保護するための例外である。

　③錯誤（新95条4項）、詐欺（新96条3項）、誤認・困惑・過量取引（消4

条 6 項)による取消しは、善意・無過失の第三者に対抗することができない。

④一部取消し

一部取消しについて規定はないが、一部無効について述べたところに準じて解すればよい。

(7) 期間制限

取消権は、主張期間に制限がある。これは、不安定な状態を長期間放置することは望ましくないという趣旨である。期間は取消原因によって異なる。

①総則上の取消し

取消権は、追認をすることができる時から 5 年間行使しないときは、時効によって消滅する（消滅時効）（民 126 条前段）。また、行為の時から 20 年を経過したときも消滅する（民 126 条後段）。後者は、消滅時効ではなく除斥期間であると解されている。取消権はこのうちいずれか早いほうで消滅する。民法典には除斥期間について規定する条文はないが、更新がないことなど時効とは異なる概念であるという理解が定着している（除斥期間については、後に第 19 章 14 で扱う）。

なお、制限行為能力による取消しでは、本人と代理人とで追認をすることができる時が異なるので（後述の追認参照）、取消権の期間制限の起算点が異なることになる。しかし、取消権はそれぞれが有していても、一つの法律関係に関するもので共通しており、法律関係の早期安定の観点から、代理人の取消権が消滅すれば本人の取消権も消滅すると解すべきである。

②消費者契約法上の取消し

消費者契約法上の取消権の行使期間は、民法よりも短く、追認をすることができる時から 1 年間行使しないときは時効によって消滅する（消 7 条 1 項前段）。また、消費者契約の締結の時から 5 年を経過したときも消滅する（除斥期間）（消 7 条 1 項後段）。いずれか早いほうで消滅することは①と同様である。

第 17 章 ◆ 法律行為の無効・取消し／取消し

(8) 取り消すことができる行為の追認

①意義

　取り消すことができる行為は、追認したときは以後取り消すことができないと規定されている（新122条）。しかし取り消すことができる行為は、取り消すまでは有効であり、法律行為を有効にするためにわざわざ追認する必要がない。したがって、ここでの「追認」は、真の意味での追認ではなく、「取消権を放棄して有効に確定させること」であると解されている（なお、無効行為の追認も真の意味での追認ではない）。

　追認することができるのは、新120条に規定されている者、すなわち取消権を有する者である（新122条）。また、追認は、取消しと同様、相手方が確定している場合には、相手方に対する一方的な意思表示（単独行為）によって行う（民123条）。ただし例外的に、制限行為能力の場合には、相手方からの催告に対して確答を発しない場合に追認とみなされることがある（新20条1項、2項）。

②要件

　追認（取消権の放棄）といえるためには、以下の二つの要件を充たしていることが必要である（新124条1項）。これらについては、要件とはいうものの、追認の効力を否定しようとする者がそのような事情が欠けていることを主張・立証しなければならない（佐久間、潮見）。

　第一に、取消原因となっている状況が消滅したことが必要である。すなわち、制限行為能力による取消しでは能力者となった後、詐欺・強迫・誤認・困惑・過量取引による取消しではその状況を脱した後であることが必要である。そうでなければ、追認自体が正常で自由な判断とはいえないからである。

　法定代理人、保佐人、補助人が追認をする場合には、この要件は不要である（新124条2項1号）。これらの者は取消原因となっている状況の当事者自身ではないからである（たとえば、未成年者の行為を親権者が追認する場合には、本人が未成年のままでも追認できる）。これと同じく、制限行為能力者（成年被後見人以外）が同意権者の同意を得て追認するのであれば、通常の法律行為が有効になるのと同様に、有効な追認になる（新124条2項2号）。

291

第二に、取消し可能な行為であることを了知したことが必要である。旧法では、成年被後見人は能力者になった後にその行為を了知しなければ追認できないことだけが規定されていたが（旧124条2項）、これは、成年被後見人は通例自分が当時何をしたのかを認識していないと考えられたためであり、この規定は注意規定（当然だが注意のために規定されている）であり、他の場合でも追認権者が了知していることが必要なのは同様であると解されてきた。そこで民法改正により、この要件が一般化されたのである（新124条1項）。なお、追認といえるためには、行為の存在だけでなく、それが取り消すことができることを了知していなければならない（大判大正5・12・28民録22輯2529頁〔未成年者の行為〕）。

③効果

　追認されると、それ以後は取り消せなくなるので（新122条）、法律行為ははじめから有効であったものとして確定する。追認権者が複数いる場合でも、一人が追認すれば取消原因が治癒されるので確定的に有効になる。その意味では、追認は単に個人的に取消権を放棄するだけの行為ではない。なお、旧122条ただし書では、第三者の権利を害することができないと規定されていたが、追認は有効な行為を有効なものとして確定させるだけなので、これによって第三者が害されることはありえず、無用の規定であると解されていた（ある物を取消権者が相手方と第三者に二重に譲渡した場合には、追認によって第三者がその物を取得することができないように見えるが、このような二重譲渡は、物権法で追認の有無に関係なく対抗問題として処理される〔民177条、民178条〕）。そこで、民法改正によりただし書は削除された。

④法定追認

　追認の意思表示がなくても、取消権者が追認することができる時、すなわち取消原因となっている状況が消滅した時以後に、以下の6つの事実のいずれかがあった場合には、追認したものとみなされる（新125条本文）。これを法定追認という。

(a)全部または一部の履行：取消権者が履行した場合だけでなく、相手方の履行を受領した場合を含む（大判昭和8・4・28民集12巻1040頁）。

(b)履行の請求：取消権者が履行請求する場合。

(c) 更改：取り消すことができる行為による債務を消滅させ、そのかわりに新しい債務を発生させる場合（新513条）。
(d) 担保の供与：取り消すことができる債権・債務のために担保を設定しまたは担保を受ける場合。
(e) 取り消すことができる行為によって取得した権利の全部または一部の譲渡：取消権者が権利を譲渡する場合。
(f) 強制執行：取消権者が取り消すことができる行為による債権の債権者として強制執行をした場合。強制執行を受けた場合も含まれるという見解もあるが、取り消すかどうか迷っている間に強制執行を受けてしまうと取り消せなくなるのは妥当でなく、否定すべきである（大判昭和4・11・22新聞3060号16頁）。

　このような行為はいずれも法律行為の有効性を前提にした行為であり、相手方は通常もはや取り消されないと信頼するので、法律関係の安定をはかる必要があるからである。取消権者が取消原因を知っていたことを要するか否かについては争いがあるが、判例は、取り消すことができることを知っていたか否かは問わないとしている（大判大正12・6・11民集2巻396頁〔未成年者が成年後に追認〕）。法定追認は、客観的な事実によって追認を認めるものであり、相手方もそれを信頼するので、判例が妥当であろう。ただし、このような行為をしても、「追認ではない」という異議をとどめたときは追認にならない（新125条ただし書）。異議をとどめたことの主張・立証責任は、追認の効果を否定しようとする者にある。

図表36　取り消すことができる行為の効力

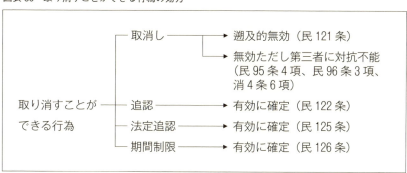

◆ **解　釈** ◆

　取消しについては、条文で規定されている事項が多く、解釈上の問題は、それらの規定によった以降の法律関係がどうなるかという補充的なものである。

(1) 保証人と取消し

　たとえば、主債務者が詐欺で債務を負っている場合に、主債務者の保証人が取消権を行使できるかという問題がある。従来の判例は、保証人は本人の承継人ではないとしてこれを認めていない（大判昭和20・5・21民集24巻9頁）。しかし、保証債務を履行した後になって主債務者が債務負担契約を取り消した場合には法律関係が錯綜する。そこで通説は、債権者から保証人に履行請求がなされた場合には、保証人は主債務者が取り消すか否かが確定していない間は、履行を拒絶する権利（履行拒絶の抗弁権）を有していると解してきた。そこで民法改正では、これを受けて、保証人は主債務者が取消権を有するときは、その行使によって主債務者が債務を免れる限度において、履行を拒絶することができると規定された（新457条3項）。

(2) 返還請求権の期間制限

　取消権を行使した結果、相手方に既に給付したものがある場合には、原状回復としてその物の返還を請求をすることになる。それでは、この返還請求はいつまでにしなければならないか、取消権の期間制限（民126条）を超えていてもよいかが問題になる。判例は、民法126条は取消権だけの期間制限であり、取消しの結果発生する返還請求権の消滅時効は、取消しの時から別途進行すると解している（大判大正7・4・13民録24輯669頁〔二段構成〕。内田、佐久間、平野）。これによれば、民法126条の期間制限内に取消権を行使すれば、返還請求は取消しの時から5年以内にすればよいことになる（新166条1項1号）。これに対して、学説では、判例のように解したのでは法律関係の早期確定という民法126条の趣旨に反するとして、取消権と返還請求権を一体的にとらえ、返還請求権についても民法126条の期間制限が及んでいると解する説も有力である（一段構成。近江、加藤、河上、四宮・能見）。これによれば、取消権も返還請求権も民法126条の期間制限内に行使しなければならない。

第 17 章 ◆ 法律行為の無効・取消し／取消し

　取り消すことができる行為に基づいて給付がなされている場合には、取消しは、給付物の返還請求をしてはじめて実質的な意義を持つ。取消権と返還請求権が概念的に別物であるという理由で別個の期間制限に服するというのは形式的にすぎ、あえてそのように長期間の期間制限を設けるべき実益はない。また、第三者に対する返還請求をする場合に、所有権に基づく返還請求権は消滅時効にかからないとするならば、第三者に対しては（第三者が所有権を取得しない限り）永久に返還請求できることになりかねない。したがって有力説が妥当である。

◆ 発 展 問 題 ◆

無効・取消しと第三者保護の全体像

　法律行為が無効となり、または取り消されると、その法律行為を有効なものであると信頼して取引関係に入った第三者の利益が害される場合が生じる。そこで、どのようにして第三者を保護するかが問題になる。法律行為の規定による第三者保護についてはそれぞれの場面ですでに説明してきたが、ここでは、総則の他の規定、物権法や債権法の規定、解釈による保護を含めて、無効・取消しに対する第三者保護の全体像を解説しておこう。

(1) 条文による第三者保護

①対抗不能

　無効・取消しによる遡及的無効は、相手方だけでなく誰に対しても主張できるのが原則である。ただし、虚偽表示による無効（民 94 条 2 項）、および錯誤（新 95 条 4 項）、詐欺（新 96 条 3 項）、誤認・困惑・過量取引（以上、消 4 条 5 項）による取消しについては、善意または善意・無過失の第三者に対抗することができない。これらについてはすでに解説した。

②取得時効

　民法 162 条によれば、他人の物を善意無過失で 10 年間自己のものとする意思で平穏・公然と占有すれば、その所有権を所得する（民 162 条 2 項）。また悪意または有過失であっても 20 年間平穏・公然と占有すれば、同様にしてその所有権を取得する（民 162 条 1 項）。所有権以外の財産権（地上権など）についても、同様の期間自己のためにする意思をもってその権利を

295

行使すれば、その権利を取得する（民 163 条）。これを取得時効という（詳しくは第 19 章 8 以下参照）。これによれば、法律行為に基づいて相手方に物が給付され、その物が第三者に譲渡された場合、第三者はたとえ①の例外に該当しなくても、長期間経過後にその物の返還、明渡し等を請求されたときは、時効取得を主張してこれを拒むことができる。

③動産の即時取得

民法 192 条によれば、他人の動産を取引によって取得した者は、善意・無過失（すなわち自分への譲渡人等が所有者であると過失なく信じて）占有を取得したのであれば、即時にその所有権を取得する。したがって法律行為に基づいて動産が相手方に給付され、その動産が第三者に譲渡された場合には、たとえ①の例外に該当しなくても、その物の返還を請求されたときは、即時取得を主張してこれを拒むことができる。ただし、これは動産取引に関する特別の規定であり、不動産についてはこのような規定はない。

(2) 解釈による第三者保護

判例・学説は、民法の規定による第三者保護だけでは十分ではないとして、以下のように解釈によって第三者保護を補充しようとしている。

①民法 94 条 2 項類推適用

虚偽表示で詳説したように、民法 94 条 2 項は、今日、虚偽の不動産登記名義を信頼して取引関係に入った者を保護するために、真の権利者と登記名義人との間に虚偽表示がない場合であっても、真の権利者に帰責性があるときに類推適用されており、不動産登記に公信力がないことを補完する機能を果たしている。なお、裁判例の中には、不動産登記ではなく、虚偽の債権の譲受人を民法 94 条 2 項類推適用によって保護した事例もある（大判昭和 6・5・9 新聞 3273 号 8 頁、東京地判昭和 37・5・31 金法 312 号 8 頁、大阪地判昭和 63・12・12 訟月 35 巻 6 号 953 頁）。

②民法 177 条の適用

民法 94 条 2 項類推適用（第 12 章 5 ◆発展問題◆）、詐欺・強迫で述べたように、取り消すことができる法律行為に基づいて不動産が譲渡され、それ

296

第 17 章 ◆ 法律行為の無効・取消し／取消し

がさらに第三者に譲渡された場合、第三者保護をどのようにしてはかるか
が問題とされている（取消しと登記という問題）。判例は、取消し後に新た
に利害関係を有するにいたった第三者（取消し後の第三者）と取消権者との
関係は、譲受人を頂点として、第三者と取消権者が二重に不動産を譲り受
けた場合と同じになるとして、不動産の二重譲渡に関する民法 177 条を適
用し、先に登記を備えたものが優先するという解釈を採っている。これに
よれば、不動産取引では、取消しに関して例外的に第三者が保護される場
合（錯誤・詐欺・誤認・困惑・過量取引による取消しで、取消し前に利害関係に
入った第三者）を超えて、取消し一般につき、取消し後の第三者が登記さえ
取得していれば保護されることになる。しかし学説では、判例理論では第
三者が取消し前に利害関係に入った場合には二重譲渡にならないとするこ
ととの理論的整合性が取れない、悪意者でも保護されるのは妥当でないな
どとして、取消しによって遡及的に無効になった登記を信頼した者の保護
の問題であると捉え、民法 94 条 2 項類推適用を主張する説も有力である
（詳しくは第 12 章 5 ◆発展問題◆参照）。

297

第18章 他人による法律行為

1 他人による法律行為の諸態様

・他人により法律行為をする仕組みにはさまざまな態様がある。
・代理は、三当事者による取引関係を法律構成上もそのまま三当事者間の法律関係と構成するものであり、他人による法律行為の基本型である。

◆ 解 釈 ◆

　民法は、意思自律の原則ないし私的自治の原則に則り、法律行為を望む者が自ら意思決定し、自ら行為することを基本としている。しかし、例外的に、他人によって法律行為を行うことも認められている。これらにおいて、二当事者間で法律行為がなされる場合と異なり、三当事者間で多角的な法律関係が生じるので、法律効果が生じるためのプロセスも複雑になる。ただ、どのような仕組みについても共通しているのは、これらを利用し、ある者を介して他の者に法律効果が生じることを当事者が同意・承認していることである。このように広い意味では、他人による法律行為も意思自律の原則ないし私的自治の原則に則っており、法律効果の発生プロセスが特殊なだけであるといえよう。

(1) 使者

　Aの決定した意思をBがCに表示または伝達する場合、このようなBを使者という（民法典に規定はない）。使者は本人の意思の表示機関または伝達機関である。したがって、他人に意思決定させることができない行為

第18章 ◆ 他人による法律行為／他人による法律行為の諸態様

（たとえば婚姻届を出すことなど家族法上の行為）についても使者は許される
し、使者を介して行われる法律行為の効果は、当然本人に帰属する。意思
の欠缺・瑕疵も本人について判断される。たとえば、使者が本人の意思を
間違って相手方に伝えた場合には、意思と表示がくい違うことになるので、
錯誤（新95条）の問題になる。使者が自己の利益をはかるために故意に本
人の意思と異なる意思を相手方に伝えた場合でも、使者として行動してい
る限り理屈は同じことである（大判昭和9・5・4民集13巻633頁）。しかし、
このような場合の中には、使者が実際には代理人として行動している場合
もあり、そのような場合には後述6以下で述べる無権代理・表見代理の問
題となる。このように、実際上は使者と代理の区別が難しいこともありう
るが、意思を決定したのは誰かで区別すべきである。

(2) 代理

　Aに代わってBが意思を決定し意思表示をするが、その法律効果はA
に帰属するという仕組みが代理である（民99条以下）。この場合にはAC
間に直接の法律関係が生じ、Bは法律効果の発生後は法律関係に関与しな
い。このように、法律行為の行為主体と法律効果の帰属主体とが異なるこ
とが代理の特徴である。代理は、後述するように、他人による法律行為の
基本的な仕組みとして民法典に規定されているが、「人は自己の行為にの
み拘束される」という近代私法の原則からすれば、大きな例外である。こ
のような制度が正当化される根拠は、ひとえに本人が代理人に法律行為を
する権限（代理権）を授与したという一点にある。民法では、代理人が本人
のために法律行為をすることを示して代理行為をする主義が採られている
が（民99条〔顕名主義〕）、これは相手方保護のために法律効果の帰属先を表
示させるものであり、代理にとって本質的なものではない。したがって、
相手方が代理と分かっているときなどには、顕名がなくても代理として有
効になる場合がある（民100条ただし書、商504条）。

(3) 間接代理

　Aから依頼を受けてBがBの名でCと法律行為をし、その法律効果を
いったんBに帰属させたうえで、Cから取得した物などをBからAへ移
転する仕組みのことを間接代理という。経済的には代理に似ているのでこ

299

のような用語が用いられているが、AとCとの間に直接の法律関係は発生しないので代理ではない。民法にはこれについて定める規定はないが、商法の問屋（といや）（商551条）がこれにあたる。具体的には、証券会社や商品仲買人が顧客から依頼を受けて、自己の名で株式の買い入れや商品の販売・購入をする場合である（商552条1項）。

(4) 信託

　信託は、委託者Aの財産の管理・処分等の目的で受託者BがBの名でCと法律行為をする仕組みである（信託2条1項）。信託（trust）はもともと英米法上の概念であり、大陸法に倣ったわが国の民法典の知らないところである。そのため、民法典とは別に信託法が定められており、AB間の信託関係が同法に定める方法によって設定される（信託3条）。これによりAB間ではBの取得した財産がAの財産に組み入れられるが（Aが受益者の場合）、Cとの関係では法律行為の当事者はBである。このような相対的な関係が発生するのが信託の特徴である。

(5) 授権 （Ermächtigung）

　授権とは、AのためにBがBの名でCと法律行為をすることにより、AC間で法律関係を発生させる権限をAがBに付与するという概念である。Bが法律行為をし、法律効果はAに発生するという点では代理に似ているが（とくに代理で顕名がなかった場合）、はじめからBの名で行為することが予定されている点で異なる。授権は、ドイツ民法には規定があるが（BGB185条）、わが国の民法には存在しない。相手方Cにとって行為の相手方が誰であるかが重要でない取引では認めてよいと解する学説もあるが、一般的には事案に応じて代理または間接代理として処理すればよいと解されている。しかし、後述するように、判例は、無権利者が他人の財産を自己のものとして処分した場合について、権利者が追認をしたときは処分行為が遡及的に有効になると解しており、これは授権（処分授権）を一部認めた結果となっている。

(6) 虚偽表示

　ABの通謀虚偽表示によってAの財産がBに譲渡され、それに基づいて

300

BがCとの間で法律行為をした場合でも、たとえばAが他への財産処分を委託して登記名義をBに移転したようなときは、これもAB間の合意によってAのための行為をBがB名義でする場合の一つであるということもできる。しかし、相手方Cが善意であるときは、AはBが権利者でないことを対抗することができない（民94条2項）。

　以上のように、他人を介して法律行為が行われる仕組みには、実際上さまざまな態様がある（この全体を財産の管理という観点から包括的に説明するために「財産管理権」という概念を提唱する学説もある）。これらのうち民法典に明確に規定されているのは代理である。代理以外の方法では、多数当事者による取引関係を法律関係上は相手方から見た二当事者間の関係と構成するのに対して、代理は、これを法律構成上もそのまま三当事者間の法律関係として構成し、取引関係の実際と法律関係とを一致させている。このような意味において、代理は他人による法律行為の基本型であるといえる。ただ、代理は基本であるがすべてではない。

2　代理の意義・要件

- 代理は、法律行為の行為主体（代理人）と法律効果の帰属主体（本人）とが異なる点に特徴がある。
- 代理を有効に行うためには、①代理行為に先立ち代理権が授与されていること、および②代理行為がなされること、③代理人が本人のためにすることを示すこと（顕名）が必要である。
- 代理には、任意代理（本人が代理権を授与する代理）と法定代理（法律の規定によって代理権が付与される代理）とがある。
- 代理には、能動代理（意思表示をする代理）と受動代理（意思表示を受ける代理）とがあるが、実際には両者は混在している。
- 代理は、自ら行為することを制限されている者の自己決定を補充し（私的自治の補充）、または、自らの経済活動の拡大を促進する（私的自治の拡張）機能を有する。
- 不法行為、事実行為、本人の意思が最大限尊重されなければならない行為については、代理は許されない。

301

◆ 条 文 ◆
(1) 代理の意義

　代理は、代理人が本人に代わって法律行為をし、その法律効果は本人に直接帰属するという制度である（民99条1項）。前述したように、法律行為の行為主体と法律効果の帰属主体とが異なる点が特徴である。行為者が誰であるかについて、代理は本人の意思に基づくのであり本人が行為者であるという説（本人行為説）がかつて唱えられ、今日でも本人と代理人との共同行為であると解する説（共同行為説）もある。しかし、代理制度が定着した今日では、そのような擬制的な説明をあえてする必要はなく、代理人が行為者であると解するのが一般的である（代理人行為説）。

図表37　代理の法律関係

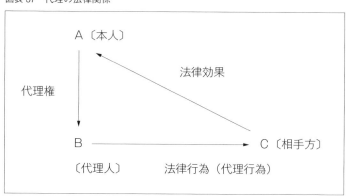

(2) 代理の要件

　代理を有効に行うためには、以下の要件を備えることが必要である（民99条）。

　①代理権の授与：代理行為に先立ち、代理人が当該法律行為をする代理権を有していること。

　②代理行為：代理行為をすること。

　③顕名：代理人が本人のためにすることを示すこと。

　この三つの要件が揃うと、本人と相手方との間で法律効果が発生する。代理権がないまま代理行為が行われた場合のことを「無権代理」という。詳しくは後述するが、この場合、原則として法律効果は発生せず（民113条

1項)、代理行為をした者(無権代理人という)の責任が問題となる(新117
条)。しかし例外的には、本人に帰責性がある場合で相手方に保護される
ような事情があるときには効果を発生させることもある(新109条、新110
条、新112条〔これを表見代理という〕)。

　また、本人のためにすることを示さずに代理行為をした場合には、原則
として代理にならないが(民100条本文)、例外的には代理として有効にな
ることがある(民100条ただし書、商504条)。

(3) 代理の種類

　代理には、任意代理と法定代理とがある。任意代理とは、本人が代理人
に代理権を付与する代理である。これに対して、法定代理とは、法律の規
定によって代理権が付与される代理である。民法典にはこのような定義を
する規定はないが、法定代理という用語は、未成年者の規定(民5条)以下、
種々の場面で使われている。また、任意代理については、「委任による代
理」という用語が使われており(新104条、民111条)、後述するように、委
任と代理との関係については議論があるが、本人の任意による代理である
ことには異論がない。

　法定代理には、未成年者、制限行為能力者の代理のほか、不在者財産管
理(民25条以下)、相続財産管理(民918条、民952条)などがある。夫婦間
には日常家事債務の連帯責任があるが(民761条)、この規定から夫婦相互
に代理権があるといえるかについては議論がある(後述9の◆発展問題◆参
照)。

(4) 代理行為の種類

　代理行為には、能動代理と受動代理とがある。能動代理とは、本人に代
わって意思表示をする代理であり(民99条1項)、これが一般的である。受
動代理とは、本人に代わって第三者のした意思表示を受領する代理である
(民99条2項)。しかし、実際の取引過程では両者は混在している。また、
受動代理では、実際上、意思表示の到達(代理人への到達で到達になる)だけ
が問題になる。

303

◆ 解 釈 ◆

(1) 代理の機能

　代理には、「法律効果を望む者は自ら行為をする」という私的自治の原則ないし自己決定の原則の観点から見て、以下のような機能がある。これは、代理制度が認められる根拠でもある。

①私的自治の補充

　近代法ではすべての人間に権利能力がある。しかし、現実には自ら行為する能力が制限されている者が存在する。このような場合、別の者が本人に代わって行為することにより、どのような者でも権利義務の主体となることができるようになる。法定代理は、主としてこのような機能を果たしている。

②私的自治の拡張

　自ら法律行為をするといっても、人間の活動には限界がある。このような場合、別の者に依頼して自分の代わりに法律行為をしてもらうことにより、自己の経済活動を拡大して展開することができる。任意代理は、このような機能を有している。

　なお、法人の代表は、権利・義務の帰属主体と認められているが、現実には肉体を持たない法人が活動するために不可欠の制度である。法人代表もまた、仕組みとしては代理にほかならないといってよいが（詳しくは第20章1で述べる）、通常の代理に比べて、代表者の権限が個々の法律行為だけでなく法人の活動全般にわたり包括的であること、および、代表者の行為がそのまま法人の行為となることが特徴的である。

(2) 代理が許されない行為

　代理は、法律行為に関する制度であり、不法行為（民709条以下）や事実行為（落ちている物を拾う拾得行為など）について代理はありえない。また、本人の意思が最大限尊重されなければならない行為（婚姻、認知、遺言など）については、代理は許されないと解されている（「代理に親しまない行為」という）。

　他方、占有については「代理占有」が認められている（民181条）。たと

第 18 章 ◆ 他人による法律行為／代理権の授与（本人・代理人間の関係）

えば、建物を賃借している賃借人の状態について、本人を代理占有している
というう。しかし占有は物の所持という事実状態にすぎないので代理では
ない。

3 代理権の授与（本人・代理人間の関係）

・代理権は、法律の規定（法定代理）または本人の意思（任意代理）に
基づいて付与される。
・権限の範囲の定めがない場合には、管理行為のみをすることができ
る。
・共同代理では、代理人が共同してでなければ法律行為をすることが
できない。
・代理人が自己または第三者の利益を図る目的で代理行為をした場合
には、相手方がその目的を知りまたは知ることができたときは、無
権代理行為とみなされる。
・代理人が自己を相手方としてした行為（自己契約）、または代理人が
本人と相手方双方の代理人としてした行為（双方代理）は、原則とし
て無権代理行為とみなされる。
・それ以外でも、代理人と本人との利害が相反する行為（利益相反行
為）は、原則として無権代理行為とみなされる。
・代理人がさらに本人の代理人を選任することを復代理という。
・任意代理では、復代理人の選任が限定されているが、法定代理では、
いつでも復代理人を選任できる。
・任意代理権においては、代理権は委任契約の内容として付与される
と解すべきである。
・委任契約が無効または取り消された場合でも、すでになされた代理
行為については相手方の保護をはかるべきである。
・代理権は、本人に代わって法律行為をする資格ないし地位であり、
義務を伴わないが、代理人は、委任契約または法律の規定によって
義務を負うと解すべきである。

305

◆ 条 文 ◆

(1) 代理権の発生原因

　代理においては、代理権こそが、他人による法律行為の効果が本人に帰属することを正当化する根拠である。その発生原因は法定代理と任意代理とで異なる。

①法定代理

　法定代理権は、以下のような場合に法律の規定によって発生する。多くの場合、発生原因は家族法に規定されており、民法総則ではそれを受けて法定代理人という言葉だけが用いられている（民5条1項など参照）。

(a)本人に対して一定の法的地位にある者が当然に代理人になる場合：未成年者の父母（民818条1項）など。

(b)本人以外の者の協議または指定によって代理人が選任される場合：父母が協議離婚する際の親権者（民819条1項）など。

(c)裁判所によって代理人が選任される場合：不在者の財産管理人（民25条1項参照）、裁判上の離婚の際の親権者（民819条2項）、成年後見人（民843条1項）など。

②任意代理

　任意代理権は本人の意思に基づいて付与される。このような行為を代理権授与行為という（授権行為ともいうが、前述の「授権」と混同しやすい）。任意代理では、委任状が交付されることが一般的である。民法では、任意代理について「委任による代理」という用語が使われており（新104条、民111条）、このため委任と代理権授与行為とが同じか否かが議論されている（後述の◆解釈◆参照）。

(2) 代理権の範囲

　法定代理では、代理権の範囲は法律の規定によって定められている（民824条、民859条など）。ただし、保佐人・補助人に代理権が付与される場合には、選任行為（審判）において代理権の範囲も定められる。

　任意代理では、代理権の範囲は、代理権授与行為によって定められるので、具体的にはその解釈によることになる。委任状等が交付されている場

306

第18章 ◆ 他人による法律行為／代理権の授与（本人・代理人間の関係）

図表 38　委任状の書式例

```
　　　　　　　委　任　状
　私は、○○県○○市○○区○○町×××番地
○○○○氏を代理人と定め、下記の事項を委任
する。
　　　　　　　　　記
一、後記不動産を売却し、その代金受領および
所有権移転登記の一切の件
　　不動産　○○県○○市○○区○○町×××
　　　　　　番地×号（宅地　○○○㎡）
　　平成○○年○月○日
　　　　　　○○県○○市○○区○○町×××番地
　　　　　　氏名　○○　○○　　　印
```

合には、範囲は比較的明確であろう。解釈によっても不明な場合や最初か
ら定めがない場合には、代理人は「管理行為」のみをすることができる（民
103 条）。代理人に選任されている以上何もできないということはありえず、
他方、範囲を管理行為に限定すれば本人に不利益が生じることはないから
である。具体的には、管理行為とは以下のような行為である。処分行為
（財産を売却する契約の締結など）はできない。

　①保存行為：財産の現状を維持する行為。建物の修理契約の締結、債権
の消滅時効の完成を妨げる行為など。

　②利用行為：財産の性質を変えない限度での収益行為。動産の賃貸借契
約の締結、預金契約の締結など。株の取引や金融商品への投資などは利用
行為の範囲を超える。不動産の賃貸借契約も、今日ではいったん賃貸する
と特別法によって賃貸人の権利が相当制限されるので（借地借家法）、利用
行為とはいえないと解すべきであろう。

　③改良行為：財産の性質を変えない限度での財産の使用価値・交換価値
を増加させる行為。土地への水道管・ガス管を施設する契約の締結など。

(3) 代理権の制限

　以下の場合には、代理権は、代理権の範囲内に含まれる行為であっても
制限される。

307

①共同代理

　共同代理とは、複数の代理人が共同してでなければ代理権を行使できない場合である。代理権授与行為でそのように定めることができるほか、法律の規定によって共同代理になる場合もある（民818条3項など）。これに違反した場合には、部分的に無権代理行為をしたことになる。ただし、共同親権の場合には、親権者の一人が共同名義でした代理行為でも原則として有効であり、相手方が悪意であるときにのみ無効となる（民825条）。しかし、親権者の一人が単独名義でした代理行為は無効であると解されている（最判昭和28・11・26民集7巻11号1288頁、最判昭和42・9・29判時497号59頁）。

　なお、受動代理の場合には、共同代理であっても各代理人が単独で意思表示を受領できると解されている。そう解さないと表意者は相手方の代理人が全員揃わなければ意思表示ができず、不都合だからである。

②代理権の濫用

　代理権の濫用とは、代理人が、代理権の範囲内で、自己または第三者の利益を図る目的で代理行為をした場合のことをいう（新107条）。代理権の範囲内の行為であっても、一定の場合には無権代理行為とみなされる。この規定は、これまで多くの議論を経て民法改正で新設されたものであり、項をあらためて後述4で解説する。

③自己契約・双方代理

　自己契約とは、代理人が自己を相手方として契約する場合であり、双方代理とは、代理人が本人と相手方双方の代理人となる場合である。これらの場合には、代理人の利益が優先され、本人の意思決定が適正になされるとはいえない危険性が定型的に存在するので、代理行為は原則として無権代理行為とみなされる（新108条1項）。旧法では、代理行為が禁止されていたが、違反した場合の効力は規定されておらず（旧108条本文）、判例（最判昭和47・4・4民集26巻3号373頁）・通説は、無権代理行為になると解していた。新法はこれを受けたものである。この規定は、任意代理だけでなく法定代理にも適用があり、法人代表についても、同種の規定が設けられており、自己契約または双方代理については、社員総会（一般社団法人の場

第18章 ◆ 他人による法律行為／代理権の授与（本人・代理人間の関係）

図表39 自己契約・双方代理

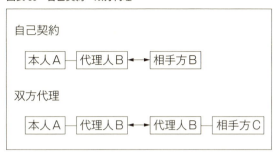

合）または理事会（一般財団法人の場合）において、「当該取引につき重要な事実を開示し」かつその「承認」を得なければならないものとされている（一般法人84条1項2号、197条）。民法以外でも双方代理が禁止されている場合がある（たとえば弁護士25条）。また、地方自治体の長が双方代理をした場合にも本条が類推適用される（最判平成16・7・13民集58巻5号1368頁）。なお、自己契約・双方代理にあたらなくても、代理人の利益と本人の利益とが対立する形式の行為は、次の利益相反行為となる。また、形式的には利害が対立しないが実質的に対立する行為は、代理権の濫用になることがある。

しかし、自己契約・双方代理であっても、例外的に(a)債務の履行、または(b)本人があらかじめ許諾した行為については、本人の意思決定を阻害することはないので、代理が許される（新108条1項ただし書）。

(a)債務の履行とは、すでに成立している債権債務関係を前提に、そこで定められた履行をそのまますする行為であるから、適正な意思決定を害することはない（借金の返済など）。登記申請行為（最判昭和43・3・8民集22巻3号540頁）や公正証書の作成（最判昭和45・3・24判時592号61頁）は、国を相手とする公法上の行為を含むが、ここでの債務の履行に含まれると解されている。しかし、弁済期が未到来の債務やすでに消滅時効にかかっている債務を弁済することは、確定した債務の履行とはいえないと解されている。

(b)上記の例外にあたらない行為でも、本人の許諾を得れば代理することが許される。これに関して、自己の代理人を契約の相手方に選任させることをあらかじめ合意した場合にはどうなるか（たとえば、賃貸借契約におい

て賃借人が自己の代理人を賃貸人に選任させる特約がある場合）。この場合、本人の許諾はあるが、完全に自由な立場で許諾したといえるかは疑問である。学説では、代理人によりなされた行為としたうえで内容の妥当性（新90条）を問題にする見解もあるが、判例は新108条の趣旨により、このような合意を無効としている（大判昭和7・6・6民集11巻1115頁）。

④利益相反行為

　自己契約または双方代理に当たらない場合であっても、代理人と本人との利益が相反する行為については、代理権を有する代理人がした行為であっても、原則として無権代理行為とみなされる（新108条2項本文）。本人の利益が害される可能性が大きいからである。これを利益相反行為という。民法改正によって新設された規定である。改正前においても、法定代理では、本人と代理人の利害が対立する構造を有する行為については、実際に利害が対立するか否かを問うまでもなく代理権は認められないこととされていた（民826条〔親権者〕、民860条〔成年後見人〕、民876条の2〔保佐人〕、民876条の7〔補助人〕）。これらの場合には、代理人に代わって代理行為をする特別代理人の選任を家庭裁判所に請求しなければならず、これに違反する代理行為は無権代理行為になる。新法は、これを代理人一般について拡大したものである。

　利益相反行為か否かは、行為の外形から客観的・形式的に判断されると解されている（外形説）。たとえば、子の名義の不動産を親の借金の担保に提供する行為は、たとえ実際には借金が子のためであったとしても利益相反行為にあたる（最判昭和37・10・2民集16巻10号2059頁）。このような行為は、行為それ自体が定型的に本人の利益を害する危険性が高いからである。なお、形式的には利益相反行為ではないが、実質的にはそれにあたる場合は、代理権濫用の問題になる。実際の紛争では、まず利益相反行為であるか否かが争われ、それが否定された場合には代理権濫用になるか否かが争われることになろう。

　法人代表でも、代理人（理事）は包括的な代理権を有しているために、法人の利害と対立することがあるので、利益相反行為については社員総会（一般社団法人の場合）または理事会（一般財団法人の場合）において、「当該取引につき重要な事実を開示し」かつその「承認」を得なければならない

第18章 ◆ 他人による法律行為／代理権の授与（本人・代理人間の関係）

ものとされている（一般法人84条1項3号、同197条）。

(4) 代理権の拡張（復代理）

　代理人がさらに代理人を選任することを復代理という（民104条以下）。これは、代理人が増えることを意味し、実質的に見れば代理権が人的に拡張されたことになる。

①復代理人の選任

　代理人は、以下の場合に復代理人を選任することができる。
　(a)任意代理

　任意代理では、本人と代理人との信頼関係が前提にあるので、無制限に選任させることはできず、(i)本人の許諾を得たとき、または(ii)やむを得ない事由があるときに限られる（民104条）。(i)が基本であり、(ii)は復代理人を選任しなければ本人の利益が損なわれるが、本人の許諾が得られない状況にある場合というべきである。

　復代理人が不適当な代理行為をした場合には、復代理人を選任した任意代理人は、他人を用いて代理権授与契約を履行しようとした者として、その契約の趣旨にしたがって、債務不履行一般の法理により、代理人の債務不履行になるか否か、また責めに帰すべき事由があるか否かなどが判断されることになる。改正前には、代理人は復代理人の選任および監督についてのみ責任を負い、本人の指示に従って選任したときは原則として責任はないという規定があったが（旧105条）、任意代理では代理権授与の趣旨を基準とすべきであり、このように代理人の責任を一律に軽減することは妥当でないとして削除された。なお、代理人が責任を負わなくても、不適当な行為をした当該復代理人が責任を負うのは当然である（新106条2項）。

　(b)法定代理

　法定代理では、代理人は広範な代理権を有しており、かつ、自らの意思で代理人になったわけではないことが多いので、復代理人の選任は代理人の自己責任においていつでも認められる（新105条前段）。しかし、選任したことに対する代理人の責任は重く、(i)原則として、復代理人の行為すべてに責任を負い、(ii)例外的に、やむを得ない事由があって選任したときは（病気など）、選任および監督についてのみ責任を負うものとされている（同

311

条後段）。

②復代理人の地位

　復代理人は、本人の代理人である（新106条1項）。代理人が代理人の代理人を選任する場合や代理権を譲渡する場合などもありうるが、それは復代理ではない。復代理人を選任しても、代理人は依然として代理人のままである。復代理人は代理人以上の権限を持つことはできない。また、復代理人がした行為の効果は直接本人に帰属し、復代理人は、本人および第三者に対して代理人と同一の権利・義務を有する（同条2項）。ただし、相手方から支払いを受けた代金や物品を引き渡す義務は、本人および代理人に対して負い、代理人に引き渡したときは本人に対する義務は消滅すると解されている（最判昭和51・4・9民集30巻3号208頁・ハンドブック79）。

(5) 代理権の消滅

①任意代理・法定代理に共通の消滅原因

　代理は、本人の死亡により消滅する（民111条1項1号）。また、代理人の死亡、破産手続開始決定、後見開始の審判により消滅する（民111条1項2号）。本人または代理人死亡の場合、理論上はその立場を相続させることも可能であるが、代理では人的な信頼関係が切れることから消滅原因とされているのである。ただし、例外的に、商行為の代理（商506条）、訴訟代理（民訴58条）では行為の継続性に配慮して、代理権は消滅しないものとされている。また、民法111条は強行規定ではなく、特約で代理権が消滅しない旨を定めることができると解されているが（最判昭和31・6・1民集10巻6号612頁・ハンドブック93）、本人死亡の場合には、相続人と代理人との利害対立に配慮して特約の効力を判断する必要がある。

　なお、代理人の後見開始の審判で代理権が消滅するにもかかわらず、保佐および補助開始の審判は含まれていない。保佐・補助では行為能力が制限されているだけで行為能力はあるという理由であろうが、実際には問題であろう。

②法定代理に特有の消滅原因

　法定代理権は、本人が行為能力者となった場合には、その役割を終えて

消滅する。また代理権を付与する旨の審判が取り消された場合にも当然消滅する。その他、法定代理ごとに消滅原因が定められている（民819条1項、2項、民834条、民844条、民846条など）。

③任意代理に特有の消滅原因

任意代理権は、委任の終了によって消滅する（民111条2項）。したがって代理権を付与する基礎となった委任契約の解除（新651条）、終了事由（民653条）によって代理権も消滅する（新111条1項2号と異なり、本人が破産手続開始決定を受けた場合でも終了する点に注意）。そのほか、特約によって終了事由を定めることもできるし、逆に、「本人は代理権を撤回できない」旨の特約も有効であると解されている（最判昭和61・11・20判時1219号63頁）。

◆ 解 釈 ◆

(1) 代理権授与行為と委任の関係

任意代理は、「委任による代理」と規定されている（新104条など）。それでは、代理権授与行為と委任契約との関係はどのように理解すべきか。この問題は一見実益がないように見えるが（内田、河上）、代理の本質を考える上では重要である。

①委任契約説

この説によれば、委任とは法律行為をすることを他人に委託する契約であるから（民643条）、代理権の付与が必要不可欠であり、委任契約によって代理権が付与される。したがって、代理権授与行為は、委任契約とは別個に存在するものではない。雇用や請負の場合にも代理権が付与されることがあるが（材料を他から仕入れる代理権を与えるなど）、それは雇用や請負と委任とが混合した契約であると解すべきである、とする。

②事務処理契約説（融合契約説）

この説によれば、代理権は委任以外の場合にも付与されることがあるので、委任、雇用、請負など各種の契約（これらを事務処理契約という）の内容の一部として対外的な活動をする権限が付与される。①説との違いは、委

313

任以外の契約でも代理権は付与されうるとする点にある。

③単独行為説

　この説によれば、代理権授与行為は、委任等の事務処理契約とは別の行為であり、かつ、代理権は権限を与えるだけであるから相手方の同意を要しない単独行為である。事務処理契約は本人と受託者等の内部関係を規律するものであり、対外的関係については別の権限として代理権を付与する必要がある、とする。

④無名契約説

　この説によれば、代理権授与行為が事務処理契約とは別の行為であるとしても、相手方の同意を要すると解すべきであり、したがって代理権授与行為は代理権を授与するための契約（民法の定める典型契約ではない無名契約）である。代理権が付与されるときは、委任等の事務処理契約と代理権授与のための契約の二つの契約が併存することになる。

　起草者は①説であったが、その後③説や④説（近江）が主張され、これに対して②説や①説からの反論があるなどしており、定説を見ない（②説が有力説〔内田、四宮・能見、平野〕だが、最近では①説でよいとするものも増えている〔加藤、佐久間〕）。そもそもこのような問題が生じるのは、民法が委任と別に代理の規定を設けながら、委任は法律行為をすることの委託であるとしたために、両者の関係を明確に説明することができなくなったためである。それでもできるだけベターな説明をしようとすれば、両者を完全に一体化する①説か、両者を完全に分離する③説が簡明であろう。しかし③説は、次の（2）で述べる具体的な問題、すなわち事務処理契約が取り消された場合にすでになされた代理行為の効力はどうなるかという問題において、代理権授与行為は事務処理契約の効力に影響されないとし（無因性）、そこにこそこの説のメリットがあるが、それでは相手方の保護に厚すぎるので、①説によるのが妥当であろう。

(2) 委任契約の無効・取消しと代理行為の効力

　委任契約が無効または取り消された場合、すでになされた代理行為の効

力はどうなるか。上記の各説の対立にもかかわらず、学説は③説を除き、代理行為も影響を受けると解することでほぼ一致している。しかしそれでは、相手方の保護に欠けることになる。そこで、(a)代理権授与は将来に向かってのみ効力を失うと解する見解や、(b)代理行為は無権代理行為になるが、代理人であるという表示を許していた場合（新109条）またはかつて存在した代理権を現在も存在すると信じた場合（新112条）に類似しているとしてこれらを類推適用しうるとする見解（本人に帰責性があるほか相手方は善意・無過失である必要がある）などが主張されている（近江、四宮・能見、山本、加藤〔民94条2項類推〕）。無効・取消しの原因が何であるかによって、若干の違いがあり、代理人の制限行為能力を理由とする代理人からの取消しの場合には、制限行為能力者でも代理人になることができる以上（新102条）、代理人が制限行為能力者であることを相手方が知っていても保護すべきであり(a)が妥当であるが、その他の場合には(b)が妥当であろう。

(3) 代理は義務を伴うか

代理人は代理「権」を付与されているが、本人に対して何らかの義務を負うか。これについて、代理は本人との信頼関係を前提としているので、代理人は善良な管理者として行動する注意義務のほか、もっぱら本人の利益のために行動しなければならないという忠実義務（自己契約・双方代理や代理権濫用はこの義務違反とする）、自ら法律行為を行うという自己執行義務がある（復代理はこの例外とする）と解する見解がある（潮見、四宮・能見）。しかし、通説は、代理権は法律行為をする資格ないし地位であり、義務を伴わないと解する。そして、代理人が義務を負うのは、委任契約（民644条）ないし法律の規定（民827条、民869条など）によってであるとする（大村）。

(4) 法定代理・任意代理の相対化

代理には、法定代理と任意代理がある。しかし法定代理でも、保佐人・補助人に代理権を付与するためには、本人の請求または同意が必要であり（民876条の4第2項、民876条の9第2項）、他方、任意後見では、本人が代理人を選任するが、その代理権が発生するためには家庭裁判所による任意後見監督人を選任する審判が必要である（任意後見契約2条1号）。また、

315

法人代表は、制度自体は法定されているが（一般法人 77 条、197 条）、誰に代表権を付与するかは法人の内部で任意に決められることであり、法定代理と任意代理という分け方にはそもそも馴染まない。法定代理と任意代理との区分を絶対的に捉えるのではなく、問題ごとに代理権の実質に応じた判断をする必要がある。

4　代理権濫用

・代理人による代理権濫用について、民法改正前の判例・多数説は、民法 93 条ただし書を類推適用し、代理行為の相手方が代理人の背信的な意図を知っていたかまたは知ることができた場合には、代理行為は無効になると解していた。
・民法改正により、代理人が自己または第三者の利益を図る目的でした代理行為は、相手方がその目的を知っていたかまたは知ることができたときは、無権代理行為とみなすという規定が新設された。
・したがって、新法の下では、無権代理に関する規定が適用されることになった。
・代理の類型の違いによって、代理権濫用となるか否かの判断には違いが生じうる。

◆ 条 文 ◆

(1) 代理権濫用の意義

　代理では、代理人がその権限内において本人のためにすることを示してした意思表示は、本人に対して直接にその効力を生じる（民 99 条）。そして、この「本人のためにする」とは、本人に代理行為の法律効果を帰属させるという意味であって、本人の利益になるようにするという意味ではないと解釈されている。したがって、たとえば、A の不動産を売却する権限を付与されている代理人 B が C にこの不動産を売却する場合、たとえ B が自己または第三者の利益を図るために売却して代金を着服しようとする意図を有していた場合であっても、B が売買の効果が A に帰属することを示して契約を結べば、売買契約は AC 間で有効に成立することになる。こ

316

のように、代理人が自己または第三者の利益を図る目的で代理権の範囲内の行為をした場合を代理権濫用という。しかし、ＣがＢの意図を十分承知していたような場合にまで、Ａがこの売買契約に拘束されるとするのは妥当ではない。そこで、従来から、判例・学説上、妥当な結論を導くために種々の法律構成が主張されてきたが、そのいずれもが決定的とはいえず、民法改正に際しては、明文規定を新設することが期待されていた。

(2) 要件・効果

　民法改正によって、代理人が自己または第三者の利益を図る目的でした代理行為は、相手方がその目的を知っていたかまたは知ることができたときは、無権代理行為とみなすという規定が新設された（新107条）。これは後述する従来の判例法理における代理権濫用の意義と要件を受け継ぐものである。相手方からの履行請求（代理行為であり、代理権の範囲内の行為であると主張・立証する）に対して本人が代理行為の効果を否定するためには、当該代理行為が濫用目的であること、および相手方が悪意または有過失であることを主張・立証しなければならない。

　他方、代理権濫用の効果については、新107条は、従来の判例と異なり、無権代理とみなすとするものである。無権代理とみなされる結果、6で解説する無権代理に関する諸規定（民113条以下）が適用されることになる。しかし、表見代理の規定は、代理権濫用では相手方が悪意または有過失であるため、結果的に適用されない。

　相手方からの転得者などの第三者保護については、とくに規定がない。しかし、代理行為の目的物が動産である場合には、相手方からの転得者は、即時取得（民192条）によって保護される。また、目的物が不動産である場合には、本人が相手方の下にある無効な登記を放置していたといえるときは民法94条2項類推適用がありうることになろう。

◆ 解 釈 ◆
(1) 改正前の議論

　民法改正前には、代理権濫用について種々の法律構成が主張されていた。改正の趣旨をよりよく理解するために、以下でその概要を整理しておこう。

①旧93条ただし書類推適用説

従来の判例（最判昭和42・4・20民集21巻3号697頁など多数）・多数説（近江、平野）は、心裡留保に関する旧93条ただし書（新93条1項ただし書）を類推適用して解決を図ってきた。すなわち、代理人Bは(i)本人Aに対する背信的な意図を有しながら、(ii)本人Aに法律効果を帰属させるという意思で、(iii)実際にそのような表示をしたのであるから、(ii)の意思と(iii)の表示とは一致しており、心裡留保ではない。しかし、意図のレベルまで遡れば、(i)と(iii)とは、「自己または他人の利益を図る」という意図と「本人のためにする」という表示との間に離齬がある。そしてこれは、AとBとを一体化してみれば、一人の人が真意ではない意思表示をした場合に類似している、と考えるのである（内田）。旧93条ただし書が類推適用される結果、相手方Cが代理人Bの意図について悪意または過失があれば、代理行為は無効となる。

しかし、判例理論は、心裡留保ではないことを前提にしながら、悪意または過失ある相手方を排除するために民法93条ただし書に仮託したものであるため、学説では、理論面および具体的妥当性の両面から判例を批判する見解もあった。

②表見代理の類推適用説

代理権濫用は、形式的には権限内の行為であるが、実質的には、本人に対する義務違反として権限外の行為であるから、原則として無権代理であり（民法113条により、本人が追認しなければ無効になる）、例外的に相手方が権限濫用ではないと信じる正当な理由があるときには、旧110条（権限外の行為の表見代理）を類推適用して、代理行為は有効になると解する見解があった。

しかし、代理の問題は代理の中で処理すべきであるという主張には説得力がある反面、これでは本人の利益をはかるように行為するのが代理であるということになってしまい代理の大前提が崩れること、権限外の行為と権限濫用行為とでは相手方の代理権に対する信頼の点で違いがあること（後者は調べてみたところで通常は分からない）、正当理由の主張・立証責任の理解によっては相手方の負担が重くなること、相手方からの転得者保護ができなくなること（民法110条では相手方との関係で有効な代理にならない場

合には転得者は保護されないと解されている）などの難点が指摘されていた。

③一般条項説

　法律構成のための適切な規定がないことを前提に、代理権濫用では、たとえ代理行為が有効であるとしても、相手方からの請求を認めなければ十分であるとして、代理人の意図について悪意または重過失（悪意と同視できるので）がある相手方から本人に対する履行請求が権利濫用ないし信義則違反になるとする見解があった（内田、大村、潮見）。

　しかし、事案に応じた柔軟な対応が可能な反面（場合によって悪意者だけを排除するなど）、過失ある者を排除しないのは民法上の他の場合と比べてバランスを失すること、すでに履行されている物の返還を請求するような場合には本人は結局代理行為の無効を主張しなければならなくなることなどの難点が指摘されていた。

　以上の議論を経て、新 107 条は、代理権濫用の意義と具体的な要件については、判例法理に合理性があるとしてこれを受け継ぎつつ（相手方の悪意または過失）、効果については、代理の法理の範囲内で処理する（無権代理）というものとなった。

(2) 法定代理の代理権濫用

　代理には法定代理と任意代理とがあるが、法定代理では本人が代理人を選任したわけではないこと、本人が代理人をコントロールすることが困難であることから、代理権濫用では任意代理の場合よりも本人を保護すべきである（濫用を広く認める）という見解がある（潮見、山本参照）。しかし、他方では、法定代理人には任意代理人に比して包括的な代理権が与えられており、その分だけ広範な裁量権があるので、利益相反行為（民 826 条、民 860 条）にあたらない場合には、代理権濫用であると認められるのは例外的な場合に限られるべきであるという理解も可能である。改正前ではあるが、判例は後者のような理解をしている（最判平成 4・12・10 民集 46 巻 9 号 2727 頁・百選Ⅲ-49・ハントブック 48〔親が子の叔父の借金について子を代理して子の不動産を信用保証協会に担保提供した事例〕）。

　改正後は新 107 条にいう「自己または第三者の利益を図る目的で」の解

319

釈問題になるが、利益相反の有無が客観的・外形的に判断される以上、実質的な判断は代理権濫用の有無でなされるほかなく、前者の見解を基礎に代理権濫用の判断は本人保護の観点から厳格に行うべきである。利益相反に当たらないからといって原則として濫用にはならないというべきではない。

(3) 法人代表の権限濫用

　任意代理でも、法人の理事は包括的な代理権を有しており（代表権）、ほとんどの行為が代理権の範囲内に含まれるので、実質的に背信的な行為については、無権代理ではなく代理権濫用として処理せざるを得ないという事情がある。しかし、そうすると相手方にとっては一般の代理よりも代理権濫用とされる場合が多くなりその分だけ保護が薄くなる可能性がある。そこで、改正前には、法人の理事の代理権濫用には、代理権の範囲に内部的な制限を加えても善意の第三者に対抗できないという規定（一般法人77条5項）を類推適用して、相手方に過失があった場合でも相手方を保護すべきであるという見解があった。しかし、法定代理の場合と異なり、代表権と一般の代理権との違いは質的なものではないので、過失の判断においてその違いを考慮すれば足りるように思われる。新法の下ではこの場合も新107条に含まれる以上、なおさらそういえるであろう。

◆ 発 展 問 題 ◆

心裡留保類推適用説が投げかけた問題

　代理権濫用は、本人と代理人とを一体的に捉えれば、意思（代理意思）と表示（代理行為）との間に齟齬はないが、意思の基礎になる動機（代理人または第三者の利益）と表示（本人の利益）とが齟齬している場合であるともいえる。現在の学説による限り、このような場合は心裡留保ではない。しかし、すでに述べたように、表示行為の決定的な動機が欠けており、そのことを表意者だけでなく相手方も知っているか知ることができたのであれば、たとえ意思表示は成立していても無効とされるべきである。新93条1項は「真意ではない」と規定しており、「意思がない」とは規定していないのであるから、意思表示にとって決定的な動機の裏づけを意識的に欠いている場合も真意でない意思表示だとして、心裡留保だと解する余地もなく

第18章 ◆ 他人による法律行為／代理行為(代理人・相手方の関係)

はないように思われる。代理権濫用については新107条ができたので、このようにいう意義はなくなったが、旧法の下での心裡留保類推適用説には、意思と動機と表示の相互関係をどのように解するかという問題を提起する意味もあったのではなかろうか。

5　代理行為(代理人・相手方の関係)

・代理行為についての意思の不存在、錯誤、詐欺、強迫、善意・悪意、過失・無過失の事実の有無は、原則として代理人を基準として決する。
・代理人は、法律効果の帰属主体ではないので、原則として制限行為能力者であることを理由に代理行為を取り消すことはできない。
・代理行為は、本人のためにすることを示してしなければならない(顕名主義)。
・本人のためにするとは、本人が法律効果の帰属主体であることを明らかにすることであり、本人の利益にかなうようにするという意味ではない。
・代理人の名だけを示した場合には、原則として代理人自身のための行為とみなされる。

◆ 条 文 ◆

(1) 代理行為の主体

　代理が有効に行われるためには、代理権が授与されていることとともに、それに基づいて代理行為がなされることが必要である。前述したように、今日では、代理行為は代理人がする法律行為であって、本人の行為ではないと解されている（代理人行為説）。すなわち、代理は「法律行為を代理人が行い、その法律効果を本人に帰属させる」という仕組みである。

(2) 代理行為の効力否定

　法律行為の効力否定原因には、資格の欠落、要素の欠落、内容の違法がある。これは代理行為についてはどのようにあてはまるであろうか。代理

321

行為の内容が妥当でない場合は、誰が行為しても同じことであるから、通常の法律行為と同様に、内容の違法に関する基準に従ってその効力が判断される（第16章参照）。しかし、資格と要素に関しては、本人と代理人のいずれを基準として判断すべきかが問題となる。代理の条文順に要素の欠落から説明する。

①要素の欠落

　代理行為としてなされた法律行為の要素が欠落している場合、すなわち、代理人のした意思表示に問題がある場合、代理行為はどのように処理されるか。これにつき、民法は、意思の不存在、錯誤、詐欺、強迫、善意・悪意、過失・無過失の事実の有無については、原則として代理人を基準として決する旨を規定している（新101条1項）。これは、代理人が行為者であり意思表示をするのであるから当然のことである。なお、意思の不存在とは、意思表示がまったく存在していない場合ではなく、意思表示が無効である場合のことを指している。代理人が錯誤または相手方の詐欺・強迫に基づいて意思表示をすれば、代理行為は取り消しうるものとなる（新95条、新96条1項）。

　また、意思表示の要素の欠落だけでなく、意思表示をする際に善意であったか否か、過失があったか否かが法律効果に影響する場合も代理人を基準に判断される。たとえば、ある物の売買において、その物が売主のものでないことを買主の代理人が知っていたときは、買主は民法192条によってその物を即時取得することはできない（最判昭和47・11・2民集26巻9号1657頁）。

　代理人が相手方の意思表示を受ける場合にも、意思表示をする場合と同様に、善意・悪意、過失の事実の有無は、原則として代理人を基準として決する（新101条2項）。これは旧101条と異なり、新101条が、代理人が意思表示をする場合と意思表示を受ける場合とに分けて規定されたことによるものであり、代理人を基準とすることに変わりはない。

　以上の原則の例外として、特定の法律行為をすることを委託された代理人がその行為をしたときは、本人は、自ら知っていた事情または過失によって知らなかった事情について、代理人が知らなかったと主張することができない（新101条3項）。たとえば、特定の建物を一定の価格内で購入す

322

第18章 ◆ 他人による法律行為／代理行為（代理人・相手方の関係）

るよう委託したが、その建物の状態について代理人は知らず、本人は知っていたような場合には、本人は目的物の状態について錯誤があったという主張をすることができない。このような場合には、形式上は代理という形がとられているが、実質的には意思表示の主要部分が本人の意思に基づいて決定されているといえるので、本人を基準とするのが妥当だからである。したがって、特定の法律行為の委託があったか否かは、本人が代理人の意思表示を実質的にコントロールしていたか否かで判断すべきである（ただし、本人の認識を伝えようと思えば伝えられた場合を含むとする見解が多い。しかしそれではすべての場合にあてはまってしまうので妥当でないように思われる）。なお、改正前には、「本人の指図に従って」行為したことが要求されていたが（旧101条3項）、特定の法律行為をするよう委託がなされれば本項の趣旨は十分充たされることから、この文言は削除された。

②資格の欠落

代理人が代理行為をするためにはどのような能力が必要か。まず、法律行為をする能力が必要であることは言うまでもないので、代理人に意思能力があることが必要である。

それでは行為能力はどうか。代理では、代理人が行為をするが、代理行為の効果は本人に帰属する。したがって、代理人が代理行為によって自己の利益を害されるということはない。そこで、制限行為能力者でも代理人になることができ、その場合、その代理人がした行為は、制限行為能力者であることを理由に取り消すことはできないとされている（新102条本文）。制限行為能力者が自らのために法律行為をすることは制限されているのに、他人のためにするのは制限されないというのでは、本人の利益が害されるのではないかという気がするかもしれない。しかし、本人があえて制限行為能力者に代理人をしてもらいたいというのであれば、本人の責任において認めても差し支えないという趣旨である。

しかし、制限行為能力者が他の制限行為能力者の法定代理人としてした行為については、上記と同様に解することができない。法定代理では、そもそも、制限行為能力者が代理人になることができない場合がいくつかあるが（民834条以下、民847条、民876条の2第2項、民876条の7第2項）、その範囲は限定されている。これは、制限行為能力者でもできるだけ通常

323

人と同様に取り扱うという趣旨によるものである。しかし、法定代理人は本人によって選任されるわけではないこと、および代理権の範囲が包括的で広いことからすると、本人の利益保護の観点から見て通常の代理と同じようにいってよいか疑問である。このため、改正前には、法定代理には旧102条の適用はないと解する見解もあった。改正によって、新法では、制限行為能力者が他の制限行為能力者の法定代理人としてした行為については、代理人の制限行為能力を理由に代理行為を取り消すことができることとされ（新102条ただし書）、問題は立法的に解決された。この場合には、代理人である制限行為能力者、その代理人だけでなく、本人である制限行為能力者、その代理人も取消権を有する（新120条1項括弧書）。

　なお、代理人就任後に制限行為能力者になった場合については、後見開始審判を受けたときのみ代理権が消滅すると規定されている（民111条1項2号）。これは、代理人就任時の事情が大きく変化したことによる。しかしそうであるならば、保佐・補助開始の審判が含まれていないことは問題であることは前述した（3◆条文◆ (5)）。また、制限行為能力者でも代理人になることができるということと、代理権を付与する委任契約が制限行為能力を理由にして取り消されることがあるということとは別問題である。たとえば、未成年者が親権者の同意を得ることなく委任契約を締結した場合に、委任契約が取り消されたときは、すでになされた代理行為の効力が

図表40　代理行為の効力否定原因

代理行為の効力否定原因	判断基準
内容の違法	強行法規違反・公序良俗違反（新90条）の場合。
要素の欠落	①原則：代理人について決する（新101条1項・2項）。 ②例外：特定の法律行為の委託では本人について決する（新102条3項）。
資格の欠落	①原則：代理人の制限行為能力を理由に取り消せない（新102条本文）。 ②例外：制限行為能力者が他の制限行為能力者の法定代理人である場合（新102条ただし書）。 ③代理人就任後、後見開始審判で代理権消滅（民111条1項2号）。

第18章 ◆ 他人による法律行為／代理行為（代理人・相手方の関係）

問題となるが、これについても前述した（3◆解釈◆ **(2)**）。

(3) 代理行為の方式
①顕名主義

　代理行為は、本人のためにすることを示してしなければならない（民99条1項）。これを顕名という。前述したように、顕名は代理という仕組みにとって必要不可欠な要素ではない。しかし、民法上の代理では、相手方保護のために法律効果の帰属先を表示させる主義（顕名主義）が採用されている。このため、代理人が誤って顕名しなかったときはどうなるかという問題や、はじめから顕名するつもりがなかったときは代理として扱うのかという問題が生じる。なお、受動代理の場合に民法99条1項が準用されているのは（民99条2項）、相手方がする意思表示は代理人個人に対するものではなく、本人に対するものであることを示してしなければならないという趣旨である。

　「本人のためにする」とは、本人の利益になるようにするという意味ではなく、本人に法律効果を帰属させるという意味である。したがって、代理人が自己や第三者の利益を図る目的で代理行為をした場合でも、代理行為は原則として有効であり、例外的に、代理権の濫用または利益相反行為として無権代理とみなされることがあるにすぎない。また、「示す」とは、通常は「A代理人B」というように表示することである。しかし、印鑑社会であるわが国では、代理人が直接本人の名だけを示して本人の印鑑で押印するような場合も多々見られる（署名代理という）。判例（大判大正9・4・27民録26輯606頁・ハンドブック78〔代理人が本人の名で手形裏書した事例〕）・通説によれば、このような場合でも周囲の事情から代理行為をしていること、すなわち本人に法律効果を帰属させようとしていることが分かれば、代理行為として取り扱ってよいと解されている。母親が幼児を代理して直接幼児の名義で預金する場合などがこれにあたる。たとえ代理人が無権限であったとしても、代理行為としてなされている限りでは無権代理になるだけで、代理には変わりない（代理と見ることができない場合の処理については◆発展問題◆参照）。しかし、相手方からすれば、自分と法律行為をした者が実は法律効果の帰属先ではなかったことになるので、人違いとして錯誤による取消し（新95条）の主張をすることがありうる。

325

②**顕名がない場合**

　(a)原則

　代理人が自己の名のみを示した場合には、たとえ代理行為をするつもりであったとしても、原則として、代理人自身のための行為とみなされる（民100条本文）。このような場合には、相手方は、行為者自身が法律行為の当事者であると考えるのが普通であり、その信頼を保護する趣旨である。この場合には、代理人が、表示を間違えたという錯誤取消しの主張をすることは封じられる（なお、ある者が他人のために法律行為をしながら意図的に自分の名だけを表示した場合については◆発展問題◆参照）。

　(b)例外

　代理人が自己の名のみを示した場合でも、例外的には、本人のためにすることについて相手方が悪意または過失で知らなかったことを代理人が主張・立証できれば、代理になる（民100条ただし書）。このような場合には、法律行為の名義について相手方を保護する必要がないからである。またそのことからして、相手方が善意・無過失であっても相手方にとって誰が行為の効果帰属主体であるかが重要でない場合には、相手方が代理でないという主張をすることは信義則に反すると解されている。逆に、相手方が有過失でも相手方にとって法律効果の帰属先が誰であるかが重要な場合には、代理であったのなら取引しなかったという錯誤取消しの主張をすることも認めてよいであろう（新95条〔ただし重過失でないことが必要〕）。

　なお、相手方が善意・無過失であった場合には、民法100条本文の文言からすれば、相手方からも代理であることを主張できないように見える。しかし、同条は相手方保護の規定であり、相手方も代理のほうが都合がよいと考えた場合にそれを拒絶する必要はないので、相手方は代理とするかまたは代理人自身のための行為とするかを選択できると解すべきである。

　(c)商法504条

　商行為の代理では、原則として、代理であることを示さなくても代理になる（商504条本文〔非顕名代理という〕）。判例によれば、これは商行為の大量・継続取引性および相手方も代理であることを知っていることが多いことから簡易・迅速の便宜のために認められた例外であるとされている（最大判昭和43・4・24民集22巻4号1043頁）。しかし、そのような理由は商行為に特別のものであるとはいえない。むしろ、商行為では取引の内容が重

第18章 ◆ 他人による法律行為／代理行為(代理人・相手方の関係)

要であって、相手方が誰であるかは通常重要でないことに基づくというべきであろう。

　ただし、相手方が代理であることを知らなかった場合には、相手方は、本人だけでなく、代理人に対しても履行の請求をすることができる(商504条ただし書)。また、規定の文言上は善意とされているが、善意だけでなく無過失であることも必要であると解されている(前掲、最大判)。しかし(b)で述べたように、民法でも善意・無過失の相手方は代理か代理人自身の行為かを選択できると解するときには、結果的に商法504条ただし書と同様になる。したがって、商法504条の規定は、一般的には顕名主義の例外と解されているが、実際には、相手方の善意・悪意または無過失・有過失についての主張・立証責任の問題にすぎないと解するほうがよいように思われる(四宮・能見。これと異なる解釈も多数あるが、商法の問題であるのでこれ以上立ち入らない。潮見、平野参照)。

図表41　代理行為の表示と効果

代理行為の表示	法律効果の発生
A代理人B	AC間（民99条1項）
A	代理と解釈できる場合AC間
B	(a)原則：BC間（民100条本文） (b)例外：AC間（民100条ただし書） (c)商法504条：原則AC間

＊A：本人、B：代理人、C：相手方

◆ 解 釈 ◆

(1) 代理人と相手方の通謀による代理行為

　代理人と相手方が通謀して虚偽表示をした場合、新101条1項によれば、意思の不存在については代理人が基準となるので、代理行為は無効となる(民94条1項)。しかし、本人は保護しなくてよいのだろうか。たとえば、Aの代理人Bが相手方Cと通謀してCの不動産をAが購入するという虚偽の売買契約を締結し、CからAへ移転登記をした場合には、代理人の行為は本人に対する背信的な行為ではあるが、代理権濫用の場合の問題とは逆に、相手方は代理行為が無効であると主張してくる。この場合、有効な

327

売買だと信じていた A は保護されないのだろうか。

学説は、①新 101 条 1 項どおり BC 間の売買を無効とし、C は A に対しても無効を主張できると解する説、②代理人には本人を欺く権限はないので、この場合の B は C の意思の伝達機関にすぎなくなり、C の意思表示が真意でない意思表示として心裡留保（新 93 条）になるので、A が善意・無過失である場合には AC 間の売買は有効になると解する説（大判昭和 14・12・6 民集 18 巻 1490 頁）、③このような場合には本人 A も第三者にあたると解して民法 94 条 2 項を適用ないし類推適用する説（近江）、④C が善意・無過失の A に対して新 101 条 1 項の主張をすることが信義則違反ないし権利濫用にあたると解する説（平野）がある。

①説では具体的妥当性がはかられないとの認識から始まった議論ではあるが、②説はいかにも技巧的に過ぎ、③説は本人が法律行為の効果の帰属主体であることからすると問題がある。また、④説については、新 101 条は相手方に何らかの権利を付与する規定ではなく、代理行為の意思表示の基準を定めただけの規定であって、相手方は権利としては民法 94 条 1 項の主張をしているだけであることからすると、それを信義則違反ないし権利濫用というのは疑問である。結局のところ、たとえ代理人と相手方が通謀していても、本人と代理人との一体性を無視することはできず、①説のように代理行為は無効として、代理人に裏切られたという点について、別途、本人が代理人を相手に善管注意義務（民 644 条）違反の責任を追及するほかないのではなかろうか。

(2) 詐欺・強迫と代理行為

(a)代理人が相手方の詐欺、強迫に基づいて意思表示をすれば、代理行為は取り消しうるものとなる（新 101 条 1 項）。それでは、(b)代理人が相手方に対して詐欺・強迫をし、相手方がそれに基づいて意思表示をした場合はどうなるか。新 101 条 2 項は、代理人の善意・悪意と過失の有無についてのみの規定なので、このような場合も同項に含まれると解することはできない。そこで、改正に際しては条文を新設することが検討されたが、この場合のみの規定を置くことの意義が問題とされ、結局は解釈に委ねられた。

旧 101 条 1 項の下では、文言上は誰の意思表示かが明確でなかったので、相手方の意思表示についても同項が適用されると解する余地もあった（大

判明治39・3・31民録12輯492頁）。しかし、同項はその趣旨からして代理人が詐欺・強迫された場合のその意思表示の効力について規定したものと解すべきであると批判されていた。また、代理人を新96条2項の第三者であると解して第三者の詐欺があったと構成し、本人が悪意または有過失であった場合に相手方は自己の意思表示を取り消すことができるとする見解もある。しかし、相手方は代理人に対して意思表示をするのであり、代理人は第三者とはいえないのでこのような見解も妥当ではない。したがって、このような場合には、新96条1項の原則どおり、相手方は本人の知・不知にかかわらず意思表示を取り消すことができると解すべきである（近江、佐久間、潮見、平野）。

　(c)相手方が本人に対して詐欺・強迫をし、それに基づき本人が代理人に指示をして意思表示がなされたような場合には、本人のコントロールが可能であるという意味において、使者と同様に考え、新96条1項の適用があると解してよい（平野）。また、(d)代理人は詐欺・強迫をしていないが、本人が詐欺・強迫をし、相手方がそれに基づいて意思表示をした場合についても、本人は相手方の意思表示の名宛人であって第三者とはいえないのであるから、第三者の詐欺にはあたらず、相手方は代理人の知・不知にかかわらず意思表示を取り消すことができると解すべきである（近江、佐久間、潮見）。

◆ 発 展 問 題 ◆
他人による法律行為の全体像

　他人によって法律行為をする仕組みには、代理以外にもいくつかの態様があることは前述したが、実際にはそれ以外で他人の名前が使用される場合もある。そこで以下では、代理の場合、代理で顕名がなされなかった場合、はじめから代理を意図していなかった場合、逆に本人の名が示されているが代理とはいえない場合などを比較しながら、「AのためにBがCと契約する」場合を例として、AB間の事情、およびBの行為名義の違いに応じて、誰と誰との間で契約が成立するかを考えてみよう。

(1) 代理

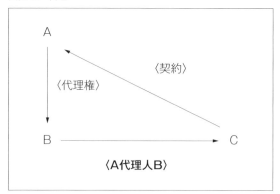

図表42　代理

　代理は、これまで述べてきたように、本人Aのために代理人BがAのためにすることを示して法律行為をする場合である。この場合には、Bにそうする権限（代理権）が付与されていればAC間で法律関係が生じる。代理権がない場合には無権代理となり、後述するように、Aの追認（民113条1項）があるかまたは表見代理（新109条、新110条、新112条）にあたらない限りBの行為は「無効」となる。また、代理権はあるがBが自己または第三者の利益を図る目的であった場合には代理権濫用となり、無権代理とみなされる（新107条）。

(2) Aの名で行われた行為

　BがAの名だけを示してCと契約をした場合には、いくつかの場合がある。①まず、前述のように、BがAに法律効果を帰属させるつもりであったときは周囲の事情から代理の顕名があったものとして取り扱うことができる場合がある。この場合は代理として処理することになる。しかし、その他にも、②BがAの使者である場合、③Bが自己を示す単なる符牒（ニックネーム）としてAの名を使用した場合、④B自身に法律効果を帰属させるつもりであるがAの名を借用しAもそれを許諾している場合（いわゆる名義貸し）がある。

　②の場合は、A自身の意思表示がなされたことになるので、契約は当然

第18章 ◆ 他人による法律行為／代理行為（代理人・相手方の関係）

図表43 Ａの名で行われた行為

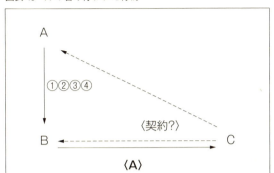

AC 間で成立する。③の場合は、Ａという名が表示されていても、それはＢ自身を示す表示であり、契約はBC 間で成立する。

　問題は④の場合である。Ａの信用力をあてにしてこのような名義貸しが行われることはまれではない。商法では、自己の商号を使用して営業または事業を行うことを他人に許諾した商人は、その商人が営業を行うものと誤認した者に対して、他人と連帯して取引上生じた債務を弁済する責任を負うと規定されている（商14条〔名板貸〕。会社9条参照）。しかし民法には適切な規定がないので、民法上これをどのように考えるべきかが問題になる。契約が誰と誰との間で成立したのかということすら明確にされているとはいえないが、少なくとも名義使用を許したＡに何らかの責任があるという点では一致している。しかしその法律構成もまた一定しているとはいえない状況である。判例には、表見代理（新109条）や商法の規定の法意を参照して、長年ＢによるＡの名称使用を認めてきたＡの履行責任を肯定したものがあるが（最判昭和35・10・21民集14巻12号2661頁・百選Ⅰ-28・ハンドブック81）、その他にも、顕名があったとして代理ないし表見代理として処理する構成（これによればAC 間での契約になるであろう）、不法行為の使用者責任（民715条）としてＡに損害賠償責任を負わせる構成などがある。しかし私見によれば、行為者Ｂが法律効果を自己に帰属させようとしている以上、契約はBC 間で成立しているが、善意・無過失のＣがＡに対して履行責任を追及したときは、Ａが契約当事者であるという意思表示はＣから見てＡの心裡留保（新93条1項本文）にあたると考え、Ａが

331

契約当事者でないと抗弁することを封じるべきである。

(3) Bの名で行われた行為

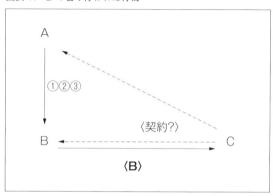

図表44　Bの名で行われた行為

　BがB自身のためにBの名でCと契約すれば、当然のことであるがBC間で契約が成立する。しかし、BがAのためにB名義で契約をする場合もある。これにも、①代理人Bが本人Aの名を顕名しなかった場合、②法律効果をいったんBに帰属させ、その後にBが相手方から得た物などをBからAに移転する場合、③法律効果をはじめからAに帰属させるつもりであった場合がある。

　①の場合には、すでに述べたように、原則としてBC間で契約が成立し、例外的にCが悪意または有過失であったことをBが主張・立証すれば、AC間で契約が成立する（民100条）。②の場合は、いわゆる間接代理の場合であり、契約はBC間で成立し、AB間の法律関係は別の問題になる。

　③の場合は、前述したように、ドイツで授権という概念で論じられている場合であり、わが国では、契約の解釈によって①または②になると解されている。しかし、Cにとって誰と取引するかが重要でない取引（たとえば商品売買）やAのためにしていることがCに開示されている場合には、わが国でも授権を認めてAが契約の履行責任を負うと解する学説や、この場合は行為者が本人のためにする意思を持って自己の名で行為する点で民法100条の場合とほとんど同じであるとして同条を類推適用する説もあ

第18章 ◆ 他人による法律行為／無権代理

るなど、法律構成は一定していない。私見によれば、このような場合は、
AB 間には、A が B の名義を借りる隠匿行為があるという意味での虚偽表
示（民 94 条）ないし虚偽表示類似の行為があると解すべきである。そのよ
うに構成すれば、B の意思表示はそれに基づくものであり、C が善意であ
るときは、A は自己が法律効果の帰属主体であることを C に主張できず、
BC 間で契約が成立し、C が悪意であるときは、隠匿行為にしたがって、
AC 間で契約が成立すると解することができる。

図表 45　他人による行為の多様性

Bのした表示	契約の成立
A代理人B	・代理（AC 間で契約成立）〔民 99 条〕 　（Bに代理権がない場合：無権代理） 　（Bが自己の利益をはかる場合：代理権濫用）
A	①代理（AC間で契約成立） ②使者（AC間で契約成立） ③符牒（BC間で契約成立） ④名義貸し（Aに履行責任あり）
B	①顕名のない代理（原則 BC で契約成立、 　例外的に AC で契約成立）〔民 100 条〕 ②間接代理（BC 間で契約成立） ③授権（多数説によれば①または②）

6　無権代理

・無権代理行為でなされた契約は、原則として無効であるが、本人が
　追認できる。
・追認の効果は、原則として契約時に遡るが、第三者の権利を害する
　ことはできない。
・相手方は、無権代理であっても表見代理が成立すると主張すること
　ができ、また無権代理人の責任を追及することができる。
・表見代理と無権代理人の責任は、別個の制度なので、表見代理を先
　に主張しなければならないことはないと解されている。
・無権代理人の責任は、通常の不法行為責任よりも、要件・効果の両

333

面において重い特別な責任である。

・相続によって無権代理人の地位と本人の地位とが同一人に帰属した
　場合には、相続人には両者の権利義務が併存するので、本人の立場
　で追認拒絶できるが、無権代理人の立場で責任を負わなければなら
　ないと解すべきである。

◆ 条 文 ◆

(1) 無権代理の意義

　代理権がないにもかかわらず代理行為がなされた場合のことを無権代理
という（民 113 条）。無権代理には、代理権がまったくなく代理行為がなさ
れた場合と、代理権はあるがその権限に含まれていない代理行為がなされ
た場合とがある。

　無権代理は、代理人の意思表示、すなわち代理行為自体は完全であるが、
代理権がないため、法律効果を本人に帰属させる根拠を欠いている場合で
ある。そこで民法では、無権代理行為は、原則として、本人に対して効力
を生じないと規定されている（民 113 条〔契約〕、民 118 条〔単独行為〕）。ま
た、無権代理人には自己に法律効果を帰属させる意思もその表示もないの
で、無権代理人と相手方との間で法律行為が成立することもない。

　このように、無権代理行為の効果が本人に帰属しないとすると相手方の
利益が損なわれるので、以下の点が問題になる。第一に、どのような場合
に例外が認められるか、第二に、無権代理の後始末として、その原因者で
ある無権代理人にどのような責任を負わせるか、である。これらについて
詳説する前に、以下ではその全体像を述べておく。

①追認（例外その 1）

　無権代理では、代理権がないという代理人の資格の欠如が問題であり、
代理行為の内容が問題なわけではない。内容的には必ずしも本人の不利益
になるとは限らない場合もある。たとえば、ある物を無権代理で購入する
契約が結ばれた場合に、本人にとっては、無権代理行為を無効として最初
から契約をやり直すよりも、無権代理の効力を認めたほうが簡便であるこ
ともある。理論的にも、結果的に代理権に基づく代理行為という代理の本

質は維持される。そこで民法では、無権代理行為について本人の追認を許すこととされている（民113条1項）。したがって、無権代理の無効とは、追認の余地を残した無効であり、追認があれば有効に確定し、追認が拒絶されれば無効に確定する（不確定無効とか浮動的無効とよばれる）。これは、無効か有効かが確定する前にいずれともいえない状態があるということであって、最終的に中途半端な効力になるという意味ではない。しかし、このような不確定な状態は、相手方を非常に不安定な立場に置くことになる。そこで、追認するか否かが未定の間に相手方に何らかの保護を与える必要がある。

②表見代理（例外その2）

本人が追認しない場合でも、無権代理がなされたことについて、本人に何らかの落ち度（帰責性）があり、他方で相手方には無権代理人に代理権があると信じたのもやむを得ない事情があるときは、相手方の信頼を保護し、本人に代理行為による法律効果をそのまま帰属させても不当であるとはいえない。そこで民法は、一定の場合には、無権代理であるにもかかわらず、有効な代理行為となる場合があることを定めている（新109条、新110条、新112条）。これを表見代理という。これは、本人には法律効果を帰属させる意思がないにもかかわらず、そのような効果を発生させるものであるから、有権代理ではなく、無権代理の中で表見代理に該当する場合がありうるという意味である。学説の中には、代理権授与と代理行為とを完全に分離し、前者がないときでも後者に対する本人の意思を観念できるとする見解もあるが（これによればこのような場合は有権代理になる）、すでに述べたように（3の◆解釈◆(1)参照）、そのような分離は妥当でなく、またそう解する必要もない。

表見代理によって本人に効果を帰属させるためには、代理権授与や追認に匹敵するだけの理由が必要になる。そこで、表見代理の成立の有無は、本人の帰責性と相手方の要保護性の双方の要素を勘案して判断しなければならない。

③無権代理人の責任

無権代理について本人の追認がない場合で、相手方が表見代理の主張を

しないか、または主張しても認められないときは、無権代理行為は無効に確定するので、その後始末として相手方は無権代理人の責任を追及することができる（新117条）。無権代理人こそが無権代理の原因者であり、責任を負うのは当然である。相手方と無権代理人の間には契約などの法律行為はないので、その責任の性質は無権代理をしたという事実に基づく不法行為責任（民709条以下）である。しかし、無権代理では、代理制度に対する信頼を確保するために、要件の点でも（無過失責任）、また効果の点でも（契約の履行または損害賠償）通常の不法行為より重い責任が課せられており、無権代理人がこれを免れるのは、例外的な場合に限られている（新117条2項）。

④無権代理をめぐる紛争の流れ

　本人をA、無権代理人をB、相手方をCとしよう。CがBの無権代理で結ばれた契約の履行をAに請求する場合の訴訟の流れはおおよそ以下のようになる。(a)まず、Cは自ら無権代理であると主張する必要はない。BC間で契約が締結されたこと、BがAを代理しているという顕名をしたこと、Bに代理権があったことを主張すればよい。(b)これに対して、AがBに代理権があったことを争わなければ、有権代理として処理されるだけである。(c)また、Aが有権代理であることを否認する場合でも、Aが追認したことをCが主張・立証すれば、同様に有効な代理として扱われる。(d)しかし、CがAの追認を主張・立証できなかった場合には、Cは表見代理にあたることを主張するか、Bに対して無権代理人としての責任を追及することになる。

(2) 無権代理行為の追認

①追認の意義

　追認は、本人がする単独行為であり、相手方の承諾は必要ない。したがって、法律関係を確定させるという意味で一種の形成権であり、追認権とよばれる。

②追認の方法

　追認は、相手方に対する意思表示によって行う（民113条2項）。また、

無権代理人に対して追認した場合でも、相手方がその事実を知ったときは追認の効果が生じる（民113条2項）。追認があったことの主張・立証責任は、代理行為が有効であることを主張する相手方にある。本人が追認していないと主張しても、相手方から追認のあった事実を主張することは何ら妨げない（最判昭和47・12・22判時696号189頁）。しかし、本人が代理行為の効果を自己に帰属させてよいと考える場合には、実際には、無権代理行為だが追認するというよりも、はじめから代理権があったと認めてしまえばよい。また、通常の意思表示と同じように、黙示の追認も認められる。たとえば、本人が相手方に契約の履行を請求した場合に追認があったと認めた判例がある（大判大正3・10・3民録20輯715頁）。ただし、無権代理行為の追認は、取り消すことができる行為の追認のように有効な行為を確定させるのと異なり、有効か無効かが不確定な行為を有効とする行為であるから、追認があったというためには、取消しの場合よりも積極的な行為があったことが必要というべきであり、新125条の法定追認の規定は類推適用されないと解されている。判例も、同様に解したうえで、黙示の追認があったという主張に対して、一定の事実から直ちに追認があったとみなすのではなく、本人は反証をあげて追認を否定することができるとしている（最判昭和54・12・14判時953号56頁・ハンドブック109）。

③追認の効果（遡及的追認）

　追認があると、原則として、その効果は無権代理行為がなされた時点に遡及し、はじめから有効な代理行為であったことに確定する（民116条本文）。例外は、(a)別段の意思表示があるとき、および(b)第三者の権利を害するときである。別段の意思表示とは、本人と相手方の合意であり、本人の意思表示だけでなく相手方の承諾が必要であると解されている（通説）。この場合には、その合意に従い追認の効果は遡及しない。また、第三者の権利を害することができないとは、遡及効が生じるとしても、追認までの間に権利を取得した者は保護されるということである。しかし実際には、第三者の権利が対外的効力（対抗力）を備えていないと、民法116条ただし書は適用されるまでもない。たとえば、Aの不動産を無権代理人BがCに売却した場合、Aがこの不動産をDに売却してDがその登記を備えていたときは、たとえその後AがBの無権代理行為を追認し、AがCとДに

二重に譲渡したことになっても、CとDの優劣は対抗要件（登記）の有無によって決まるのであって、追認によってCの権利が害されるわけではない。例外的に民法116条ただし書が適用されるのは、たとえば、AがCに対して金銭債権を有しており、無権代理人BがCから弁済を受けたが、その後、Aの債権者Dがこの債権を差押えたところ、Aがこの差押えを回避するために、Bによる弁済受領を追認したような場合である（大判昭和5・3・4民集9巻299頁）。この場合には、追認による遡及効を認めると、Dの差押えは債権の弁済後になされたことになり空振りに終わってしまう。そこでこのようなDの権利を害することはできず、差押えは有効であるとされるのである。なお、民法116条は、無権代理行為の追認以外の場合でも、無権利者による処分行為を真の権利者が追認した場合に類推適用されている（最判昭和37・8・10民集16巻8号1700頁・百選Ⅰ-38・ハンドブック102）

　本人は、追認とは逆に、追認を拒絶することもできる。追認を拒絶すると無権代理行為は無効に確定する。そのような意味で、追認拒絶も一種の形成権であり、追認拒絶権とよばれる。拒絶の方法は追認と同様である（民113条2項）。追認も追認拒絶もなされない場合には、法律関係は不確定なままとなるが、追認がない以上、代理行為が有効であることを前提とした主張はできないことになる（民113条1項の文言参照）。

(3) 相手方の保護

　本人が追認するか拒絶するかは自由であるから、それが確定するまでの間、無権代理行為の相手方は不安定な状態に置かれる。そこで、このような状態を解消するために、相手方には、①催告権と②取消権が認められている。

①催告権

　相手方は、本人に対して、相当の期間を定めて、その期間内に追認するか否かを確答するよう催告する（はっきりせよと催促する）ことができる（民114条）。相当期間が経過すれば、追認を拒絶したものとみなされる。その後で追認したと言っても効果は発生しない。しかしこれは単に催告するだけなので、あまり大きな保護ではない。

338

②取消権

　相手方は、本人の追認がない間ならば、無権代理行為でなされた契約を取り消すことができる（民115条本文）。ただし、契約の当時、代理人に代理権がないことを相手方が知っていたこと（悪意）を本人が主張・立証すれば、取り消せなくなる（民115条ただし書）。この規定は、無権代理と知らずに契約したが、もはや代理行為の効力を争うつもりがないような場合に意味がある。取消しと規定されているが、いったん有効に成立した契約を無効にするわけではなく、契約がはじめから存在しなかったことにするものなので、実際には自己の意思表示の撤回である。この取消しをしてしまうと、代理行為もなかったことになるので、無権代理行為であることを前提にして無権代理人の責任を追及することはできなくなると解されている（通説）。

(4) 無権代理人の責任
①責任の性質

　本人の追認がない場合、相手方は無権代理人の責任を追及することができる（新117条1項）。これは前述したように、要件・効果の点で特殊な不法行為責任である。具体的には、無権代理人は、相手方の選択に従い、契約の履行または損害賠償の責任を負う。本人だけが有している特定物が契約の目的である場合には、無権代理人による履行は不可能なので損害賠償によるほかないが、不特定物であればいずれも可能である。

　この責任は、相手方保護、取引の安全確保、代理制度の信用維持を目的とする特殊な責任であり、無過失責任であると解するのが判例・通説であるが（最判昭和62・7・7民集41巻5号1133頁・百選Ⅰ-34・ハンドブック105）、無権代理人に対する制裁であり、そうであるからには無権代理人に過失があることが必要であると解する説もある（佐久間）。この説は、代理行為後に代理権授与行為が取り消された場合でも無権代理人が責任を負わなければならないことの不合理性を指摘する。しかし、このような場合には、前述したように、すでになされた代理行為の効力は否定されないという解釈が定着しているので、無権代理人が責任を負うことはない。したがって通説が妥当である。

　なお、新117条は、設立中の会社（最判昭和33・10・24民集12巻14号

3228 頁）や架空の会社（最判昭和 40・7・2 集民 79 号 671 頁）の自称代表者の
ように、本人不存在の場合にも類推適用されている。

②責任追及の方法

　通説によれば、相手方が無権代理人の責任を追及する場合、(a)契約の締
結、(b)代理の顕名を主張・立証し、あとは(c)契約の履行または損害賠償を
選択して請求するだけでよい。無権代理であること、追認がなかったこと、
無権代理人に過失があることなどは主張・立証する必要がない。

　これに対して、無権代理人は、(a)相手方が契約を取り消したこと（民 115
条）、(b)代理権があったことまたは追認があったこと（新 117 条 1 項）、(c)代
理権がなかったことを相手方が知っていた（悪意）こと（同条 2 項 1 号）、(d)
代理権がなかったことを相手方が過失によって知らなかったこと（同条 2
項 2 号）、(e)無権代理人が制限行為能力者であったこと（同条 2 項 3 号）のい
ずれかを主張・立証しなければ、責任を免れない。

　しかし、(d)に対しては、さらに相手方が再抗弁で、無権代理人が自己に
代理権がないことを知っていた（悪意）ことを主張・立証すれば、無権代理
人は責任を免れない（同条 2 項 2 号ただし書）。これは改正前にはなかった
規定であるが、たとえ相手方に過失があってもこのような場合にまで無権
代理人が責任を免れるのは妥当でない（信義則に反する）というのが有力説
であった。改正でこれが採り入れられたことになる。また、(e)については、
相手方が再抗弁で、制限行為能力者の代理行為について同意権者の同意が
あったことを主張・立証すれば、無権代理人は責任を免れないと解されて
いる。なお、意思無能力者については規定されていないが、無権代理人を
保護すべきであるとの趣旨は、意思無能力者でも同様であり、制限行為能
力者と同じように解すべきであるとの見解がある。しかし、意思無能力者
の行為は初めから無効であり（新 3 条の 2）、無権代理行為にように不確定
無効ではないので、そもそも新 117 条の適用がないと解すべきであろう。

　以上のように、通常、無権代理人の責任要件と言われるものは、実際に
は無権代理人が責任を免れるための抗弁である。この責任追及と表見代理
との関係について、かつては、表見代理の主張が優先され、それが認めら
れない場合にはじめて責任追及できると解する見解もあった。しかし現在
の判例・通説では、表見代理も無権代理行為の一種であり、表見代理か無

第18章 ◆ 他人による法律行為／無権代理

権代理人の責任追及かは、相手方に与えられた保護手段であるから、相手方はいずれを選択してもよいと解されている（前掲、最判昭和62・7・7）。したがって、無権代理人は、表見代理が成立することを抗弁として主張することはできない。

③責任の内容

　新117条の責任を追及する場合、相手方は、契約の履行か損害賠償を選択できる。履行を請求したときは、あたかも無権代理人と相手方との間に契約が成立したのと同様の効果が生じる（最判昭和41・4・26民集20巻4号826頁）。したがって、相手方は、代金支払いなどの反対給付がある場合には、これを履行しなければならない。他方、契約の目的物が特定物の場合には、履行を選択しても無権代理人がこれを履行することができないので、損害賠償によるほかない。判例・通説によれば、損害賠償は、契約が履行されていれば得られたであろう利益（履行利益：たとえば転売予定がある場合の利益）の損害賠償であると解されている（大判大正4・10・2民録21輯1560頁・ハンドブック104、最判昭和32・12・5新聞83・84号16頁）。もし契約の履行を選択してそれが債務不履行になったのであれば、債務不履行責任として履行に代わる損害賠償を請求できることになるので、そう解してよい。この場合、信頼利益（契約が有効であると信頼して支出した費用〔たとえば測量費用など〕）については、契約が履行されなかったために無駄になった支出であるから、履行を仮定する履行利益の請求と矛盾し認められない（そうでないと二重得になってしまう）（同旨、近江、四宮・能見、山本）。

(5) 単独行為の無権代理

　以上のような仕組みは、無権代理行為が単独行為であった場合にはどうなるか。単独行為は一方的な意思表示であり、相手方との合意がないので、契約とは異なる取扱いがなされる。

①相手方のない単独行為

　遺言や所有権放棄など、相手方のない単独行為については、無権代理行為は絶対的に無効である（民法113条以下のどの条文にも規定されていないし、もちろん有権代理にもならない）。したがって、追認の余地はなく、無権代理

341

人の責任も生じない。

②**相手方のある単独行為**

契約の解除や債務の免除など相手方のある単独行為についても、無権代理行為は原則として無効である。ただし、相手方があることに配慮して、例外が設けられている（民118条）。それによれば、能動代理（解除や免除をする）については、無権代理をすることに相手方が同意していたとき、または無権代理後に代理権のないことを争わないとき（すなわち異議を述べないとき）は民法113条から新117条の規定が準用される（民118条前段）。また、受動代理（解除や免除を受ける）については、無権代理をすることに相手方が同意していたときに限り民法113条以下の規定が準用される（民118条後段）。ただし、新117条については、相手方は受動代理人が無権代理人であることを知っていたことになるので、責任を追及できないことになる（新117条2項1号）。

図表46　無権代理行為の効果

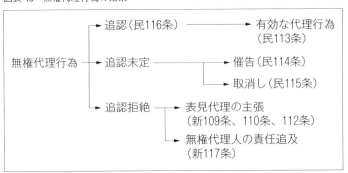

◆ **解　釈** ◆

(1) 新117条における「過失」の意義

新117条2項2号本文によれば、代理権がなかったことについて相手方が過失で知らなかったときは、原則として無権代理人の責任は生じない。この場合の過失の意義について議論がある。(a)重過失説によれば、もしこれを単純過失と解すると、相手方は後述の表見代理の要件も充たさないことになるので、結局誰も責任を負わないことになってしまう。しかし、そ

れでは新117条の存在意義がなくなるので、同条にいう過失は重過失であるとして、表見代理が成立しない場合でも無権代理人の責任は追及できると解すべきであるとする（近江）。このような考え方は、過失があると責任追及ができなくなるのは妥当でないという判断を基礎とし、無権代理で追認がない場合には、通常はまず表見代理を問題にし、それがだめな場合には無権代理人の責任を追及するという順序を想定している。これに対して、(b)単純過失説によれば、新117条の趣旨は相手方の信頼を保護した規定であり、過失があるときは特別の保護に値しないとする。また、表見代理と無権代理人の責任追及とは別の制度であって、表見代理が認められるためには、無過失だけでなく本人に帰責性があることが必要であるから、ここでの過失を単純過失と解してもそれで新117条の意義がなくなるわけではないとする（前掲、最判昭和62・7・7、河上、佐久間、潮見、四宮・能見）。

(2) 不法行為責任との関係

　上記の議論は、新117条の責任を追及できない場合でも、相手方は無権代理人の行為が不法行為にあたるとして不法行為責任（民709条）を追及できるかという議論と関係している。新117条は不法行為の特則であるから、重ねて不法行為責任を追及することはできないとする説も以前にはあった。しかし現在では、新117条は無権代理人が法律行為をしたのと同様の状態にすることを目的としており、民法709条とは趣旨が異なるので、新117条の責任追及が認められない場合でも民法709条による請求をすることができると解する説が多数である（佐久間、潮見、平野）。上記 (1) の過失の議論について単純過失説を採りながら民法709条の責任追及ができないとすると、たしかに重過失説の指摘するように、誰にも責任がないことになってしまう。しかし、別に民法709条の責任追及はできると解すれば、(1) の問題については単純過失説でよい。これによれば、過失がある相手方は、民法117条の責任は追及できないが、民法709条の責任は追及できることになる。責任の内容は損害賠償に限られ、また過失相殺（民722条2項）されるが、それが結果的にも妥当である。

　なお、新法では、相手方に過失があっても、無権代理人が自己に代理権がないことを知っていたときは、責任を免れないことになった（新117条2項2号ただし書）。したがって、このような場合には不法行為責任を追及す

るまでもないことになった。しかし無権代理人が過失で自己に代理権がないことを知らなかったような場合には、なお不法行為責任を追及する意義があろう。

◆ **発 展 問 題** ◆

(1) 無権代理と相続に関する基本的な考え方

　相続によって無権代理人の地位と本人の地位とが同一人に帰属した場合、相続人は、追認拒絶することができるのか、また無権代理人の責任を負うのか。これは、相続の法律効果に関係する問題である。従来、難問として議論されてきたが、相続の論理を基本としつつ、一定の場合にそれを制限する必要があるか否かを考えればよい。民法改正作業の初期段階では、少なくとも判例・学説上異論がない点について新しい規定を設けることも検討されたが、結局、実現することはなかった。したがって、以下の議論は、新法の下でも解釈に委ねられることになる。

　被相続人が死亡した場合、相続人は、相続に関して、単純承認、限定承認、相続放棄のうち一つを選択することができる（民915条1項）。相続放棄を選択すると、はじめから相続人ではなかったものとみなされるので（民939条）、被相続人の有していた権利義務の承継という問題は生じない。しかし、単純承認を選択したときは、相続人は被相続人が有していた権利義務を一切承継する（民920条）。したがってこの場合には、被相続人の財産であったものは以後相続人の財産と一緒になる反面、被相続人が負っていた義務もまた相続人自身の義務として履行しなければならない。これに対して、限定承認をすると、相続によって得た財産の限度でのみ被相続人の義務を承継する（民922条）。これは、相続はするが、いわば金庫を別にして従来の自分の財産と被相続人の財産を分けておき、被相続人の義務はその財産の範囲内でのみ負担するという制度であり、被相続人の負っていた義務の残務処理という色合いが強い。

　無権代理人が本人を相続した場合であろうと、本人が無権代理人を相続した場合であろうと、相続人となる者が相続放棄をすれば、無権代理人と本人の地位が同一人に帰属することはない。また、たとえ相続しても、限定承認をすれば、相続人は無権代理人と本人の立場を使い分ければよいので、それぞれの立場で権利（本人としての追認拒絶）および義務（無権代理人

344

第 18 章 ◆ 他人による法律行為／無権代理

図表 47　無権代理と相続の方法

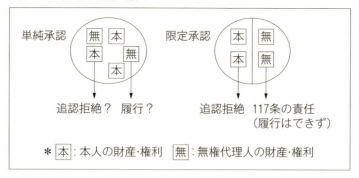

としての責任) を負うだけである。たとえば、無権代理で特定物の売買契約が締結された場合で、相続人が追認を拒絶して新 117 条の責任を追及されたときは、相続人は同時に無権代理人として契約の履行または損害賠償の責任を負うが、無権代理人としての金庫には契約の目的物はないので、履行に応ずることはできず損害賠償をするほかない。このように、相続人が相続放棄または限定承認していれば、無権代理と相続という問題は生じない。

　しかし、現在のわが国では、放棄は別として限定承認という制度は実際上あまり利用されていない。また、手続的にも面倒であり、相続時（死亡時）から 3 か月以内に家庭裁判所に対してしなければならず（民 915 条 1 項、924 条）、これを徒過すると単純承認をしたものとみなされる（民 921 条 2 号）。さらに、共同相続では、相続人全員が共同してしなければならない（民 923 条）。このため大多数の相続では、相続人は何もすることなく、そのまま単純承認になってしまうことが多い。そこで、(a)無権代理人が相続人である場合、自ら無権代理行為をしておきながらたまたま本人を相続したからといって追認拒絶することを認めるのは妥当でないのではないか、および(b)本人が相続人である場合、追認拒絶するのはよいとしても新 117 条で履行の責任を負うのであれば結局のところ追認拒絶は無に帰するではないかが議論されているわけである。問題はそのような例外を認めるだけの必要性があるか否かにある。

⒜無権代理人が本人を相続した場合

　この場合には、相続人に追認拒絶権の行使を認めるか否かが問題になる。
判例は、無権代理人と本人の立場が融合し、本人が自ら法律行為をしたの
と同じになるとして追認拒絶を認めない（大判昭和2・3・22民集6巻106頁、
最判昭和40・6・18民集19巻4号986頁・ハンドブック97〔資格融合説ないし
人格融合説〕）。しかしこれは、追認拒絶を許さないだけでなく、相手方の
取消権（民115条）までもが奪われてしまうという過重な効果を招くので
妥当でない。また、次の⒝の場合との理論的整合性も欠く。このため学説
では、相続によって本人と無権代理人との資格が併存するとする見解が支
配的である（資格併存説）。ただし、その先では、無権代理人が相続しなが
ら追認を拒絶するのは自己矛盾行為として信義則に反するので認められな
いとする説（信義則説）（内田、近江、河上、潮見）と、追認拒絶を許しても
新117条の責任を負うのでそれで履行を請求すればよいとする説（資格併
存貫徹説）（加藤、佐久間、平野）とに分かれており、前者が多数説である。
両説は似ているが、後者では相続人に責任がないこともある（新117条2項
1号、2号本文）。思うに、この場合に無権代理人の行動が道義的に誉められ
るべきものでないことは疑いなく、その限度では相続の原則が制限されて
よいようにも思われるが、他方では、相続があったからといって相手方に
本来期待される以上の保護を与える必要もないので、資格併存貫徹説によ
るべきであろう。

⒝本人が無権代理人を相続した場合

　この場合には、追認拒絶を認めることに問題はない。判例もまた追認拒
絶は信義則に反しないとしている（最判昭和37・4・20民集16巻4号955頁・
百選Ⅰ-35・ハンドブック96）。学説でも、両者の資格が併存し、かつ、相続
人は本人の立場で追認拒絶できると解する説が支配的である（資格併存説）。
しかしこの場合には、その先で、相続人が新117条の責任を負うにあたっ
て、契約の履行についてまで責任を負うか否かで見解が分かれている。条
文どおり履行の責任も負うとする説（資格併存貫徹説）がある一方、特定物
が契約の目的物である場合には損害賠償責任のみを負うという説もあり、
近年では後者が多数説である（内田、近江、河上、佐久間、四宮・能見、平野）。
後者は、特定物の履行責任まで負うと解すると、追認を拒絶した意味がな

第 18 章 ◆ 他人による法律行為／無権代理

くなることを指摘する。たしかに、そのような実質判断はもっともであるが、問題はその理論構成である。相続人は無権代理人という立場では履行することが不可能なので損害賠償責任だけを負うと解する見解もあるが、それでは特定物の場合には、一般的に履行を請求することができなくなってしまう。単純承認して一切を承継しておきながら、ある物だけは別扱いだという理屈は成り立たない。したがって履行請求が排除されるのは、請求する側に問題がある例外的な場合に限られるべきであり、原則として相続人は履行責任も負うとしつつ、具体的な状況によって相手方の信義則違反または権利濫用として請求内容が制限されることがありうると解する見解が妥当なように思われる（加藤）。

(c)無権代理人と本人の双方を相続した場合

たとえば父が母の財産について無権代理行為をし、その後父母双方が死亡して子が両者を相続した場合にはどうなるか。判例は、無権代理人と本人の死亡の先後によって、(a)のように無権代理人が本人を相続したか、(b)のように本人が無権代理人を相続したかになるとしている（最判昭和 63・3・1 家月 41 巻 10 号 104 頁、判時 1312 号 92 頁・ハンドブック 98。近江、佐久間）。しかし学説では、偶然の事情によって結論がまったく異なるのは妥当でないとして、これに反対する見解が多い（内田、河上、潮見、四宮・能見、平野、山本）。(a)(b)の場合ともに無権代理人と本人の資格が併存すると考えるときは、資格併存貫徹説では当然に、また信義則説では相続人自らがした行為ではないことから、いずれにせよ追認は拒絶できることになろうが、新 117 条の履行請求の可否については見解が分かれるであろう。私見によれば、このような場合には相続人について相続の原則の例外を考えるべき事情がなく、原則として履行責任も負うというべきである。また、同時死亡（民 32 条の 2）した者を相続した場合には、死亡した者の間では相続が生じないので、双方を相続した相続人が両者の立場を主張してもよいことは一層明白であろう。

(2) 関連問題
(a)本人の追認拒絶後の相続

本人が無権代理行為について追認拒絶した後に死亡し、無権代理人が相

続した場合は、相続によって両者の立場が融合するなどと考えると、追認拒絶の効果が覆されるとも考えられるが、そう解さない限り難しい問題ではない。すなわち、すでに追認拒絶されている以上、これが有権代理になることはなく、無権代理として相続人が新117条の責任を負うだけである。判例もそのように解しており（最判平成10・7・17民集52巻5号1296頁・ハンドブック101〔これからすると、判例ももはや資格が融合するとは考えていないようにも見える〕）、学説でも反対は見られない。

(b)無権代理人の後見人就任

　成年被後見人を無権代理した後に、無権代理人が正式に後見人に就任した場合、後見人の立場で追認を拒絶することができるか。相続ではなく、無権代理人と本人とが同一人になるわけではないが、無権代理をした者と追認拒絶する者とが同一人になるという点では似ている問題である。判例は、後見人には本人の利益になるように代理行為をする義務があるので、当然に追認拒絶できないわけではないが、無権代理行為の性質・内容、本人が被る不利益、相手方の利益、無権代理行為から後見人就任までの間の経緯、相手方の認識など諸般の事情を勘案して、信義則に反する場合には追認拒絶できないとしている（最判平成6・9・13民集48巻6号1263頁・百選I-6・ハンドブック100〔本件では信義則に反しないとした〕）。しかし、相続の法理の例外と同じような考慮をする必要がある問題ではなく、信義則を持ち出す必要はないように思われる。後見人は本人のために追認拒絶できるが、無権代理人として責任を負うといえば足りることである。

(c)共同相続

　本人が死亡し、無権代理人が他の相続人とともに共同相続した場合はややこしい問題である。判例によると、追認権は共同相続人全員に不可分に帰属し、共同相続人全員でなければ追認することができないとされているので（最判平成5・1・21民集47巻1号265頁・百選I-36・ハンドブック99〔追認不可分説〕）、無権代理人が追認を拒絶できないといっても、他の相続人の誰かが追認を拒絶すれば追認の効果は生ぜず、無権代理人は新117条の責任を負うことになる。これに対し、資格併存説における信義則説の中には、無権代理人の相続分の範囲で追認拒絶できないとする見解がある（追

認可分説）。また資格併存貫徹説からは、そもそも無権代理人は単独で追認拒絶できるが、新117条で履行責任を負うことになる。たしかに、追認を可分に解すると後始末が複雑になるので、判例のようにいうのが簡便であるが、いずれの説によるにせよ、無権代理人が履行しなければならない部分では、相続人ではない者と相続人との間で共有状態が生じる。これを避けるためには、相続人が共同で限定承認し（民923条）、相手方が新117条により履行を請求しても無権代理人が履行することが不可能な状態にするほかないであろう。

7　表見代理の意義・効果

・表見代理は、本人が無権代理人に代理権があるかのような外観を作出しており、代理行為の相手方が代理権の存在を信頼するのもやむを得ない事情がある場合に、本人は代理行為の効果が自己に帰属することを拒否することができないとする制度である。
・表見代理には、①代理権授与の表示による表見代理、②権限外の行為の表見代理、③代理権消滅後の表見代理がある。
・民法改正により、①と②、③と②の複合型の表見代理も規定された。
・無権代理行為の相手方は、表見代理を主張するか、無権代理人の責任を追及するかを選択することができるが、表見代理を主張してそれが確定すれば、もはや無権代理人の責任を追及することはできなくなる。
・表見代理では、代理権があったかのような外観を作り出したことに対する本人の帰責性と、そのような外観に対する相手方の信頼という二つの要素を個々の条文の趣旨と具体的事案に応じて総合的に考慮する必要がある。

◆ 条 文 ◆

(1) 意義

　表見代理は、無権代理であっても、一方で、本人が無権代理人に代理権があるかのような外観を作出しており、他方で、代理行為の相手方が代理

349

権の存在を信頼するのもやむを得ない事情がある場合に、本人は代理行為の効果が自己に帰属することを拒否することができないとする制度である。表見代理という用語を規定する条文はないが、具体的には新109条、新110条、新112条がこれにあたると解されており、これらの総称として表見代理と呼ばれている。

(2) 種類

表見代理には、以下の場合がある。①代理権授与の表示による表見代理（新109条1項）：これは、本人が実際には代理権を有しない者に代理権を授与したかのような表示をした場合である。②権限外の行為の表見代理（新110条）：これは、代理人が本人から授与された権限を逸脱して権限外の行為をした場合であり、越権代理ともいわれる。③代理権消滅後の表見代理（新112条1項）：これは、代理権が消滅した後にもかかわらず代理行為がなされた場合である。

これら以外にも、④代理権授与の表示による表見代理人がその表示に示された権限を越える行為をした場合（新109条2項）、⑤代理権消滅後の表見代理人が以前有していた代理権限を越える行為をした場合（新112条2項）がある（複合型表見代理）。④と⑤は、改正前には、解釈上、①と②、③と②の重畳適用として解釈上認められてきたが、改正により規定が新設された。

なお、①の代理権授与の表示による表見代理については、かつて、本人が代理権授与の表示をしたことによって代理権が発生することを規定したものであり、無権代理ではなく有権代理であるとする学説があった。しかし現在では、表示するだけでは代理権は発生しないと解されており、また、新109条1項ただし書では相手方の事情によって代理の効果が発生したりしなかったりすることが規定されていることから、新109条は代理権を与えたかのような表示をした本人の責任の問題であり、表見代理の一場合であると捉えるのが一般的である。また、③の代理権消滅後の表見代理について、改正前には、旧112条の体裁から、有権代理において代理権の消滅を対抗できるか否かという規定であり、無権代理だが有権代理になるという規定ではない（すなわち、相手方の請求原因ではなく、相手方が有権代理であるとの主張をしてきた場合に、本人の抗弁、相手方の再抗弁という構造の中で

図表48 有権代理と表見代理の関係

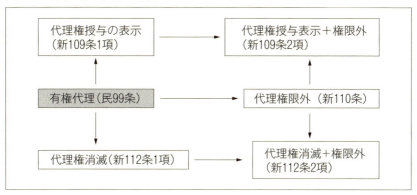

問題になる）と解する見解があった。しかし、旧112条は実体法上代理権が消滅した後の問題であり、これも表見代理の一場合であると解するのが支配的な見解であった。改正により、新112条1項は、消滅した代理権に基づいてなされた行為についての本人の責任規定であり、本人への効果帰属を主張する相手方の請求原因であることが明確化された。したがって、相手方は、有権代理であるという主張の予備的請求原因として新112条を主張することになる。

(3) 効果

　表見代理であることが認められると、本人は、無権代理であることを理由に相手からの請求を拒否できず、あたかも有効な代理行為が存在していたかのようにして法律効果が本人に帰属する。前述したように、無権代理行為の相手方は、表見代理を主張するか、無権代理人の責任（新117条）を追及するかを選択することができる。したがって、表見代理を主張したが認められなかった場合には、無権代理人の責任を追及できる。しかし、表見代理を主張してそれが確定すれば、もはや無権代理人の責任を追及することはできなくなる。他方、本人は、この場合、無権代理人の責任を追及することができる。すなわち、代理権がない場合の表見代理（新109条、新112条）では、不法行為に基づく損害賠償請求（民709条）や不当利得返還請求（民703条、704条）を、権限外の行為の表見代理（新110条）では、代理権授与契約の債務不履行に基づく損害賠償請求（新415条）をすること

ができる。

◆ 発 展 問 題 ◆

帰責の根拠

　表見代理は、英米法の禁反言（エストッペル：estoppel）やドイツ法の権利外観（レヒツシャイン：Rechtsschein）と同様の法理に基づくものと解されている。もともと前者は自らの言動に対する責任を重視し、後者は取引の相手方の信頼保護を重視する法理であるが、今日では、いずれにおいても両方の要素が重要であると解されている。わが国の表見代理でも、代理権があったかのような外観を作り出したことに対する本人の帰責性と、そのような外観に対する相手方の信頼という二つの要素が基礎となると解することに異論はない。すなわち、表見代理は、本人の責任と相手方の保護の一方のみに偏した制度ではない。

　ただし、この二つの要素のいずれを強調するかによって、表見代理の各規定の解釈に違いが生じうる。従来の判例・通説は、表見代理は取引の安全、代理制度への信頼を保持するための制度であるとして、外観に対する信頼を強調してきた。これによれば、相手方に代理権があると信じるのもやむを得ない事情が存在しているか否かが重視され、本人の帰責性は副次的な位置づけになりやすい。これに対して、近年の有力説は、表見代理は真実に反する外観を作出しまたは作出される原因を与えた本人の責任を問う制度であるとして、本人の帰責性を強調している（佐久間、四宮・能見参照）。これによれば、本人に帰責性があることが表見代理の前提であって、それが充たされる範囲内でのみ相手方は保護されるという解釈につながりやすい。また、極端に言えば、帰責性さえあれば責任を負うべきであると解されかねない。

　しかし、本人の事情と相手方の事情のうち一方のみを偏重するのは妥当でない。すなわち、無権代理の相手方は、新117条により無権代理人の責任を追及できるが、表見代理になると、今度は本人が無権代理人の責任を追及しなければならなくなる。このように、無権代理という事態に対して、無権代理人に対する責任追及のリスクを相手方から本人に転換するのが表見代理である。このような例外的なリスク転換を正当化するには、本人または相手方のいずれにリスクを負担させるのが妥当かという判断が必要で

第18章 ◆ 他人による法律行為／代理権授与の表示による表見代理

あり、そのためには、本人の帰責性と相手方の信頼を総合的に考慮しなければならない。たしかに、個別的には、新109条では本人が代理権授与の表示をしたことが問題の出発点であり、本人の帰責性の要素が強くならざるを得ない反面、新110条や新112条では代理権を授与したことまたは授与していたこと自体は責められるべきことではなく、無権代理行為をするような代理人を選任した本人の帰責性と無権代理行為が有効であると信じた相手方の信頼とが対等のバランスで考慮されてよいのではないかと思われるが、このような違いもニュアンスの差である。問題は、それぞれの条文の趣旨と具体的事案に応じて、どのような要素を考慮対象とすべきか、またそれらの要素をどの程度考慮すべきかの基準を解釈によって明確化することである。

8　代理権授与の表示による表見代理

- 代理権授与の表示による表見代理（新109条1項）は、本人が真実代理権を授与していないのに、あたかも代理権を授与したかのような表示をした場合には、本人は無権代理行為の相手方に対して責任を負うという、表示責任を定めた規定である。
- 相手方は、代理行為が行われたこと、顕名、および、本人が相手方に対して代理権を与えた旨の表示をしたこと（代理権授与の表示）を主張・立証しなければならない（新109条1項本文）。
- これに対して、本人は、代理権が授与されていなかったこと、および、そのことを相手方が知っていたか（悪意）または過失によって知らなかったこと（過失）を主張・立証すれば責任を免れる（新109条1項ただし書）。
- 代理権授与で表示された権限の範囲外の代理行為がなされたときは、上記以外に、そのような行為についても代理権があると信じ、かつ、信じるにつき正当な理由があったこと（正当理由）を主張・立証しなければならない（新109条2項）。
- これに対して、本人は、正当理由がなかったと主張するほかない。
- 法定代理には本条の適用がないと解するのが判例・多数説であるが、法定代理でも本人が代理権授与の表示をすることはありうるので、

353

その限りで法定代理にも本条の適用はあるが、相手方の善意・無過失が厳格に判断され、原則として本条の適用が排除されると解すべきである。

・代理権授与の表示は、特定の者に対してするだけでなく、新聞広告など不特定多数の者に対してするのでもよい。

・営業部長など、取引通念上代理権の存在を推測させる肩書きを付与していた場合は代理権授与の表示にあたる。

・氏名や委任事項の全部または一部が記載されていない白紙委任状を交付することも、代理権授与の表示にあたる。

◆ 条 文 ◆

(1) 1項の要件

新109条1項によれば、第三者に対して、他人に代理権を与えた旨を表示した者は、その代理権の範囲内においてその他人が第三者との間でした行為について責任を負う。ただし、第三者が、その他人が代理権を与えられていないことを知りまたは過失によって知らなかったときはこの限りでない。分かりにくい表現ではあるが、要するに、本人が真実代理権を授与していないのに、あたかも代理権を授与したかのような表示をした場合には、本人は無権代理行為の相手方に対して責任があるという規定であり、表示に対する責任を定めたものである。

本条1項が適用されるために相手方が主張・立証しなければならないのは、本人がある者に代理権を与えた旨の表示をしたことと、代理人と表示された者が表示された代理権の範囲内において相手方と法律行為をしたことであり（新109条1項本文）、これを要件に分解すれば以下のようになる。

①代理人による意思表示があったこと。

②代理人が本人のためにすることを表示したこと（顕名）。

③本人が相手方に対して①の意思表示をする代理権を授与した旨を表示したこと（代理権授与の表示）。

これに対して、本人は、以下のことを主張・立証すれば責任を免れる（新109条1項ただし書）。

①代理権が授与されていなかったこと。

②そのことを相手方が知っていたか（悪意）または過失によって知らなかったこと（過失）。

　相手方にとっては、代理権授与の表示があったことの主張・立証がポイントである。代理権が授与されていなかったことを主張・立証する必要はないし、善意・無過失であることを主張・立証する必要もない。これに対して本人は、相手方の悪意・過失で争うことになる。相手方の善意・無過失の要否およびその主張・立証責任について、以前は明確でなかったが、判例（最判昭和 41・4・22 民集 20 巻 4 号 752 頁）・通説は、これを必要であるとし、かつ、代理権授与の表示があれば、通常は代理権があると信じるのが普通であるから悪意・過失の主張・立証責任が本人にあると解していた。このため、2004 年の現代語化に伴う民法改正の際にただし書が付け加えられ、このことが明確にされた。新法もこれをそのまま受け継いでいる。

(2) 代理権授与の表示
⒜表示行為の性質
　代理権授与の表示は、権利変動を生じる行為ではないので、法律行為ではなく、準法律行為である観念の通知（事実の通知）であると解されている。しかし、本人の意思の表明を伴う行為ではあるので、意思表示に関する規定が類推適用されうる。逆に言えば、表示それ自体は客観的な事実であるが、表示は本人の意思に基づくものであることが基礎となっている（表示が偽造されたような場合は、ここでの表示とはいえない）。したがって、表示の性質論にはあまり意味がない。ただし、この意思を厳格に解すると、本人の意思に基づかない代理権授与の表示にはおよそ本条の適用がないという解釈に結びつきやすくなるが、緩やかに解すれば、他人がした代理権授与の表示でも本人がそれを容認しているならば本条の適用を認めてよいという解釈に結びつく。本条の解釈は全体的に後者の方向へ発展している。たとえば、代理権授与の表示が無効または取り消されても、表示をそのまま放置していた場合には、表示を撤回したことにならず、本条の適用があると解されている。

⒝代理権授与の表示の方法
　代理権授与の表示方法は問わない。書面でも口頭でもかまわない。また、

特定の者に対して表示するだけでなく、新聞広告などで不特定多数の者に対して表示するのでもよい。通常問題になるのは、代理人としての名称を使用することを許可していた場合と、委任状や実印を交付していた場合である（後述の◆解釈◆参照）。

　代理権授与表示の相手方は、条文上は第三者とあるが、これは無権代理人が誰かと法律行為をするか否かが決まっていないのでそうなっているだけであり、実際には、無権代理行為がなされた場合のその相手方のことである（通説）。また、代理行為の相手方は、代理権授与の表示を受けた者でなければならない。誰かから伝聞で聞いた者が無権代理人と取引しても、代理権授与の表示を信頼したとはいえないので、本条の適用はない。しかし、新聞広告などで不特定多数の者に対して表示がなされた場合には、それを見て取引した相手方すべてに本条の適用がある。

(3) 代理行為

(a)表示された範囲内の代理行為

　本条1項が適用されるためには、表示によって示された権限の範囲内で無権代理行為が行われたことが必要である。真実の代理人によって権限外の行為が行われた場合は新110条の問題である。しかし、相手方は代理行為がなされたことを主張・立証すればよく、それが表示の範囲内の行為であることをとくに主張・立証する必要はない。範囲外であることを相手方が主張・立証した場合には、問題は次の(b)に移ることになる。

(b)表示された範囲外の代理行為

　本条1項と新110条との狭間で、代理権授与の表示がなされたが、無権代理人が表示で示された権限外の行為を行った場合について、改正前には直接規定する条文がなかった。このような場合は、たしかに両条からはみ出しているが、本人には原因を作り出した帰責性があり、相手方は代理権があると信頼したという点での違いはなく、相手方を保護しない理由はない。そこで従来の判例（最判昭和45・7・28民集24巻7号1203頁・百選Ⅰ-32・ハンドブック83）・通説は、このような場合には旧109条と旧110条とを重畳適用して相手方を保護していた。そこで、改正にあたり、新109条2項では、もし表示された範囲内での代理行為がなされたとすれば同条1

第 18 章 ◆ 他人による法律行為／代理権授与の表示による表見代理

項によって責任を負うべき場合に、実際には表示された範囲外の代理行為がなされたときは、第三者（相手方）がその行為について代理権があると信ずべき正当な理由があるときに本人は責任を負うと規定された。

　この場合の本人の責任は、条文の規定上、新しい表見代理の類型を設けたのではなく、新 109 条 1 項の責任の上に、次に述べる新 110 条の責任を重ねた構造になっていることになっている点に注意すべきである。したがって、相手方が 2 項の主張をするためには、まず 1 項の要件 **(1)** を充足していることを主張・立証したうえで、さらに、当該代理行為が代理権の範囲内の行為であると信じ、かつ、そう信じる正当な理由があること（評価根拠事実）を主張・立証しなければならない（ただし、実際には **(1)** の悪意・過失の有無はこの要件の有無に吸収される）。相手方がこれを否定しようとするならば、1 項における免責要件を主張・立証するか、相手方には正当な事由がなかったこと（評価障害事実）を主張・立証しなければならない（正当理由の主張・立証責任について詳しくは、後述の 9 ◆条文◆ **(2)** 参照）。

(4) 相手方の悪意・過失

　新 109 条 1 項ただし書によれば、相手方は、代理権が授与されていないことを知っていたか、または過失で知らなかった場合には保護されない。これを逆に言えば、相手方が保護されるためには、善意・無過失でなければならない。正確には、主張・立証責任が本人にあるので、相手方からすれば、悪意でないことおよび過失がないことである。現代語化に伴いただし書で明文化される以前には、民法 94 条 2 項と同じように、代理権授与の表示がある以上、実際に代理権があるか否かまで調査することは通常しないとして、善意だけで足りるとする説もあったが、明文化された現在では議論の余地はない。

◆ 解 釈 ◆

(1) 法定代理と民法 109 条

　判例（大判明治 39・5・17 民録 12 輯 758 頁）・多数説（内田、近江、河上、潮見）によれば、本条は、本人が代理権を授与したという表示をした場合であるから、任意代理の場合のみ問題になり、代理権授与行為がない法定代理には適用がないと解されている。たしかに、このような場合に本条の適

357

用を安易に認めたのでは、結果的に代理権授与による法定代理を認めたのと同じことになり、本人である制限行為能力者保護の趣旨に反することになる。しかし、実際には、法定代理に服している者であっても、法定代理人以外の者に代理権を授与した旨の表示をすることがないとはいえない（たとえば、未成年者が離婚により親権者でなくなった親を代理人と表示したような場合）。また、本条の要件上、任意代理と法定代理とを区別することもできない。したがって、代理権授与の表示をすることがありうるので、その限りで法定代理にも本条の適用がありうると解するが、実際には、本人の帰責性との相関で相手方の善意・無過失を厳格に判断し、原則として本条の適用を排除すべきである（法定代理人がいるにもかかわらず本人の授権表示を信頼したことが無過失である可能性はほとんどないであろう）。なお、法人代表については、制度は法定されているが、代理権の内容は当事者の任意に委ねられており、そのような考慮は不要であろう。

(2) 名称の使用許可

(a)肩書き

　ストレートに代理人という名称を使用させていた場合はもちろんのこと、取引通念上、代理権の存在を推測させる肩書きを付与していた場合は本条の代理権授与表示にあたる。たとえば、「営業部長」（東京高判昭和42・6・30判時491号67頁・ハンドブック84）や「専務」（東京高判昭和40・5・7金法414号13頁）は代理人であることを推測させる表示であるといえるが、「課長代理」は、代理権がない者についても広く用いられている肩書きなので、ここでの表示にあたらないと解されている（東京地判昭和58・6・10判時1114号64頁）。表示にあたるか否かは、社会通念に従って客観的に判断され、表示についての相手方の主観的な認識は、本条1項ただし書の悪意・過失の問題として処理される。

(b)特別規定

　肩書きの表示については、以下のような特別の規定が設けられている。表見支配人（商24条〔商人の営業主任者を示す名称〕、会社13条〔会社の本店・支店の事業主任者を示す名称〕）、表見代表取締役（会社354条〔会社の取締役に代表権がある旨を示す名称〕）、表見代表理事（一般法人82条〔法人の理事に

代表権がある旨を示す名称〕)。これらの場合には、そのような名称が使用されれば代理権があると信じてそれ以上調べたりしないのが通常であることから、表示責任がさらに強化されており、相手方は善意であれば保護されると規定されている。

(c)本人名義の使用許可

本人の名義を使用することを許可した場合、たとえば A が B に対して A 名義で行為することを許可していた場合はどうなるか。この問題の全体像については、すでに顕名に関する問題の一つとして解説したので (5 の◆発展問題◆参照)、ここでは本条に関係する限りで述べておく。このような場合でも、A が B に真実代理権を授与して B が法律効果を A に帰属させようとしていたときは、周囲の事情から代理の顕名があったものということができれば代理として取り扱われる。したがって、真実代理権を付与していないが、名義の使用だけを許可していたときには、無権代理として本条の適用があると解することができる。しかし、B が法律効果を自己に帰属させようとしていたときは、たとえ A が A 名義の使用を許可していたとしても代理とはいえないので、本条がそのまま適用されるとはいえない。商法には、自己の商号の使用を許容した商人は、その商人が営業をすると誤信した相手方に対し、行為者と連帯して取引によって生じた債務を弁済する責任を負うとする規定がある (商14条〔名板貸〕。その他に、会社法9条、一般社団・財団法人法8条にも同種の規定がある)。これらの規定に該当しない場合にどうするかが問題になるが、判例では、本条および商法の規定の法意を参照して名義を貸与した者の履行責任を肯定したものがある (最判昭和35・10・21民集14巻12号2661頁・百選 I -28・ハンドブック81〔東京地裁が「東京地方裁判所厚生部」という実際には存在しない組織の名称の使用を長年許していた事例〕)。学説では、本条の問題として処理する説が支配的であるが (内田、近江、大村、加藤、河上、佐久間、潮見、四宮・能見、山本)、私見によれば、このような場合に法律効果が名義を貸与した者に帰属するというのは妥当でなく、商法と同じように、契約は名義借人と相手方との間で成立するとしつつ (B が A の名を騙った場合と同じ)、名義を貸与した者の責任として、相手方から履行請求があったときは、信義則 (または商14条ないし新93条1項本文の類推適用) により自己が契約当事者ではない

359

と抗弁することができない（したがって、相手方はどちらに対しても請求できる）と解すべきではないかと思われる。

(3) 委任状の交付

　代理人の氏名や委任事項を記載した委任状を交付することは、もちろん表示にあたるが、氏名や委任事項の全部または一部が記載されていない白紙委任状を交付することも、表示にあたると解されている。白紙委任状は、代理では頻繁に利用されており、濫用されず予定どおりに補充されて使用されれば有権代理になるからである。白紙委任状が最初の被交付者から転々して利用されても、そのように転々することがはじめから予定されていれば、同様に有権代理になると解されている（大判大正7・10・30民録24輯2087頁）。

◆ 発 展 問 題 ◆

白紙委任状と新109条

　白紙委任状が濫用されて無権代理行為がなされた場合にも本人が本条の責任を負うかについては、議論が多い。このような場合でも本人によって代理権授与の表示がなされたといえるか否かが限界的な場合だからである。学説では、次の二つの場合に分けて議論するのが一般的である。

(1) 白紙委任状の交付を受けた者がこれを濫用して補充した場合（内容の濫用）

　新109条説は、本人は委任状を白紙で交付することによってその濫用に原因を与えており、他方、相手方は補充された委任状の内容を代理権授与の表示として信頼したのであるから、本条を適用すべきであるとする（多数説）。これに対して新110条説は、白紙委任状を交付する以上は何らかの代理権を与えているといえるのであるから、この代理権を基礎として権限外の代理行為が行われたとして、権限外の行為の表見代理によるべきであるとする（近江）。

　しかし、本人は無権代理の原因者であるから責任を負うべきであるというのでは、帰責性の偏重である。また他方で、相手方が信頼したのだから保護すべきであるというのも極端である。したがって、この問題において

360

第18章 ◆ 他人による法律行為／代理権授与の表示による表見代理

は、濫用された表示に対する本人の容認の有無を問題にすべきである。すなわち、表示に対する本人の容認を相手方が主張・立証できるときは本条を、また、容認していることを主張・立証できないが無権代理人に何らかの権限が付与されていたと主張・立証できるときは新110条を適用すればよいように思われる（佐久間）。これに対して本人は、そのような表示内容は自己が望んだものではなく、錯誤に基づくものであると主張することが考えられるが（新95条類推適用）、白紙で委任状を交付しているので、重大な過失があるとしてそのような主張はほとんど認められないであろう（河上）。

(2) 白紙委任状の転得者がこれを濫用して補充した場合

これは二つの場合に分かれる。第一に、委任事項自体は濫用されておらず、受任者が誰かだけが濫用された場合（人の濫用）には、権限外の行為が行われたのではないので、表見代理の問題とする限り本条によるほかない。判例には、転得者が白紙委任状のままで利用した場合について本条の適用があるとしたものがある（最判昭和42・11・10民集21巻9号2417頁）。また、転得者が補充した場合でも、委任事項が濫用されたわけではないとすれば、本人はその法律効果が自己に帰属することを容認していたのであるから、補充の有無に関わりなく本条を適用すればよい。

第二に、委任事項も濫用された場合（人および内容の濫用）にはどうなるか。たとえば、Aが自己所有の不動産に抵当権を設定することとし、Bに白紙委任状を交付したところ、BがこれをさらにCに渡してしまい、CがAの不動産を売却する代理権が自己に付与されているかのように委任状を補充し、これを使ってDにAの不動産を売却してしまったような場合である。このような事案を扱った判例は、本人は白紙委任状が転々流通することまでを予定していなかったので、代理権授与の表示をしたとはいえないとして、本条の適用を否定した（最判昭和39・5・23民集18巻4号621頁・百選I-27・ハンドブック82）。

しかし問題のポイントは、流通の予定の有無ではなく（予定していれば有権代理とも言いうる）、人も内容も濫用されたとき（委任状がはじめから偽造されたのに近い）まで本人に責任を負わせて相手方を保護するのが妥当か否かという点にある。そこで学説では、①表見代理の成立を否定し本人を

361

保護すべきとする見解（近江）、②本条によりながら相手方の善意・無過失を厳格に判断すべきであるとする見解（平野）、③新109条2項の複合的表見代理として相手方の保護要件を厳格に解する見解、④本条によりながら新95条を類推適用して、本人の予定していたことと表示との間に重大な齟齬があるときには錯誤取消しを認める見解（佐久間）などが主張されている。思うに、白紙委任状を交付したことについて本人には帰責性があるが、人も内容も濫用された場合には、当初の本人の帰責性の範囲を大きく逸脱するので、相手方の保護要件を厳格に解する③説が妥当であろう（初版の④説支持から改説する）。

図表49　白紙委任状と表見代理

白紙委任状の交付を受けた者が濫用した場合（内容の濫用）	本人が表示を容認している場合（表示の容認）	新109条1項
	何らかの権限が付与されている場合（権限外の代理行為）	新110条
白紙委任状の転得者が濫用した場合	受任者が誰かを濫用した場合（人の濫用）	新109条1項
	受任者および委任事項を濫用した場合（人および内容の濫用）	新109条2項

9　権限外の行為の表見代理

・権限外の行為の表見代理（新110条）は、本人が授与した権限を越えて代理行為がなされた場合でも本人に責任があるという規定である。
・相手方は、代理行為が行われたこと、顕名、本人が無権代理人に対して当該代理行為以外の行為について何らかの権限を与えたこと（基本権限）、代理権があると信じ、かつ、信じるにつき正当な理由があったこと（正当理由）を主張・立証しなければならない。
・これに対して、本人が責任を免れるためには、上記の要件が充たされていないと主張するほかない。
・基本権限については、何らかの権限であればよいとする説（基本権限説）と代理権でなければならないとする説（基本代理権説）とに分

かれている。

- 正当理由の内容は、善意・無過失であるとする説（善意・無過失説）と、本人の帰責性なども考慮して判断すべきであるとする説（総合判断説）とに分かれており、前者は基本代理権説と、後者は基本権限説とリンクしている。
- 法定代理人が権限外の行為をした場合には本条の適用はないと解するのが近時の多数説であるが、法定代理人の権限の範囲は必ずしも明確ではないので、本条が適用されるが、本人保護のために正当理由が厳格に判断されると解すべきである。
- 夫婦間で日常家事の範囲を超える行為が行われた場合には、本条が適用されるが、正当理由が厳格に判断されると解すべきである。

◆ 条 文 ◆

(1) 意義

新110条によれば、代理人がその権限外の行為をした場合に、第三者が代理人の権限があると信ずべき正当な理由があるときは、新109条1項本文の規定が準用される（本条は改正されたが、旧109条の改正に伴い準用規定が変わっただけである）。すなわち、本人は、代理人がした権限外の行為について責任を負う。本人から授与された権限の範囲を越えて代理行為がなされた場合でも本人には責任があるという規定であり、越権代理とか権限踰越の表見代理とも呼ばれている。

新109条1項が代理人ではない者に代理権を授与したという表示をした本人自身の表示責任を定めたものであるのに対して、本条の場合には、本人は他人に何らかの権限を授与したにすぎず、無権代理行為についての第一次責任は、代理行為をした者自身にある。しかし、本条は、そのような場合であっても、無権代理行為のきっかけを与えたことに帰責性があるとし、代理制度の信用を確保して相手方の信頼を保護するために、本人に責任を負わせているのである。ちなみに、後述する代理権消滅後の表見代理（新112条）で本人が責任を負う基礎には、元代理人の代理行為を可能にする状況を放置したという事情がある。このように、本条は、三つの表見代理規定の中でもっとも帰責性要件が緩かであり、本人に厳しい規定である

ということができる。

　しかし、他人を介して法律行為をすることは、通常の取引行為であり、違法な行為と異なって日常的に見られる。他人が権限の範囲内でした行為のみならず、範囲を逸脱した行為についてもすべて本人が責任を負わなければならないというのでは、およそ他人を利用することなどできなくなる。したがって、本条では、本人が責任を負う範囲を合理的に画する必要がある。すでに述べたように、表見代理においては、本人の帰責性と相手方の信頼とのいずれかに偏した解釈をするのは妥当でなく、本条が表見代理の三つの規定の中では相対的に本人に厳しい規定であることをふまえつつ、相手方保護とのバランスを総合的に考慮できる判断枠組みを設定しなければならない。

(2) 要件

　本条が適用されるための要件は、規定の文言上は、代理人がその権限外の行為をしたこと、および、第三者が代理人の権限があると信ずべき正当な理由があることである。これを相手方が主張・立証しなければならない要件に分解すれば以下のようになる。

　①代理人（代理人として行為した者）による意思表示があったこと。

　②代理人が本人のためにすることを表示したこと（顕名）。

　③本人が代理人に対して①以外の行為について何らかの権限を与えたこと（基本権限）。

　④代理権があると信じ、かつ、信じるにつき正当な理由があったこと（正当理由）。

　これに対して、本人が何かを主張・立証すれば責任を免れるという規定は本条の中には設けられていない。したがって、本人が責任を免れようとするならば、上記の要件のいずれかが充たされていないことを主張するよりほかない。このうち、①の代理行為と②の顕名は、代理の要件であり、事実の存否の問題である。これに対して、③の基本権限については、本人は権限を付与していたがそれが終了していたこと（民 111 条や契約の終了など）を主張・立証すればよく、これは抗弁になる。

　④の正当理由の主張・立証責任については、学説上争いがあり、(a)相手方にあるとする見解（河上、佐久間、潮見、四宮・能見、平野）、(b)本人にあ

364

るとする見解（加藤）、(c)相手方が正当であることを示す事実（評価根拠事実）を主張・立証し、本人が正当でないことを示す事実（評価障害事実）を主張・立証するとする見解（内田）など、さまざまに分かれている。(a)によれば、正当理由は相手方の請求原因となるが、(b)によると、正当理由がないことが本人の抗弁になる。また、(c)によれば、厳密な意味での主張・立証責任を観念することはできないということになろう。裁判実務では、(c)のように解されている。これは正当理由の中味をどのようなものと解するかにかかっているが（後述の **(6)** (b)参照）、文言どおりに正当な理由と解する限り、この要件が充たされているか否かの判断は、信頼の正当性についての評価を伴うので（このような要件のことを規範的要件という）、最初は相手方から主張・立証するとしても、本人が別の事実を捉えて反論することも可能であるといわざるを得ず、(a)を最初に誰が口火を切るかという意味で理解するか、(c)のようにいうほかないのではないかと思われる。

(3) 基本権限

　本人が基本権限を与えたことが、本条において本人に責任を負わせる根拠である。すでに述べたように、他の表見代理と比べると、本条は本人にとって厳しく、相手方の信頼を保護するものとなっている。このような結果を積極的に捉えるか否かは、この要件の解釈の方向性において大きな違いを生じる。このため、この要件の意義について、①本人が付与した権限は代理権でなければならないとする説（基本代理権説）と、②代理権以外であっても何らかの権限を付与していればよいとする説（基本権限説）とに分かれて、判例・学説上激しい議論が展開されており、現在でも決着をみていない。本条に関する解釈上の応用問題はすべてこの対立から生じているといっても過言ではない。

①基本代理権説

　基本代理権説は、本条の文言上「代理人が」と規定されていること、および代理権が付与されていなければその権限外ということも考えられないことから、本条が適用されるためには本人が何らかの代理権を与えていたことが必要であるとする。これは、実質的には、本人に責任を負わせるためには、少なくとも法律行為をする意図を有していたことが必要というべ

きであり、基本代理権こそが本条の適用範囲が無限定に拡大することに対する歯止めとして必要であるという考慮に基づいている。

②基本権限説

　これに対して基本権限説は、本条の趣旨からすれば、なされた代理行為についての相手方の信頼したことの保護が問題であり、本人がどのような権限を付与していたかは問題にならないとする。これは、実質的には、事実行為の代行か法律行為の代理かの区別は実際には微妙なことがあり（印鑑を預けているような場合）、事実行為を代行する場合でも法律行為に劣らず重要なものもあるので、入口（基本代理権）を狭く解して本条の適用を一律に否定するのではなく、入口は広く解しておいて出口（正当理由）で調整をはかるほうが妥当であり、本人がどのような権限を付与していたかは、正当理由の判断において考慮すればよいという考慮に基づいている。

　かつての通説は基本代理権説であり、現在でも、本条を本人の表示責任と位置づける立場から本人の責任根拠としてこれを支持する有力説もある（佐久間、潮見）。これに対して、1960 年代以降は、取引の安全を重視する基本権限説が次第に有力なり、現在では通説化している（内田、近江、河上、四宮・能見、平野）。判例は、現在でもなお基本代理権説によりつつ、実際には基本代理権を緩やかに認定するようになっているといわれている。たとえば、会社の経理係員が会社のゴム印と取締役の印章を使って会社を連帯保証人とする契約を締結した場合（最判昭和 34・7・24 民集 13 巻 8 号 1176 頁）、金融会社の勧誘員から募集行為を頼まれていた者が勧誘員の印章を利用して勧誘員を連帯保証人とする契約を締結した場合（最判昭和 35・2・19 民集 14 巻 2 号 250 頁・百選Ⅰ-29）には、基本代理権を否定していたが、その後、大学出版局総務課長心得が総務課長と称して業者と大学間で紙の売買契約を締結した場合（最判昭和 35・6・9 民集 14 巻 7 号 1304 頁）や、金融機関の支店長代理（代理人ではない）が金融機関を代理して取引先の債務の弁済について合意した場合（最判昭和 49・10・24 民集 28 巻 7 号 1512 頁）について、基本代理権を肯定している。

　私見によれば、本条は、本人の帰責性が弱い一方で、それでも本人に責任を負わせる規定であることからすると、本条を適用するためには、本人

第18章 ◆ 他人による法律行為／権限外の行為の表見代理

の事情と相手方の事情双方の要素を総合的に考慮する必要があり、そのためには、入口の要件としては基本権限で足りるとしておいて、正当理由において実質的な考慮をすることが判断枠組みとして適しているように思われる。また実際には、基本権限説といえども、印鑑を保管させるなど、無権代理行為を誘発しうるような権限でなければ基本となる権限であるとはいえないので、基本代理権説に立ちつつその判断を緩和することとの違いはあまりないといえるであろう。

(4) 本人の帰責性の要否

　本人に帰責性があることが本条適用の要件となるか否かという問題も、上記の問題に関連して議論されている。表見代理においては、本人の帰責性の要素に対する考慮を欠かすことができないが、それを各規定の要件上どのように取り扱うべきかについては種々の考え方がありうる。本条については、学説の中には、基本代理権か基本権限かが問題ではなく、本人に帰責性があったか否かが重要であるとし、本人の帰責性を独立の要件とすべきであると主張する見解がある。これに対して基本代理権説は、本条においては本人の帰責性の要素は基本代理権の存在を要件とすることで具体化されているとして、それ以外に帰責性を要求することを否定する（最判昭和28・12・3民集7巻12号1311頁、最判昭和34・2・5民集13巻1号67頁。なお、帰責性がない場合には新95条の錯誤の問題として処理すればよいとする見解もある〔佐久間〕）。しかし、基本権限説によりつつ、本条の主眼を正当理由による総合判断にあると解する立場からすれば、帰責性を本条の入口で要求することは妥当でなく、その有無は正当理由の判断における重要な考慮要素であるといえば足りるように思われる（河上）。

(5) 権限外の法律行為

　本人が付与した権限と権限外で行われた代理行為が同種のものである必要はない。たとえば、1000万円を借り入れる権限を付与されていた者が1億円を借り入れたという場合だけでなく、不動産賃貸借の権限を付与されていた者が売買契約を結んだ場合でもよい（大判昭和5・2・12民集9巻143頁）。基本権限説からすれば、もとの権限の性質・内容にこだわらない以上、当然そのような結論になるが、基本代理権説からしても、本人の責任根拠

367

としての基本代理権と相手方が信頼した代理行為がいかなるものであるかは別問題であると解されている。これらによれば、基本権限ないし基本代理権となされた代理行為とがあまりにかけ離れている場合には、そのことは正当理由の判断において考慮されることになる。

　他方、代理人の行為が権限内か否かの認定は、実際上は微妙な判断になる。裁判官が正当理由の存否を判断するまでもなく本人に責任を負わせるべきだと考えた場合には、これを権限内の行為であり有権代理であると判断することもあるといわれている（「有権代理への繰込み」という）。

(6) 正当理由
(a)第三者の意義
　条文上は「第三者」に正当理由があることと規定されているが、本条では、なされた代理行為を有効であると信頼した者だけを保護すればよく、第三者とは代理行為の相手方であると解することに異論はない。したがって、相手方からの転得者には適用されない（最判昭和36・12・12民集15巻11号2756頁・ハンドブック88）。そのように解しても、転得者は一般の第三者保護法理である民法94条2項類推適用（不動産の場合）や民法192条の即時取得（動産の場合）で保護されるので、特に支障はない。

(b)正当理由の内容
　正当理由の内容については、善意・無過失説と総合判断説の対立がある。善意・無過失説は、前述の基本代理権説とリンクしており、本人についての要件である基本代理権の相関判断の対象となるのは、相手方の善意・無過失でしかないとする（大判大正3・10・29民録20輯846頁、大判昭和15・7・20民集19巻1379頁、最判昭和35・12・27民集14巻14号3234頁、佐久間、潮見）。これに対して、総合判断説は、基本権限説とリンクしており、正当理由は、相手方の善意・無過失を基本とするが、それ以外にも本人の帰責性など種々の要素を考慮して判断すべきであるとする（内田、近江、河上、四宮・能見、平野）。善意・無過失説は、本条を本人の基本代理権と相手方の善意・無過失の二要件で理解しようとするのに対して、総合判断説は、正当理由を本条の中心的な要件として理解しようとするものであるといえよう。

　本条では、新109条1項や新112条1項と異なり、「正当理由」という表

第 18 章 ◆ 他人による法律行為／権限外の行為の表見代理

現が用いられており、文言上これを相手方の善意・無過失に限定しなければならない理由はない。むしろ、正当理由は総合的な判断をすることができる場であると見るほうが妥当である。ただし、善意・無過失説によっても、本人の帰責性が低いときは無過失を厳格に判断するなど、本人の事情などとの相関において相手方の過失の有無を判断すれば、両説の対立は決定的なものではないことになろう。もっとも、基本代理権と正当理由をともに厳格に解する説は、総合判断説の対極において理論的には一貫するが、それらの要件に含まれない本人の事情は本条以外の問題として錯誤などで考慮しなければならなくなる。

裁判上、正当理由の判断には以下のような傾向が見られる。①代理人が委任状や印鑑を所持していた場合には、正当理由があると判断されやすい（大判大正 8・2・24 民録 25 輯 340 頁など多数）。②相手方が当該代理行為に関する専門家である場合（たとえば金銭貸借についての銀行）には、代理権の調査・確認をしていないと正当理由なしとされやすい（最判昭和 45・12・15 民集 24 巻 13 号 2081 頁〔信用組合〕、最判昭和 51・6・25 民集 30 巻 6 号 665 頁・百選 I -30・ハンドブック 91〔電気器具販売会社〕）。学説の中には、このような場合には相手方に専門家としての調査・確認義務があると解する見解もあるが、本条の判断枠組みではそこまではいえず、正当理由判断の要素の一つにとどめておくべきであろう。③本人と代理人が親子や夫婦である場合についても、権限が濫用されることが多いので注意せよという意味において厳格な判断がされ正当理由が否定されやすいといわれている（最判昭和 27・1・29 民集 6 巻 1 号 49 頁、最判昭和 28・12・28 民集 7 巻 13 号 1683 頁、最判昭和 36・1・17 民集 15 巻 1 号 1 頁・ハンドブック 87、最判昭和 45・2・27 金法 579 号 28 頁〔以上、いずれも夫婦〕）。しかし、具体的な状況によっては、そのような関係があればそれだけ相手方が信用するのもやむを得ないという場合もありうるので、一概にマイナス要因であるとはいえないように思われる。

◆ 解 釈 ◆

本条については、とくに、無権代理人の基本権限の種類に関して議論がある。

369

(1) 公法上の行為の代理権

公法上の行為の代理権は、本条の基本権限となりうるか。具体的には、市役所への届出、登記申請、公的証明書の交付申請などの行為を依頼された者が無権代理行為をした場合に問題になる。基本権限説からすれば、本人が付与した権限の性質にはこだわらないので、当然本条の適用があることになる（ただし、正当理由の判断ではマイナス要因になりうる）。これに対して、基本代理権説からすれば、本人には私法上の法律行為をする意図がないので、本条を適用することはできないという結論になるようにも思われる（実際、学説ではそのように厳格に解する見解もある）。しかし判例は、原則として公法上の代理権は基本代理権にあたらないとするが（最判昭和39・4・2民集18巻4号497頁、最判昭和41・11・15金判39号8頁）、例外的に、無権代理行為の基礎となる公法上の行為が「私法上の取引行為の一環としてなされるとき」には、公法上の行為の代理権も基本代理権になるとしている（最判昭和46・3・3民集25巻4号455頁〔贈与した土地の登記申請手続を依頼された者が連帯保証契約締結などをした〕）。一環という基準はあいまいだが、その意味を緩やかに解すれば、基本権限説との違いはそれほど大きいものではなくなる。

この問題とは逆に、私法上の権限を基礎に公法上の代理行為がなされた場合には本条の適用があるか。たとえば、私法上の権限を基礎にして登記申請行為や公的証明書の作成依頼をしたような場合である。基本権限ないし基本代理権と無権代理行為とは同種の行為である必要はないということに異論はないが、私法上の制度である本条を公法上の行為についても適用してよいかが問題になる。判例・通説は、本条の趣旨を超えるとしてこれを否定する（最判昭和32・6・6民集11巻7号1177頁〔公正証書の作成を依頼し、強制執行認諾の意思表示をした場合〕、最判昭和41・11・18民集20巻9号1827頁〔登記申請行為〕）。このように解すると、たとえば債務負担行為については本条が適用されて有効なものとして取り扱われるが、それに関する公正証書は無効であるという事態が生じることになるが、やむを得ない。

(2) 法定代理人

制限行為能力者の法定代理人は、本人が選任したわけではないので、本条で本人の帰責性を要件とすべきか否かという議論が具体的に問題になる。

第18章 ◆ 他人による法律行為／権限外の行為の表見代理

帰責性を不要とする立場からすれば、本人が代理人を選任したか否かは問題とならず、本条が適用される（大判昭和17・5・20民集21巻571頁・ハンドブック85）。しかし実際には、帰責性を不要とする立場でも、近年では、制限行為能力者保護に反するとして本条の適用を否定する説が有力になっている（佐久間、潮見）。また、帰責性を独立の要件とする立場は、法定代理では本人に帰責性がなく、責任根拠を欠くので本条は適用されないとする。このように現在では、制限行為能力者の法定代理人については、本条の適用を排除する見解が多数になっている。

しかし、他方では、法定代理人の権限の範囲は必ずしも明らかではなく、相手方にとっては権限内であるか否かが分からない場合（たとえば、民864条により後見監督人があるときは、後見人はその同意を得なければならないが、その同意を得ずに代理した場合）があることから、法定代理にも本条の適用がありうるとする見解も有力である（近江、四宮・能見、平野）。今後法定後見制度の利用が拡大するとすれば、新109条と同様に本条でも、法定代理にも本条の適用可能性があることを認めつつ、制限行為能力者の保護は正当理由の判断を厳格にすることによって対応すべきではないかと思われる。

(3) 法人の代表者

地方自治体などの公法人の代表者が権限外の行為をした場合、判例（最判昭和34・7・14民集13巻7号960頁、最判昭和35・7・1民集14巻9号1615頁、最判昭和39・7・7民集18巻6号1016頁・ハンドブック89）・通説は、本条の類推適用を認める。ただし、法令に権限が明記されている以上、正当理由の判断は厳格になるので、実際に類推適用されるのは例外的な場合だけに限られるであろう。なお、類推適用とされるのは、代理権が公法上のものであり、代理行為が行政法上の行為であるためではないかと思われるが、基本権限説の立場からすれば、代理行為が借財のような私的な経済行為であれば、直接適用といってよいように思われる。

他方、一般社団・財団法人の代表理事が代表権の制限に違反して取引行為をした場合については、代表理事に加えた代表権の制限は善意の第三者に対抗できないと規定されており（一般法人77条5項）、本条が適用されることはない。これに対して、相手方が代表権が制限されていることは知っていたが、その制限がクリアーされている（たとえば理事会の承認を得た）

と信じていた場合には、制限の存在について悪意であるから、この規定は適用されない。しかし、代表権の制限を知って行為した者がこれを知らない者よりも保護されないのは妥当ではない。そこで判例（最判昭和60・11・29民集39巻7号1760頁・百選Ⅰ-31・ハンドブック92）・通説は、このような場合には本条が類推適用されると解している。

(4) 使者

　使者が本人の意思を伝達する途中で書類を改ざんした場合には、本条の適用はあるか。たとえば、AがBの連帯保証人になるという契約書を使者であるCが改ざんして、自分の知り合いであるDの連帯保証と書き換えて相手方に渡したような場合である。古い判例は、本人の意思と表示との間に齟齬があり錯誤（新95条）であるとする（大判昭和9・5・4民集13巻633頁）。しかし現在の学説においては、基本権限説では、何らかの権限さえあればよいので当然に本条の適用があるとされ、また基本代理権説でも、相手方保護のために本条の類推適用があると解されている（内田、近江）。もっとも、このような場合には、使者が果たして代理人として行動したといえるのか疑問がある。本人の意思を勝手に変えて伝達しただけであるならば、使者は依然として意思伝達機関として行動したにすぎず、古い判例のいうように表示上の錯誤であるというべきであろう。

(5) 本人を詐称した場合

　本人名を詐称して法律行為をした場合には、代理行為が行われていないので本条の適用はない。しかし、本人に法律効果が帰属するという相手方の信頼を保護すべき点では本条の場合と違いがない。そこで判例（最判昭和44・12・19民集23巻12号2539頁〔ただし正当理由なし〕、前掲、最判昭和51・6・25）・通説は、本条の類推適用を認めている。すでに述べたように（5 ◆発展問題◆ (2)）、本人の名で取引が行われた場合にもいくつかの場合があるが、行為者が本人に法律効果を帰属させるつもりで権限外の行為をしたのであれば、本条を類推適用してよいであろう。

◆ 発 展 問 題 ◆

　本条は、他の第三者保護規定との適用関係が問題になることが多い。こ

のうち、民法94条2項類推適用との関係については、すでに解説したので（第12章5）、それ以外の規定との関係について検討する。

(1) 日常家事債務の連帯責任との関係

民法761条本文は、夫婦の一方が日常家事に関する法律行為をしたときは、他方はこれによって生じた債務について連帯責任を負うと規定している。それでは、夫婦の一方が日常家事の範囲を超える法律行為について他方を代理した場合（実際には、直接他方の名で行為するか、自己の名で行為することが多いであろう）には、他方は責任を負うか。

①新110条適用説は、民法761条が夫婦間相互に日常家事に関する行為についての代理権ないし対外的な権限を認めていると解し、それを基にして日常家事の範囲を超える行為に本条の適用を認める（多数説。近江〔類推適用〕、加藤、四宮・能見）。ただし、適用範囲が拡がりすぎないよう、正当理由の判断は厳格になされなければならないとする。これに対して、②新110条否定説は、民法761条は夫婦別財産制を原則とし、例外的に日常家事債務についてのみ夫婦の連帯責任を定めただけであり、他方を代理する権限を認めるものではないので、本条は適用されないとする（近時の有力説。大村、河上、潮見、平野）。これによれば、もっぱら日常家事債務の範囲内か否かだけが問題になる。もっとも、夫婦間で別途任意に代理権が授与されていたといえる場合には、それを基にして本条の適用が認められるとする。しかし判例は、このいずれにもよらず、③新110条類推適用説に立っている。これは、相手方において、当該行為が「日常家事の範囲内」であると信じるについて正当理由があるときに限り、本条が類推適用されるとするものである（最判昭和44・12・18民集23巻12号2476頁・百選Ⅲ-9・ハンドブック90）。

理論的対立にもかかわらず、①説と②説の実際上の結末は似かよっている。①説でも正当理由を厳格に判断すれば適用範囲は必ずしも拡がりすぎることにはならず、②説でも任意代理権の授与を緩やかに認定すれば本条が適用されるからである。むしろ③説は、理論的には両説の中間説のように見えて、具体的には、日常家事の範囲内と信じたというような場合であれば、そもそも民法761条の範囲内の行為といえることが多いであろうから、本条が類推適用される場合はほとんど生ぜず、実際には完全否定説に

近い。夫婦であることから本条の適用がまったくなくなるというのは妥当
でないので、①説か②説によるべきであろうが、夫婦の財産的独立は理想
であっても、日常家事行為について代理権がないというのは現実的でない
ので（たとえば新聞講読や電話加入）、①説によるべきであろう。

(2) 取引的不法行為との関係

　会社の被用者が越権代理で取引行為を行い相手方に損害を与えたときは、
本条が問題になるとともに、民法715条の使用者責任も問題になる。判例
は、このような取引的不法行為について、悪意または重過失がある相手方
には民法715条の適用を否定しているが（最判昭和42・11・2民集21巻9号
2278頁・百選Ⅱ-94）、そうでないときは二つの責任が競合する。

　①新110条適用説は、取引行為についてはもっぱら取引に関する規定で
ある本条が適用され、民法715条は適用されないとする。②原則新110条
適用説は、なされた取引行為が有効であるか否かを問題にすべきであり、
原則として本条が適用されるが、例外的に、取引を有効にすると別のとこ
ろで支障が出る場合（発行株数と資本額とが合わなくなる場合や、法律によっ
て保証人になることができない地方自治体の場合）には、民法715条を適用し
て損害賠償で処理するとする（内田）。③補充的適用説は、両者は別の理念
に基づくので、両方の責任が成り立つが、取引の有効性を優先的に判断す
べきであり、それが否定された場合には補充的に民法715条の適用が認め
られるとする（近江、河上、平野）。④選択可能説は、両者は別の救済方法で
あり、どちらを選択してもよいとする（山本）。

　不法行為では過失相殺ができる（新722条2項）ことを考えると、柔軟な
問題解決をするためには、③説のように段階的処理をするのが妥当ではな
いかと思われる（有効→無効・損害賠償→過失相殺）。しかし実際には、訴訟
において相手方がどのような主張をするかに依存する。

(3) 債権の受領権者としての外観を有する者との関係

　たとえば、無権利者が越権代理で銀行から本人の預金の払戻しを受けた
場合は、債権の受領権者としての外観を有する者に対する弁済（新478条）
と本条のいずれの問題になるか。具体的には、新478条では本人の帰責性
が要件上考慮されないという違いがある。

374

第 18 章 ◆ 他人による法律行為／代理権消滅後の表見代理

民法改正前の判例（最判昭和 37・8・21 民集 16 巻 9 号 1809 頁）・通説は、旧 478 条の債権準占有者には、本人と称した者だけでなく詐称代理人も含まれると解し、越権代理の場合にも、もっぱら同条を適用していた（最判平成 6・6・7 金法 1422 号 32 頁）。これに対して少数説は、旧 478 条は債権の帰属主体を誤認した場合であり、代理権限があると誤信した場合は表見代理の問題であると解していた。また、判例が預金を担保に新たに貸付行為がなされた場合にまで旧 478 条を類推適用する（最判昭和 48・3・27 民集 27 巻 2 号 376 頁）ことに反対し、このような新たな行為については表見代理によるべきであるとする説もあった。

しかし、民法改正により、新 478 条は、債権の受領権者としての外観を有する者に対する弁済に関する規定として再定位されたので、詐称代理人や越権した代理人もまた、そのような者に該当することは疑いがなく、従来の判例どおり、もっぱら新 478 条が適用・類推適用されるということになろう（その是非は新 478 条の問題であり、詳しくは債権法参照）。

10　代理権消滅後の表見代理

・代理権消滅後の表見代理（新 112 条 1 項）は、元代理人が代理権の消滅後に代理行為をした場合でも本人に責任があるという規定である。
・相手方は、代理行為が行われたこと、顕名、過去において代理権が存在していたことを主張・立証しなければならない。
・これに対して、本人は、代理行為時に代理権が消滅していたこと、およびそのことを相手方が知っていたこと（悪意）または過失によって知らなかったことを主張・立証すれば責任を免れると解すべきである。
・消滅した代理権の範囲外の代理行為がなされたときは、上記以外に、そのような行為についても代理権があると信じ、かつ、信じるにつき正当な理由があったこと（正当理由）を主張・立証しなければならない（新 112 条 2 項）。
・これに対して、本人は、正当理由がなかったと主張するほかない。
・法定代理にも本条の適用があるというのが判例・多数説である。
・過去の代理権の消滅について本人が適切な手段を講じているときは、

375

それを知らない相手方には過失があるというべきである。

◆ **条　文** ◆

(1) 要件

(a)過去の代理権の範囲内の行為

　過去の代理権の範囲内で代理行為がなされた場合については、新112条1項が規定している。同項によれば、代理権を授与していた本人は、代理権の消滅後に代理人であった者がした代理行為についても、善意・無過失の第三者に対して責任を負う。旧112条では、代理権の消滅は善意・無過失の第三者に対抗することができないと規定されていた。このため、一部では、この規定は代理権消滅の対抗問題であると解する見解があったが、実体法上代理権が消滅した後の表見代理の規定であると解するのが支配的な見解であった。民法改正により、規定の文言上も、消滅した代理権に基づいてなされた行為についての本人の責任規定であることが明確になった。

　本条1項の表見代理を主張する相手方が主張・立証しなければならない要件は以下のようになろう（なお、条文上は第三者と規定されているが、これが相手方のことであるのは他の表見代理と同様である。大判昭和2・12・24民集6巻754頁）。

　　①代理人として行為した者による意思表示があったこと。
　　②代理人が本人のためにすることを表示したこと（顕名）。
　　③過去において①の意思表示をする代理権が存在していたこと。
これに対して、本人は、以下のことを主張・立証すれば責任を免れる。
　　①代理権が代理行為の当時消滅していたこと。
　　②そのことを相手方が知っていたか（悪意）、または過失によって知らなかったこと（過失）。

(b)過去の代理権の範囲外の代理行為

　過去の代理権の範囲外の代理行為がなされた場合については、新112条2項が規定している。改正前には直接規定する条文がなかったが、従来の判例（大連判昭和19・12・22民集23巻626頁・百選 I-33・ハンドブック94、最判昭和32・11・29民集11巻12号1994頁）・通説は、このような場合には旧

110 条と旧 112 条とが重畳的に適用されると解してきた。そこで、改正にあたり、新 112 条 2 項では、もし過去の代理権の範囲内での代理行為がなされたとすれば同条 1 項によって責任を負うべき場合に、実際にはその範囲外の代理行為がなされたときは、第三者（相手方）がその行為について代理権があると信ずべき正当な理由があるときに本人は責任を負うと規定された。

この場合の本人の責任は、新 109 条 2 項と同様、新しい表見代理の類型を設けたのではなく、新 112 条 1 項の責任の上に、新 110 条の責任を重ねた構造になっていることになっている点に注意すべきである。しがたって、相手方が本条 2 項の主張をするためには、まず(a)の要件を充足していることを主張・立証したうえで、さらに、当該代理行為が代理権の範囲内の行為であると信じ、かつ、そう信じる正当な理由があること（評価根拠事実）を主張・立証しなければならない（(a)の悪意・過失の有無はこの要件の有無に吸収される）。相手方がこれを否定しようとするならば、本条 1 項における免責要件を主張・立証するか、相手方には正当な事由がなかったこと（評価障害事実）を主張・立証しなければならない（正当理由の主張・立証責任について詳しくは、前述の 9 ◆条文◆ **(2)** 参照）。

(2) 主観的要件の主張・立証責任

本条 1 項における相手方の主観的要件について、条文上は、善意と過失とで分けられており、前者は相手方が（新 112 条 1 項本文）、後者は本人が（新 112 条 1 項ただし書）相手方の過失を立証しなければならない体裁になっており（旧 112 条でも同様であった）、従来から実務ではそのように解されている。これによると、過失は相手方が善意を立証した場合にはじめて立証すべき事由になる。しかし従来の通説は、代理権の消滅は本人と代理人間の事情であり、相手方は通常知らないことなので、悪意・過失の両方とも本人が立証すべきであると解してきた。新法の下でも同じように解すべきであろう。

◆ 解 釈 ◆
(1) 法定代理権

過去の代理権が法定代理権であった場合について、本人の帰責性を重視

する説は、本人の保護の観点から本条の適用を否定する（内田、佐久間、潮見、平野）。しかし、判例（前掲、大判昭和2・12・24）・多数説（近江、河上）は、相手方の信頼保護の観点から本条の適用を肯定している。

　他の表見代理についてすでに述べたように、成年後見制度の普及により今後このような場合が増加することを考えると、本条の適用はありうると解すべきである。ただし、代理権消滅事由が法定されていること、および消滅が公示されることも多いことからすれば、相手方には過失があるとされることが多いであろう。

(2) 相手方の信頼の対象

　本条が適用されるためには、事実として過去において代理権が存在していたことが必要であるが、相手方は、当該代理行為について代理権があると信頼していれば足りるのか、それとも過去の代理権が現在もなお存在していると信頼していたことが必要か。改正前の判例（最判昭和44・7・25判時574号26頁）・通説は、現在の行為に対する信頼が問題であり、過去に代理権が存在したと信じていたことは必要ないと解してきた。しかし少数説は、過去の代理権の消滅を対抗できないという規定の仕方からすれば、かつて代理権がありそれが今もあると信頼していたことが必要であると解していた（佐久間）。

　本条を代理権消滅の対抗問題に関する規定ではなく、表見代理の規定であると解する限り、現在の代理行為に対する信頼を問題にすべきであり、通説が妥当である。改正により、善意とは「代理権消滅の事実を知らなかった」ことであると明記されたのも、その趣旨である。ただし、少数説の実質的な趣旨は、通説によるといったん代理権を与えた者はいつまでも責任を免れなくなりかねないことを問題視するところにある。一度も代理権を授与していない者について代理権授与表示をした場合には新109条が問題になるが、そのような場合でも本人がその表示を適切に撤回していれば同条は適用されない。したがって本条でも、過去の代理権の消滅について本人が適切な手段を講じていれば、たとえ相手方において現在代理権があると信頼しても過失があると解すべきであろう。なお、法人の代表者の退任が登記された場合には、第三者はこれを知っているとみなされる結果、相手方の悪意が擬制されるので、本条の適用はないと解されている（最判

昭和 49・3・22 民集 28 巻 2 号 368 頁〔代表取締役〕、最判平成 6・4・19 民集 48 巻 3 号 922 頁・ハンドブック 95〔社会福祉法人の理事〕）。

第19章 時 効

1 時効制度の全体像

・時効は、一定の事実が一定期間継続することにより、事実状態に即した権利関係が存在するものと認める制度である。
・時効には、権利の取得を認める取得時効と、権利の消滅を認める消滅時効とがある。
・時効には、法律行為の存否を前提にした法律関係を覆す機能がある。
・時効制度は、①法律関係の安定、②立証の困難性からの救済、③権利行使の懈怠といった多元的な理由に基づいて存在している。
・時効の法律構成については、実体法説と訴訟法説の対立があるが、判例・通説は、援用を停止条件として権利の得喪が生じるという説に立っている（実体法説の停止条件説）。

◆ 条 文 ◆

(1) 時効と法律行為

　民法における時効とは、一定の事実が一定期間継続することにより、事実状態に即した権利関係が存在するものと認める制度である。権利の取得を認める取得時効（民162条～民165条）と、権利の消滅を認める消滅時効（新166条～新169条）とがある。消滅時効は、売買契約や金銭貸借契約などの法律行為を前提にして、債権者がそれに基づく履行の請求をしたときに、債務者がこれを拒むための抗弁として利用される。また、取得時効は、所有者との間に法律行為による所有権の移転がないにもかかわらず物が占有されていることを前提に、物の所有者が所有権に基づきその物の引渡し

第 19 章 ◆ 時効／時効制度の全体像

などを請求したときに、占有者がこれを拒むための抗弁として利用される。このように、時効には、法律行為の存否を前提にした権利義務関係を紛争の土壇場で覆す機能がある。これは、法律行為を機軸に組み立てられている民法にとって、重大な例外を認めることになる。

(2) 時効制度の全体像

民法典は、取得時効と消滅時効について個別に規定する前に総則を設け、両制度に共通することがらについて規定するという体裁を採っているが（民144条〜新161条）、なぜ時効が認められるのか（時効の意義）や時効によってどのような効果が発生するのか（時効の効力）など、時効の基本に関わる規定がない。このため、これらについては、すべて解釈に委ねられて種々の見解が対立しており、議論の幅が非常に大きなものとなっている（後述の◆解釈◆参照）。

時効は図表50のようなプロセスをたどるが、以下では、規定の順序に従い説明する。

図表50　時効主張のプロセス

```
┌─────────────────────────────────────────────────────────┐
│ ①事実の継続（民162条〜新169条）                          │
│   ↑ ←──── ②時効障害（完成猶予・更新）（新147条〜新161条）│
│ ③時効の完成                                              │
│   │                              │                       │
│   ↓                              ↓                       │
│ ④時効の援用（新145条）        ④時効の利益の放棄（民146条）│
│   │                              │                       │
│   ↓                              ↓                       │
│ ⑤効果の発生（民144条）        ⑤効果の不発生              │
└─────────────────────────────────────────────────────────┘
```

(3) 期間の計算

時効では、ある時点から他の時点までの時間的間隔をどのように計算するかが問題になる。この時間的間隔のことを「期間」という。これに対して期限とは、法律行為の始期または終期のことであり、期間とは異なる。

総則では、時効に先立つ章で期間の計算方法が定められている（民138条〜民143条）。これは、時効期間の計算の基礎となるだけでなく、法令も

381

しくは裁判所の命令に特別の定めがある場合または法律行為で別段の定めをした場合を除き、私法上だけでなく公法上の法律関係においても一般的に適用される（民138条）。

①短い期間の計算方法

時・分・秒を単位とする期間の計算方法は、その瞬間から瞬間までを即時に計算する（民139条）。条文上は「時間」と規定されているが、これは時・分・秒を含む趣旨である。たとえば、「試験時間は9時から120分」とされている場合には、9時ちょうどから11時ちょうどまでである。

②長い期間の計算方法

日・週・月・年を単位とする期間の計算方法は、暦に従って計算する（民143条1項〔週、月、年だけ規定されているが、日も同じ〕）。起算日についての重要な原則が「初日不算入の原則」である（民140条本文）。たとえば、今日が7月1日である場合、「今日から3日間」といえば、7月2日から起算して7月4日が末日となり、その終了すなわち7月4日24時が期間の満了時点となる（民141条）。ただし、期間が午前0時から始まるときは、初日が算入される（民140条ただし書）。たとえば、7月1日に、「8月1日から3日間」といえば、8月1日は将来の日であり、8月1日から起算して8月3日の24時が期間の満了時点となる。

その他に、期間の末日が日曜日、国民の祝日その他の休日にあたるときの規定（民142条〔その日に取引をしない慣習があれば、期間はその翌日に満了する〕）、週・月・年を単位とする期間の満了日に関する規定（民143条2項）が設けられている。

特別法では、初日算入とされている場合がある（年齢計算に関する法律1条、割賦販売35条の3の10第1項、特定商取引9条1項、宅建業37条の2第1項1号におけるクーリング・オフ期間など）。また、特約によって初日を算入することもでき、満了についても特別の定めをすることができる（たとえば、初日を算入し、かつ満了日の営業時間内とするなど）。なお、利息付の金銭消費貸借契約では、その日から元本を利用することができるので、特約がなくても契約成立日から利息計算されると解されている（最判昭和33・6・6民集12巻9号1373頁）。

第 19 章 ◆ 時効／時効制度の全体像

③逆算による期間

たとえば、「明渡しの日から 6 か月以上前に通知すること」というように、一定期日から期間を逆算する場合にも、上記と同様に解してよい。したがって原則として明渡日は算入せず、その前日から起算する。

◆ 解 釈 ◆

(1) 時効制度の存在理由

本来、法律行為に基づかないにもかかわらず他人のものが自分のものになるいわれはなく、法律行為が存在するにもかかわらず借りていた借金を返さなくてもよくなるいわれもないはずである。なぜこのようなことが認められるのか。これにつき、学説では古くから以下のような理由づけがなされてきた。①法律関係の安定（社会秩序の維持）：一定の事実状態が永続する場合には、社会は、これを基礎として種々の法律関係を形成するので、事実状態を覆さないほうが社会の安定性を維持できる。また、長い年月継続する事実状態は、真実の権利関係に合致している蓋然性が高い。②立証の困難性からの救済：長い年月が継続すると証拠が散逸して権利関係を証明することが困難になるので、事実状態に即した扱いをすることにより立証の困難性から救済できる。③権利の上に眠る者は保護しない：たとえ権利を有していても、長い年月それを行使しない者は法律上保護するに値しない。

取得時効については①が、また消滅時効については②が強調されることが多いが、どれか一つで、時効制度の存在意義や要件・効果の趣旨をすべて説明することは困難である。そこで、通説は、時効は①～③のような多元的な理由に基づくと解し、具体的な問題場面ごとに適合的な解釈をすべきであると解している（多元説）。

(2) 時効の法律構成

時効には、歴史上、比較法上、種々の法律構成がある。わが国の旧民法では証拠編に規定されていたが、現行民法では、総則の中に取得時効と消滅時効がともに規定され、共通する事項として時効の総則が設けられた。その構成は、一方では、事実状態の保護を基調とするが（時効の完成）、他方では、当事者の意思を尊重するものとなっており（援用、時効の利益の放

383

棄、時効更新事由としての承認）、これらの効果は、原則としてそれを主張する者にだけ限定的に発生するとされている（更新・援用・放棄の相対効）。そこで、これらの関係をどのように整合的に理解するかが問題になる。これについて、古くから、(a)実体法説と(b)訴訟法説の対立がある。

(a)実体法説とは、一定の事実状態の継続によって、民法上実際に権利取得、権利消滅が生じると解する説である。時効は法律行為によらない権利変動原因であることになる。上記の存在理由の①を強調し、民法 162 条（取得時効）、新 166 条（消滅時効）の文言上、「権利を取得する」、「権利が消滅する」とされていることなどを根拠とする。しかしこれによると、時効は援用しないと効果が発生しないとされている（新 145 条）ことを矛盾なく説明することが必要になる。そこで、(a)-1 停止条件説と(a)-2 解除条件説が主張される。前者は、時効期間の経過（時効の完成）だけでは、確定的に効果は発生せず、援用があってはじめて時効の起算点に遡って効果が発生するとする。これに対して後者は、時効期間の経過で効果が生じるが、援用がなかったときは遡及的に効果が生じなかったことになるとする。

(b)訴訟法説とは、一定の事実状態の継続によって、権利取得や権利消滅が生じるわけではなく、所有者と主張する者が複数存在する場合や債務を弁済したと主張する者と弁済していないと主張する者とが存在する場合に、当事者の立証を軽減し、裁判所が時間の経過を第一の証拠として判断するための制度であると解する説である。存在理由の②を強調し、新 145 条が裁判所は援用がなければ裁判できないと規定していることなどを根拠とする。訴訟法説にも、(b)-1 法定証拠説と(b)-2 法律上の推定説がある。前者は、時効は援用されると裁判所は必ずそれに基づいて判断をしなければならなくなる法定証拠であるとする。後者は、時効が援用されると事実に対応する権利関係が存在するものと法律上推定される（推定なので覆される余地がある）とする。しかしいずれにせよ、訴訟法説によると、民法 162 条、新 166 条で権利取得、権利消滅と規定されていることをうまく説明できない。

訴訟法説の説くところも理論的に十分成り立ち、旧民法の時効はそのような理解に基づくものであっただけでなく、今日でも実際の裁判を念頭に置くと説得的であるように思われるが、現在の判例（最判昭和 61・3・17 民集 40 巻 2 号 420 頁・百選Ⅰ-41・ハンドブック 122）・通説は、民法の構成をも

第 19 章 ◆ 時効／時効障害

っとも整合的に説明できるとして、実体法説の停止条件説によっている。いずれの立場も、民法の制度枠組み自体を変えるわけではなく、また具体的結論に重大な差異が生じるわけでもないが、個々の場面で結論を正当化する理由に違いが生じる。そこで以下では、判例・通説を基本とし、理由に違いがあるところではその旨を指摘しておくことにする。

2 時効の完成

・時効の完成に必要な一定の事実状態の一定期間継続については、取得時効と消滅時効ごとに規定されている。

◆ 条 文 ◆

時効では、一定の事実状態が一定の期間継続することが必要である。この期間の満了を時効の完成という。しかし、民法典は、時効の完成について一般的な規定を置いておらず、取得時効、消滅時効それぞれで必要となる「一定の事実状態」および「一定の期間」をそれぞれのところで規定するという方法を採っている。

3 時効障害

・時効の完成を妨げる制度を時効障害という。
・時効障害には、時効の完成猶予と時効の更新とがある。
・時効の完成猶予は、時効をそのまま完成させるのが妥当でない一定の事由がある場合に、一定期間、時効の完成を猶予する制度である。
・一定の完成猶予事由については、その事由が終了した時から時効が更新され、再び新たな時効期間が開始する。
・これら以外に、権利の承認があると、その時から時効が更新される。
・時効の完成猶予または更新の効果は、原則として、当事者およびその承継人に対してのみ生じる（完成猶予・更新の相対効）。

385

◆ 条 文 ◆

時効の完成を妨げる制度を時効障害という。時効障害には、時効の完成猶予と時効の更新とがある。なお、解釈にかかわる部分もあるが、それらはいずれも条文の文言の意味を明らかにし、またはその内容を拡大するものなので、ここでまとめて説明する。

(1) 時効の完成猶予・更新の意義

時効の完成猶予は、時効を完成させるのが妥当でない事由があるときに、時効の完成を一時猶予する制度であり、更新は、一定の完成猶予の事由について、その後、それまでの時効期間の経過がなかったものとして、新たな時効を開始させる制度である（ただし、後述の承認は、完成を猶予することなく直ちに更新となる）。時効の完成猶予では、その事由が終了すれば、以前の時効がそこから再び進行する。これには、①権利行使の意思を明らかにしたといえる事実によるものと、②権利行使が困難だといえる事実によるものとがある。①のうち、一定の事由については、その終了により時効が更新される。

民法改正前には、時効障害は、時効の停止（旧158条以下）と時効の中断（旧147条以下）という二分類で構成され、前者が完成猶予に、後者が更新に当たるものであったが、改正によって、用語が変更されただけでなく、制度の組み立て自体から編成し直され、まず一定の事由によって時効の完成猶予を認め、さらにそのうちの一定の事由については時効の更新を認めるという、いわば二階建ての構成となった（ただし、権利の承認だけはいきなり更新事由となる）。時効が更新されると、それまでの時効期間の経過はなかったものとされて、そこから新たな時効が開始する。

時効の完成猶予と更新の根拠について、実体法説の立場からは、時効は権利行使できるのにしない場合に認められるものであるから、権利の行使によって事実状態が破られること、または事実上権利行使できないのに時効だけ完成させるのは妥当でないことに基づく制度であると説明される（権利行使説）。これに対して、訴訟法説の立場からは、権利関係が明らかにされたこと、または明らかにならないことに基づく制度であると説明される（権利確定説）。しかし、権利行使、権利確定のいずれか一方だけでは、民法の完成猶予や更新制度の全体を説明することは困難であり（たとえば、

第 19 章 ◆ 時効／時効障害

権利の承認は債務者の意思である）、多元的に理解するほかない。

　以下では、完成猶予事由を権利行使による完成猶予と、権利行使の困難性による完成猶予に分けて解説し、その後に承認による更新について解説する。

(2) 権利行使による完成猶予・更新

　権利を行使したことによる時効の完成猶予事由には、①裁判上の請求等（新 147 条）、②強制執行等（新 148 条）、③仮差押え・仮処分（新 149 条）、④催告（新 150 条）、⑤協議を行う旨の合意（新 151 条）がある。①と②では、当該事由の終了によって時効が更新されるが、③〜⑤では更新はないことに注意すべきである。

①裁判上の請求等
(a)裁判上の請求

　訴えの提起があると、その終了、すなわち判決が確定する時まで時効完成が猶予され（新 147 条 1 項 1 号）、判決の確定で更新されて新たな時効が進行する（同条 2 項）。訴えの提起とは、一般的には訴状が裁判所に提出された時である（民訴 133 条 1 項）。給付請求だけでなく、権利の確認請求でもよい（大判昭和 5・6・27 民集 9 巻 619 頁）。また、相手方の提起する訴訟に応訴して、その訴訟中で自己の権利を主張した場合（答弁書を提出した時など）でもよい（民訴 147 条）。しかし、裁判が確定しなければならないので、訴えが却下され、または取り下げられると完成猶予は生じない。ただし、その場合でも後述の催告と同様の効力が生じ、却下や取り下げの時から 6 か月間、完成が猶予される（新 147 条 1 項括弧書）。これは、改正前の判例（最判昭和 45・9・10 民集 24 巻 10 号 1389 頁・ハンドブック 129、最判平成 10・12・17 判時 1664 号 59 頁）が訴えの却下、取下げがあっても、何もなかったことになるのは妥当でないことから、「裁判上の催告」として、その時に催告がなされたと解していたことを受け継いだものである。ただし、従来の判例は、相手方の履行請求訴訟で留置権（民 295 条）の抗弁を提出した場合にも、その被担保債権について裁判上の催告になるとしているが（最大判昭和 38・10・30 民集 17 巻 9 号 1252 頁）、この場合には、留置権の被担保債権についての権利主張がなされているので、率直に裁判上の請求になるとい

387

うべきである。なお、棄却判決でも完成猶予・更新は生じないと解されているが（大判明治42・4・30民録15輯439頁）、権利が否定されているのであるから、そもそも完成猶予・更新は問題にならないというべきである。逆に、債務者が債務不存在確認の訴えを提起したが敗訴した場合には、債権者にとって完成猶予・更新があったことになる（大連判昭和14・3・22民集18巻238頁）。

　一部請求の場合には、判例は、残部については完成猶予・更新が生じないが（最判昭和34・2・20民集13巻2号209頁）、一部であることを明示していないときは債権の同一性の範囲で全部に完成猶予・更新が生じるとしている（最判昭和45・7・24民集24巻7号1177頁・ハンドブック128）。これは訴訟物という考え方に忠実で、訴訟法説に親和的であるが、学説の多くは、一部請求でも債権全体があるか否かが判断されるので、たとえ明示していても全部について完成猶予・更新が生じると解すべきだとしている。これに対して、最近の判例では、明示的一部請求の訴えの提起は、残部について裁判上の請求があったとはいえないとの判断を維持しつつ、残部につき権利行使の意思が継続的に表示されているとはいえない特段の事情のないかぎり、残部について裁判上の催告としての効力を生ずるとしたものがある（最判平成25・6・6民集67巻5号1208頁）。しかし、残部について権利行使の意思が表示されているのであれば、そもそも裁判上の請求に当たるといってよいのではなかろうか。

(b)支払督促

　支払督促とは、金銭その他の代替物または有価証券の一定数量の給付を目的とする請求について、債権者の申立てにより裁判所が発する命令のことである（民訴382条以下）。支払督促は、送達によって、その申請時に遡って効力を生じるので、その時に完成猶予・更新の効力が生じる（新147条1項2号、2項）。送達の日から2週間以内に異議申立てがあると訴訟になる。異議申立てがなかったのに、民事訴訟法392条の期間（30日間）内に仮執行の申立てをしないと、支払督促は効力を失うので、完成猶予・更新の効力も生じない。なお、最近の事例として、貸金の支払を求める旨の支払督促が，当該支払督促の当事者間で締結された保証契約に基づく保証債務履行請求権については消滅時効の完成猶予・更新の効力を生ずるもので

はないとされたものがある（最判平成 29・3・13 判時 2340 号 68 頁）。

(c)和解・調停

　和解・調停の申立てがなされると、その終了時、すなわち、当事者が裁判所に呼び出されまたは任意出頭して、和解・調停が成立するまで時効の完成が猶予され、その時に更新される（新 147 条 1 項 3 号、2 項）。和解・調停が成立しない場合には、効果は生じない。ただし、裁判外紛争解決方法（ADR）につき、裁判外紛争解決手続利用促進法 25 条では、和解が成立しないときでも、その後一定の期間内に訴えを提起したときは、手続請求をした時点で裁判上の請求があったとみなされている。

(d)破産手続等参加

　債権者が破産手続の申立てをすれば裁判上の請求になる（最判昭和 35・12・27 民集 14 巻 14 号 3253 頁）。ここでいう参加とは、破産手続が開始しているときに、破産債権者が債権の届出をすることである（破産 111 条）。参加により時効の完成が猶予され、その手続きの終了時に更新される（新 147 条 1 項 4 号、2 項）。したがって、届出を取り消しまたは届出が却下された場合には、完成猶予・更新の効力は生じない。民事再生手続参加、会社更生法手続参加の場合も同様にして完成猶予・更新される。

②強制執行等

　旧 147 条 2 号の中断事由としての差押えには、差押えを経ない強制執行、担保権の実行などが含まれるのか否かが明確でなかったが、解釈によって含まれるものと解されてきた。そこで改正により、強制執行、担保権の実行（民訴 180 条〔競売だけでなく、不動産収益執行が含まれる〕）、留置権などによる競売（民執 195 条〔形式的競売〕）、財産開示手続（民執 196 条以下〔一定の場合に金銭債権の債務者の財産を開示させる手続〕）のいずれについても、それらの事由が終了するまで時効の完成が猶予された（新 148 条 1 項）。これらの手続によって権利が満足されなかった場合には、なお権利が残るので、その時効は手続の終了時に更新される（同条 2 項）。配当要求をした場合も差押えに準ずるものとして取り扱われる（最判平成 11・4・27 民集 53 巻 4 号 840 頁）。また、これらの申立てが取り下げられ、または取り消されれ

ば完成猶予・更新の効力は生じないが、裁判上の請求等と同様、その時から6か月間、時効の完成が猶予される（新148条1項括弧書）。

③仮差押え・仮処分

　民事法保全法上の仮差押え・仮処分の申立てにより、その終了時から6か月間は時効の完成が猶予される（新149条）。しかし、これらが取り消されれば中断の効力は生じない。これらでは時効の更新はない。旧147条2号では、仮差押え・仮処分は時効中断事由とされていたが、これらはまさに権利保全のための手続であり、その後に訴訟や強制執行をすることが予定されるので、一定期間時効の完成を猶予すれば十分だと考えられた。

　なお、仮差押えがなされてその登記がなされたときは、その後に差押えがなされなくても仮差押登記が存続する限り、時効中断の効力も存続するというのが改正前の判例であった（最判平成10・11・24民集52巻8号1737頁・ハンドブック122〔継続説〕）。これは、差押えまではしないが権利だけは確保しておくという金融実務に沿ったものであるが、学説では、これではいったん仮差押えをしておくといつまでも時効が完成しないことになり妥当でないとして、仮登記の登記時点で時効が再スタートすると解すべきであるとする見解が有力であった（非継続説）。新法の下でも「その事由が終了した時から」と規定されているので、従来の継続説と同様、その事由が終了していないという解釈が予想されるが、非継続説に立って、仮差押えが効力を生じた時点がその終了時と解すべきであろう。

④催告

　催告とは裁判外での請求のことであり、特別の方式はない。催告は簡単にすることができるが、催告がなされてもその時から6か月間は時効の完成が猶予されるだけで、更新は生じない（新150条1項）。時効完成間際になってそれに気づいた者があわてて裁判上の請求などをしようとしても手間隙がかかるので、とりあえず完成しないようにしておくという意味では実用性が高い制度である。しかし、催告を6か月ごとに何度も繰り返してゆけば、永久に完成が猶予されるというのは妥当でない。そこで、催告によって時効の完成が猶予されている間に再度の催告がなされても、それによっては完成猶予の効力は生じない（同条2項）。これは、改正前の判例

390

第 19 章 ◆ 時効／時効障害

（大判大正 8・6・30 民録 25 輯 1200 頁）を明文化したものである。これと異なり、本来の時効完成の 6 か月以上前に、再度の催告が繰り返された場合には、その時点ではまだ最初の催告によって完成が猶予されているわけではないので、最後の催告の時から完成が猶予される（繰り返しによる引き延ばしには当たらない）。なお、裁判上の請求とその取り下げによっても、6 か月間時効完成が猶予されるが（新 147 条 1 項括弧書）、その繰り返しがあった場合については明文がない。しかし、催告の繰り返しの趣旨を類推すべきであろう。

⑤協議を行う旨の合意

権利について協議を行う旨の合意が書面（電磁的記録を含む）でなされたときは、(i)合意から 1 年、(ii)当事者が定めた期間（1 年未満に限る）、(iii)協議の続行を拒絶する旨の書面による通知（電磁的記録を含む）から 6 か月のうち、いずれか早い時までの間は時効の完成が猶予される（新 151 条 1 項、4 項、5 項）。更新はない。これは、民法改正によって新設された制度であり、当事者間の自律的・自発的な紛争解決を側面から支援しようとする趣旨である。

催告の場合と異なり、この合意により時効の完成が猶予されている間に再度の合意がなされると、後の合意に完成猶予の効力が認められるが、（同条 2 項本文）。時効の完成が猶予されなかったとすれば時効が完成すべき時から通算して 5 年を超えることはできない（同項ただし書）。合意は、催告のように一方的なものではなく、また紛争解決が徐々に進行することもあるので、解決が期待できる範囲内である程度の完成猶予の伸長を認めるものである。他方、催告により完成が猶予されている間になされた合意、および合意により完成が猶予されている間になされた催告には、完成猶予の効力が認められず、最初の完成猶予だけが認められる（同条 3 項）。前者の場合には合意に完成猶予の効力を認めてもよいようにも思われるが、催告の暫定的な完成猶予の利用による期間の延長は認めないという趣旨であろう。

(3) 権利行使の困難性による完成猶予

権利を行使することが困難な事情があることによる時効の完成猶予は、

事実上権利行使できないのに時効だけ完成させるのは妥当でないという理念に基づく制度であり、以下のように特殊な場合にのみ認められている。これは民法改正前には、時効の停止として認められていたものであるが、完成猶予となった新法でも、⑤の期間が伸長されただけで、内容的な変更はない。

　①時効完成前6か月以内に、未成年者、成年被後見人に法定代理人がいない場合（新158条1項）：本人の行為能力回復時または法定代理人の就職時から6か月間時効は完成が猶予される。これに関連して、不法行為（予防接種ワクチン禍）によって事理弁識能力を欠くに陥ったが、長い間成年後見制度を利用していない状況が続き、その後就任した後見人が就任後6か月以内に損害賠償訴訟を提起したという事案において、判例は「民法158条の法意に照らし」民法724条後段の20年について効力が生じないとしている（最判平成10・6・12民集52巻4号1087頁・ハンドブック135）。これは成年被後見人に法定代理人がいない場合ではないが、基礎にある考え方に共通性を見出したものである。

　②未成年者、成年被後見人がその財産を管理する父母、後見人に対して権利を有する場合（新158条2項）：本人の行為能力回復時または新たな法定代理人の就職時から6か月間時効の完成が猶予される。

　③夫婦の一方が他方に対して権利を有する場合（新159条）：婚姻解消時から6か月間時効の完成が猶予される。婚姻解消には、離婚、配偶者の死亡、婚姻の取消しが含まれる。

　④相続財産に関する権利（新160条）：相続人の確定、管理人の選任、破産手続きの開始決定のいずれかがあった時から6か月間時効の完成が猶予される。相続人だけでなく、債権者などの第三者が相続財産に対して権利を有する場合も含まれる。

　⑤天災その他避けることのできない事変のために時効を中断できない場合（新161条）：その障害が消滅した時から3か月間時効の完成が猶予される。事変が具体的に何かは事案によるが、客観的な事実であり、債務者の個人的な事情は含まれない。

(4) 承認による時効の更新

　権利の承認があったときは、時効の完成を猶予するのではなく、その時

から直ちに時効が更新される（新152条1項）。改正前に、承認が時効中断事由とされていたことを内容的に維持したものである。ここでいう承認とは、時効の利益を受ける者が権利の存在または不存在を権利者に対して表示することである。権利の存否という事実の通知（観念の通知）であり、処分行為ではないので、承認をする者に行為能力や代理権があることは必要ない（同条2項）。承認が更新事由であることを知っていたか否かも問わない。ただし判例は、承認には管理能力が必要であるとして、未成年者が法定代理人の同意なくしてした承認は取り消すことができるとする（大判昭和13・2・4民集17巻87頁）。これによれば成年被後見人についても同様になろう。学説でも判例に賛成する見解が通説だが（内田、加藤、河上、佐久間、潮見、四宮・能見）、なぜ管理能力が必要なのか疑問である（近江）。あまりに極端なケースでは承認とはいえないと認定すれば足りるように思われる。

　承認に特別の方式は必要ない。債務の支払い延期の申入れ、一部弁済（大判大正8・12・26民録25輯2429頁）、利息支払い（大判昭和3・3・24新聞2873号13頁）などの行為もすべて承認になる。相殺の意思表示をしたが後に撤回した場合でも、反対債務を承認したことになると解されている（最判昭和35・12・23民集14巻14号3166頁）。

(5) 完成猶予・更新の効果が及ぶ範囲

　裁判上の請求等（新147条）または強制執行等（新148条）による時効の完成猶予または更新の効果は、当事者およびその承継人に対してのみ生じる（新153条1項）。また、仮差押え・仮処分（新149条）、催告（新150条）、協議を行う旨の合意（新151条）による時効の完成猶予は、当事者およびその承継人に対してのみ生じる（新153条2項）。承認による時効の更新も、当事者およびその承継人に対してのみ生じる（新153条3項）。これを時効の完成猶予・更新の相対効という。これには以下のような例外（絶対効）がある。①地役権の不可分性（新292条）：地役権は時効取得できるが（民283条）、要役地（地役権が必要な土地）が共有である場合に共有者の一人について時効の完成猶予または更新があるときは、共有者全員に効力が生じる。②連帯債権者・不可分債権者による請求（新432条、新428条）：連帯債権者または不可分債権者の一人の請求は、他の連帯債権者または不可分債権者

のためにも効力を生じる。請求についての特則である。③保証人（新457条1項）：主債務者に対する時効の完成猶予・更新は、保証人に対しても効力を生じる。

　これに関連して、債務者が承認した場合には、物上保証人にも時効の更新の効力が及ぶと解されている（最判平成7・3・10判時1525号59頁・ハンドブック132〔抵当権〕、最判平成11・2・26判時1671号67頁〔譲渡担保〕）。また、債務者が承認した場合には、詐害行為（新424条）の受益者（債権者を害する行為の相手方）に対しても時効の更新の効力が及ぶと解してよい（最判平成10・6・22民集52巻4号1195頁・ハンドブック133参照）。これらの場合には、後述のように、物上保証人や受益者に債務の消滅時効の援用が認められているのに、債権者にはこれらの者との関係で直接債務の時効を更新する方法がないので、バランスを取る必要があるからである。これは新153条の例外を解釈によって認めたことになる（そもそも新153条が完成猶予・更新の及ぶ人的範囲を制限していることに合理性はないとする見解もある）。

　時効の利益を直接受ける者（たとえば債務者）以外の者（たとえば保証人、抵当権設定者、抵当不動産の第三取得者）に対して強制執行等（新148条1項）または仮差押え・仮処分（新149条）をした場合には、直接利益を受ける者に通知をし、それが到達した時に完成猶予・更新または完成猶予の効力が生じる（新154条、最判平成8・7・12民集50巻7号1901頁）。これよりもう一段階間接的な場合、たとえば、連帯保証人の物上保証人に対して担保権が実行された場合には、債務者に対する強制執行等には当たらないが、債務者に対して請求をしたともいえないので催告にも当たらず、時効の完成猶予・更新は生じないと解されている（最判平成8・9・27民集50巻8号2395頁・ハンドブック130）。

4　時効の援用

- ・実体法説の停止条件説によれば、時効は、利益享受の意思表示である援用を停止条件として効果が発生する。
- ・時効は当事者が援用することができる。
- ・援用権者の範囲は拡張されている。
- ・援用権者が複数存在する場合、そのうちの一人が援用しても他の者

には影響しないと解されている（援用の相対効）。

◆ 条 文 ◆

(1) 援用の意義

　前述したように、時効の法律構成に関する見解によって援用の意義の理解が異なる。訴訟法説からすれば、時効は法定証拠または法律上の推定であるから、当事者が提出しなければ意味がなく、援用することが当然必要であると解することになる。これに対して、実体法説からすれば、援用は当事者の意思を尊重した制度であり、利益を享受する意思を明らかにするために援用が必要であると解することになる。判例・通説は実体法説の停止条件説であるから、これによれば、時効は、利益享受の意思表示である援用を停止条件として効果が発生する。

(2) 援用権者

　時効は当事者が援用することができる（新 145 条）。当事者とは、古くから、「時効によって直接利益を受ける者」と解されている（大判明治 43・1・25 民録 16 輯 22 頁・ハンドブック 114）。学説は、直接か否かでなく、「時効により権利を取得しまたは義務を免れる者」とか、「援用を認めないと自己の利益が損なわれる者」などとして、判例よりも具体化しようとしている。しかしいずれにせよ、援用権者の範囲は次第に拡張されている。

①援用権者と認められている者

　債務者、連帯債務者は、債権債務の当事者なので当然、援用権者である。しかしそれ以外の者でも、改正前の判例では、保証人（大判大正 4・12・11 民録 21 輯 2051 頁など）、連帯保証人（大判昭和 7・6・21 民集 11 巻 1186 頁・ハンドブック 115）、物上保証人（最判昭和 42・10・27 民集 21 巻 8 号 2110 頁・ハンドブック 117〔譲渡担保設定者〕、最判昭和 43・9・26 民集 22 巻 9 号 2002 頁・ハンドブック 118〔抵当権設定者〕）、担保不動産の第三取得者（最判昭和 48・12・14 民集 27 巻 11 号 1586 頁・ハンドブック 120〔抵当権〕、最判昭和 60・11・26 民集 39 巻 7 号 1701 頁・ハンドブック 121〔仮登記担保〕）も主債務の消滅時効を援用できると解されていた。また、売買予約の仮登記がなされている

不動産の第三取得者は、買主の予約完結権の消滅時効を援用できる（最判平成4・3・19民集46巻3号222頁・ハンドブック123）。詐害行為取消権（新424条）が行使された場合の受益者（相手方）も取消債権者の債権の消滅時効を援用できると解されていた（最判平成10・6・22民集52巻4号1195頁・ハンドブック133）。民法改正では、「直接の利益」の不明瞭性を解消しつつ、このような判例を踏まえて、消滅時効に関しては、「保証人、物上保証人、第三取得者その他権利の消滅について正当な利益を有する者」を含むと明文で規定された（新145条括弧書）。取得時効に関しては、援用権者の範囲は、改正後も解釈に委ねられている。

②**援用権者と認められていない者**

　債務者の一般債権者（債権を有するが優先弁済権を有していない者）は援用権者ではない（大決昭和12・6・30民集16巻1037頁）。他の債務が時効消滅すればその分だけ自己が弁済を受ける可能性が一般的に高まるが、確実なものではないからである。また、複数の抵当権が設定されている場合の後順位抵当権者は、先順位の抵当権者の被担保債権の消滅時効を援用することはできない（最判平成11・10・21民集53巻7号1190頁・百選I-42・ハンドブック124）。先順位抵当権の消滅により後順位抵当権者の順位が上昇するが、それは反射的利益にすぎないからである（学説には反対説もある〔大村、四宮・能見〕）。なお、賃借している建物の敷地賃借人（建物賃貸人）による敷地所有権の時効取得について建物賃借人は援用できないというのが判例である（最判昭和44・7・15民集23巻8号1520頁・ハンドブック119）。しかし学説は、今日では債権者代位権（新423条）を使って援用権者の援用権を代位行使することが認められているので（前掲の最判昭和43・9・26は抵当権設定者の債権者による援用の事例であった）、ここでも建物賃借人が代位権を利用すれば自分で援用したのと同じことになるとして、判例に反対している（近江、河上）。

(3) 援用の場所・時期・撤回

　①援用の場所は、裁判外でもよい（実体法説による）。②援用の時期は、訴訟の場合には、事実審（通常、控訴審）の口頭弁論終結時までになされればよいと解されている。③援用の撤回は、訴訟法説からすれば証拠提出の

第 19 章 ◆ 時効／時効の利益の放棄

取下げにすぎず当然可能であるが、実体法説では当然とはいえない。援用により効果が確定するので撤回は認められないとする説（近江）と、当事者の意思を尊重し撤回も認められるとする説（平野）とに分かれている。理論的には前者のようになろうが、これを認めても相手方の利益を損なうわけでもなく、後者のほうが実際的であろう。

(4) 援用の効果の及ぶ範囲

　援用権者が複数存在する場合、そのうちの一人が援用しても他の者には影響しないと解されている（援用の相対効という）。実体法説は、利益享受の意思表示であるからその者に対してだけ効果が生じると説明する。訴訟法説によれば、自己が当事者となっている訴訟でしか効果がないからということになろう。これにより時効の効果も相対的になるので、他人の物を占有していた者が死亡し、数人の相続人のうち一人が取得時効を援用した場合には、その者が相続した部分についてのみ時効の効果が生じる（大判大正 8・6・24 民録 25 輯 1095 頁、最判平成 13・7・10 判時 1766 号 42 頁・ハンドブック 125）。しかし、遺産分割の結果一人の者が相続すれば、全部について時効の効果が生じることになろう。

5　時効の利益の放棄

・時効の利益は、時効の完成前に放棄することができない。
・放棄の効果は、援用と同様、相対的であると解されている。
・時効完成を知らずに債務を承認した場合には、承認は時効の援用と相容れない行為（矛盾行為）であり、信義則上援用できないと解すべきである。

◆ 条 文 ◆
(1) 意義

　時効の利益は、時効の完成前に放棄することができない（民 146 条）。時効完成前の放棄を認めると、実際上、債権者が自己の有利な立場を利用して、債務者にあらかじめ時効の利益を放棄させるような場合が出てきて時

397

効制度の意味がなくなるとして、禁止されているのである（ただし更新事由としての債務の承認にはなりうる）。この趣旨から、時効期間を伸長する特約や、時効の要件を加重する特約も無効と解されている（民146条類推適用）。また、民法146条の反対解釈として、時効完成後の放棄は認めてよく、これと同様に、時効期間を短縮する特約や時効の要件を緩和する特約も有効であると解されている（ただし消費者契約で事業者の責任を軽減する特約であれば、消費者契約法10条の不当条項として無効になりうる）。しかし、このような形式的な区分は、不利益を強いられることがあるという制度趣旨に必ずしも合致していない。民法改正の対象にはならなかったが、立法論としては、当事者の合意を尊重しつつ、合意の形成過程や内容に応じて効力を判断する方法もありうる。

(2) 方法・効果

放棄の方法は、相手方に対する意思表示で行う。単独行為であり、相手方の承諾は必要ない。具体的には、時効完成後であることを知って債務を承認するなどが一般的である。

放棄の効果は、援用と同様、相対的であると解されている（大判昭和6・6・4民集10巻401頁、最判昭和42・10・27民集21巻8号2110頁・ハンドブック117）。なお、放棄後に再び新たな時効が完成した場合に援用できるか否かについては、学説上議論が分かれている（否定説として、近江）。放棄は当該時効の完成に関するものであり、放棄の時点から新たに時効が進行すると解すれば、援用できることになろう。

◆ 解 釈 ◆
時効完成後の承認

時効完成後、完成に気づかないまま債務を承認した場合、時効の利益を放棄したことになるか。この問題については、解釈に紆余曲折がある。

①古くは、放棄は意思表示である以上、時効完成を知ってなされなければならないとして、放棄したことにならないと解されていた（大判明治44・10・10民録17輯552頁、大判大正3・4・25民録20輯342頁）。②しかしそれでは、事実上すべての場合に放棄に当たらないこととなり、債権者の信頼が損なわれる。そこで、時効完成後の承認は、完成を知っていたと推定さ

398

第 19 章 ◆ 時効／時効の遡及効

れるようになった（大判大正 6・2・19 民録 23 輯 311 頁、最判昭和 35・6・23 民集 14 巻 8 号 1498 頁）。③しかし、完成を知っていたのならば承認しないのが普通であり、このような推定は経験則に反する。そこでついには、時効完成を知らなくとも、信義則上もはや援用することはできないと解されるにいたった（最大判昭和 41・4・20 民集 20 巻 4 号 702 頁・百選 I -43・ハンドブック 126）。

　このような結論は妥当であるが、学説は、その意味をどのように理解するかで分かれている。従来の通説は、時効完成後の承認は放棄になると解してきた。しかし、上記判例の趣旨は、承認は時効の援用と「相容れない行為（矛盾行為）」であるから認められないというものであり、放棄ではなく、時効援用権の行使が信義則上制限されると解すべきである（潮見など現在の通説）。したがってまた、再度時効が完成したときは、放棄により時効を援用できなくなるか否かにかかわりなく、時効を援用できると解すべきである（最判昭和 45・5・21 民集 24 巻 5 号 393 頁・ハンドブック 127）。

6　時効の遡及効

・時効の効果は、原則として、時効の起算日に遡って生じる。

◆ 条 文 ◆

(1) 原則

　時効が完成し、援用があると、時効の効果（実体法説によれば権利の取得または権利の消滅、訴訟法説によれば権利関係の確定）が発生する。その効果は、時効の起算日に遡って生じる（民 144 条）。時効完成時点でもなく、援用時点でもない。したがって、取得時効では、占有開始時点から権利者であったことになり、時効期間中に生じた果実を元の権利者に返還する必要はないし、他に処分していてもその処分は有効である。また、消滅時効では、はじめから権利がなかったことになり、債権の場合、時効期間中の利息や遅延損害金を支払う必要はない（大判大正 9・5・25 民録 26 輯 759 頁）。

399

(2) 例外

　時効によって消滅した債権でも、その消滅以前に相殺に適する状態になっていた場合には、債権者は相殺をすることができる（民508条）。これは、時効の遡及効の例外であるが、内容は債権法に委ねる。

7　取得時効の意義・機能

> ・取得時効とは、一定期間継続して、他人の物を占有し続けた場合、または他人の権利を行使し続けた場合に、所有権または権利を取得させる制度である。
> ・物の占有者は、権利者であると推定されるが、不動産については登記の推定力が優先するので、積極的に時効取得を主張しなければならなくなる。

◆ 条 文 ◆

(1) 意義

　取得時効とは、一定期間継続して、所有の意思をもって他人の物を占有し続けた場合、または自己のためにする意思をもって他人の権利を行使し続けた場合に、所有権または権利を取得させる制度である（民162条、民163条）。元の権利者は、反射的に所有権または権利を失う。占有とは、物を事実上支配することであり、他人（被用者、賃借人、倉庫など）を通じて間接的に占有していてもよい（民181条〔代理占有という〕）。

(2) 機能

　ある物を占有している者は、その物の権利を有すると推定されるので（民188条）、最初から時効取得を主張する必要はなく、占有に異議を唱える者の立証によって推定が崩された場合にはじめて時効を主張すればよい。しかし不動産については登記があり、登記名義人と占有者とが異なる場合には、登記の推定力のほうが優先すると解されているので（最判昭和46・6・29判時635号110頁）、占有者は、自ら積極的に時効取得を主張しなければならなくなる。このため、取得時効はとくに不動産について問題になる。

400

第 19 章 ◆ 時効／所有権の取得時効

8 所有権の取得時効

・所有権の取得時効の要件は、条文上、①所有の意思をもって、②平穏かつ公然と、③他人の物を、④10 年間または 20 年間占有し、⑤10 年間の時効取得についてはさらに占有開始時に善意・無過失であったことである。

・しかし、①②は、占有の効果として推定され、主張・立証責任が相手方に転換されている。また③は、自己の物の時効取得も認められるので、要件ではないと解されている。

・占有の継続が途切れれば、時効は中断する（自然中断）。

◆ 条 文 ◆

(1) 条文上の要件

民法 162 条によれば、所有権の取得時効の要件は、「所有の意思」をもって、「平穏かつ公然」と、「他人の物」を、「10 年間または 20 年間」占有することであり、10 年間の時効取得についてはさらに「占有開始時に善意・無過失」であったことである。

(2) 実際上の要件

しかし、後の解釈で述べるように、これらのうちいくつかは占有の効果として推定され、主張・立証責任が相手方に転換されているので、時効取得を主張する者が主張・立証しなければならない要件は、実際には、①ある時点での占有および 10 年または 20 年経過時点での占有、②時効の援用（民 145 条）、③占有開始時に無過失であったこと（民 162 条 2 項の 10 年間の取得時効の場合）のみである。

これに対して、相手方が主張できる抗弁は、①所有の意思がない占有（他主占有という）であること、②悪意であること（10 年の取得時効の場合）が取得時効に特有のものであり、そのほかに、③占有開始時点が異なること、④時効障害（完成猶予、更新）があること、⑤時効の利益の放棄があったこと（民 146 条）も主張できる。しかし、①の他主占有が相手方によって立証されても、時効取得を主張する者は、新権原による占有であること

401

（民 185 条）を再抗弁として提出することができる（予備的請求原因としても
よい）。

◆ 解 釈 ◆

(1) 自主占有

①意義

　所有権を時効取得するためには、所有の意思をもった占有でなければな
らない（自主占有という）。これに対して、賃借人や受寄者（倉庫など）の占
有は所有の意思がない占有である（他主占有という）。占有は自主占有であ
ると推定されるので（民 186 条 1 項）、これに異議を唱える相手方が他主占
有であることを主張・立証しなければならない（最判昭和 54・7・31 判時 942
号 39 頁）。

②判断基準

　自主占有における所有の意思は、占有者の主観によるのではなく、占有
を生じさせた原因に基づいて外形的・客観的に判断される（最判昭和 45・
6・18 判時 600 号 83 頁）。したがって、たとえ賃借人が心の中でいずれ自分
のものにするつもりでいたとしても、賃借人である以上、他主占有である。
これに対して不法占拠者の占有は、自己のものにするつもりで占拠してい
れば自主占有である。

　他主占有であるというためには、(i)他主占有権原に基づく占有であるこ
と（賃貸借など）、または(ii)他主占有であることを示す事情（他主占有事情）
があることを証明しなければならない。(ii)については、占有者が所有者で
あれば通常とらないような態度を示し、または所有者であれば当然とるべ
き行動をしなかったことなど、外形的・客観的にみて占有者が他人の占有
を排して占有する意思を有していなかったと解される事情がある場合には、
自主占有にならない（最判昭和 58・3・24 民集 37 巻 2 号 131 頁）。しかし、登
記をしておらず固定資産税も支払っていなかった場合でも、他主占有事情
があったとされるとは限らない（最判平成 7・12・15 民集 49 巻 10 号 3088 頁）。

③自主占有への転換

　他主占有であることが証明されても、例外的に、時効取得を主張する者

402

第19章 ◆ 時効／所有権の取得時効

は、他主占有が自主占有に転換していることを主張することができる（民185条）。自主占有への転換は、(i)自己に占有をさせた者に対して所有の意思があることを表示した場合、または(ii)新たな権原により所有の意思をもって占有を開始した場合に認められる。(i)は賃借人が賃貸人である所有者に対して今後は賃料を支払わないと宣言し、所有者もそれを容認していたような場合であり、(ii)は賃借人が賃貸人から賃借物を買い取ったが、実際には賃貸人が所有者ではなかったような場合である。これらの場合には、自主占有であるという推定は働かないので、転換を主張する者がその主張・立証責任を負う（最判平成8・11・12民集50巻11号2591頁・百選I-67）。決定的ではないが、登記、固定資産税の支払い、管理状況などが判断の目安になるであろう。

判例は、事情により相続も新権原となりうるとしている（最判昭和46・11・30民集25巻8号1437頁〔ただし否定例〕）。学説では、相続のような包括承継は新権原にあたらないが、相続人独自の占有を考えることができるという意味に解すべきだという見解が多い（内田、加藤）。最近では判例でも、そのように解することができるものが現れている（前掲、最判平成8・11・12）。

(2) 平穏かつ公然

占有は平穏かつ公然としたものでなければならない。平穏とは暴力的でないという意味であり、公然とは隠さずという意味である。取引による占有である必要はない。しかし、これらはいずれも推定される（民186条1項）。

(3) 他人の物
①動産

民法162条によれば、時効取得の対象は他人の物である。不動産だけでなく動産も含まれる。取引行為によって動産の占有を取得した場合には民法192条の即時取得の適用があるが、事実行為によって占有を取得した場合には同条の適用がないので、取得時効を問題にする実益がある（ただし実際には、動産の占有者は権利者であると推定されるので、時効はほとんど問題にならないであろう）。

403

②公物

　公物（道路や河川敷などの公共用物、および官公庁の敷地・建物などの公用物）も対象となるか。公有水面（海など）はそもそも私権の対象にならないが、公物は公用廃止後には私権の設定が可能になる。そこで判例は、公用廃止後の占有であれば取得時効の対象となるとしており、公用廃止は明示でなくとも黙示（事実上の廃止）でもよいとしている（最判昭和 44・5・22 民集 23 巻 6 号 993 頁〔公園予定地〕、最判昭和 51・12・24 民集 30 巻 11 号 1104 頁〔公図上は水路の田〕、最判平成 17・12・16 民集 59 巻 10 号 2931 頁〔竣功認可を受けていない埋立地〕）。学説では、公物か否かは民法上無関係であるとして、完全に取得時効を認める少数説もある。

③自己の物

　条文上は「他人」の物と規定されているが、自己の物を時効取得できるかという問題がある。これは二つの場合に分けて議論するのが一般的である。

(a)契約当事者間の場合

　たとえば、A が B に不動産を売却し、B が引渡しを受けたが、登記が移転されないまま 10 年経過したとする。この場合、AB 間の債権は消滅時効にかかるので（新 166 条 1 項 2 号）、A は B に代金支払いを請求できず、B は A に移転登記を請求できなくなる。しかし、不動産の占有と登記の分離を放置しておくことは妥当でない。そこで判例は、B が購入して自己の所有となっている物について時効取得することを認め、A に対する登記請求を認めている（最判昭和 44・12・18 民集 23 巻 12 号 2467 頁・ハンドブック 143）。この結論について、学説上は、実体法説では永続した事実状態の尊重として、訴訟法説では所有権の証明方法の一つとしていずれも肯定する見解が多い。しかし、売買契約があるのに代金未払いの場合に公平を欠くとして、契約の無効・不存在が争われている場合や、購入した物に他人性がある場合（抵当権や仮登記が付いているなど）のみ認めるべきであるとする見解もある（河上）。この問題については、問題の実体に即して、不動産の占有と登記との分離を避けるために便宜的に登記請求が認められるというほかないように思われる。

(b)二重譲渡の場合

　たとえば、Aが不動産をBとCに二重譲渡し、Bが引渡しを受けたが、Cが登記を備えたとする。この場合、民法177条によれば、Cの所有権取得が優先し、CはBに対して明渡しを請求することができる。これに対してBは時効取得を主張できるであろうか。判例（最判昭和42・7・21民集21巻6号1643頁・百選I-45・ハンドブック141）・多数説は、民法162条で他人の物と規定されているのは、通常は自己の物については時効取得が問題にならないからであって、自己の物の時効取得を否定する趣旨ではないとする。しかし、二重譲渡は民法177条によって解決するというのが民法の考え方であり、時効取得を認めることはその潜脱になるとして時効取得を否定する説も有力である（Cの登記後にBがさらに時効期間を経過して占有した場合には時効取得の主張を認める）。ただし、判例のように解するときでも、当然に時効取得した者が優先するとはいえない。後述の◆発展問題◆に関連するが、判例によれば、Bの時効完成前にCが登記していた場合にはBが優先するが、Bの時効完成後にCが登記をした場合には民法177条によってCが優先するということになる。

　以上のように、判例・多数説は、民法162条の文言にかかわらず、他人の物であることを要求していない。そこで、取得時効では他人の物であることを確定する必要はないとされているのである（最判昭和46・11・25判時654号51頁）。

(4) 占有の継続

①占有期間

　時効完成に必要な占有期間は、占有開始時点で善意・無過失のときは10年間（民162条2項〔短期取得時効〕）、悪意または過失があるときは20年間（民162条1項〔長期取得時効〕）である。このように長期・短期に分かれていることにつき、学説では、短期は取引があったがそれが無効・取消しされたとか登記を備えなかったという場合を予定し、長期は取引外で長年占有している場合を予定している、という説明をする見解もある（平野、山本参照）。しかし、条文の解釈上、このように適用範囲を明確に二分することは困難であろう。

　短期の場合の善意とは、通常の用法（知らないこと）と異なり、所有者だ

と信じていることである。他の権利が付いていることを知っていてもかまわない（大判大正 9・7・16 民録 26 輯 1108 頁、最判昭和 43・12・24 民集 22 巻 13 号 3366 頁）。もっとも、善意は推定されるので（民 186 条 1 項）、相手方が悪意を立証しなければならない。悪意とは、善意の裏返しなので、ここでは、所有権がないことを知っていることだけでなく、所有権の有無を疑っていることも含まれる。

これに対して、無過失は時効取得を主張する者が自ら主張・立証しなければならない（最判昭和 46・11・11 判時 654 号 52 頁・ハンドブック 145）。登記を確認しなかったことだけでは過失があったとされるとは限らない（最判昭和 43・3・1 民集 22 巻 3 号 491 頁・ハンドブック 142〔過失あり〕、最判昭和 52・3・31 判時 855 号 57 頁〔過失なし〕）。

②占有の継続

占有期間中すべて占有が継続していたことを立証する必要はなく、ある時点での占有と 10 年または 20 年経過時点での占有を立証すれば、占有はその間継続したものと推定される（民 186 条 2 項）。したがって、占有者が任意に占有を中止したり、他人に占有を奪われたりして占有が途切れていること（民 164 条〔自然中断という〕）は、相手方において主張・立証しなければならない。ただし、他人に占有を奪われた場合については、占有回収の訴え（民 200 条）を提起して占有を回復すれば、占有は継続していたものとされる（民 203 条ただし書）。

③起算点

占有期間の起算点は、占有開始の時であり（通常は初日不算入により翌日から起算）、たとえ法定の占有期間を超える期間占有していても、起算点を自由に選択することはできないと解されている（最判昭和 35・7・27 民集 14 巻 10 号 1871 頁、最判昭和 46・11・5 民集 25 巻 8 号 1087 頁・百選 I -57）。ただし、起算点を主張・立証することは取得時効の要件ではないので、起算点が異なることは、相手方の抗弁になる。このように解することは、時効により実際に権利変動が生じると解する実体法説に適合的であるが、訴訟法説からすれば、当事者が自己に有利な証拠を提出するのは当然であり、起算点は選択できると解することにつながりやすい。この違いは、後述の◆

第 19 章 ◆ 時効／所有権の取得時効

発展問題◆で大きな意味を有することになる。

④占有の承継

　前主の占有を受け継いだ場合には、その者の占有を合算して主張することができる（民187条1項）。前主が複数存在する場合には、どの時点の前主から合算してもよい（大判大正6・11・8民録23輯1772頁）。しかし、合算する場合には瑕疵（不利な事情）もまた承継する（民187条2項）。たとえば、前主が悪意の場合には、全体として悪意占有になる。しかし、時効の場合に特に注意が必要なのは、善意・無過失は占有開始時点で判断されるということである（民162条2項の文言参照）。そこで判例は、占有開始時に善意であれば、後に悪意になった場合でも短期取得時効が成立するとし（大判明治44・4・7民録17輯187頁）、占有を合算する場合でも、たとえば、A善意、B悪意、C善意で、CがABCの占有を合算して主張する場合には、時効期間は10年でよいとしている（最判昭和53・3・6民集32巻2号135頁・百選I-46）。学説では、期間の合算以上に過剰な保護を与える必要はないとしてこれに反対する見解も有力である（内田、平野）。しかし、時効が成立しなかった場合に善意・悪意の占有者間での後始末が複雑になることを考えると、善意者をダミーとして使ったような場合を除き、占有開始時点で判断するほうが妥当であろう。

(5) 時効取得の効果

　時効による所有権の取得は、原始取得であると解されている（最判昭和50・9・25民集29巻8号1320頁・ハンドブック146）。この反射的効果として前所有者の所有権は消滅する（しかし不動産登記は移転登記によっている）。したがって、目的物に付けられていた負担（抵当権など）も、原則として消滅する。ただし、負担を容認して占有していた場合には、負担付のままで取得する（前掲、大判大正9・7・16〔土地抵当権を被相続人が設定し、相続人も知っていた事例〕）。なお、土地の一部でも時効取得しうる（大連判大正13・10・7民集3巻509頁、最判昭和30・6・24民集9巻7号919頁）。また、農地の所有権移転には農業委員会の許可が必要だが（農地3条）、時効取得するには許可は必要ない（前掲、最判昭和50・9・25）。

　所有権取得の効果は起算日に遡るので（民144条）、占有期間中の果実

407

（天然果実および賃料などの法定果実）については収取権があったことになり、占有期間中の処分も有効であったことになる。

◆ 発 展 問 題 ◆
取得時効と登記

　たとえば、A 所有の土地を B が占有していたが、A が C にこの土地を譲渡して、C が登記を備えたとする。C が B に対して土地の明渡しを請求したところ、B が取得時効を援用した場合、B と C のいずれが優先するであろうか。B が時効取得したことを A に主張するには登記は必要ない（大判大正 7・3・2 民録 24 輯 423 頁・ハンドブック 138）。しかし、第三者である C との関係はどうなるのかが問題になる。

　判例は、取消しの場合に取消しと第三者の出現の先後で法律構成を区別するのと同様、ここでも時効完成と譲渡の先後によって法律構成を区別している（物権変動時期区別説）。すなわち、① B の時効完成前に第三者 C が A から譲渡を受けた場合には、時効の完成・援用によって B ははじめから所有者であったことになり、C への譲渡は無権利者によるものであったことになるので、C が登記を備えていても B が時効取得を主張できる（最判昭和 41・11・22 民集 20 巻 9 号 1901 頁・ハンドブック 140）。これに対して、② B の時効完成後に C が譲渡を受けた場合には、B の時効完成・援用によって、A から B、A から C へと二重譲渡がなされたのと同様の関係が生じると構成し、民法 177 条により登記を備えた C を優先させる（大連判大正 14・7・8 民集 4 巻 412 頁・ハンドブック 139、最判昭和 33・8・28 民集 12 巻 12 号 1936 頁）。このような二つの場合の区別は、前述したように、時効の起算点は選択できないという解釈によって支えられている。ただし、②の場合であっても、C が登記を備えた後に B がさらに時効取得に必要な期間占有を継続すれば、登記なくして時効取得を主張でき（最判昭和 36・7・20 民集 15 巻 7 号 1903 頁。ただし抵当権の譲受人が相手である場合にこれを否定した例として、最判平成 15・10・31 判時 1846 号 7 頁・ハンドブック 147）、また、C が背信的悪意者（単なる悪意者ではなく、時効取得者の存在を知りながら信義則に反する手段・目的で取得した者）であるときは、B は登記なくして時効取得を主張できる（最判平成 18・1・17 民集 60 巻 1 号 27 頁・百選 I -60）。

　これに対して学説は、(a)判例に賛成する見解、(b)時効に登記は無縁であ

り、常にBが優先すると解する見解（無権利説）、(c)原則としてBが優先するが、BがA名義の登記を放置していたときはCに民法94条2項が類推適用されると解する見解（民法94条2項類推適用説）、(d)時効期間を援用時から逆算すれば、Cはすべて時効完成前に譲渡を受けたことになると解する見解（逆算説）、(e)時効完成の前後ではなく、紛争類型によって区別すべきであり、土地の境界紛争では占有者に登記をすることを期待できないので時効取得を優先させ、二重譲渡で劣後する者が時効を援用する紛争ではもっぱら民法177条によって処理し、取引があったがそれが無効とされたために時効を援用する紛争では判例のように場合分けをするといった見解（類型説）など種々の見解が主張されている。

これは、時効制度の存在理由にまで遡る対立であるとともに、取消しと登記などの問題と連動して考えなければならない問題である（これ以上は物権法参照）。

9　所有権以外の財産権の取得時効

・所有権以外の財産権も取得時効の対象となる。
・ただし、地役権は、継続的に行使され、かつ、外形上認識できるものに限って時効取得できる。
・不動産賃借権も取得時効の対象となるが、目的物の継続使用という外形的事実の存在だけでなく、賃借意思の客観的表現（賃料支払いなど）が必要であると解されている。

◆ 条 文 ◆

(1) 要件

所有権以外の財産権も、自己のためにする意思をもって平穏かつ公然と権利を行使することによって取得時効の対象となる（民163条）。たとえば、地上権（民265条）、質権（民342条）、漁業権など特別法上の準物権、知的財産権などが対象となる。期間は、所有権の場合と同様、善意・無過失の場合には10年、悪意または有過失の場合には20年である。

権利の行使とは、占有を内容とする権利（地上権など）では占有であり、

409

その他の権利では準占有（その権利の行使）（民205条）である。

(2) 地役権の時効取得

　地役権（民280条）は、自己の土地の便益のために他人の土地を利用する権利であるが、特別規定がある（民283条）。それによれば、地役権は、継続的に行使され、かつ、外形上認識できるものに限って時効取得できる。具体的には、地役権で一般的な通行地役権でいえば、通路を自ら開設していることが必要であると解されている（最判昭和30・12・26民集9巻14号2097頁、最判昭和33・2・14民集12巻2号268頁）。

◆　解　釈　◆

(1) 対象とならない権利

　対象となる権利は財産権に限られ、身分権（扶養を受ける権利など）は対象外である。財産権でも、一定の法律上の条件を充たさないと発生しない権利（留置権、先取特権）も対象外である。また、形成権（取消権や解除権）は一回きりの行使で消滅し、金銭債権は一回きりの給付を目的としているので、いずれも権利の継続的支配ということがなく、対象外である。抵当権については、目的物の占有がないとして否定する説が多いが（近江、加藤、四宮・能見）、抵当権の存在自体が権利の継続的行使に当たるとして肯定する説、抵当権設定行為の瑕疵の問題であるとして否定する説（河上）もある。実例は乏しいであろうが、最後の説が実体に即しており妥当であろう。

(2) 不動産賃借権の時効取得

　不動産賃借権（新601条）もまた、取得時効の対象となると解することに問題はない。ただし、所有者が他人によって占有されていることを認識でき、時効の完成を阻止できる状態になければ不合理なので、時効取得のためには、目的物の継続使用という外形的な事実の存在だけでなく、賃借意思の客観的表現（無権利者に賃料を支払っていたなど）が必要であると解されている（最判昭和43・10・8民集22巻10号2145頁・ハンドブック149）。具体的には、賃借人が賃借土地の範囲を越える部分を占有していた場合（上記の昭和43年判決）、無断転貸借で占有し賃貸借が解除された場合（最判昭和44・7・8民集23巻8号1374頁）、賃貸借契約に基づき占有していたが契約が

無効であった場合（最判昭和 45・12・15 民集 24 巻 13 号 2051 頁）、賃貸人が無
権利者であった場合（最判昭和 62・6・5 判時 1260 号 7 頁・百選 I -47）など多
数の例がある。農地賃借権も対象となり、この場合には農地法の許可があ
ることは必要ないと解されている（最判平成 16・7・13 判時 1871 号 76 頁）。

　しかし、これらのように、賃借権が存在していたがその効力が否定され
たような場合が問題になるとすれば、取得時効ではなく、賃貸人の黙示の
同意・承認があったといえるか否かという問題として処理することが可能
な場合も多いと思われる。

10　消滅時効の意義

> ・消滅時効とは、権利者がその権利を行使できるにもかかわらず、一
> 　定期間権利を行使しないことにより、権利を消滅させる制度である。
> ・債権では、権利不行使の状態が生じやすいので、消滅時効が問題と
> 　なりやすい。
> ・時効期間については、従来、債権の種類に応じて多くの規定があっ
> 　たが、民法改正により、統一化がはかられた。
> ・債権の消滅時効の起算点は、民法改正により、主観的起算点と客観
> 　的起算点の二元的な構成が採用された。

◆ 条 文 ◆

(1) 意義・機能

　消滅時効とは、権利者がその権利を行使できるにもかかわらず、一定期
間権利を行使しないことにより、権利を消滅させる制度である（新 166 条
以下）。時効制度の存在理由の中でも、とくに、長い期間権利が行使されな
いことによる証拠の散逸から義務者を保護するという理由がよくあてはま
る。長期間の権利不行使という状況は、物の利用という外形的な事実を伴
わない権利である債権についてとくに問題となりやすい。したがって、消
滅時効は、法律行為や法律の規定によって発生している債権関係に基づく
請求が債権者によってなされた場合に、債務者の抗弁として機能すること
が多い。民法改正に際しては、このような債権の消滅時効の機能から、消

411

減時効では債権が消滅するのではなく、債務の履行を請求できないだけである（履行拒絶）とする案も示されたが、時効制度全体への影響が大きいことなどから、採用されなかった。以下では、とくに断らない限り、債権の消滅時効を念頭に説明することにする。

(2) 要件

たとえば、債権者が貸金返還請求をした場合に、債務者が消滅時効の抗弁を出すためには、以下の要件を主張・立証しなければならない。①債権者が権利を行使できることを知った時期または権利を行使することができる時期が到来したこと（新166条1項）、②その時期から時効期間を経過したこと（同）、③時効の援用をしたこと（新145条）。

しかし、①のうち権利の行使は、貸金の返還請求をする債権者が請求原因の中で示すので、それで足りることになる。また、③は時効に共通する要件である。したがって、とくに消滅時効で問題になるのは、②の時効期間と、①のうちの起算点である。これについて、民法典では、権利の種類に応じて、民法総則以外にも数多くの規定が設けられている（民396条、新426条、新724条、新724条の2、民1042条など）。また、民法典以外でも多くの規定がある（製造物責任5条、消費者契約7条など）。

(3) 効果

消滅時効の効果は、実体法説に従えば、権利の消滅である（新166条など）。消滅の効果は起算日に遡る（民144条）。したがって、債権の場合、起算日以降の利息や遅延利息を支払う必要はない。しかし、時効によって消滅した債権でも、その消滅前に相殺に適する状態になっていた場合には、債権者は相殺の抗弁を提出することができる（民508条）。これは時効の遡及効の例外となる。ただし、後述する抗弁権の永久性の理論によると、これは例外ではなく、当然のことだとされる（◆発展問題◆参照）。

11　消滅時効の対象となる権利

・消滅時効の対象となる権利は、債権、および所有権以外の財産権である。

> ・所有権および所有権から派生する権利は、消滅時効にかからない。
> ・抵当権は、債務者および抵当権設定者に対しては、被担保債権と同
> 時でなければ消滅しない。

◆ 条 文 ◆

(1) 対象となる権利

　消滅時効の対象となる権利は、「債権」と「所有権以外の財産権」である（新166条1項、2項）。この反対解釈として、所有権、身分権（家族としての地位に基づく権利）、人格権は消滅時効の対象とならない。

(2) 対象とならない権利

①所有権

　所有権が消滅時効にかからないのは、近代法の基本原則である所有権絶対の原則の現れである。したがって、所有者は、たとえ長期間所有物を利用していなくとも、それによって所有権を失うことはない。ただし、その物の占有者が取得時効により所有権を取得すると、その反射的効果として所有者は所有権を失う。また、所有権に基づく物権的請求権も、所有権から派生する権利であり、所有権と切り離して処分できないので、消滅時効にかからないと解されている（大判大正5・6・23民録22輯1161頁、大判大正11・8・21民集1巻493頁）。所有権に基づく登記請求権も同様である（最判平成7・6・9判時1539号68頁・ハンドブック157）。また、土地の相隣関係（民209条以下）や共有関係（民249条以下）に基づく権利（民209条、民256条など）も所有権から派生する権利であり、消滅時効にかからない。

②その他の権利

　以下の権利は、条文はないが権利の性質上、消滅時効の対象とならない。すなわち、占有権（民180条）は、占有という事実がありさえすれば認められ、占有がなくなれば認められないので、権利が不行使のまま存在するということはなく、消滅時効には無関係である。また、留置権（民295条）および先取特権（民303条以下）は、法定担保物権であり、一定の事実関係ないし法律関係がある場合に法の定めにしたがって発生し、そのような関係

413

がなくなれば当然に消滅するので、消滅時効には無関係である。

◆ 解　釈 ◆

(1) 民法 396 条の意味

　抵当権は、債務者および抵当権設定者に対しては、被担保債権と同時でなければ消滅しない（民 396 条。質権についても類推適用してよい）。したがって、これらの者との関係では、抵当権は、被担保債権が存続している限り存続し、独立して消滅時効にかからない。被担保債権が消滅した場合に、担保物権の附従性によって消滅するのみである。

　それでは、それ以外の者（目的物の第三取得者、後順位抵当権者など）との関係ではどうなるか。判例・通説は、民法 396 条の反対解釈により、このような者との関係では抵当権は独立して消滅時効にかかり、新 166 条 2 項の主張が可能であるとしている（大判昭和 15・11・26 民集 19 巻 2100 頁）。しかし、近年の学説では、このような者との関係については、民法 397 条により、それらの者が抵当不動産について取得時効に必要な要件を具備する占有をしたときにのみ抵当権は消滅すると解する説が有力である（潮見）。

(2) 民法 397 条との関係

　上記の議論は民法 397 条の理解の違いに関係がある。判例は、同条は抵当不動産の所有権の時効取得に関する規定であり、債務者または抵当権設定者以外の者が抵当不動産の所有権を時効取得したときは、抵当権は消滅すると解している。したがって、たとえ抵当権の存在につき悪意でも所有権につき善意・無過失であれば、民法 162 条 2 項により 10 年で抵当権の負担のない所有権を時効取得する（最判昭和 43・12・24 民集 22 巻 13 号 3366頁）。しかし、これに反対する学説は、民法 397 条は抵当権の消滅に関する特別な規定であって、所有権に無関係であり、たとえ所有権の存在につき善意・無過失であっても、抵当権につき悪意であれば、10 年では抵当権付の所有権を時効取得するだけであると解している（潮見）。これによれば、抵当権の消滅についてはもっぱら民法 397 条だけが問題になる。

414

第 19 章 ◆ 時効／消滅時効の対象となる権利

◆ 発 展 問 題 ◆

抗弁権の永久性の理論

抗弁権というのは、相手方の請求権の存在を前提としたうえで、それを阻止することができる権利のことをいう。このうち、①相手方の請求に対する抗弁としてしか主張できない権利（履行拒絶権。たとえば、保証人の催告・検索の抗弁権〔民 452 条・453 条〕、双務契約の同時履行の抗弁権〔新 533条〕）は、履行請求権と切り離して存在し得ないので、それだけが消滅時効にかかることはなく、履行請求権が消滅したときに消滅すると解されている。

これと異なり、②形成権（権利者の意思表示のみで一定の法律関係を形成させる権利、たとえば取消権、解除権）が抗弁的に主張される場合には、履行請求権とは別個の存在であるため、その期間制限をどう考えるかが問題になる。たとえば、A が B の詐欺により不動産を B に売却したが、その後 Bが何も言ってこないので、詐欺であることを知りながら 5 年以上放置していたところ、その後に B が A に対して移転登記と引渡しを請求してきたという場合、A は取消権を行使できるであろうか。

民法 126 条によれば、取消権は追認することができる時から 5 年間で時効消滅する。しかし、このような場合でも、B からの履行請求に対する抗弁としてなら取消権を主張させてよいとする理論がある（抗弁権の永久性の理論）。それによれば、相手方から請求がないのに積極的な取消権行使を期待することは実際上無理なので、請求と抗弁権とは一体的に処理するほうが妥当であり、また、そのほうが時効制度の存在理由の一つである永続する事実状態の保護（請求がなされていないという事実状態）に適うとする。

しかし、多数説はこのような理論に慎重であり、これによった判例もない。自ら積極的に権利を行使しなかった者まで保護する必要があるのかは疑問であり、少なくとも一律に権利主張を認める必要はなく、個別具体的に、相手方の履行請求を信義則違反や権利濫用として処理すれば足りるであろう。また、①の同時履行の抗弁権についても、自己の履行請求権だけが時効消滅した場合には同じような問題が生じるが、同時履行の抗弁権は相手方の履行請求権の属性であり、独立して消滅しないので主張できるといえば足りるように思われる。

415

12　消滅時効期間

・債権の消滅時効期間は、5年または10年である。

・債権以外の財産権（地上権など）の消滅時効期間は、20年である。

・人の生命または身体の侵害による損害賠償請求権の消滅時効期間は、5年または20年である。

・定期金債権の消滅時効期間は、10年または20年である。

・判決などで確定した権利は、10年よりも短い時効期間の定めがあるものであっても、時効期間は一律に10年になる。

・形成権（取消権、解除権など）の権利行使期間は、法律に特別の定めがある場合を除き、債権に準じて扱われると解されている。

・形成権行使の結果生じた原状回復請求権について、判例は、形成権行使の時から債権の消滅時効が進行すると解している。

◆ 条 文 ◆

　消滅時効の期間をどのように設定するかは、歴史的事情や社会的事情に影響された政策的判断である。改正前の民法典では、各種の権利ごとに細かく時効期間を分けるとともに、特別に短期消滅時効期間が設定されていた（旧167条〜174条の2）。しかし今日では、そのように細かく分けることは煩雑であり、財産的利益の保護か人格的利益の保護かという区別以外にはさしたる合理性がない。そこで民法改正では、できるだけ画一的な期間設定をすることとされ、消滅時効期間の統一化・単純化がはかられた。

　また、起算点について、改正前には、「権利を行使することができる時から進行する」とされていたが（旧166条1項）、改正では、「権利を行使することができることを知った時」（主観的起算点）と、「権利を行使することができる時」（客観的起算点）という二元的な構成が採用され、これに伴い、時効期間もそれぞれに分けて規定されることになった（起算点の詳細については、13で解説する）。

416

(1) 債権の消滅時効期間

①一般の債権

　一般の債権の消滅時効期間は、債権者が権利を行使することができることを知った時から5年、または、権利を行使することができる時から10年である（新166条1項）。特別の定めがない限り、すべての債権に適用される（金銭債権、引渡請求権、不当利得返還請求権など）。これは、新166条2項の20年を原則と考えた上で、債権は権利行使が容易であることおよび取引が頻繁に行われることから、権利関係が不安定な状態を短縮しようとしたものである。このような趣旨から、民法改正では、さらに期間を短縮すべきことが検討され、主観的起算点から5年という期間も新たに設定された。これに伴い、商事消滅時効の規定（商旧522条〔5年〕）は削除された。

②人の生命または身体の侵害による損害賠償請求権の消滅時効期間

　人の生命または身体の侵害による損害賠償請求権の消滅時効期間は、請求権を行使することができることを知った時から5年、または、請求権を行使することができる時から20年である（新167条）。民法改正で新設された。これは、不法行為による損害賠償請求権の消滅時効期間が3年または20年を原則とするが（新724条）、生命または身体の侵害に関する不法行為については一般不法行為の時効期間3年を5年とすることとされたこと（新724条の2）に合わせたものである。これにより、生命または身体の侵害による損害賠償請求権については、債務不履行（医療過誤、安全配慮義務違反などの契約違反）によるものか、不法行為によるものかを問わず、時効期間は5年または20年に統一され、かつ長期化された。なお、製造物責任法では、人の生命または身体の侵害による損害賠償請求権について、通常の損害賠償請求権の3年のみが5年に伸長された（製造物責任5条2項）。

③定期金債権

　定期金債権とは、定期に一定の金銭その他の物を給付させる債権のことをいう（たとえば、年金債権、地上権の地代債権など）。定期に（たとえば毎月）一定額の支払いを請求する個別債権（定期給付債権という）を発生させる基になる権利であり、定期給付を受ける法的な地位といったほうが分かりやすい（定期金債権を基本権、これに基づく定期給付債権を支分権といったりす

417

る）。分譲マンションにおける管理費等の債権は、債権額が年によって変化するが、それでもここにいう定期金債権にあたると解されている（最判平成 16・4・23 民集 58 巻 4 号 959 頁・ハンドブック 158）。定期金債権は、長期間存続することが予定されていることから、一般の債権とは別に長期の時効期間が設けられている。

　定期金債権の消滅時効期間は、各定期給付債権を行使することができることを知った時から 10 年、または、各定期給付債権を行使することができる時から 20 年である（新 168 条 1 項。改正前には、定期給付債権のうち、1 年以内に弁済期が繰り返されるものついて 5 年という短期消滅時効の定めがあったが〔旧 169 条〕、これについては一般の時効期間に委ねればよいので、この規定は削除された）。たとえば、3 回目以降の定期給付債権を行使していないときは、3 回目の弁済期を知った時から 10 年、または、それを知らなくても 3 回目の弁済期から 20 年の早いほうで時効となる。しかし、第 1 回の弁済期以後、何回か給付を受けている場合には、その都度、時効の更新（債務者の承認）があったと解されている。また、債権者は、時効の更新の証拠を得るために、いつでも債務承認書の交付を請求することができる（新 168 条 2 項）。

　なお、利息債権や賃料債権は、契約上の地位に基づいて発生する定期給付（果実）であり、契約が存続する限り発生するので、ここでいう定期金債権ではない。また、分割払債権は、債権額の総額を分割して受け取るだけなので、やはりここでいう定期金債権ではない。

(2) 債権以外の財産権の消滅時効期間

　債権以外の財産権の消滅時効期間は権利を行使することができる時から 20 年である（新 166 条 2 項）。地上権などの用益物権が対象となる。権利不行使の内容は権利によって異なるが、地上権でいえば土地を利用しない状態が続くというように外形的な事実が必要なので、事例としてそれほど頻繁に問題になることはない。

(3) 判決で確定した権利の消滅時効期間

　ある権利が判決によって確定した場合、その権利は、たとえ 10 年よりも短い時効期間の定めがあるものであっても、時効期間は一律に 10 年にな

る（新169条1項）。これは、権利の存在が公に確証されるので証拠の保全が問題にならなくなること、時効を更新するために短期間で再び訴えを提起させるのは煩雑であることなどに基づくものだと解されている。裁判上の和解、調停、その他確定判決と同一の効力を有するものによって確定した権利についても同様である。破産手続において債権表に記載された債権についても同様に解されている（最判昭和44・9・2民集23巻9号1641頁）。

　ただし、権利確定の当時、まだ弁済期の到来していない債権については、たとえ確定判決を得てもこの規定は適用されない（新169条2項）。たとえば、支払期限について争いがある債権について期限到来前に確定判決が出されても、支払期限の到来時から通常の時効期間が進行するにすぎない。

◆ 解 釈 ◆

(1) 形成権の消滅時効期間

　取消権、解除権などの形成権の期間制限の性質については、判例・学説上争いがあるが（後述14参照）、その期間については、判例・通説は、特別の定めがある場合を除き（たとえば、取消権に関する民126条、消費者契約7条1項前段、特定商取引9条の3第4項前段）、債権に準じて扱われると解している（最判昭和42・7・20民集21巻6号1601頁〔借地借家法の建物買取請求権〕、最判昭和62・10・8民集41巻7号1445頁〔民612条の解除権〕）。

(2) 形成権の行使により生じた原状回復請求権の消滅時効期間

　法律行為が取り消されたり、契約が解除されたりすると、すでに給付していたものを原状に回復させる法律関係が生じる。この場合の原状回復請求権の消滅時効期間はどうなるか。たとえば、AがBの詐欺により商品を買って代金を支払い、詐欺であることを知った時から4年経ったところで取消しの意思表示をしたが、AがBに代金の返還を請求したのは、取消しからさらに3年後のことであったとする。この場合の返還請求権は認められるのであろうか。

　判例は、取消権の時効とその結果生じた債権（原状回復請求権）の時効は別個のものであり（二段構成）、取消権や解除権を期間制限内に行使すれば、原状回復請求権については、その翌日から新たに通常の債権の消滅時効が進行するとする（大判大正7・4・13民録24輯669頁・ハンドブック156〔解除〕、

419

最判昭和57・3・4民集36巻3号241頁〔遺留分減殺請求権〕）。しかし、学説の多数は、これでは長期にわたって紛争が解決しない状態が継続するので妥当でないとして、取消権や解除権の期間制限内に原状回復請求権も行使しなければならないと解している（一段構成。理由づけについては、取消しや解除と原状回復請求は一体であるとする見解や、そもそも形成権ではなくその結果発生する権利の期間制限が規定されていると解する見解などがある）。もっともこれによると、形成権行使による原状回復請求権が通常の債権よりも短い期間制限に服する結果になることがある（民126条など）。

(3) 合意による時効期間の変更

　すでに5◆条文◆(1)で述べたように、時効期間を伸張する合意は無効であるが、これを短縮する合意は原則として有効であると解されている（消費者契約法10条の不当条項に該当するような場合を除く）。しかし、このように期間で画一的に判断する必要はなく、当事者の合意を尊重しつつ、合意の内容や形成過程に問題がある場合にその効力を否定したり（新90条以下）、援用権行使に関する特約と解しつつ、問題がある場合には信義則によって特約の主張を制限したりするほうが妥当であろう。

13　消滅時効の起算点

- ・債権の消滅時効は、債権者が権利を行使することができることを知った時、または、権利を行使することができる時から進行する。
- ・債権または所有権以外の財産権の消滅時効は、権利を行使することができる時から進行する。
- ・権利を行使することができることを知った時とは、権利の行使が期待可能な程度に権利の発生およびその履行期の到来その他権利行使にとっての障害がなくなったことを知った時と解される。
- ・権利を行使することができる時とは、権利行使につき法律上の障害がなくなった時であるとする説（法的可能性説）と、権利行使を現実に期待できる時であるとする説（現実的可能性説）とに分かれている。
- ・もっとも、具体的には、債権の種類ごとに起算点が議論されている。

第 19 章 ◆ 時効／消滅時効の起算点

◆ 条 文 ◆

　債権の消滅時効は、債権者が権利を行使することができることを知った時、または、権利を行使することができる時から進行する（新 166 条 1 項）。また、債権または所有権以外の財産権の消滅時効は、権利を行使することができる時から進行する（同条 2 項）。権利を行使できないのに時効だけ進行させるのは、権利者にとって酷だからである。

　民法改正前には、消滅時効について、権利を行使することができる時からとのみ規定されていた（旧 166 条 1 項）。しかし、債権について 10 年という長期の消滅時効期間を設定することの妥当性をめぐって議論がなされ、その結果、5 年という主観的起算点と 10 年という客観的な起算点の両方を設けるという二元的な構成が採用された。主観的起算点を定めただけでは、権利者が知らない限り永久に消滅時効が進行しないことになりなりかねないことから、客観的起算点が併せて定められている。ただし、権利ごとに特別の規定もある（民 126 条〔追認できる時〕、新 426 条〔知った時〕、新 724 条 1 号〔損害及び加害者を知った時〕など）。また、具体的には、債権の種類ごとに種々の解釈が展開されている。

◆ 解 釈 ◆

(1) 権利を行使することができることを知った時の意義

　権利を行使することができることを知った時とは、後述の (2) に関する現実的可能性説を参考にすれば、権利の行使が期待可能な程度に権利の発生およびその履行期の到来その他権利行使にとっての障害がなくなったことを知った時と解される。これには、債務者を知ったことも含むという趣旨である。したがって、通常の取引関係においては、実際には次の客観的起算点と一致するであろう。また、損害賠償請求権については、債務不履行による場合と不法行為による場合（新 724 条 1 号〔損害及び加害者を知った時〕）とは、実際上同じ時点になるであろう。

(2) 権利を行使できる時の意義

　権利を行使できる時とはいつかについては、従来から、判例・学説上争いがある。ただし、いずれにせよ、病気や旅行など、個人的な事情で権利を行使することができない場合は含まれない（最判昭和 49・12・20 民集 28

421

巻 10 号 2072 頁〔被保佐人が訴え提起につき保佐人の同意を事実上得られなかった事例〕)。第三者が債権を差し押えた場合でも、債権を行使する者が変わりうるだけなので、時効は進行する。

①法的可能性説

　法的可能性説は、権利を行使することにつき、法律上の障害がなくなった時（弁済期到来、停止条件成就など）であるとする。かつての通説であり、かつての判例もまたこれによっていたといわれている（**(3)** の古い判例参照）。当事者の認識に左右されないので（大判昭和 12・9・12 民集 16 巻 1435 頁）、起算点がバラバラにならず権利関係が安定するという。ただし、特別の規定がある場合（新 724 条など）には、権利者の主観的な認識が考慮される。

②現実的可能性説

　しかし最近の学説では、権利行使につき法律上の障害がないだけでは足りず、権利を行使することを現実に期待できる時とする現実的可能性説が有力になっている（佐久間、潮見、平野）。これによれば、権利の発生が分からない場合もありうるのに、不利益だけ負担させるのは酷であるという。判例でも、戦後の判例にはこの見解に立っているのではないかと思われるものがある（最大判昭和 45・7・15 民集 24 巻 7 号 771 頁〔賃貸借の賃料を供託後 11 年を経過して和解が成立したので、そこで供託金の返還を請求した事例〕、最判平成 6・2・22 民集 48 巻 2 号 441 頁・百選 I -44・ハンドブック 152〔労働契約上の安全配慮義務違反による損害賠償請求で、症状の程度につき行政上の決定がなされた後により重い決定がなされた事例〕、最判平成 8・3・5 民集 50 巻 3 号 383 頁〔交通事故で自動車の保有者につき争いがあったために、その間、保有者不明の場合のてん補請求ができなかった事例〕、最判平成 15・12・11 民集 57 巻 11 号 2196 頁〔生命保険の死亡保険金請求で、行方不明から 3 年以上経って遺体が発見された事例〕)。

　もっとも、これら両説の対立は、実際には決定的なものとはいえない。①説によっても、②説に属する判例の結論は、事案の特殊性に基づく例外として認められうる。他方、②説によっても、権利者の個人的な事情で権利行使ができない場合は除かれる。また、起算点がとくに問題となる不法

第 19 章 ◆ 時効／消滅時効の起算点

行為に基づく損害賠償請求権については、後述のように独自の解釈が展開
されている。このように、時効の起算点について一般的な基準を立てよう
としても、条文自体が抽象的な現在では限界があり、権利ごとに妥当な起
算点を設定するほかない。

(3) 具体的な客観的起算点

①期限付・停止条件付債権

　期限付債権・停止条件付債権は、期限到来時・条件成就時から時効が進
行する。その日から権利行使できるので、その翌日が起算点となる（大判
大正 6・11・8 民録 23 輯 1762 頁）。債権に同時履行の抗弁権が付いていても、
反対債務の履行を提供すればよいので、権利行使の障害ではない。また、
不確定期限の場合、債権者が期限の到来を知っているか否かは関係ない
（大判大正 4・3・24 民録 21 輯 439 頁・ハンドブック 113）。なお、自動継続特約
付定期預金については、解約申入れなどにより自動継続がされなくなった
満期日の到来時から進行するとした判例がある（最判平成 19・4・24 民集 61
巻 3 号 1073 頁）。

　期限があることは、通常は債務者の抗弁であるが（期限の利益）、期限が
到来したことを債権者が主張・立証すると、債務者は、その期限からの消
滅時効を主張しなければならなくなる。そこで訴訟では、最初から期限の
定めがないものとしての消滅時効の抗弁と、期限の定めがあるものとして
の消滅時効の抗弁とを出しておくことになる。

　なお、始期付権利または停止条件付権利を有する者（たとえば不動産の買
主）は、始期または条件成就まで権利行使ができないので、その間に第三
者が目的物を時効取得するという事態が生じうる。そこで、権利者は取得
時効を更新するためにいつでも占有者に承認を求めることができることと
されている（新 166 条 3 項）。

②期限の定めのない債権

　期限の定めのない債権（たとえば期限を定めずに物を預けた場合）は、法律
に特別の定めがある場合を除き、債権の成立時から時効が進行する（大判
大正 6・2・14 民録 23 輯 152 頁、大判大正 9・11・27 民録 26 輯 1797 頁）。その
時から履行を請求できるからである。

423

③期限の利益喪失約款付債権

　割賦販売などでは、一回でも支払いを怠ると残額すべてを請求できるとする期限の利益喪失約款が付けられている。この場合の残額債権の消滅時効につき、判例は、特約の趣旨によって分け、請求をまって全額支払いすべきもののときは請求時、当然に全額支払いになるもののときは不履行時（喪失事由発生時）が起算点であるとする（大連判昭和 15・3・13 民集 19 巻 544 頁、最判昭和 42・6・23 民集 21 巻 6 号 1492 頁・ハンドブック 151）。しかし、通説は、不履行があれば債権者はいつでも請求することができるのであり、不履行時を起算点と解すべきだとしている（債務者有利になる）。

④債務不履行による損害賠償債権

　債務不履行による損害賠償債権は、本来の債務の履行を請求できる時が起算点となる（最判平成 10・4・24 判時 1661 号 66 頁・ハンドブック 153）。この損害賠償請求権は、本来の債務が同一性を維持しつつ姿を変えたものにすぎないからだと解されている。したがって、契約解除の場合の原状回復義務の履行不能による損害賠償債権の起算点は、原状回復を請求できる時である（最判昭和 35・11・1 民集 14 巻 13 号 2781 頁・ハンドブック 150）。契約不適合における損害賠償債権は、不適合を知った時から 1 年以内に債務者に通知しなければ失権するが（新 566 条）、それとは別に、物の引渡日から権利行使できるので、引渡しの日から消滅時効が進行する（最判平成 13・11・27 民集 55 巻 6 号 1311 頁・百選 II-53・ハンドブック 154）。ただし学説では、債務不履行によって本来の債権とは別個の新たな債権が発生するとして、損害発生時が起算点であるとする有力説もある（潮見参照）。しかしこれに対しては、履行遅滞のような場合にまでそのように解すると、遅延損害金が永久に時効にかからない可能性があると反論されている（河上）。新法の下では損害賠償請求権の性質について債務の転形論はもはや採れないであろうが（詳しくは債権法に委ねる）、時効の起算点に限っていえば、履行請求権と損害賠償請求権が発生原因を同じくすることから、判例のように解してよいであろうと思われる。

⑤不法行為に基づく損害賠償債権

　不法行為に基づく損害賠償債権については、特別の定めがあり、「被害者

又はその法定代理人が損害及び加害者を知った時から3年間（人身損害では5年間）」と規定されている（新724条1号、新724条の2）。損害賠償債権自体は不法行為時に発生するが、時効については、被害者が実際に損害賠償を請求できるか否かに配慮したものである。

損害を知った時とは、被害者が現実に損害を認識した時（現実認識説）とするのが判例である（最判平成14・1・29民集56巻1号218頁〔名誉毀損記事の掲載を現実に認識した時〕）。学説では、被害者本人の認識だけでなく、通常人なら認識しうる場合も含まれると解するのか今日の多数説であるが、実際上深刻な違いは生じないであろう。なお、受傷時に予想しなかった後遺症が現れた場合には、後日その治療を受けるまでは時効は進行しない（最判昭和42・7・18民集21巻6号1559頁）。また、不法占拠や環境汚染などの継続的不法行為については、損害は日々新たに発生し、時効も被害者がこれを知るとともに日々新たに進行すると解されている（大連判昭和15・12・14民集19巻2325頁〔逐次進行説〕）。

加害者を知った時について、加害者の姓名や住所を知らなくても調査すれば判明しうる時は、その時であると解されているが、損害賠償請求が事実上不可能な場合には、そのような状況が止み、その後に加害者を認識した時であると解されている（最判昭和48・11・16民集27巻10号1374頁・百選II-108〔警察官から暴行を受けたが長期間釈放されず、加害者を知ることが困難であった事例〕）。

他方、旧724条の下では、「不法行為の時から20年」の期間制限の法的性質については議論があり、判例は、これを公益的観点に立った規定であるとして、時効期間ではなく、後述の除斥期間であると解していたが（最判平成元・12・21民集43巻12号2209頁）、近年の学説では、援用権の濫用または信義則違反までもないことになるのは妥当でないとして、消滅時効であると解するのが大多数となっていた。民法改正により、この期間も消滅時効期間であることが明確になった（新724条の文言上、1号、2号の場合ともに、時効によって消滅すると規定されている）。

不法行為の時とは、通常の不法行為については、加害行為時であるとするのが通説・判例である（加害行為時説）。しかし、継続的不法行為については、権利行使の客観的可能性の観点から損害発生時（損害発生時説）が通説である。この場合は加害行為時説でも損害発生時説でも実際上は差がな

いことになろうが、加害行為が終了した後に相当の年月を経て損害が発生した場合には両説の違いが顕在化する。しかし、現在の判例は、このような場合には、損害の性質を考慮して、損害発生時を起算点としている（最判平成 16・4・27 民集 58 巻 4 号 1032 頁・百選 II -109〔筑豊じん肺訴訟〕、最判平成 16・10・15 民集 58 巻 7 号 1802 頁〔水俣病関西訴訟〕、最判平成 18・6・16 民集 60 巻 5 号 1997 頁〔予防接種 B 型肝炎訴訟〕）。

⑥**不作為債権**

　公害防止協定や建築禁止協定のように、債務者の不作為を要求する債権については、債権成立時ではなく、違反行為があった時が起算点であると解されている。それまでは請求が現実化しないからである。ただし実際には、違反行為を長期間放置すれば、債権の放棄があったと解されることが多いであろう。

14　消滅時効に類似する制度

- ・除斥期間とは、期間経過後は権利行使ができなくなる期間（権利行使期間）であり、時効と規定されているもののいくつかがこれにあたると解されている。
- ・除斥期間は、公益的な要請から、当事者の意思にかかわりなく画一的・絶対的に適用され、更新がない、援用が不要などの特徴があると解されている。
- ・しかし実際には、時効と除斥期間の区別の基準はあいまいである。
- ・民法改正により、失権（権利保存期間）という概念が導入された。

◆　条　文　◆

　消滅時効に類似する概念として、除斥期間と権利失効の原則があげられる。しかし、これらは民法上に条文はなく、解釈によって認められているものである。ただし、消滅時効以外にこれらを認める必要があるかについては疑問もある。他方、民法改正により、失権という概念が導入された。これは権利が保存される期間を意味している。

426

第 19 章 ◆ 時効／消滅時効に類似する制度

(1) 失権の意義

　売買契約の買主や請負契約の注文者は、種類・品質が契約内容に適合していない目的物の引渡しを受けたときは、不適合を知った時から 1 年以内にその旨を売主や請負人に通知しないときは、履行の追完請求、代金減額請求、損害賠償請求、解除をすることができない（新 566 条本文、新 637 条 1 項）。これは、売主や注文者が通知義務を怠ったことにより本来有しているはずの権利を失うということであり、これを失権という。1 年は権利保存期間であることになる。改正前には、このような概念は認められておらず、契約不適合の期間制限は後述の除斥期間であると解されてきたが、その期間内に責任を追及する意思を明確に告げていれば損害賠償請求権は保存されると解されていた（最判平成 4・10・20 民集 46 巻 7 号 1129 頁〔旧 566 条 3 項〕。改正によって、権利保存期間と損害賠償請求権などの期間制限とが別のものであることが整理されたことになる。

(2) 消滅時効との関係

　契約不適合に基づく権利の失権期間は、時効のように権利行使によって更新されるというようなことはない。しかし、失権と消滅時効は別のものであるから、これらの権利は、失権していなくとも、通常の消滅時効に服する（前掲、最判平成 13・11・27）。

◆ 解 釈 ◆

(1) 除斥期間

　除斥期間とは、一定の期間経過後は権利行使ができなくなる期間のことをいう（権利行使期間）。除斥期間は、公益的な要請から、当事者の意思にかかわりなく権利関係を画一的・絶対的に安定させるための期間であり、明文の規定はないが、時効と規定されているもののうちいくつかがこれにあたると解されている。

　除斥期間は、消滅時効と異なり、①更新がない（最判平成 10・6・12 民集 52 巻 4 号 1087 頁・ハンドブック 135）、②援用が不要で、効果は当然かつ絶対的（すなわち相対効でない）に発生し、③起算点は権利行使時ではなく権利発生時であり、④権利消滅の効果は遡及しない、といった特徴があると解されている。権利の消滅を主張する者は、起算点と期間の経過を主張・立

427

証しなければならないが、援用が不要なので、援用権の濫用といった問題は生じないことになる（前掲、最判平成元・12・21）。

　時効か除斥期間かの判断は、従来、規定の趣旨、権利の性質などから判断すべきであると解されており、具体的には、①占有訴権（民201条）や売主の担保責任（旧564条、旧566条）などの短い期間、②不法行為による損害賠償請求権（旧724条後段）や詐害行為取消権（旧426条後段）のように、二重期間の定めがある場合の長期の期間がこれにあたると解されてきた。③取消権や解除権などの形成権の期間制限については、判例は消滅時効と解しているが（前掲、最判昭和62・10・8）、通説は、形成権は権利を行使するか否かだけが問題であり、更新で権利を保全するということはないので、除斥期間であると解している。

　しかし実際には、時効と除斥期間の区別の基準はあいまいである。すなわち、①除斥期間と解しても、論理的にはその主張が濫用であることもありうる。②形成権は、行使によって法律効果が発生する場合もあれば、その後に請求権が問題となる場合もある。③従来除斥期間と解されてきた期間についても、最近では消滅時効であるとする判例もみられる（最決平成17・3・8家月57巻6号162頁〔民768条2項の財産分与請求権〕）。また、民法改正により、従来除斥期間と解されてきたもののいくつかは、消滅時効期間（新724条2号）、出訴期間（新426条後段〔詐害行為取消権〕）、失権（新566条本文、新637条1項）として規定し直されている。

　このように考えると、時効と除斥期間の区別は相対的なものであり、すべて時効であるとしつつ、個別的に制度の趣旨（公益重視か債務者の利益保護か）や権利の性質などによって効果に差があるとも言いうる。またこれらのいずれでもない期間もある。少なくとも従来考えられてきたような基準で一律に除斥期間であると判断する意味はあまりない。

(2) 権利失効の原則

　権利失効の原則とは、権利行使がない状態が長期にわたる場合に、消滅時効にかかっていなくとも、信義則上権利行使を許さないという原則である。これは、ドイツで時効期間が長期に設定されていた時代に、消滅時効がなかなか完成しない不都合を避けるために形成された理論である。わが国の判例でも、無断転貸借のために民法612条によって賃貸借契約を解除

第 19 章 ◆ 時効／消滅時効に類似する制度

できるにもかかわらず 7 年間放置したという事案において、この原則を一般論として認めたものがある（最判昭和 30・11・22 民集 9 巻 12 号 1781 頁・ハンドブック 2〔具体的には解除は信義則に反しないとした〕）。

　しかし、このような原則は消滅時効制度の意義を損なわせるものであり、少なくとも「原則」というように位置づけられるべきではない。権利主張が妥当でない場合に、個別的に権利濫用や信義則違反として処理すれば足りると思われる。また、民法改正により、失権という概念が導入されたが、これは期間が法定されており、一般的に権利の失効を認めるものではない。

429

第20章 団体の法理

1 法人の意義・必要性

- 法人とは、自然人以外で権利能力を認められる団体、組織、財産の集合である。
- ある団体が構成員から組織的・財産的・事業的に独立するために法人制度が必要になる。
- 法人は、法律関係を簡便に処理するための法技術として人格を付与される。
- 組合や信託は、法人に類似した機能を果たし、その団体が必要とする機能に応じて法人になるか、これらによるかが選択される。

◆ 条 文 ◆

(1) 法人の意義

これまで個人が法律行為をする場合を念頭に置いてきたが、本章では、法人を扱う。法人とは、自然人以外で権利能力を認められる団体、組織、または財産の集合をいう。しかし、民法典（および後述の一般社団・財団法人法）には、法人の本質について定義する条文はなく、主に、法人の設立および法人の内部運営・対外的活動に関する規定が置かれている。このため、「法人にはなぜ権利能力が認められるのか」という問題は解釈に委ねられてきた。しかし今日では、法人が現に制度として定着し、機能していることをふまえて、具体的に「法人は何をどのようにできるか」が重要であると考えられるようになっている。

第20章 ◆ 団体の法理／法人の意義・必要性

(2) 法人の必要性

　法人制度には、以下のような必要性がある。

　①団体活動の必要性：経済活動の発展に伴い、個人としての能力（活動、財政）には限界があることから、団体を組織して全体の能力を活かして活動する必要がある。

　②法律関係の単純化・明確化：団体として取引をする場合、団体の構成員ではなく、団体自体が権利義務を負うことを明確にする必要がある。

　③責任財産の分別：団体の行う取引上の債務については、団体に属する財産だけが引き当てになることをはっきりさせる必要がある。

　④財産管理主体の創設：財産を管理する者が存在しない場合、管理主体を新たに創出する必要がある。

　このように、法人は、ある団体がその構成員から組織的・財産的・事業的に独立していることを法律上認めるための制度である。

(3) 法人と類似する制度

　上記のような目的を達成するためには、必ずしも法人という制度によらなければならないわけではない。以下の組合や信託は、法人に類似した機能を果たす。これらの諸形態は、その団体が必要とする機能に応じて選択されることになる。

①組合

　組合とは、各当事者が出資をして、共同事業を営むことを約する契約である（民667条）。契約というと団体とは無縁であるように思えるが、多数の当事者がその数だけ相互に合意を「組み合う」ので、その結果、全体として合意の集合がひとつの団体を形成しているように見える。ただし、組合と名が付いていても、実際には法人であることが多いので注意が必要である（たとえば、信用組合、農業協同組合などは法人であり、生活協同組合や労働組合などは法人になりうる）。

　組合が対外的に活動する場合には、組合自体に法人格はないので、組合員全員が共同して行為する必要があり（全員が契約の当事者になる）、組合財産は組合員全員の共有に属する（民668条）。組合が債務を負った場合には、組合財産が引き当てとなるが、組合員個人も持分に応じて責任を負う（民

431

674条)。このように、組合では、ある事業が共同して行われるが、組織的・財産的には団体の独立性が徹底していない。このため、組合は、比較的小規模で事業としての独立性が低い場合に見られることが多い。

②信託

信託は、主として財産を分離独立して管理・運用するために利用される。信託は元々英米法上の制度であり（trust）、わが国では1926年の信託法によって導入された。ある者（委託者）が管理者（受託者）に一定の財産を帰属させ、委託者の個人財産から分離して管理・運用させる。

信託では、その財産に関して管理者が相手方と行為し、権利義務も管理者に帰属する。したがって委託者は、信託財産以外には個人責任を負わない。信託は、人の団体を形成する制度ではなく、財産が独立した扱いを受け、そのために管理者が存在するという制度であるから、一人が財産を拠出すればよい。しかし多数の委託者から財産が拠出されて、受託者の下で一括管理・運用されると、あたかも財産それ自体が集合体を形成しているかのような状況が生まれ、かつ、それが個人財産とは分離されるので、後に述べる財団法人と類似した機能を果たすことになる。信託は、わが国では、従来、投資信託などを除きそれほど多く利用されてこなかったが、2006年に信託法が全面改正され、幅広い活用が期待されている。

◆ 解 釈 ◆

(1) 法人本質論

法人は権利能力を有するが、あくまで観念の所産にすぎず、自然人とまったく同様に考えることはできない。そこで、法人とは一体何であるのかが古くから議論されてきた。これを法人の活動という点から簡単に比較すれば以下のようである。

①擬制説：権利義務の主体は本来自然人のみであり、法人は法的なフィクションにすぎない。法人は自然人を通じて活動するが、法によって権利義務が法人に帰属するものとして扱われるだけである。

②否認説：法人の活動などというものは存在しない。たとえ団体として活動したように見えても権利義務は個人に帰属する。

③実在説：法人は自然人と同様の有機体（有機体説）、または、社会的に

実在する組織体である（組織体説）。したがって法人が活動すれば当然に権利義務は法人に帰属する。

　団体とくに会社に対する社会の要請が高まるにつれて③の実在説（組織体説）が有力となったが、その後は団体の構成員の独立性の観点から①の擬制説が見直されるようになった。しかし、各説は、それぞれ時代的背景や法人の活動の発展過程の違いに由来しており、法人制度のどの側面を重視しているかという視点の違いである。今日では法人制度を否定することはありえないのであるから、法人の法技術的な性格を直視し、法人は前述したような必要性から法律関係を簡便に処理するための法技術として人格を付与される、と言えば十分である。

(2) 法人の行為

　法人に権利義務を帰属させるためには、実際には代表者が行為することになる。この仕組みについて、①の擬制説によれば、法人は権利能力があるが自分自身では行為できないので、代表が法人のために行為するのであり、代表は代理にほかならない。ただし、一般の代理に比べて代理権の範囲が包括的なので、他の包括的な代理権の場合（民824条の親権者など）と同じように表現を変えているだけである、ということになろう。他方、③の実在説によれば、法人は実在するが組織であるため、自然人である代表が法人のいわば手足となって行為する必要がある。しかしそれはあくまで法人自身の行為であって、代理ではない、ということになろう。

　しかし、手足というのは比喩であり、行為するのが代表者であることは明らかである。他方、法人は代表者を通じてしか行為できないので、代表者の行為が法人の行為そのものである。このように、いずれにしても、法人は代表を通じて行為するが、その行為は自然人の場合とは異なる側面があるので、制度的には代理の法理を利用し、法人の特殊性に応じた解釈をすれば十分である。

◆ 発 展 問 題 ◆
団体の多様性と連続性

　ある団体（人の集団だけでなく財産の集合を含む）がその管理・運用のためにどのような法制度を選択し利用するかは、①団体組織の独立性、②団体

財産の分離・独立性、③団体事業の独立性という三つの側面において、その団体に必要とされる程度の組み合わせに応じて多様でありうる。法人は、この三つの側面のいずれについても団体としての独立性が高く要請される場合に選択される制度であり、組合は、逆に団体ではあるがこれらの側面について弱い独立性が要請される場合の制度であるといえる。しかし、その他にも、主として財産的独立性の明確さを求める場合には、団体を構成するまでもなく信託の利用で十分であるということもありうる。また、個人財産と団体財産が不可分に結合しているような場合（たとえば分譲マンションの専有部分と共用部分）、財産を管理する団体（マンション管理組合）については、法人と組合のいずれの制度が選択されようとも実際には折衷的な解釈をすることが必要になる。さらに、複数の事業者がそれぞれ独立性を有しながら、個々の事業を結合させて全体で一つのまとまりある事業展開をしようとする場合には、団体ではなく複数の契約のネットワークを形成するほうが便利であるということもありうる（ネッティング、多数当事者間契約関係）。このような場合には、ネットワーク全体を支える共通の目的が個々の契約関係の解釈に反映される必要がある。このように、機能の点から見れば、団体と選択される法制度との関係、および団体と契約との関係は、相対的で連続的なものであり、制度を硬直的に捉えるのではなく、実体に即した解釈や法律構成をすることが必要であろう。

2　法人の種類

- 法人には、社団法人（人の集団）と財団法人（財産の集合）とがある。
- 法人には、営利法人（利益を構成員に分配する法人）と非営利法人（利益を分配しない法人）とがある。
- 非営利法人のうち、公益認定を受けたものを公益法人という。
- 法人は、規律される法律によって、一般法人（一般社団法人・一般財団法人）（一般社団・財団法人法）、会社（会社法）、特殊法人（特別法）に分類される。
- 法人債務について構成の個人財産が引当てになるか否かによって、無限責任法人と有限責任法人とに分かれるが、今日では後者が一般的である。

第20章 ◆ 団体の法理／法人の種類

◆ 条 文 ◆

法人には、何を基準にするかによっていくつかの分類がある。

(1) 社団法人・財団法人

法人を構成する要素の違いに応じて、社団法人と財団法人とに分類される。社団法人とは、人を構成要素とする法人であり（人の集団）、財団法人とは、財産を構成要素とする法人（財産の集合）である。両者は設立の仕方、内部組織において違いがある。ただし、実は現在の法制度の下では、社団法人は必ずしも人の「集団」である必要はない。一般社団法人は二人以上で設立する必要があるが、構成員が一人になっても存続する（法人の解散事由にならない）。株式会社などの会社は、合資会社を除き一人でも設立でき、合資会社も設立後は構成員が一人になっても合名会社または合同会社として存続可能である（会社639条）。また、同じような活動をしている団体でも、たとえば将棋の日本将棋連盟は社団法人であるが、囲碁の日本棋院は財団法人である。東京都サッカー協会は財団法人であるが、大阪府サッカー協会は社団法人である。このように構成要素による区別も絶対的なものではない。

(2) 営利法人・非営利法人

法人の目的の違いに応じて、営利法人と非営利法人とに分類される。営利法人とは、収益事業を行い、その利益を構成員に分配することを目的とする法人であり、会社のことである。会社については会社法が詳細を定めており、会社には、株式会社、持分会社（合名会社、合資会社、合同会社）がある。いずれにおいても利益を分配する構成員が必要なので、必然的に社団法人であり、財団法人であることはあり得ない。これに対して非営利法人とは、営利法人以外の法人である。ポイントは構成員に利益を分配しないという点にあり、収益事業ができないという意味ではない。非営利法人であっても、その目的にしたがって活動が制限されるものの（たとえば、収益事業の割合制限、役員報酬の制限など）、収益事業を行うことはできる。非営利法人の一般的なものについては、一般社団・財団法人法が詳細を定めている。

非営利法人のうち、不特定多数の利益を増進させる事業を行うことを目

435

的とする法人で、公益性を認定された法人を公益法人という（詳しくは後述
する）。公益法人には税制上の優遇措置があるが、活動は一般の非営利法
人よりも制限される。

(3) 一般法人・会社・特殊法人

　規律される法律の違いに応じて、古くから公法人と私法人という分類が
なされている。公法人とは、国家的な公共の事務を遂行するために公法に
基づいて設立される法人であり、国や地方自治体などのことである。私法
人とは、私法に基づいて設立される法人であり、会社や私立学校などのこ
とである。しかし、公法・私法という区分自体が相対的なものであるから、
このような区別にあまり意味はない。

　規制される法律による区別をするならば、今日では、一般法人（一般社団
法人・一般財団法人）（一般社団・財団法人法）、会社（会社法）、特殊法人（宗
教法人、医療法人、学校法人、各種の協同組合など）（特別法）という分類が実
際的である。

(4) 内国法人・外国法人

　日本で法人格を認められたか否かに応じて、内国法人（日本で法人格を認
められた法人）と外国法人（外国で法人格を認められた法人）とに分類される。
外国法人は、法律または条約により認許されれば、原則として同種の内国
法人と同一の権利を享受できる（民35条2項）。ただし、税法上は、本店ま
たは主たる事務所の所在地によって区別される。

(5) 無限責任法人・有限責任法人

　構成員の法人債務に対する責任の違いに応じて、無限責任法人と有限責
任法人とに分類される。無限責任とは、法人債務について構成員の個人財
産も引当てになる場合であり、有限責任とは、法人債務の引当てになるの
は法人財産だけで、構成員個人については出資したもの以外に責任が及ば
ない場合である。無限か有限かは、理論上は、法人ないし団体であること
から必然的に発生する分類ではない。しかし、法人制度のメリットの一つ
が団体債務と個人財産の分離にある以上、法人制度と有限責任とが結びつ
けて利用されることになる。そのため、法人のほとんどは有限責任法人で

第20章 ◆ 団体の法理／法人制度の改革

あり（例外は、合名会社（無限責任社員からなる〔会社576条2項〕）、合資会社（無権責任社員と有限責任社員からなる〔会社576条3項〕）、有限責任とすることによって、法人は構成員から独立して活動でき、また法人への投資も促進される（安心して投資できる）ことになる。

3 法人制度の改革

- ・2008年施行の一般社団・財団法人法によって、法人制度は大きく改革された。
- ・非営利団体ないし財産の集合は、一般社団法人または一般財団法人となることができ、そのうち公益認定を受けたものだけが公益法人となる。
- ・NPO法人法は従来どおり存続している。
- ・制度改革に伴い、権利能力なき社団・財団は、法人化を望まない場合などに限られた存在になる。

◆ 条 文 ◆

法人の分類でもっとも重要なのは営利法人・非営利法人という分類である。それは、以下のような制度改革の歴史が関係しているからである。

(1) 従来の二分類

2006年に一般社団・財団法人法（2008年12月1日施行）が制定される以前には、法人は、公益法人と営利法人という二大分類で区分され、前者は民法が、後者は商法が規律するという制度となっていた。しかし、このような制度は硬直的で、社会の実体・要請を反映しなくなっており、①公益法人にも営利法人にも属さない団体、たとえば構成員の福利厚生をはかることを目的とする団体は、そのための特別法（信用組合法、各種協同組合法など）がなければ法人制度からはみ出される、②公益法人の設立手続が厳格で、小規模の非営利団体が公益法人になれない、③税制上の優遇措置が公益法人であるか否かで形式的に決められ、実体に適合しない、といった問題点が指摘されるようになった。

437

(2) 特定非営利活動促進法（NPO 法人法）

そこで、1998 年には、市民活動団体など特定の非営利活動を主たる目的とした非営利団体が法人となる途を開くために、「特定非営利活動促進法」が制定された。これによれば、法律が定める特定の非営利活動（保健、医療、福祉の増進など17種類の活動）を目的とする団体は、10 人以上の社員で「特定非営利法人」（NPO 法人）を設立することができる。また、2001 年からは、国税庁長官の認定を受けたもの（認定特定非営利法人）に寄付をした者については、所得税・法人税・相続税の特例措置が認められることになり、法人自身にもみなし寄付金制度などが適用されるようになった（しかし実際に認定を受けているものはごくわずかにすぎない）。

NPO は阪神淡路大震災後の救援活動などをきっかけとして今やわが国に定着しており、今後さらに法人化の拡大が期待されることから、この法律は、一般社団・財団法人法施行後も存続している。

(3) 中間法人法

上記にもかかわらず、公益目的でもなく、営利目的でもなく、また特定の活動を目的とするのでもない非営利団体は、依然として多数存在し、これらは法人になることができなかった。そして、これが後に 10 で述べる「権利能力なき社団・財団」（団体活動をしながら法人でない団体）を生み出す一因となっていた。そこで 2001 年には、「中間法人法」が制定され、①構成員の共通する利益を図ることを目的とする団体が法人となることを認め（公益と営利の中間にあるという意味で、中間法人と呼ばれる）、同時に、②公益法人の一部を中間法人へ移行させて、公益法人の設立は厳格にすることとされた。

しかしこのような改革にもかかわらず、公益法人の有する問題点（公益性の低い公益法人の存在、それにもかかわらず税制上の優遇措置の享受、所轄官庁の幅広い裁量権による民間の公益的活動の制約など）は改善されず、また、非営利法人に関する諸法の分立による制度間のアンバランスが問題として残されたままとなっていた。

(4) 抜本的制度改革

そこで、このような状況を抜本的に見直すこととされ、2006 年に「一般

社団法人及び一般財団法人に関する法律」（一般社団・財団法人法）が制定され、①非営利団体は一定の要件さえ充たせばそれで法人となることができるとともに、②その中で、行政庁（内閣総理大臣または都道府県知事）の公益認定を受けたものが「公益社団・財団法人」とされることになった（公益認定については後に詳説する）。制度改革に伴い、中間法人法は廃止された。

これによって、非営利の団体や財産の集合は容易に法人となることができるようになったので、これまで法制度の狭間で必然的に発生せざるを得なかった権利能力なき社団・財団は、現在では、法人となることを望まない場合など、限られた存在となっている。

このように、法人の現在の制度枠組みは、抜本的改革を経て再スタートしたので、以下では、とくに「法人の設立」および「法人の組織」に関しては、新しい制度の解説が中心となる。しかし、「法人の対外的活動」に関しては、制度改革によっても基本的に変更はなく、従来の判例・学説がそのまま当てはまることが多い。

図表51　法人の種類

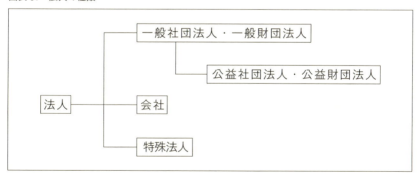

4　法人の設立

・すべての法人は、民法その他の法律によらなければ設立することができない。
・一般社団・財団法人や会社については、法律（一般社団・財団法人法、会社法）が定める要件さえ充足していれば設立が認められる準則主義が採られている。

- 一般社団法人を設立するためには、①非営利目的、設立時社員の存在および設立時理事等の選任、②定款の作成・認証、③設立登記が必要である。
- 一般財団法人を設立するためには、①非営利目的および設立者による財産の拠出、②定款の作成・認証、③設立登記が必要である。
- 一般社団・財団法人には、自主的・自律的な情報公開とアカウンタビリティ（説明責任）が求められている。
- 一般社団法人・財団法人が公益法人となるためには、公益認定を受けなければならない。

◆ 条 文 ◆

(1) 法人法定主義

すべての法人は、民法その他の法律によらなければ設立することができない（民33条）。これを法人法定主義という。憲法では、基本的人権として結社の自由が保障されているが（憲21条1項）、それを法人として認めるか否かは別問題であり、法政策的問題である（NPOの取り扱いなどがその好例である）。法人の設立手続きには、国家の関与の程度に応じて、関与の度合いが高いほうから順に図表52のような類型があるが、近年では、国家の強い関与に対する批判から、規制緩和の傾向が見られ、準則主義によるものが増えている。

図表のように、法人の設立には、民法典以外に、会社法をはじめとして多数の法律が関係する。このうち民法の規定は条文数も少なく、法人に関する原則規定として働くのは、民法33条1項、34条、36条にすぎない。しかし、以下では、①従来の公益法人が民法で規定されており、それが一般社団・財団法人法の制定の基点となったこと、②一般社団・財団法人が非営利法人の一般的な形態であることから、一般社団・財団法人について解説する。

(2) 一般社団法人の設立

一般社団法人の設立の要件は、非営利目的、設立時社員の存在および設立時理事等の選任（以上、実質的要件）、定款の作成・認証（手続的要件）、設

第20章 ◆ 団体の法理／法人の設立

立登記である。

①実質的要件

法人の目的は非営利でなければならない。すなわち、公益目的である必要はないが、構成員に利益を分配することはできない。余剰財産や解散時の残余財産を構成員に分配することもできない（一般法人11条2項参照）。また、社団であるので、設立時に社員となろうとする者が二人以上存在することが必要である。社員は法人であってもかまわない。

②手続的要件

設立時社員が定款を作成し（一般法人10条）、公証人の認証を受けなければならない（一般法人13条）。定款には、目的、名称、主たる事務所の所在地などの必要的記載事項（一般法人11条1項）と、定款の定めがなければ効力がない事項（相対的記載事項）およびその他の事項で法律の規定に違反しない事項（任意的記載事項）（一般法人12条）とがある。また、設立に際しては、設立時理事等の役員を選任しなければならない（一般法人15条）。

③設立登記

設立登記は、一般の不動産登記（民177条〔対抗要件〕）と異なり、成立要件であり、登記しなければ法人は成立しない（一般法人22条）。このためにとくに法人登記制度が設けられ、詳細な規定が置かれている（一般法人299条以下）。

④情報公開

法人設立に対する規制緩和が進んだ一方で、法人自身に自主的・自律的な情報公開とアカウンタビリティ（説明責任）が求められる。法人登記以外にも、法人は明瞭な名称使用を求められ（一般法人5条、7条）、定款を主たる事務所などに備置し、閲覧に供しなければならない（一般法人14条）。また、役員名簿、各種の議事録、会計帳簿、計算書類、貸借対照表、財産目録などの作成・備置・閲覧が義務づけられている（一般法人32条、57条、97条、120条、121条、123条、128条、129条、225条など）。

441

図表52　法人の設立手続き

特許主義	特別法を制定して認める（日本銀行、各種公団・公庫、都市再生機構など）。現在では民営化されているものも多い（日本航空、日本郵政、NTT、JRなど）。
許可主義	設立を認めるか否かが所管行政庁の自由裁量に委ねられる（以前の公益法人）。
認可主義	行政庁が関与するが、一定の要件が備わっていれば設立が認められる（学校法人、医療法人、農業協同組合、生活協同組合など）。自治会、町内会などの地縁団体も、地域的な共同活動のため不動産に関する権利等を保有するために、市町村長の認可により法人となることができる（地方自治260条の2第1項）。
認証主義	一定の要件が備わっていれば、行政庁の認証（確認）を経て設立が認められる（宗教法人、NPO法人）。
準則主義	あらかじめ法律で要件を定め、それを充たすものについては個々に国家の処分を要しない（株式会社、持分会社〔合名会社、合資会社、合同会社〕、一般社団・財団法人、労働組合、弁護士会、弁護士法人など多数）。
当然設立主義	法律上当然に法人とされる（国、地方自治体〔地方自治2条1項〕、相続人不在の場合の相続財産法人〔民951条〕）。
自由設立主義	法律や国家にかかわりなく自由に設立してよい。わが国では民法33条があることから、これによるものはない。

(3) 一般財団法人の設立

　一般財団法人の設立の要件は、非営利目的および設立者による財産の拠出（実質的要件）、定款の作成・認証（手続的要件）、設立登記である。

第 20 章 ◆ 団体の法理／法人の設立

①実質的要件

目的については一般社団法人と同じである。また、財団であるから、設立者が財産を拠出しなければならず（遺言による拠出も可）、その額は 300 万円以上でなければならない（一般法人 152 条、同 153 条 2 項）。

②手続的要件

設立者全員で定款を作成し（一般法人 152 条）、公証人の認証を受けなければならない（一般法人 155 条）。定款記載事項は、一般社団法人とほぼ同様であるが、社員がいないことによる違いがある（一般法人 153 条、154 条）。また、設立に際しては、設立時評議員等を選任しなければならない（一般法人 153 条 1 項 6 号、7 号、同 159 条）。

③設立登記

設立登記が成立要件であることは一般社団法人と同様である（一般法人 163 条）。

④情報公開

情報公開・アカウンタビリティ（説明責任）も一般社団法人と同様である（一般法人 156 条など）。

(4) 公益認定

すでに概説したように、一般社団法人・財団法人が公益法人となるためには、公益認定を受けなければならない。これを定めているのが「公益社団法人及び公益財団法人の認定等に関する法律」（公益認定法）である。それによれば、公益認定を受けるためには、以下の要件を充たすことが必要である（公益認定 5 条）。要件の充足につき、内閣府に置かれる公益認定等委員会または都道府県に置かれる合議制の機関（審議会）への諮問を経て、内閣総理大臣または都道府県知事が公益認定をする（公益認定 3 条、32 条以下）。

①法定の公益目的事業を行うことを主たる目的とすること。公益目的事業とは、学術・技芸・慈善などの 23 種の事業で、不特定多数の者の利益の増進に寄与するものをいう（公益認定 2 条 4 号別表）。事業の実施から得ら

443

れる収入については、適正な費用を償う額を超える収入を得ることが禁止されている（公益認定 14 条）。②事業を行うのに必要な経理的基礎および技術的能力を有すること。③毎年度における公益目的事業比率が 50 パーセント以上となることが見込まれること（公益認定 15 条参照）。④理事・監事・評議員の報酬が不当に高額とならないような基準を定めていること。⑤清算する場合に残余財産を類似の目的を有する他の公益法人または国・地方自治体などに帰属させる旨を定款で定めていること。⑥理事・監事等について欠格事由にあたる者（暴力団員など）がいないこと。

5 法人の組織

- 社員は、一般社団法人のもっとも基礎的な構成要素であり、社員総会の決議を通じて意思を発動する。
- 一般財団法人は財産を構成要素としており、社員、社員総会はなく、理事や監事を監督するために評議員、評議員会を置かなければならない。
- 理事は、法人の業務を執行し、法人を代表する。ただし、理事会設置一般法人では、代表理事が法人の業務を執行し、法人を代表する。
- 理事会は、任意設置機関であるが、公益法人では必須機関であり、法人の業務執行の決定、理事の職務執行の監督、代表理事の選定・解職を行う。
- 監事は、任意設置機関であるが、理事会設置一般法人および会計監査人設置一般法人では必須機関である。
- 会計監査人は、任意設置機関であるが、大規模一般法人では必須機関である。
- 理事、監事、会計監査人、評議員が任務を怠り、法人に損害が生じたときは、法人に対して損害賠償責任を負う。

◆ 条 文 ◆

(1) 一般社団法人の組織

一般社団法人を運営するための組織は、①社員、②社員総会、③理事・

代表理事、④理事会、⑤監事、⑥会計監査人である。

①社員

　社員は、社団法人のもっとも基礎的な構成要素であり、法人の組織・運営・管理などについて意思決定を行う。通常の業務の執行は理事などの役員に委ねるが、理事が法人の目的の範囲外の行為、法律・定款に違反する行為をするかそのおそれがある場合で、法人に著しい損害を与えるおそれがあるときは、社員は、理事の行為の差止めを請求する権利を有している（一般法人88条）。また、理事などの役員の責任を追及する訴え（代表訴訟）を提起することもできる（一般法人278条）。他方、法人が負う債務について社員個人は責任を負わない。経費支払義務は、定款に定めがある場合のみ負う（一般法人27条）。また、任意脱退の自由が保障されている（一般法人28条）。

②社員総会

　社員総会は、必須機関であり、法人に関する一切の事項の決議機関である（一般法人35条1項）。社員の意思はこの決議を通じて発動されることになる。ただし、後述の理事会設置一般社団法人では、権限の多くが理事会に移管されるので、法律または定款で定めた事項に限り決議することができるとされ（一般法人35条2項）、権限が縮小されている。

③理事・代表理事

　理事は、必須機関であり（一般法人60条）、社員総会の決議によって選任される（一般法人63条1項）。理事は、法人の業務を執行し（一般法人76条1項）、法人を代表する（一般法人77条1項）。理事が2人以上いる場合には、業務は過半数で決し（一般法人76条2項）、各理事が法人を代表する（一般法人77条2項）。

　ただし、理事会設置一般社団法人では、理事会が理事の中から代表理事を選定しなければならない（一般法人90条3項）。この場合には、代表理事が法人の業務を執行する（一般法人91条1項1号）。また、理事会設置一般社団法人でなくとも、理事の互選または社員総会の決議によって代表理事を定めることができる（一般法人77条3項）。代表理事がいる場合には、代

445

表理事が法人を代表し（一般法人77条4項）、その他の理事は代表しない（一般法人77条1項ただし書）。

④理事会

　理事会は、任意設置機関であるが（一般法人60条2項）、公益社団法人では必須機関である（公益認定5条14号）。理事会設置一般法人では、理事は3人以上必要であり（一般法人65条3項）、理事会はその全員で組織される（一般法人90条1項）。理事会は、法人の業務執行の決定、理事の職務執行の監督、代表理事の選定・解職を行う（一般法人90条2項）。重要な財産の処分・譲受け、多額の借財など重要な業務執行の決定は、理事会においてしなければならず、決定を理事に委任することはできない（一般法人90条3項）。

⑤監事

　監事は、任意設置機関であるが（一般法人60条2項）、理事会設置一般社団法人および会計監査人設置一般社団法人では必須機関である（一般法人61条）。監事は、理事の職務の執行を監査し、監査報告を作成しなければならない（一般法人99条1項）。

⑥会計監査人

　会計監査人は、任意設置機関であるが（一般法人60条2項）、大規模一般社団法人では必須機関である（一般法人62条）。大規模一般社団法人とは、最終事業年度に係る貸借対照表の負債の部に計上した額の合計額が200億円以上の一般社団法人のことをいう（一般法人2条2号）。会計監査人は、一般社団法人の計算書類およびその付属明細書を監査し、会計監査報告を作成しなければならない（一般法人107条1項）。

(2) 一般財団法人の組織

　一般財団法人の組織は、①評議員、②評議員会、③理事・代表理事、④理事会、⑤監事、⑥会計監査人である。③〜⑥は一般社団法人と同様であり（一般法人197条、170条2項、171条）、一般財団法人に特有の組織は、評議員、評議員会である。

446

第 20 章 ◆ 団体の法理／法人の組織

①評議員

　財団法人の基礎的な構成要素は財産であり、社団法人における社員、社員総会が存在しない。しかし、理事や監事を監督することが必要なので、評議員を置かなければならない（必須機関）（一般法人 170 条 1 項）。このため、評議員は一般財団法人に対して善良な管理者の注意義務（善管注意義務）を負っている（一般法人 172 条 1 項、民 644 条）。評議員は、法人であってはならず、3 人以上でなければならない（一般法人 173 条 1 項、3 項、同 65条 1 項 1 号）。

②評議員会

　評議員会は、必須機関であり（一般法人 170 条 1 項）、すべての評議員によって組織され（一般法人 178 条 1 項）、理事、監事の選任・解任などを行う（一般法人 176 条、177 条）。

(3) 役員・会計監査人の法人に対する義務・責任

　一般法人の役員（理事、監事）、会計監査人、および一般財団法人の評議員と法人とは、委任関係にあり（一般法人 64 条、172 条 1 項）、善管注意義務を負う（民 644 条）。また、理事は忠実義務も負う（一般法人 83 条、197 条）。これにより、これらの者が任務を怠り、法人に損害が生じたときは、これらの者は法人に対して損害賠償責任を負うものとされている（一般法人 111条、198 条）。そして、理事が後述する競業の制限に違反して取引したときは、不当な利益を吐き出させるために、当該取引によって理事または第三者が得た利益の額が法人に生じた損害額であると推定されている（一般法人 111 条 2 項）。

　この責任は、総社員または総評議員の同意がなければ、その全部を免除することができない（一般法人 112 条、198 条）。一部免除については、社員総会または評議員会の決議によってすることができるが、その際の最低責任限度額、免除のための手続きなどが定められている（一般法人 113 条〜116 条、198 条）。また、賠償責任を負う者が複数いるときは、連帯債務となる（一般法人 118 条、198 条）。

447

図表 53　一般社団・財団法人の組織

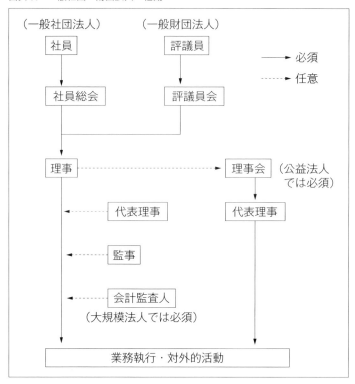

6 法人の能力

- 法人は、法令の規定に従い、定款その他の基本約款で定められた目的の範囲内において権利を有し義務を負う。
- 法人には肉体がないので、自然人のように家族や肉体の存在を前提とする権利を享受することはできない。
- 目的による制限は、営利法人では実際上ほとんどない。非営利法人についても、法人の性質や構成員の利益を考慮して柔軟に判断すべきである。
- 目的の範囲外の行為については、完全に無効ではなく、相手方保護のために表見代理の適用があると解すべきである。

第 20 章 ◆ 団体の法理／法人の能力

◆ 条 文 ◆

　法人は、法令の規定に従い、定款その他の基本約款で定められた目的の範囲内において権利を有し義務を負う（民 34 条）。

　法人の権利能力は、原則として自然人と同じである（そのために法人制度がある）。しかし、法人は、①肉体を有せず（性質による制限）、②法技術的に（法令による制限）、③一定の目的達成のために（目的による制限）、法主体性が認められているので、自然人とは異なり、その能力には一定の制限がある。しかし、その具体的内容は明文上明らかでなく、制限の意義、内容、制限を越えるか否かの判断基準が解釈上議論されている。

◆ 解 釈 ◆

(1) 性質による制限

　法人には肉体がないので、婚姻する権利、親権のように家族を前提とする権利や、生命権、身体拘束からの自由権のように肉体の存在を前提とする権利は享受することができない。相続権も認められないが、遺言により受遺者となることができ（民 960 条以下）、包括受遺者になると相続人と同一の権利義務を有することになる（民 990 条）。また、法人は他人の成年後見人になることができる（民 843 条 4 項参照）。後見人は財産管理について権限を有するが（民 859 条）、それは法人でも差し支えないからである。他方、名誉、氏名などの人格権や無体財産権は、侵害に対する法人の損害を観念することができるので、享有することができると解されている。（最判昭和 39・1・28 民集 18 巻 1 号 136 頁〔名誉侵害による損害賠償請求〕）。

(2) 法令による制限

　法人という制度は、それ自体が一つの法技術であるから、法令による制限が可能である（民 34 条）。たとえば、法人は、他の一般法人の役員（理事・監事）になることができない（一般法人 65 条 1 項 1 号、177 条）。また、一般法人や会社が解散したときは、その清算法人は、清算の目的の範囲内でのみ権利能力を有するものとされている（一般法人 207 条、会社 476 条、645 条、破産 35 条）。

449

(3) 目的による制限

　法人は、定款などの基本約款で定められた目的の範囲内で権利を有し義務を負う（民34条）。法人は一定の目的達成のために認められるものであるから、制限があるのは当然であるが、制限される能力の意義、および目的の範囲の具体的な判断基準について議論がある。

⒜能力制限の意義

　目的により制限される能力の意義について、以下のような説がある。

①権利能力制限説・行為能力制限説

　制限されるのは法人の能力そのもの（権利能力ないし行為能力）であるとする。このような考え方は、法人を自然人と同列に扱うもので法人実在説に親和的であり、従来の通説・判例（大判昭和16・3・25民集20巻347頁、最判昭和44・7・4民集23巻8号1347頁・百選Ⅰ-84・ハンドブック24）である（近江）。

②代表権制限説

　制限されるのは法人そのものの能力ではなく、法人の代表機関の代表権であるとする。このような考え方は、法人は代表者によって行為するという法人擬制説に親和的であり、近年再び有力になっている（内田、加藤、佐久間、四宮・能見）。

③内部制限説

　法人の能力に制限はなく、目的は法人と代表機関との間の内部的義務を定めたものにすぎないとする。このような考え方は、主として法人の対外的活動を広く認めようとする営利法人について主張されているものであり、営利法人には民法34条は適用されないと解する説も存在する。

　以上の議論が実益を有するのは、目的の範囲外でなされた行為の効力をどのように解するかという問題についてである。②の代表権制限説によれば、目的の範囲外で行われた代表機関の行為は法人にとって無権代理行為となり、相手方保護のために当然、表見代理の適用があることになる。こ

第20章 ◆ 団体の法理／法人の能力

れに対して、①の権利能力制限説・行為能力制限説によれば、理論上は、目的の範囲外の行為は完全無効であることになるが、多くの見解は、相手方保護の観点から表見代理の類推適用があると解している。したがって、実際にはいずれの説によっても結論に違いはない。これに対して、③の内部制限説によれば、目的の範囲外の行為であっても対外的には原則として有効であることになる（実際には、一般法人77条5項によることになり、相手方の善意の立証責任が転換されうる点、および無過失が必要ない点で異なる）。しかし、少なくとも非営利法人については、目的を知らないことが通常であるとはいえないので、そのような解釈を採ることは行き過ぎであろう。

(b)目的の範囲の具体的判断基準

　能力制限の意義をどのように理解しようとも、実際上重要なのは、目的の範囲内か否かの判断基準である。そもそも、目的による制限は、19世紀のイギリス法における ultra vires（能力外）理論を基礎としている。これは、法人は一定の目的を達成するために設立が承認されているので、その目的以外に法人財産を利用することはできないという理論である。しかし、これを厳格に解すると、法人の活動が制限され、また、不法行為をすることが法人の目的ではあり得ないので法人は不法行為責任を負わないというように、法人の責任逃れを招くことにもなりかねない（法人の不法行為責任については、後述8参照）。このため今日では、英米法でもこの理論は廃止ないし制限されている。

　わが国でも、文言に限定することなく、目的には法人の目的遂行に直接・間接にかかわるものが含まれると解することに古くから異論がない（大判昭和13・2・7民集17巻50頁、最判昭和27・2・15民集6巻2号77頁、最判昭和44・4・3民集23巻4号737頁）。しかし、具体的には、当該法人を認める法の趣旨、法人の事業の内容などを考慮して個別的に判断するよりない。このように考えると、法人が営利法人か非営利法人かは判断に大きな影響を与える要素となりうる。

①営利法人

　営利法人については、営利の追求に資するのであれば、目的による制限を厳格に解さなければならない必要性はなく、目的の範囲は緩やかに判断

451

されてきた。現在ではほとんど制限がない状況にある。たとえば、戦前においても、鉄道会社が採炭事業をすることは、たとえ燃料用に適さない石炭であっても目的の範囲内であるとされ（大判昭和6・12・17新聞3364号17頁）、戦後も、鉱山会社が床板売買をすることや（最判昭和30・3・22判時56号17頁）、製鉄会社が特定の政党に政治献金すること（最大判昭和45・6・24民集24巻6号625頁・ハンドブック25）なども目的の範囲内であるとされている。もっとも、実際には、今日では営利法人の定款で目的が幅広く定められており、目的による制限ということ自体が問題にならなくなっている。

②非営利法人

これに対して、非営利法人については、従来の公益法人や特別法による法人の設立に許可主義ないし認可主義が採られ、一定の公益・公共的な目的達成のために特に法人の設立が認められていたという事情から、一般的には、目的の範囲は厳格に判断されるべきだと解されてきた。しかし、現在では、非営利法人の設立と公益認定とは別問題となり、また特別法でも準則主義によるものが増えているので、少なくとも公益法人ではない非営利法人については、以前のように厳格に解する必要はないように思われる。実際には、これまでも、当該法人の性質や構成員の利益を考慮した柔軟な判断が示されており、今後はこれを一般化してよいであろう。たとえば、農業協同組合の非組合員への融資について、組合の経済的基礎を確立するために提携業者に融資をすることは目的の範囲内であるが（最判昭和33・9・18民集12巻13号2027頁・ハンドブック23）、建設業者に対して迂回融資すること（組合が銀行に預金し、銀行がこの預金を担保に建設業者に融資する）は目的の範囲外であるとされている（最判昭和41・4・26民集20巻4号849頁）。また、税理士会が税理士法改正に関して政治団体に活動資金を提供するために特別に会費を徴収するという総会決議は無効であるが（最判平成8・3・19民集50巻3号615頁・百選Ⅰ-7）、司法書士会が大震災で被災した他の司法書士会へ寄付するために特別負担金を徴収するという総会決議は有効であるとされている（最判平成14・4・25判時1785号31頁・ハンドブック26）。

なお、目的の範囲を越えていることの主張・立証責任は、法人の行為の効力を否定しようとする者にあると解されている。

第 20 章 ◆ 団体の法理／法人の対外的活動

7　法人の対外的活動

- ・一般法人の代表機関は、理事または代表理事である。
- ・理事または代表理事は、法人の業務に関する一切の行為を行う包括的な権限（代表権）を有する。
- ・代表権には、①法令による制限、②定款・社員総会・理事会による制限、③法人との競業・利益相反行為の制限がある。
- ・法令による制限、競業・利益相反行為の制限に違反する行為は、無権代理となり、表見代理の適用があると解すべきである。
- ・定款等による制限は、善意の第三者に対抗することができない。
- ・代表理事以外の理事に代表権を有するかのような名称を付した場合には、法人はその理事がした行為について善意の第三者に対して責任を負う。

◆ 条 文 ◆

(1) 法人の代表機関

　一般法人の代表機関は、理事である（一般法人 77 条 1 項）。理事が 2 人以上いる場合には、各自が法人を代表する（一般法人 77 条 2 項）。ただし、代表理事が存在する場合には、代表理事が代表機関であり（一般法人 77 条 4 項、197 条）、他の理事は代表権を有しない（一般法人 77 条 1 項ただし書、197 条）。

　理事または代表理事は、法人の業務に関する一切の行為（法律行為だけでなく事実行為を含む）を行う包括的な権限（代表権）を有する（一般法人 77 条 1 項、4 項、197 条）。代表者による法律行為が有効であるというためには、代理の場合と類似した要件が必要である。すなわち①法律行為がなされたこと、②行為者に代表権があったこと、③顕名があったことを主張・立証する必要がある。ただし、代表権については、当該行為について代表権があったことまで主張・立証する必要はない（代表権がなかったことが相手方の抗弁になる）。

453

(2) 代表権の制限

　代表権には、以下のような制限がある。①法令による制限、②定款・社員総会・理事会による制限、③法人との競業・利益相反行為の制限。また、法人の目的についての代表権制限説によれば、目的による制限も代表権の制限になる（内容は前述した）。代表権に制限があることの主張・立証責任は、代表権を否定しようとする者にある。代表権の制限に違反する行為の効力に関しては、議論がある（◆解釈◆参照）。

(3) 表見代表理事

　代表理事が存在する場合には、代表理事のみが代表権を有するので、他の理事の行為は法人に帰属しないことになる。しかしそれにもかかわらず、理事長など代表権を有するかのような名称を理事に付した場合には、法人はその理事がした行為について善意の第三者に対して責任を負う（一般法人82条、197条）。これは新109条の表見代理の特則になる。以前は表見代理以外に規定はなかったが、法人制度の改革に伴い、商法（24条）、会社法（13条、354条）と同様の規定が設けられた。

◆　解　釈　◆

(1) 法令による制限に違反する行為の効力

(a)制限違反行為の効力

　理事会設置一般法人では、重要な財産の処分および引受け、多額の借財、重要な使用人の選任および解任などは、理事会の権限であり、理事ないし代表理事に代表権はない（一般法人90条4項、197条）。会社についても、取締役会設置会社の場合に同じような制限がある（会社362条4項）。従来は、これらよりも地方公共団体の長の権限が法令によって制限されている場合について議論されてきた。これらは、権限があるがそれを法人内部で制限するのとは異なり、元々権限がないので、本来的制限（または原始的制限）といわれる。ただし、具体的に何が重要な財産か、多額の借財かの判断は微妙である。

　法令による制限に違反する行為は無効である。行為の相手方保護が問題になるが、単なる内部制限ではないので、内部制限の存在を善意の第三者に対抗できないという規定（一般法人77条5項）の適用はない。しかし、相

手方保護の観点から、代表者の行為は完全無効ではなく、表見代理（越権代理に関する新110条）の適用があると解されている（大判昭和16・2・28民集20巻264頁、最判昭和39・7・7民集18巻6号1016頁・ハンドブック89〔市町村長の代表権も旧110条の基本代理権にあたるとしたもの〕）。ただし、この制限は法令に規定されており、法令を知らないからといってそれだけで保護することはできないので（「法の不知はこれを許さず」）、正当理由の有無の判断は通常の越権代理の場合よりも厳格になされ、正当理由なしとされることも少なくない（最判昭和34・7・14民集13巻7号960頁、最判昭和35・7・1民集14巻9号1615頁、最判昭和57・3・20訟月28巻11号211頁）。

(b)不法行為責任との関係

　制限違反の行為によって相手方が損害を被れば、法人の代表者による不法行為として法人が責任を負うこともありうる（一般法人78条、197条。詳しくは後述8参照）。このような場合、表見代理（新110条）と不法行為のどちらが適用されることになるかについて議論がある。すでに新110条について民法715条との関係について述べたように（第18章9◆発展問題◆）、大別すれば、①表見代理優先説（まず当該行為が有効か否かを判断すべきであり、無効である場合にはじめてその責任を追及すべきである）と、②選択可能説（表見代理と不法行為は別制度であり、どちらを適用してもかまわない）とがあり、判例（前掲、最判昭和34・7・14）・学説上①説が有力である。これに不法行為では過失相殺（新722条2項）が可能であることをさらに考慮して、まず新110条（有効か否か）、次に不法行為（責任）、不法行為が成立する場合でも過失相殺（一部責任）というように段階的に考えてゆくべきであろう。ただし、これは相手方が両方の主張をした場合にどちらを適用すべきかという問題であり、相手方が一方だけの主張をした場合に、他方が成立するという抗弁を法人がすることは信義則上許されないというべきである。

(2) 定款等による制限に違反する行為の効力
(a)制限違反行為の効力

　代表権は定款等により制限することができるが、この制限は善意の第三者に対抗することができない（一般法人77条5項、197条）。会社についても同様の規定がある（会社349条5項）。これは、表見代理規定の特則にな

455

る。善意の主張・立証責任について、判例は第三者にあるとするが（最判昭和60・11・29民集39巻7号1760頁・百選Ⅰ-31・ハンドブック92）、学説では法人にあるとするのが有力説である（内田、河上、四宮・能見）。条文の体裁上は判例のように解するのが素直であるが、理事の代表権は包括的であり、相手方は代表権があると信じるのが通常であるから、有力説が妥当である。また、無過失については、重過失ある者は保護されないとした判例があるが（最判昭和47・11・28民集26巻9号1686頁〔ただし旧法下かつ宗教法人〕）、法人の内部制限の有無について相手方に調査義務を課すのは妥当でなく、善意のみで足りるというべきである（山本）。

⒝制限を知っている場合の効力

定款に制限があることは知っていたが、その制限を解消するための手続き（たとえば理事会の承認など）を取っていると信じた場合にはどうなるか。このような場合には、制限について悪意なので、一般法人法77条5項の適用はない。しかし、制限を知りながらそれが解消されたと信じた者が何もしないで制限をまったく知らない者よりも保護されないというのは妥当でない。他方、制限があることは知っているのであるから、それが解消されているか否かについて調査義務を課しても酷ではない。したがって、このような場合には新110条の表見代理の適用があると解すべきである（最判昭和60・11・29民集39巻7号1760頁・百選Ⅰ-31・ハンドブック92〔ただし類推適用とする〕）。理事会非設置一般法人で、理事が複数存在する場合に、その過半数の議決を経ないで一人の理事が代表行為をした場合にも（一般法人76条2項参照）、一般法人法77条5項の適用がないが、同様にして新110条の適用があるというべきである。

(3) 競業・利益相反行為の効力

理事は、以下の場合には、法人に損害を及ぼし、または法人と利害が対立するおそれがあるので、社員総会または理事会に対して、当該取引について重要な事実を開示し、その承認を得なければならない（一般法人84条、92条、197条）。①自己または第三者のために法人の事業の部類に属する取引をしようとするとき（競業）。②自己または第三者のために法人と取引をしようとするとき（自己契約、双方代理）。③法人が理事の債務を保証する

第 20 章 ◆ 団体の法理／法人の対外的活動

図表 54　定款等に違反する行為の効力

有効だが例外的に無効になる場合	無効だが例外的に表見代理の適用がある場合
・定款等による制限違反（一般法人77条5項）	・表見代表理事（一般法人82条） ・目的による制限違反 ・法令による制限違反 ・定款等による制限を知っていた場合 ・自己契約・双方代理・利益相反行為の制限違反 ・代理権の濫用（新107条）

ことその他理事以外の者との間において法人と理事との利益が相反する取引をしようとするとき（利益相反行為）。なお、利益相反行為については、以前は、自然人の制限行為能力者の場合のように特別代理人を選任することとされていたが、法人制度の改革に伴い、会社の場合と同様、承認を得ることに変更された。

　①の制限に違反した場合でも、その行為は法人の行為ではないため有効であるが、理事は法人に対して損害賠償責任を負う（一般法人111条1項、2項）。

　②③の制限に違反する行為は、無権代理行為になり、表見代理の適用があると解されている（民法改正により、民法でも新108条では無権代理とみなすと規定された）。しかし、会社の場合にも同様の規定があり（会社356条1項）、これについては、会社と取締役との間では無効であるが、善意の第三者には対抗することはできないと解されており（最大判昭和46・10・13民集25巻7号900頁）、第三者保護がよりはかられている。このため一般法人についても、この制限は内部制限にすぎないとして一般法人法77条5項によるべきであるとする少数説もある。しかし、非営利法人についてそこまで第三者保護をはかる必要はないであろう。

（4）代表権の濫用

　理事または代表理事が代表権を濫用した場合については、すでに代理権

457

濫用として説明した（第18章4）。民法改正により、代理権濫用に関する規定が新設され、代理権濫用行為は、相手方が代理人の自己または第三者の利益を図る目的を知りまたは知ることができたときは無権代理とみなすと規定された（新107条）。

8　法人の不法行為責任

- ・代表理事その他の代表者がその職務を行うについて第三者に損害を加えた場合には、一般法人は第三者に対して損害賠償責任を負う。
- ・「職務を行うについて」にあたるか否かは、取引行為については当該行為が外見上代表権の範囲内の行為であったと見えるか否かにより（外形標準説）、事実行為については職務と関連性があるか否かにより（関連性説）判断される。
- ・取引行為については、相手方が悪意または重過失がある場合には、法人は責任を負わないと解されている。
- ・法人は、それ以外にも、従業員の不法行為について使用者責任を負うなど、種々の場合に不法行為責任を負うことがある。
- ・法人が不法行為責任を負う場合であっても、加害行為をした代表者個人もまた不法行為責任を負う。
- ・理事、監事、会計監査人または一般財団法人の評議員がその職務を行うについて悪意または重大な過失があったときは、これらの者は、これによって第三者に生じた損害を賠償する責任を負う。

◆ 条 文 ◆

法人の不法行為責任については、以下のように種々の場合がある。

(1) 代表者の行為に対する法人の責任

法人の代表者が法人のためにした行為の効果は法人に帰属し、法人が利益を享受する。しかし、他方で、その行為が不法行為となる場合には、法人は不法行為をすることを目的としているはずもなく、目的の範囲外の行為であるとして責任を負わない、というのでは不合理である。そこで、代

第 20 章 ◆ 団体の法理／法人の不法行為責任

表理事その他の代表者がその職務を行うについて第三者に損害を加えた場合には、一般法人は第三者に対して損害賠償責任を負うものとされている（一般法人 78 条、197 条）。これは、法人実在説によれば、法人自身が不法行為責任を負うことの確認的な規定であることになるが、法人擬制説によれば、使用者責任（民 715 条）と同様、報償責任（利益の存するところ責任もある）や危険責任（危険を管理できる立場にある者は責任も負う）の理念に基づく代位責任の規定であることになる。説明の問題であり、いずれに解しても要件上大差はない（ただし、「企業責任」については後述する）。

代表者の行為により法人の責任が認められるための要件は以下のようである。①当該行為が不法行為の要件を充足していること。②代表理事その他の代表者の行為であること。③職務を行うについて加えた損害であること。これらの要件は損害賠償を請求する者が主張・立証しなければならない。また、①の要件は、条文上は明らかでないが、一般社団・財団法人法 78 条は不法行為に関する規定であり、民法 709 条と同様にして、代表者の故意または過失、権利侵害、損害の発生、因果関係を主張・立証しなければならないと解されている。

(2) その他の規定に基づく法人の責任

法人は、上記の責任以外にも、種々の規定に基づき、たとえば以下のような行為について不法行為責任を負うことがある。

①従業員の不法行為について（民 715 条〔使用者責任〕。一般法人 78 条との関係については後述する）、②法人が占有または所有する土地工作物の設置または保存の瑕疵について（民 717 条〔工作物責任〕）、③法人が保有する自動車による交通事故について（自動車損害賠償保障 3 条〔運行供用者責任〕）、④大気汚染などによる健康被害について（大気汚染防止 25 条 1 項など）、⑤私的独占または公正取引に違反する行為について（独占禁止 25 条）、⑥欠陥商品について（製造物責任 3 条）。

(3) 法人代表者の個人責任

法人が不法行為責任を負う場合であっても、加害行為をした代表者個人もまた不法行為責任（民 709 条）を負う（大判昭和 7・5・27 民集 11 巻 1069 頁〔ああ玉杯に花うけて事件〕、最判昭和 49・2・28 判時 735 号 97 頁〔株式会社の代

459

表取締役の事例〕）。

　目的の範囲外であることなどによって法人が責任を負わない場合でも、代表者の行為が不法行為であれば、代表者個人が責任を負うのは当然である。これに関連して、法人法制が改革される前には、法人が責任を負わない場合、代表者の行為に賛成した社員、理事などは代表者と連帯して責任を負うという規定があった（旧44条2項）。現在ではこのような規定はないが、共同不法行為（民719条）として処理されることになろう（実質上差異はない）。

　しかし他方では、理事、監事、会計監査人（以上を役員等という）または一般財団法人の評議員がその職務を行うについて悪意または重大な過失があったときは、これらの者は、これによって第三者に生じた損害を賠償する責任を負うという規定が新たに設けられた（一般法人117条1項・2項、198条。会社429条、597条に同様の規定がある）。これは、これらの者が第三者に対して直接故意・過失がなくても責任を負うことを定めたものである。法人法制の改革により、非営利法人についても活動の自由が拡大する一方、法人自身による自己管理が重要になったことから、役員などの責任が強化されているものといえよう。たとえば、義務違反により法人の資産状況が悪化し、第三者が法人に対する債権を回収できなくなったとか、はじめから支払いの見込めない物品を第三者から購入し、第三者が法人からその代金を回収できなかったというような場合が考えられる。賠償責任を負うべき者が複数存在する場合には、それらの者は連帯責任を負う（一般法人118条、198条）。

◆　解　釈　◆

　代表者の行為による法人の不法行為責任（一般法人78条）の要件については、以下の点が議論されている。

(1)「代表理事その他の代表者」の意義

　理事が代表者である場合は理事が、代表理事が存在する場合には代表理事がした行為であることが必要である。法人の被用者や法人の任意代理人には代表権はないので、含まれない。これらの者の不法行為については、不法行為をした者を使用していた者の責任（使用者責任）として民法715条

第 20 章 ◆ 団体の法理／法人の不法行為責任

の問題になる。同条では、使用者の免責の可能性が規定されているが、実際には免責はほとんど認められないので、一般社団・財団法人法78条と実質的な違いはない。

(2)「職務を行うについて」の意義

①取引行為（取引的不法行為）

代表者の職務の意味を厳密に解するならば、不法行為をすることが職務であるとはいえなくなってしまう。被害者保護の観点からすれば、当該不法行為が取引行為である場合には、それを正当な取引行為であると信じた相手方の信頼を保護しなければならない。そこで、この「職務を行うについて」とは、このような取引的不法行為については、「当該行為が外見上客観的に見て法人の事業活動ないし代表権の範囲内の行為であると見える」という意味であると解されている（外形標準説）。このような解釈によって、たとえば、市長が実際には自己の用途のために手形を振り出した場合であっても、市に損害賠償責任があるとされ（最判昭和41・6・21民集20巻5号1052頁）、クロロキンで網膜症になった場合に、製薬会社の代表者が危険を予見または予見可能であったとして会社に損害賠償責任があるとされている（東京高判昭和63・3・11判時1271号3頁）。

ただし、外形標準説は、相手方の信頼を保護するための理論であるから、当該行為が職務に属さないことについて相手方が悪意または重過失がある場合には、法人は責任を負わないと解されている（最判昭和50・7・14民集29巻6号1012頁・ハンドブック27）。悪意または重過失の主張・立証責任は、責任を否定しようとする者、すなわち法人にある。重過失とは、当該取引で当然要求される注意を怠ったといえるような態様の過失であり、通常の過失にすぎない場合には、法人の責任を認めたうえで過失相殺（新722条2項）をすればよいであろう。

なお、取引行為が表見代理の規定により有効になりうる場合には、表見代理と不法行為責任のいずれによるかという問題があるが、これについては前述した。

②事実行為

取引行為でない事実行為（事故、暴力など）については、当該行為を代表

461

者の職務と信頼するということはあてはまらない。そこで、外形標準説とは別の基準が必要であり、代表者の行為がその職務と関連性があるか否かが判断基準になると解されている（関連性説）。たとえば、会社の事例ではあるが、代表取締役が代表者と従業員という関係を利用して従業員に対して勤務中または終了後に会社内でセクハラ行為をした場合には、会社は損害賠償責任を負う（東京地判平成 12・3・10 判時 1734 号 140 頁）。

◆ **発 展 問 題** ◆

企業責任

　一般社団・財団法人法 78 条や民法 715 条では、代表者や被用者の行為が不法行為となることが必要であり、これらの者の故意・過失を主張・立証しなければならない。しかし、公害のように法人が組織的に事業を行いそれが不法行為となるような場合には、誰に故意・過失があるのかを特定することが実際上困難なことがある。そこで、学説では、このような場合には法人そのものが加害者であるとして、民法 709 条によって直接不法行為責任（企業責任）を問うことができるという見解がある（内田、近江参照）。裁判例でも、このような考え方によっているものもみられる（熊本地判昭和 48・3・20 判時 696 号 15 頁〔熊本水俣病判決〕、福岡地判昭和 52・10・5 判時 866 号 21 頁〔カネミ油症判決〕）。

　たしかに、法律論としてみれば、故意・過失の立証の程度を緩和するなどすれば、このような考え方によらなくとも被害者を救済できないわけではない。このため学説では、このような考え方は法律論としてよりも社会に対するアピールの側面が大きいと評価するものも多い。しかし、法人の活動そのものないし法人のあり方自体が問題視されているときに、必ず代表者など個人の責任を特定してそれを経由しなければ法人の責任を問えない（すなわち悪いのは代表者などである）というのは疑問である。すでに述べた工作物責任（民 717 条）や製造物責任（製造物責任 3 条）のように、法人の不法行為責任が直接問われる規定も現に存在しており、また、法人の行う取引についての債務不履行責任（新 415 条）では、法人自身が責任を負うのは当然なのであるから、法人自身が不法行為をすることもあることを否定すべきではないように思われる（河上）。

462

第20章 ◆ 団体の法理／法人の解散・清算

9　法人の解散・清算

・一般法人は、法律が定める一定の事由にあたる場合に解散し消滅する。
・解散しても債権の取立て、債務の弁済、残余財産の処理などについて清算をしなければならないので、その間、法人は清算法人として存続する。
・残余財産の帰属については、法人自身の決定が尊重されるが、公益法人においては制限がある。

◆　条　文　◆

　一般法人は、自然人のように死亡するわけではないので、どのような場合に消滅するかを定めておく必要がある。これが解散であり、法人は以下の事由によって解散し消滅する。解散した場合は登記しなければならない（一般法人308条など）。また、自然人と異なり相続が認められていないので、債権の取立て、債務の弁済、残余財産の処理などについての清算を法人自らがする必要がある。

(1)　解散

　一般社団法人・財団法人の解散事由は図表54のとおりである（一般法人148条、202条）。

①共通の解散事由

　合併とは、二つ以上の法人の一部または全部が解散するが、清算手続きを経ることなく存続法人または新設法人に承継されることであり、一つの法人が消滅する法人を吸収するタイプ（吸収合併）と、すべて消滅させて新しい法人を設立するタイプ（新設合併）とがある（一般法人2条5号、6号）。解散事由となるのは、合併により消滅する法人についてのことである。

　解散を命ずる裁判とは、不法な目的に基づいて法人が設立されたときや正当な理由がないのに事業を休止したときなどに、法務大臣や法人の社員、評議員、債権者その他の利害関係人の申立てにより裁判所が命ずる解散命

463

図表55　一般社団・財団法人の解散事由

共通の解散事由	一般社団法人に特有な事由	一般財団法人に特有な事由
・定款で定めた存続期間の満了 ・定款で定めた解散事由の発生 ・合併 ・破産手続開始の決定 ・解散を命ずる裁判	・社員総会の決議 ・社員の欠員	・目的事業の成功の不能 ・純資産額の減少

令（一般法人261条）、または、法人の業務執行が著しく困難な状況になったときなどに、社員または評議員が訴えによってする解散請求（一般法人268条）のことである。

　以上のほかに、休眠法人は、一定の手続を経た上で解散したものとみなされることがある（一般法人149条、203条〔みなし解散〕）。休眠法人とは、法人としての活動の実体を喪失しているにもかかわらず登記などの上では存続しているものであり、これを整理して、悪用されることを防止しようとするものである。

②一般社団法人に特有な解散事由

　社員総会の決議は、総社員の2分の1以上で、かつ議決権の3分の2以上（それ以上の割合を定款で定めた場合にはその割合）の多数による決議（特殊決議）によらなければならない（一般法人49条2項6号）。また、欠員とは社員が一人もいなくなったことである。

③一般財団法人に特有な解散事由

　目的事業の成功の不能とは、基本財産の喪失その他の事由により目的事業の成功が不能となった場合である（一般法人202条1項3号）。純資産額の減少とは、貸借対照表上の純資産額が2期連続で300万円未満となった場合である（一般法人202条2項）。

第20章 ◆ 団体の法理／法人制度と実体との調整

(2) 清算
①清算法人
　法人が解散したときは、清算をしなければならない（一般法人206条1号）。ただし、破産手続開始の決定によって解散した場合は、破産法に従い、破産管財人が財産整理を行う。それ以外の場合には、法人は清算の目的の範囲内で清算が結了するまでなお存続するものとみなされる（一般法人207条）。これを清算法人という。清算の目的の範囲については、清算に必要な行為か否かで個別に判断するほかない。清算法人には清算人を置かなければならず（一般法人208条1項）、清算人は、(a)現務の結了（解散前に締結された契約の履行など）、(b)債権の取立ておよび債務の弁済、(c)残余財産の引渡しを職務とし（一般法人212条）、そのために清算法人の内部的な業務を執行し（一般法人213条）、対外的に清算法人を代表する（一般法人214条）。

②残余財産の帰属
　残余財産がある場合、その帰属については法人自身の決定が尊重されており、以下の順序で決める（一般法人239条）。すなわち、(a)定款の定めがあるときはそれによる。(b)それによって定まらないときは、清算法人の社員総会または評議員会の決議による。(c)それでも定まらないときは国庫に帰属する。ただし、公益法人については制限があり、残余財産を類似の目的を有する他の公益法人または国・地方自治体などに帰属させることを定款で定めていないと、そもそも公益認定が受けられないことに注意が必要である（公益認定5条18号）。

10　法人制度と実体との調整

・形式的には法人であっても、実質的には構成員と別に法主体性を認めることが妥当でない場合には、法人格が否認されることがある（法人格否認の法理）。
・形式的には法人でなくとも、実質的には構成員と別に法主体性を認めることが妥当な場合には、可能な限りで法人と同等の取扱いが認められている（権利能力なき社団・財団）。
・近年の法人法制の改革により、法人になることを望む団体は、ほと

465

んど法人になることが可能となったので、権利能力なき社団・財団の理論の必要性は従来よりも限定的になる可能性がある。

◆ 条 文 ◆

　法人制度は、設立の手続を取らない社会的な実体にそのまま法律効果を付与する制度ではない。したがって、法人として認められながら実際にはその実体を欠く団体、また、法人ではないが実際にはその実体を有する団体が存在する。しかし、民法ないし一般社団・財団法人法には、このような制度と実体との乖離を調整する規定はなく、それを補充するために以下のような解釈が展開されてきた。

◆ 解 釈 ◆

(1) 法人格否認の法理

　法人格否認の法理とは、法人格がまったくの形骸にすぎない場合や法律の適用を回避するために濫用されている場合に、法人格を認める目的にそぐわないので、法人格を否認する法理である。否認するとは、法人であることを否定してしまうという意味ではなく、当該紛争においては法人としての独立の法主体性を認めない、という意味である。

　判例でも、実質的には個人企業に等しい株式会社の代表取締役が個人名義で店舗の明渡しにつき和解しておきながら、会社に対する明渡請求に対して、会社は和解していないと主張した事案において、和解は会社の行為であると認められた例を先駆けとして（最判昭和44・2・27民集23巻2号511頁・ハンドブック20）、今日では確立した法理となっている（最判昭和48・10・26民集27巻9号1240頁〔居室の明け渡しおよび延滞賃料の債務につき、実質上、従来の会社と異ならない新会社を設立した事例〕、最判平成17・7・15民集59巻6号1742頁〔債権者からの強制執行を免れるために、所有する物件が別法人のものであると主張した事例〕など多数）。

　このほか、本来は二当事者間の取引であるのに、形式上その間に別法人を介在させることによって、本来の当事者間に直接の法律関係が生じないようにすることもあり、このような場合にも、事案によってはダミーとされた法人の法人格を否認し、本来の当事者間の取引に還元する必要性があ

第 20 章 ◆ 団体の法理／法人制度と実体との調整

るなど、この法理の有用性は高い。しかし他方では、明文のない法理であり、その要件・効果も一般化できるほどに明確とはいえないので、これが法人格否認の法理の濫用となってはならず、適用にあたっては、法人の社会的・経済的実体、法人と代表者との関係、取引の種類・内容などから見て、その法人に法主体性を認めることが妥当か否かを細かく検討する必要がある。

(2) 権利能力なき社団・財団

　権利能力なき社団・財団とは、法人格のない社団・財団である。法人格がない以上、法人としての効果を享受することはできず、組合の規定（民667条以下）に従って法律関係が処理されるはずである。しかし、従来の判例・学説は、①従来の公益法人・営利法人という分類では、会員相互の福利厚生をはかることを目的とするなどのように、公益・営利のいずれをも目的としない団体（たとえばクラブ、同窓会、商店会など）は、たとえ望んでも特別法がない限り法人となることができない（ただし、近年では法人制度が順次改革されてきたことはすでに見てきたとおりである）、②法人になることはできるが、主務官庁の監督や面倒な設立手続きを避けるために法人となることを望まない場合もある、③設立中の法人は時期的に法人格を取得することができない、といった理由から、法人としての実質を有するが法人格を有しない団体の存在を承認し、それらについてはできるだけ法人と同様の取扱いをしようとしてきた。今日では、数多くの判例によって、以下のような要件・効果が確立されている（以下のようにして法人と同様の取扱いを受けるものだけを権利能力なき社団・財団ということもある）。

(a)法人と同様の取扱いをするための判断要素

　社団が社団法人の実体を備えていると判断されるためには、代表、運営、財産管理の方法などが確立していることが必要であり、具体的には、①団体としての組織を有し、②多数決原理で運営され、③構成員が交代しても団体が存続するなどの点が考慮されている（最判昭和39・10・15民集18巻8号1671頁・百選 I -8・ハンドブック19、最判平成6・5・31民集48巻4号1065頁・百選 I -78・ハンドブック22など）。他方、財団が財団法人の実体を備えていると判断されるためには、①出捐財産が個人財産から明確に分離され

467

て管理・運用されていることおよび、②財産の管理・運用機構が確立していることが必要であるとされている（最判昭和44・6・26民集23巻7号1175頁〔清水育英会事件〕）。

(b)内部関係

　以上の要素を備えた団体については、内部関係において組合とは異なる取扱いがなされる。すなわち、①団体財産は、個人財産とは別に団体構成員の総有となる。これは構成員が団体財産に対して持分権や分割請求権を有しないことを意味する。②ただし脱退時の出資金などの払戻しについては、組合では脱退した組合員の持分の払戻しが認められているが（民681条）、権利能力なき社団・財団では、判例は、団体財産が総有であることを理由にこれを否定する（最判昭和32・11・14民集11巻12号1943頁〔品川白煉瓦未登記労働組合事件〕、最判昭和49・9・30民集28巻6号1383頁〔国労大分地本事件〕）。しかし、権利能力なき社団・財団は法人でも組合でもない以上、団体財産の帰属にも多様性がありうるので、むしろ団体と構成員間で出資に関してどのような合意がなされているかにより個別に処理すべきではないかと思われる。

(c)対外的関係

　対外的関係においては、法人と同じような扱いがなされる。すなわち、①権利能力なき社団・財団の債務については、団体財産だけが引き当てとなり（有限責任）、個人財産に及ばない（最判昭和44・11・4民集23巻11号1951頁〔CEO財団事件〕、最判昭和48・10・9民集27巻9号1129頁・百選I-9〔東北栄養食品協会事件〕）。また、②訴訟の当事者能力は、民事訴訟法29条で、代表者または管理人の定めがある団体にも認められている。③預金実務においては、団体名義での預金は認められていないが、団体と代表者の肩書きを付した個人名義での預金が認められている。

　これに対して、④不動産登記については、団体名義での登記だけでなく、肩書き付での個人名義の登記も認められていない（最判昭和47・6・2民集26巻5号957頁・ハンドブック21）。しかし、これでは団体財産と個人財産との区別が困難になり、代表者個人に対して強制執行がなされた場合などに問題が生じるという懸念が示されている。他方では、登記を安易に認め

第20章 ◆ 団体の法理／法人制度と実体との調整

ると、逆に個人財産隠しがなされてしまうということもある。ただし、この問題は長い間、権利能力なき社団・財団に関する懸案とされてきたが、一般法人の設立が広く認められるようになった現在では、個人財産からの分離を望むならば法人にすればよく、そうしていない以上不利益を被ってもやむを得ないともいえる。

(d)類型的処理の必要性

以上のように、判例は、全体としては権利能力なき社団・財団であることから一律に法人並みの効果を付与してきた傾向があるのに対して、近年の学説では、とくに構成員の有限責任について、それは団体であることからする必然ではなく（会社でも、合名会社の社員は無限責任社員であり、合資会社の社員には無限責任社員と有限責任社員とがある〔会社576条2項・3項〕）、団体の態様や目的に応じて区別すべきであるという見解が有力である。たとえば、①(i)小規模の親睦団体（クラブ、同好会など）においては、たとえ団体名で債務を負っても個人責任を負うべきであり（懇親会の費用など）、(ii)大規模で独立性が強い団体においては、できるだけ法人の規定を類推適用し、(iii)中間的な団体については、その目的に応じて、営利目的の団体では合資会社のように社員の連帯責任とし、非営利目的の団体では組合の規定（民674条、新675条）を類推適用するという見解や、②持分の定めがある団体では無限責任とし、持分がない団体では有限責任とすべきであるという見解、③団体財産として確保するための措置が取られている団体では有限責任、取られていない団体では無限責任とすべきであるという見解などが主張されている。

これらの見解の違いは、権利能力なき社団・財団を類型化する際の視点の違いによるものであり、いずれかの見解のみによらなければならないというものではない。事案に応じてもっとも適切な区別を利用すればよい。

◆ 発 展 問 題 ◆
法人法制の改革との関係

以上のような議論は、主として、法人法制が改革される以前において、権利能力なき社団・財団が法人制度に関する民法とその他の法律の制度間ギャップから必然的に発生するという状況をふまえて展開されてきたもの

469

である。しかし、近年の法人法制の改革により、法人になることを望む団体は、ほとんど法人になることが可能となった。たしかに、設立中の法人のように、法人未満の団体がなお生じることはあるが、多くの場合には、法人となることをあえて望まない団体が残ることになる。当面は、有力説の説くように、団体としての独立性が社会的かつ内部的に確立しているものについて法人並みの取扱いをするが、とくに有限責任については、さらに個別的な検討を要すると解しておくべきであろう。しかし、今後の方向性としては、法人制度の利用状況にもよるが、権利能力なき社団・財団の理論の必要性は次第に限定的になるであろう。

第21章 一般条項
（公共の福祉・信義則・権利濫用の禁止）

1 民法の基本理念と私権行使の基本原則

- 民法典の冒頭の1条では、民法典を貫く私権行使の基本原則として、①公共の福祉の原則、②信義誠実の原則（信義則）、③権利濫用の禁止が定められている。これらは、個人の行動準則である。
- これらの原則は、既存の法規範や当事者の定めた規範（合意）だけでは民法の基本理念が実現できない場合に、規範の具体的な内容を明らかにし、法の欠缺を補充する。また、基本理念を修正するために、新たな規範を創造する根拠とされることもある。

◆ 条 文 ◆

民法1条では、民法典全体を貫く私権行使の基本原則として、以下の三つの原則が定められている。

①公共の福祉の原則（民1条1項）：私権は、公共の福祉に適合しなければならない。

②信義誠実の原則（信義則）（民1条2項）：権利の行使及び義務の履行は、信義に従い誠実に行わなければならない。

③権利濫用の禁止（民1条3項）：権利の濫用は、これを許さない。

しかし、これらだけでは、それがどのような意義を有するのか、またどのような場合にそれが適用されるのかが分からない。このように、条文が適用される要件が明確に定められていない規定のことを一般条項という（新90条の公序良俗違反などもこれにあたる）。

◆ **解 釈** ◆

　民法典の基本理念は、すでに第3章で述べたように、「個々の人間の尊厳を基礎とし、自由で平等な市民社会を確立すること」であり、これは、個人主義、自由主義、平等主義に基づく理念である。民法典の各条文はそれを具体化するものとして規定されている。

　しかし、条文だけではこのような基本理念が十分実現できない場合がある。第一に、民法の各条文は社会全体を規律するものとして規定されているが、具体的に発生する問題すべてを網羅することは到底できず（法規の限定性）、また個々の問題の特殊な事情にまで立ち入ることもできない（法規の一般性）。このような場合には、法規の欠缺を補充し、法規の具体的な意味・内容を明らかにして基本理念を維持するために、私権行使の基本原則に照らして妥当な判断を導く必要がある（基本理念の維持）。第二に、市民社会における社会共同の利益は社会の変化に伴い変容し、それによって基本理念も修正を余儀なくされるが（たとえば第3章4◆発展問題◆では、現代における新しいスローガンとして「自立」と「共生」をあげた）、個々の条文の解釈だけでそれに対応することには限界がある。このような場合には、基本理念を時代に適合させるための修正を私権行使の基本原則を通じて具体化する必要がある（基本理念の修正）。

　このように、私権行使の基本原則は、民法の基本理念を個人の行動準則として示すための宣言規定であるだけでなく、明文の法規範や当事者が定めた規範（契約条項）だけでは正義・衡平が実現できない場合に、規範の具体化・修正や新たな規範創造を根拠づけるという裁判規範としての機能をも有している。しかし、これが濫用されれば、私権の行使が不当に制限され、本末転倒の事態を招きかねない。一般条項は、要件が一般的・抽象的であるがゆえに種々の場合を包含できるという特性がある一方、どのような意味で適用されるのか、また、そのことに合理性はあるのかということに常に注意しなければならず、そのためには一般条項の具体的な機能と限界を理解しておくことが必要である。

2　公共の福祉の原則

　・公共の福祉の原則とは、私権は共同体正義・利益と調整される必要

第21章 ◆ 一般条項（公共の福祉・信義則・権利濫用の禁止）／公共の福祉の原則

があるという原則である。
・私権が調整されるのは、その社会性からする内在的制約によるものである。
・私権を制限するには、その根拠・内容の合理性を確保するために、制限の基準を具体的に示すことが必要である。
・私権の社会性による制限は、憲法をはじめとする公法において問題となることが多く、民法において直接この原則が問題になることはほとんどない。

◆ 条 文 ◆

　私権は、公共の福祉に適合しなければならない（民1条1項）。これは、第二次大戦後、現在の憲法が制定されたのに伴い、新たに置かれた規定である。民法典は私権の体系であり、個人主義を基本とするが、各人が利己的な権利主張をしたのでは共同体社会の共通利益（共同体正義ないし共同体利益）が損なわれる。そこで、私権は共同体正義・利益と調整される必要があることを示しているのである。これは、あくまで私権の社会性に伴い権利そのものが内包している内在的な制約と理解すべきであり、国家や政治などによる外在的な制約が私権に対して課せられているというように理解すべきでない。共同体正義を極度に強調することは民法の基本理念を損なう危険性があり、私権を制限するには、その根拠・内容の合理性を確保するために、制限の基準をできるだけ具体的に示すことが必要である。もっとも、これは主として憲法領域で問題になることであり、実際には民法において直接この原則が問題となることはほとんどない。

◆ 発 展 問 題 ◆

公共の福祉の原則と他の原則との関係

　公共の福祉の原則と他の原則（信義則、権利濫用の禁止）との関係はいかなるものか。信義誠実の原則や権利濫用の禁止は、戦前から判例・学説上確立していた原則である。これに対して、公共の福祉の原則は戦後新たに規定された。しかしそうであるからといって直ちにこれらが無関係であるとはいえない。

473

一つには、公共の福祉の原則が共同体利益の尊重の原理を示し、信義則や権利濫用の禁止は、その原理の下で私権を行使する際の個人の行動準則を示しているという理解が可能である。しかし他方では、これらは民法の基本理念の下で、それぞれ「共同体利益の尊重」、「他者との信頼関係の尊重」、「権利の合理的主張」という異なる側面についての原則を定めており、上下の関係にはないという理解も可能である。その違いは、単に理念的なものではなく、信義則や権利濫用の禁止を適用するに際して、紛争当事者間の利害調整のほかに、共同体利益一般を考慮すべきか否かという点で現れる。

しかし、共同体利益の前では私権は当然制限されるとはいえず、逆に、私権の行使は共同体利益を無視しても貫徹されるともいえない。信義則や権利濫用の禁止は、共同体利益だけを尊重する原則ではないが、共同体利益を排除する原則でもない。そうだとすれば、上記の理解の違いは相対的なものであり、信義則や権利濫用の禁止を判断する際には、公共の福祉の原則も判断の一要素として考慮されうると解しておけば十分であろう。もっとも信義則では、他人との信頼関係が問題になることが多いため、この信頼関係を介して共同体利益が問題になることはあっても、いきなり共同体利益が問題になることはほとんどないであろう。

3 信義誠実の原則

- 信義誠実の原則（信義則）は、社会の各構成員は相互の信頼を裏切らないように行動しなければならないという原則である。
- 矛盾行為禁止の原則やクリーンハンズの原則も、信義則の一発現である。
- 信義則は、個人の行動準則であるとともに、紛争解決のための裁判規範としても機能している。
- 信義則には、①規範の具体化（規範の内容を明らかにする）、②規範の主張制限（法倫理に反する規範の主張を認めない）、③規範の修正（規範を実質的に修正する）、④規範の創造（新しい規範を創造する）という機能がある。
- 信義則には、既存の規範にとらわれることなく、具体的な紛争に即

第21章 ◆ 一般条項(公共の福祉・信義則・権利濫用の禁止)／信義誠実の原則

して当事者間の実質的な正義・衡平を実現できるという利点がある。
・他方、信義則には、要件・効果が具体的な問題との関係で設定し判断されることから、濫用される危険性がある。濫用を避けるためには、①既存の規範による解決の不当性、②他の法規範や解釈による解決の可能性、③信義則によることの意味と判断構造の明確化、④結果の妥当性の検証が不可欠である。
・また、信義則には、具体的な問題を解決するために適用されるものであることから、具体的事案に応じた柔軟な解決を導くことができる反面、解決が暫定的・個別的であるという限界がある。
・社会定型的に見て、新たな規範を創造することが必要な場合には、できるだけ新たな法理を定立し、既存の規範を否定することが必要な場合には、公序良俗違反を利用してその要件・効果を明確化し、要件・効果の予測可能性を高めるべきである。

◆ 条 文 ◆

権利の行使および義務の履行は、信義に従い誠実に行わなければならない（民1条2項）。

これは、社会共同生活関係においては、各構成員が相互に個人として尊重される以上、各構成員は相互の信頼を裏切らないように行動しなければならないという原則であり、個人主義を前提とした上での、共同体社会での個人の行動準則を示したものである。一般的には、短縮して「信義則」と呼ばれる。

信義則の一発現として、「矛盾行為禁止の原則」と「クリーンハンズの原則」がある。前者は、自分が前にした行為と矛盾するような行為は、たとえそれが規範に則ったものであるとしても許されないとするものであり、英米法の禁反言（エストッペル：estoppel）と同様の原則である。また、後者は、法を尊重する者だけが法に基づく主張をすることができるというものである。しかし、これらからは信義則の具体的な要件・効果は明らかでなく、問題となる場面ごとに相互信頼の観点からその適用の有無・内容を判断せざるをえない。

475

◆ 解 釈 ◆

　民法1条2項は、その文言上は信義則を行動準則として規定している。たとえば、債務者が債務を返済する際には、「返せばいいんだろう」などと言ってお金を投げつけるようなことはしてはならないとか、債権者が返済を請求するときも、玄関先で怒鳴り散らしたり職場へ押しかけたりしてはならないといったことがこれにあたる。

　しかし、信義則は、紛争解決のための裁判規範として機能する場合もある。それには、具体的に以下のような場合がある。

(1) 規範の具体化

　法規や当事者間の法律行為による合意の内容が明らかでない場合に、信義則に則った解釈が行われることがある。

　たとえば、「深川渡」で商品と引換えに代金を支払うという売買契約で、買主が具体的な場所が分からず放置していたところ、売主が契約を解除して損害賠償を請求したという事案では、買主には信義則上売主に問い合わせをする義務があるとして買主の債務不履行責任が認められている（大判大正14・12・3民集4巻685頁・ハンドブック1）。また、賃料を滞納した賃借人がそれまでの賃料をまとめて払おうとしたところ、遅延利息が含まれていないので「債務の本旨」にしたがった弁済ではないとして賃貸人が契約を解除してしまったという事案で、信義則によって債務の本旨による弁済があったとされた事例がある（最判昭和41・3・29判時446号43頁）。そのほか、金銭を借りていた債務者が、利息の計算ミスから返済すべき額にごく僅か足りない額を返済したような場合でも同様に解されている（最判昭和35・12・15民集14巻14号3060頁など）。

(2) 規範の主張制限

　法規範や合意に基づく主張であっても、それが法倫理に反する場合には認められないことがある。

①矛盾行為の禁止

　以前に自分がした行為と矛盾する主張が許されないことがある。たとえば、無権利者が預金の払戻しを受け、真の預金者から不当利得返還請求を

された場合に、無権利者が金融機関には過失があるので弁済は無効であり、したがって預金はまだ金融機関にあるので預金者には損失がないと主張することは信義則違反であるとされた（最判平成16・10・26判時1881号64頁）。また、労働金庫の組合員でないにもかかわらず、架空の組合員名義で金銭を借り受け、その担保として自己所有の土地に抵当権を設定したが、抵当権が実行されたところ、非組合員に対する員外貸付は無効であるから、貸金債務は発生しておらず、したがって抵当権も無効であると主張することは信義則違反であるとされた（最判昭和44・7・4民集23巻8号1347頁・百選I-84・ハンドブック24）。

②クリーンハンズ

自ら不誠実な行為をしておきながらその行為の効力を主張をすることが許されないことがある。たとえば、電話回線を利用した有料情報サービス（ダイヤルQ2）を電話加入者の未成年の子が利用したことに対して高額な通話料金を請求したところ、サービスの危険性等を十分周知しないまま請求することは信義則違反であるとされた（最判平成13・3・27民集55巻2号434頁・ハンドブック3）。また、離婚の原因となる行為（不貞行為など）を自らしておきながら離婚を請求することが信義則上許されないことがある（最大判昭和62・9・2民集41巻6号1423頁・家百選14、最判平成16・11・18家月57巻5号40頁）。

(3) 規範の修正

既存の規範をそのまま適用したのでは妥当な結果が得られない場合に、規範を信義則によって実質的に修正することがある。

①規範の縮小解釈

信義則により規範が縮小解釈されることがある。その顕著な例として、不動産賃借権の譲渡・転貸の問題がある。不動産の賃貸借において賃借権を譲渡しまたは転貸するときは、賃貸人の承諾が必要であり、承諾を得ないで譲渡または転貸したときは、賃貸人は契約を解除することができると規定されている（民612条）。しかし、これは賃貸人と賃借人間には信頼関係があることに基づく規定であり、たとえ無断譲渡・転貸であっても、そ

れが賃貸人と賃借人間の信頼関係を破壊するものでないような事情があれ
ば、解除を認める必要はない（たとえば、いくつもの部屋のうちの一つにつ
いて現状を変えないまま転貸したような場合）。そこで、譲渡・転貸が賃貸人に
対する背信行為と認めるに足らない特段の事情を賃借人が立証した場合に
は、解除権は発生しないと解されており、今日では「信頼関係破壊の法理」
として定着している（最判昭和28・9・25民集7巻9号979頁など多数）。

②規範の否定

　消費者契約法10条では、信義則に反して消費者の利益を一方的に害す
る契約条項は無効であるとされている（不当条項規制）。これは、信義則に
よって当事者間で定めた規範を修正する以上に、その効力を否定してしま
う例である。

(4) 規範の創造

　現代の社会に対応するために民法典の規定する規範だけでは十分でない
場合には、信義則に基づいて新しい規範が創造されることがある。

①交渉段階における規範の創造

　契約が締結される前の交渉段階では、契約は存在しないわけであるから、
これを型どおりに解するならば、交渉するか否かまた交渉を打ち切るか否
かは自由であり、交渉が途中で打ち切られた場合に、契約交渉過程でのや
り取りから相手方が契約の成立を期待したからといって、交渉を打ち切っ
た者には何らの責任もないはずである。しかし、現代における契約では、
契約は何段階かの交渉を積み上げていくことによって出来上がる場合があ
り、そのような契約では、交渉過程で築かれる信頼関係が法的に無意味な
状態であるとはいえない。そこで今日では、契約の交渉中における過失に
よって相手方に損害を生じさせたときは、信義則に基づきそれを賠償する
責任があると解されている（契約締結上の過失。これが一種の契約責任なのか
不法行為責任なのかについては議論がある）。これは交渉過程にいる者に対し
て誠実義務を設定するものであるといえる。裁判例でも、歯科医師が建物
を購入するために不動産会社と交渉を開始し、医院を開業するためには電
気容量の増量や室内の仕切壁などの改装が必要だと言っていたところ、会

社がこの建物を購入してくれるであろうとの見込みの上でこれに応じたが、歯科医師が他の物件を購入してしまったという事案で、会社はこの医師に対して投下した費用について損害賠償を請求できるとした例がある（東京地判昭和 56・12・14 判タ 470 号 145 頁〔矛盾行為であるともいえる〕）。

②契約成立後における規範の創造

契約成立後でも、契約の基礎となっている事情について、当事者が当初予見していなかったような著しい変化が生じた場合には、契約内容をそのまま履行させることは当事者間の衡平を損なう結果となる。そこで、このような場合には、信義則に基づき契約内容の改訂や契約の解除が認められると解されており（事情変更の原則）、今日ではそれが認められるための要件が以下のように確立している（最判平成 9・7・1 民集 51 巻 6 号 2452 頁・百選Ⅱ-40〔ゴルフ場ののり面崩壊に伴い、会員権の代金を値上げした事例〕）。すなわち、①基礎事情の変化：契約後に契約の基礎である事情に著しい変化が生じたこと、②予見可能性の不存在：事情の変更が契約当初予見不可能であったこと、③帰責性の不存在：当事者の責任とすることができない事由により事情変更が生じたこと、④拘束の不当性：事情変更の結果、元の契約に当事者を拘束することが信義則に反する結果となること。しかし、事情変更の原則の適用を認めることは、結果的に当事者間で自律的に定めた合意の効力を否定することになるので、その運用は慎重でなければならない（前掲の平成 9 年判決も適用否定例である）。

③付随義務の設定

契約で定めた権利・義務や法規が定める効力だけでは、当該契約における当事者の権利・義務として不十分であるとされる場合には、信義則によって新たな義務が設定されることがある。すなわち、契約における本来的な義務は、給付義務であるが（売買契約でいえば、目的物の引渡しと代金支払い、労働契約でいえば、労務の提供と賃金支払いなど）、これ以外にも信義則上、契約に付随する義務（付随義務）があると解されている。付随義務の内容は、具体的な契約によって異なるが、専門家と一般人間での契約では、専門家に情報提供義務や説明義務があると解され、労働契約においては、使用者は労働者の労働の安全を確保するために労働環境に配慮すべき義務

479

（安全配慮義務）を負うと解されている（最判昭和 50・2・25 民集 29 巻 2 号 143 頁・百選 II -2）のは、信義則による義務の設定が一般化した例である（ただしその性質については、契約解釈による契約上の義務か、契約外の一般的な注意義務かで議論がある）。

◆ 発 展 問 題 ◆

　信義則には、以上のように、既存の法規範の枠組みにとらわれることなく、当事者間の実質的な正義や衡平をはかり、社会・経済状況の変化にも対応した解決を可能にするという利点がある。しかし他方では、このような機能から信義則の限界も明らかとなる。

(1) 濫用の危険性

　第一に、信義則には濫用の危険性がある。信義則によって法規範や合意を安易に改変することは、あらかじめ規範を設定しておくことの意義を無意味にしてしまう（第 1 章 3 ◆発展問題◆で述べたように、何でもかんでも「信義則により」とすればよいということになってしまう）。しかも、信義則の要件や効果は、具体的な問題との関係で設定し判断されるということからすれば、当事者による予測可能性がなくなり、当事者の自律による自由で平等な社会の確立という民法の基本理念自体が阻害される。

　したがって、信義則の適用にあたっては、①既存の規範（法規範・合意）による処理の不当性の確認、②他の法規範や解釈による解決の可能性（類推適用など）の検討、③信義則による判断構造の明示、④結果の妥当性の検証が不可欠である。

(2) 暫定的・個別的解決

　第二に、信義則には問題の暫定的・個別的な解決にとどまるという限界がある。信義則の機能のうちには、既存の規範の否定も含まれるが、それはあくまで当該紛争においてはその規範を適用しないことを意味するにすぎない。新しい規範の創造も、当該紛争当事者間の関係に即してなされるものである。たしかに、それが事案に応じた柔軟な解決を導けるという信義則の利点でもある。

　しかし、事案の個別性を超えて、一般的に既存の規範の効力を否定した

第21章 ◆ 一般条項（公共の福祉・信義則・権利濫用の禁止）／権利濫用の禁止

り、新しい規範を創造したりする際には、当該事案の特殊性に応じて種々の要素を考慮するだけではなく、それが社会的・定型的な問題であることを確認するとともに、既存の規範との関係を明らかにしなければならない。そのような状況の下では、信頼関係破壊の法理や安全配慮義務のように、信義則を基礎としつつ、できるだけ予測可能性がある概念を設定し、その要件と効果を一般化する努力がなされるべきである。また、当事者間で設定された規範（合意）に当該事案にとどまらない反社会的な問題点があるためにその効力を否定する場合には、公序良俗違反（新90条）による無効として、同種の事案に対する予測可能性を高め、最終的には立法によりそのような規範の定立自体を規制すべきである。このように、信義則の暫定的・個別的解決性は、限界であると同時に、次の新しい法理や立法を生み出すための道標でもあるといえよう。

4　権利濫用の禁止

- 権利濫用の禁止は、たとえ権利者であっても、身勝手な権利主張は許されないという原則である。
- 権利濫用の禁止は、権利者自身に合理的な権利行使を促す行動準則であるとともに、権利主張をめぐる具体的な紛争において裁判規範としても機能している。
- 権利濫用にあたるか否かは、主観的な要素と客観的な要素を総合的に勘案して判断すべきであると解されている。
- 権利濫用にあたると、権利に基づく請求や形成権の行使が否定されたり、相手方からの損害賠償請求が認められたりする効果が生じる。
- 権利濫用の禁止には、権利に基づく主張をそのまま認めず紛争を強制的に調停するという機能、いまだ法的に保護されることが確立していない利益や法律関係を相手方の権利行使を問題にすることによって保護するという機能がある。
- 権利濫用の禁止には、紛争の暫定的な解決には資するが、紛争を根本的に解決することはできないという限界がある。
- 信義則はすでに一定の法律関係にある当事者間で適用され、権利濫用の禁止はこれまで法律関係がなかった者の間で適用されることが

481

多いが、両者の区別は決定的なものではない。

・権利濫用の禁止は、一般条項であるがゆえに要件・効果が曖昧になりやすく、判断の基準を明確化するとともに、新たな法理や法解釈を定立する努力が必要である。

◆ 条 文 ◆

　権利の濫用はこれを許さないと規定されている（民1条3項）。これは、たとえ権利者であっても、身勝手な権利主張は許されないという原則である。権利を有する者がそれを主張するのは当然であり、またその実現は最大限保障されなければならない。しかし、権利は社会の承認の上に成り立つものであるから、権利主張によって他人や社会の正当な利益が害される結果が生じる場合には、それらの利益にも配慮する必要がある。したがって、この原則は、単に権利者自身に合理的な権利行使を促しているだけではなく、権利行使には他者ないし社会の利益との調整が必要な場合があることを示している。このように、権利濫用の禁止は、個人の行動準則としての意義を有するだけでなく、権利主張をめぐる具体的な紛争において裁判規範として機能する。

　しかし、民法の条文からは、どのような事例において、どのような要件で権利主張が制限され、どのような効果が生じるかは明らかでない。曖昧な要件の下で、場当たり的に効果を導くのであれば、本来最大限尊重されるべき権利主張が不当に制限されることになりかねない。したがって、この原則の適正な運用をはかるためには、権利濫用の判断構造・判断基準を明らかにしてその合理性を確保するとともに、権利濫用の禁止の限界もまた十分認識しなければならない。

◆ 解 釈 ◆

(1) 権利濫用の判断基準

　権利濫用の判断基準に関しては、権利者側の問題として、権利主張における主観的な要素（権利行使の意図・目的・動機といった主観的な態様）をどの程度重視すべきかという問題と、権利主張の相手方の問題として、権利主張によって損なわれる利益について個人的な利益ではなく公共の利益

第 21 章 ◆ 一般条項(公共の福祉・信義則・権利濫用の禁止)／権利濫用の禁止

(社会全体の利益)をどの程度重視すべきかという問題がある。これらは理論的には別問題であるが、実際の裁判例では古くから両者が関連して問題にされてきた。

①害意重視の時代

　民法制定後、昭和初期までの判例では、権利濫用判断において権利者の主観的な要素が重視される傾向が見られた。たとえば、著名な事件として宇奈月温泉事件がある(大判昭和 10・10・5 民集 14 巻 1965 頁・百選 I -1・ハンドブック 5)。これは、富山県の黒部鉄道が上流の黒薙温泉から源泉を木管で引いて宇奈月温泉を経営していたが、全長 7.5 キロメートルのうちの 6 メートルが他人の土地の一部(2 坪弱の急傾斜地)を無断で通っていた(実際には当初は借り上げていたが、その後契約関係がうやむやになってしまっていた)ところ、これを知った近隣の木炭業者がこの土地 3000 坪を所有者から買い取り、黒部鉄道に対して時価の数十倍の高値で買い取ることを請求したが、これを拒否されるや、所有権に基づく物権的妨害排除請求として引湯管の撤去を請求したという事例であった。これに対して判決では、撤去が困難な状況につけ込んで不当な利得をはかろうとし、それ以外の協議に応じないというような場合には、権利行使の外形をとっているが真に権利を救済しようとするものではないとして、撤去請求は権利濫用であるとされた。また、富田浜病院事件(安濃津地判大正 15・8・10 新聞 2648 号 11 頁・ハンドブック 10)では、結核病院が周辺の土地を買収して病棟を拡張していたが、沼地状であることなどから買い取られなかった隣地所有者が病院との境界線ぎりぎりのところに豚小屋やトタン葺きでアスファルトを塗った 2 階建て相当の物置小屋を設置し、またこれらの建築中にことさらに騒音をたてたり暴言を吐いたりしたため、病院の環境が悪化し入院患者が減った病院が土地所有者に対して損害賠償を請求した。これに対して、隣地所有者は正当な権利行使であると主張したが、判決では、明らかに病院の業務を妨害するものであり所有権の明確な濫用であるとされ、損害賠償請求が認められた。これらの事例では、権利者には相手方の利益を積極的に害そうとする害意があり(このような場合をシカーネ〔Schikane〕という)、これが権利濫用であるとされる決定的な基準となっていたといえよう。

483

②客観的利益衡量の時代

　しかしその後の判例は、しだいに権利者の主観的な要素を考慮するより
も、権利濫用とされることによる権利者の不利益と、権利行使が阻止され
ることにより保護される利益との客観的な利益衡量から判断するようにな
り、またそれとともに、比較の対象とされる利益は個人的な利益だけでな
く公共の利益も含むと解されるようになった。たとえば、発電用トンネル
事件（大判昭和 11・7・17 民集 15 巻 1481 頁）は、発電会社が土地所有者の了
解を得ないまま勝手にその土地に発電所用のトンネルを掘ってしまったの
で、土地所有者がその撤去を請求したという事例であるが、判決では、撤
去することは事実上不可能で、社会経済上の損失が甚大であり、土地所有
者の主張は権利濫用であるとされた。また、高知鉄道敷設事件（大判昭和
13・10・26 民集 17 巻 2057 頁・ハンドブック 6）は、鉄道会社が線路を開設す
るために他人の土地に勝手に築堤工事をしたので、土地所有者がいったん
工事禁止の仮処分を申請しそれが認められたにもかかわらず、鉄道会社が
工事を継続して完成させたので、土地所有者が原状回復を請求したという
事例であるが、判決では、原状回復は技術上不可能で公共の利益も阻害す
るとして、請求は権利濫用であるとされた。これらの事例では、土地所有
者には相手方の利益を害そうという害意はない。むしろ相手方の行為の妥
当性に問題がある場合である。しかし、裁判所は、私権と公共の利益とを
利益衡量して後者を優先させたのである。これらの判決は、当時の国家主
義的な時代思潮を反映したものではないかといわれているが、戦後におい
ても、国家の政策にかかわる問題では、これらと同様に公共の利益を重視
する判決も見られる。たとえば、板付基地事件（最判昭和 40・3・9 民集 19 巻
2 号 223 頁）は、第二次大戦中に陸軍の飛行場であった基地の敷地所有者が、
戦後も引き続き「占領状態が終わるまで」という期限付きで国に土地を賃
貸し、国が米軍に基地として提供していたが、サンフランシスコ講和条約
の締結により日本の占領状態が終了し、同日に締結された日米安全保障条
約に基づいて米軍が基地を使用し続けることになったにもかかわらず、国
が賃貸借契約を改訂する措置を取らなかった（実際には地元有力者に地権者
らの同意を得ることを一任していたところ、その有力者が同意を得られない地権
者の書類を偽造していた）ので、土地所有者多数が賃貸借の終了に基づき土
地の返還を請求したという事例である。この事例でも、土地所有者に害意

第21章 ◆ 一般条項(公共の福祉・信義則・権利濫用の禁止)／権利濫用の禁止

はなく、むしろ国の対応に問題があった。しかし判決では、土地所有者らの請求は私権の本質である社会性、公共性を無視し過当な請求をするもので認容しがたいとされ、権利濫用であるとされた。

③総合判断の必要性

権利濫用の判断は、他者の利益との調整が問題となる以上、利益衡量が必要であり、またその際には、多数の国民の個別的利益を背景とした公共の利益が対象となりうることも認めなければならない。しかし他方では、上記のように客観的な利益衡量のみによって権利濫用の有無を判断するならば、公共事業や大規模な事業については、「作った者勝ちで、手続はどうでもよい」ということにもなりかねない。実際、上記の事案では、事業者側に紛争の初期段階で手続ミスがある。このような事業においては、事業自体を止めることができないとすれば、土地所有者らの主張が権利濫用とされるか否かは、実際には、その後の事態収拾へ向けて誰がイニシアチブを取るべきかという違いであるともいえる。そうだとすれば、権利濫用ではないとして土地所有者の請求を認め、それが実際に執行されたのでは困る事業者のほうに、手続ミスを取り戻すような積極的な交渉の働きかけをさせるほうが妥当であるという判断もありうる。そこで現在の判例・学説では、客観的利益衡量の偏重に対する反省の上に立って、権利濫用であるか否かは、主観的な要素および客観的な要素を総合的に勘案して判断すべきであると解されている。

(2) 権利濫用の効果

権利濫用にあたるとされた場合の効果もまた条文上規定されていないが、判例によれば以下のような効果が認められている。

①請求の否定

権利に基づく請求が権利濫用として否定されることがある。前掲の宇奈月温泉事件、発電用トンネル事件、高知鉄道敷設事件、板付基地事件はいずれもこの場合である。そのほかに数多くの事例があるが、最近では、前述のように諸事情を考慮した総合判断がなされている。少々長くなるが、総合判断がなされていることを示す例を紹介しておこう。たとえば、隣接

485

する甲地と乙地を借り受け、甲地上に店舗を建築し、乙地上に給油設備などを設置してガソリンスタンドを経営していたが、甲地についてのみ賃借権の対抗力を備えていたところ、両土地を所有者から買い受けた新所有者が乙地上の賃借権には対抗力がないと主張して建物を撤去して土地を明け渡すよう請求したという事例では、当事者双方における土地利用の必要性、土地を利用できないことによる損失の程度、土地の利用状況に関する買主の認識の有無や明渡請求をするに至った経緯、賃借人が対抗力を備えていなかったことがやむを得なかったか否かなどを考慮すべきであり、これらの事情いかんでは、請求は権利濫用として許されないとされた（最判平成9・7・1民集51巻6号2251頁）。また、実際には実子ではない子を嫡出子として出生届を出した夫婦に実子が生まれ、夫婦の死亡後に両者間で相続争いが生じたところ、実子が他方は夫婦の子ではないと主張して親子関係不存在確認を請求したという事例では、親子と同様の生活実体があった期間の長さ、親子関係がないとされる子およびその関係者が受ける精神的苦痛や経済的不利益、養子縁組届をすることにより子としての身分を取得する可能性、実子が請求をするに至った経緯・動機・目的、請求が認められない場合に著しい不利益を被る第三者の有無などの諸般の事情を考慮し、親子関係の不存在を確定することが著しく不当な結果をもたらすものといえるときは、請求は権利濫用として許されないとされた（最判平成18・7・7民集60巻6号2307頁・百選Ⅲ-29）。

②形成権の行使の否定

　解除権、取消権や時効の援用権のように、その行使によって法律関係を形成する形成権の行使が権利濫用として否定されることがある。たとえば、労働契約の解除をめぐって、使用者による解雇が解雇権の濫用であるとされた事例が見られる。これは、会社と労働組合間に、ユニオン・ショップ協定（会社は労働組合を脱退または除名された労働者を解雇するという労使協定）があり、会社がこれに基づいて組合を除名された労働者を解雇したという事例において、正当な除名でない限り会社には解雇義務がなく、除名が無効な場合になされた解雇は他に解雇の合理性を裏づける特段の事由がない限り解雇権の濫用となるとしたものである（最判昭和50・4・25民集29巻4号456頁・ハンドブック9）。現在では、2007年成立の労働契約法3

条5項で、労働者および使用者は労働契約に基づく権利の行使に当たっては、それを濫用することがあってはならないと一般的に規定されている。また、時効の援用権に関しては、農地の贈与を受けてそれを耕してきたが、20年以上経って移転登記請求をしたところ、贈与者が所有権移転許可申請協力請求権（農地の譲渡には許可が必要でそれを共同で申請する必要がある）はすでに時効消滅したと主張したという事例がある（最判昭和51・5・25民集30巻4号554頁）。判決では、調停による贈与であり権利関係が明確であること、長期間にわたり耕作し続けていること、移転登記を求めなかったことが不当とはいえない事情があったことなどを考慮して、消滅時効を援用することは権利濫用であるとされた。

③損害賠償

相手方の権利濫用に対して損害賠償請求が認められることがある。前述の富田浜病院事件など多数の事例があるが、そのほかに著名な例として、信玄公旗掛松事件（大判大正8・3・3民録25輯356頁・百選 I -2・ハンドブック4）がある。これは、中央線の日野春駅付近で、武田信玄が旗を立てかけたという伝承の残る名高い松を所有していたところ、この松から2メートルも離れていない場所に当時の国鉄が線路を敷設して蒸気機関車を運行させ、その煤煙によって松が枯死してしまったため、松の所有者が損害賠償を請求したところ、国鉄の行為は権利濫用であり不法行為となるとして請求が認められたという事例である。

(3) 権利濫用の機能

以上のような判例を通じて、権利濫用の禁止には以下のような機能があると解されている。

①強制調停機能

権利の主張が権利濫用であるとされると、権利者は、その権利に本来認められている効果とは異なる結果を甘受しなければならなくなる。一般に、紛争が生じた場合、裁判ならば基本的にはその主張が正しいか否かで白か黒かをはっきりしなければならないが、調停ではそのような必要はなく、当事者の納得が得られるような中間的な結論を選択することが可能となる。

権利濫用は、紛争が裁判にまで持ち込まれた場合でもこれと同じような効果を導くことができる。たとえば、前述の高知鉄道敷設事件では、所有者による原状回復請求は認められなかったが、損害賠償請求は認められている。これは、実質的には、土地の利用権を認めてその利用料を支払うという調停が強制的になされた結果に近い。

②新しい利益の保護機能

　権利濫用には、いまだ権利とまではいえないが法的に保護すべき利益がある場合や、新しい問題であるために法律構成が確立していない場合に、その当事者を権利者として保護することはできないが、相手方の権利行使が権利濫用であるとして、実質的には新しい権利や新しい法律構成が認められないために不利益を被る者を保護するという機能がある。たとえば、日照権事件（最判昭和47・6・27民集26巻5号1067頁・ハンドブック7）は、隣地の所有者が建築基準法に違反した建物を建築したために、自分の家にほとんど日照がなくなってしまい、安い価格で土地建物を他に売却して転居せざるを得なくなってしまった元所有者が隣地所有者に対して日照権の侵害を理由に損害賠償を請求したという事例である。判決では、日照権という権利は認められないとされたが、隣地所有者の所有権行使の濫用であるとして損害賠償請求が認められている。また、自動車サブ・ディーラー事件（最判昭和50・2・28民集29巻2号193頁・ハンドブック8）では、自動車のユーザー（U）がサブ・ディーラー（SD）に自動車を注文し代金を支払って自動車の引渡しを受けたが、SDがディーラー（D）からこの自動車を購入するに際して、代金完済までDにその所有権を留保するという特約があり、その後SDが代金を完済できなかったために、Dが売買契約を解除し、所有権に基づいてUに対して自動車の返還を請求したところ、UはDとSDの経済的一体性を主張して争った。これに対して判決では、DとSDの経済的一体性について新たな法律構成がなされることはなかったが、Dの請求は権利濫用であるとして認められなかった。今後もこのように、当該事件の当時においては新しい利益ないし新しい法律問題について、権利濫用が先駆的な役割を果たすことが期待される。

第 21 章 ◆ 一般条項(公共の福祉・信義則・権利濫用の禁止)／権利濫用の禁止

◆ 発 展 問 題 ◆

(1) 権利濫用の禁止の限界

　上記のような権利濫用の効果と機能は、同時に権利濫用の禁止の限界を示している。すなわち、権利濫用の禁止では、権利の行使が否定されるのみであり、権利そのものが否定されるわけではない。また、損害賠償請求が認められるといっても、それは新たな権利に基づくわけではない。その結果、権利濫用の禁止は紛争の当面の解決には資するものの(暫定的な規範創造機能)、根本的・終局的な解決をもたらすものではない。権利者からしても、権利があるのにそれを行使することができないというのは、権利がないとされる以上に過酷な状態であることもある(たとえば、所有権があるのにそれを他人に貸すことが実際上困難になる、固定資産税は負担しなければならないなど)。前述した裁判例の一つひとつを見ても、宇奈月温泉事件で木管の撤去請求が認められないからといって、黒部鉄道が他人の土地を無断で使用しているという事実には変わりがなく、紛争を根本的に解決するためには、さらに土地に利用権を設定するとか土地を買い取るといった措置が必要になる。自動車サブ・ディーラー事件では、ユーザーが自動車を使用し続けることができるといっても、その所有者はディーラーのままであり、所有権を取得しなければその後の処分に支障が生じる。実際に、富田浜病院事件では、第一審判決だけでは決着がつかず、控訴審裁判所の勧告により、病院が隣地を買い取るという和解が成立して紛争が終結した。

　このように権利濫用の禁止には暫定的解決という限界があることからすれば、当事者および裁判所には、これに安易に依拠する前に、紛争の実体を直視し、問題を根本的に解決できるような法解釈をする努力が期待される。たとえば、宇奈月温泉事件では、鉄道会社は長年に渡って平穏・公然と他人の土地を利用し続けてきたのであり、土地利用権があったかまたは時効取得したと構成できる可能性があった。また、自動車サブ・ディーラー事件について、今日の学説では、ディーラーとサブ・ディーラーとの経済的一体性から、サブ・ディーラーには自動車を他に販売する権利が授与されていた(転売授権)として、ユーザーとの関係ではディーラーが自動車を直接販売したと捉える構成が有力である。さらに日照権事件については、今日では一般的に日照は法的に保護されるべき利益であると解されており、もはや相手方の権利濫用を問題にするのではなく、直截に日照の侵害を問

489

題にすればよくなっている。このように、権利濫用の禁止は、紛争に対する応急手当てであることを十分認識し、他の法律解釈を駆使しても妥当な結果が導けない場合にはじめて依拠すべき原則であるといえよう。

(2) 権利濫用の禁止と信義則との関係

公共の福祉の原則と、信義則・権利濫用の禁止との関係については前述した。ここでは、さらに権利濫用の禁止と信義則との関係を考えておくことにしよう。

両原則は、私権行使の行動準則であるという点、および紛争解決のための裁判規範であるという点で共通し、その判断基準もまた、既存の規範をそのまま是認した場合の処理が不当であることという点で共通している。さらに、それらによる解決の暫定性・個別性という点、および新たな法理や法解釈を定立する努力が必要であるという点でも共通している。

しかし、両原則の機能を比較すると、信義則は、規範の具体化、規範の主張制限、規範の修正のように、紛争当事者間に一定の規範が設定されている場合にその硬直性を是正するために適用されることが多く、権利濫用の禁止は、当事者を規律する規範が存在しない場合に一方的な権利主張を制限するために適用されることが多いという違いがある。このため学説では、信義則はすでに一定の法律関係にある当事者間（たとえば契約を締結している債権者・債務者間）の利害を調整する法理であり、権利濫用の禁止はこれまで法律関係がなかった者の間（たとえば隣人間）の利害を調整する法理であるという区別をする見解が以前から有力である。

このような区別が両原則の適用の傾向を示していることに異論はない。しかし、他方では、信義則も、規範が設定されていない当事者間に新たな規範を創造する機能を有する場合があり（契約交渉段階における規範の創造など）、権利濫用の禁止も、すでに設定されている規範に則った権利行使を制限する機能を有する場合もある（労働契約における解雇権の濫用など）。また理念的にも、信義則の意味を広く捉えれば、権利濫用は信義則に反する権利行使の形態であるという理解も可能になる。このように両原則の区別は相対的であり、両原則の適用という点では、両者の区別にそれほど神経質になる必要はないであろう。実際の裁判例でも、たとえば「信義誠実の原則に反し権利の濫用として許されない」というように述べて、両原則を

併用する判決も多く存在する（前掲、最判昭和 51・5・25〔時効援用権の事例〕、最判平成 8・6・18 家月 48 巻 12 号 39 頁〔夫の浮気相手に対する妻の慰謝料請求を否定した事例〕など）。

　ただし、すでに述べたように、両原則は、それらが適用されるための要件や効果が法定されておらず、そうであるからこそ、その判断過程や判断基準には明確さが求められる。また、両原則は、新しい利益の保護や新しい規範の創造のための先駆けとなることがあり、その判断過程では、将来新しい法解釈や新しい法理が定立される際に必要な要素を明確に示しておくことが必要である（「一定の社会的関係に入った者」の間での信義則の適用、「日照を受ける利益」を無視した権利主張や「経済的一体性のある者」による権利主張の権利濫用など）。このように、両原則のいずれを利用するにしても、両者の区別が明確でないからといってその判断までもが曖昧になってはならない。

◆事項索引

※太字の頁数は主要な説明箇所。

あ

アカウンタビリティ ……………………441

い

家制度……………………………………22
意思主義 ………………………………161
意思自律の原則…………………………30
意思能力 ………………………………128
意思の欠缺 ……………………………163
意思の通知………………………………71
意思理論 ………………………………160
一元的構成 ……………………………221
一元論 …………………………………248
一段構成 …………………………294, 420
一部請求 ………………………………388
一部無効 ………………………………281
委任状 …………………………………306
意味の持込み……………………………75
インスティトゥティオンネン・システム……21
隠匿行為 …………………………177, 180

え

営利法人 ………………………………435
越権代理 ………………………………363
援用 ……………………………………395
援用権者 ………………………………395
援用の相対効 …………………………397

か

害意 ……………………………………483
会計監査人設置一般社団法人…………446
外形説 …………………………………310
外国人……………………………………41
解雇権の濫用 …………………………486
解除条件 ………………………………101
海面下の土地……………………………57
加害行為時説 …………………………425
書かれざる原則規定 …………………248
拡張解釈 ………………………………10
瑕疵ある意思表示 ……………………163
過失責任主義……………………………31
家族関係…………………………………11

慣習

慣習………………………………………16
慣習法……………………………………16
完成猶予 ………………………………386
間接代理 ………………………………299
完全無効 ………………………………279
観念の通知………………………………71
管理行為 ………………………………307
管理能力 ………………………………393

き

期間 ……………………………………381
企業責任 ………………………………462
危険責任 ………………………………459
期限に親しまない行為 ………………109
期限の利益喪失約款 …………………110
起算点 ……………………………406, 420
擬制説 …………………………………432
帰責 ……………………………………352
帰責性 ……………………………164, 199
期待権 …………………………………101
規範統合説 ……………………………277
基本権限 ………………………………365
基本権秩序論 …………………………264
基本代理権 ……………………………365
基本理念の維持 ………………………472
基本理念の修正 ………………………472
逆算説 …………………………………409
客観的利益衡量 ………………………484
給付利得 ………………………………274
旧民法……………………………………15
休眠法人 ………………………………464
競業 ……………………………………456
協議を行う旨の合意 …………………391
強行法規 …………………………249, 250
強制調停機能 …………………………487
共通錯誤 ………………………………205
共同相続 ………………………………348
共同体正義 ………………………39, 473
共同代理 ………………………………308
共同体利益 ……………………………473
共同不法行為 …………………………460
業法 ……………………………………235
金銭所有権………………………………59
近代民法…………………………………27
禁治産者 ………………………………135
禁反言 ……………………………352, 475

493

く

クーリング・オフ ……………………278
組合 ……………………………………431
クリーンハンズ ……………………477

け

経済的公序 ……………………………264
形式的審査権 …………………………192
形成権 …………………………………287
継続説 …………………………………390
継続的不法行為 ………………………425
契約 ……………………………………66
契約解釈………………………………81
契約自由の原則………………………30
契約正義論 ……………………………264
契約締結上の過失 …………………115, 478
権限踰越の表見代理 …………………363
原始取得 ………………………………407
現実の可能性説 ………………………422
現実認識説 ……………………………425
原始的制限 ……………………………454
原始的不能 ……………………………115
原状回復 ………………………………273
現存利益 ………………………………274
限定承認 ………………………………344
顕名主義 ………………………………325
権利外観（レヒツシャイン）………352
権利失効の原則 ………………………428
権利の上の権利………………………57
権利能力制限説 ………………………450
権利能力なき社団・財団 ……………467
権利能力平等の原則…………………29

こ

行為能力 ………………………………133
行為能力制限説 ………………………450
公益の無効・取消し …………………284
公益認定 ………………………………443
公益法人 …………………………437, 443
効果意思 ………………………………157
後見登記ファイル ……………………145
交叉申込み……………………………68
公示送達………………………………94
更新 ……………………………………386
合同行為………………………………68
行動準則 …………………………475, 482
後発的不能 ……………………………115

こ（右列）

公物 ……………………………………404
抗弁権の永久性の理論 ………………415
公法 ……………………………………6
公用廃止 ………………………………404
合理的理性人…………………………28
効力法規 ………………………………252
個人意思尊重の原則…………………30
個人主義………………………………28
国家福祉論 ……………………………39
個別交渉 ………………………………258
コンプライアンス ……………………9

さ

催告 ……………………………………390
財産開示手続 …………………………389
財産関係………………………………11
財産管理権 ……………………………301
裁判外紛争解決方法 …………………9, 389
裁判規範………………………………8
裁判上の催告 …………………………387
作成者不利……………………………78
詐術 ……………………………………139
サブ・ディーラー ……………………488
三層的法律行為論 ……………………159
三段論法………………………………8
残余財産 ………………………………465

し

私益的無効・取消し …………………284
シカーネ ………………………………483
資格併存貫徹説 ………………………346
資格併存説 ……………………………346
資格融合説 ……………………………346
事業者 …………………………………233
時効完成後の承認 ……………………398
時効の完成猶予・更新の相対効 ……393
時効の中断 ……………………………386
時効の停止 …………………………386, 392
自己契約 ………………………………308
自己決定 ………………………………162
自己責任の原則………………………31
事実たる慣習 …………………………16
事実の契約関係論 ……………………154
事実の通知……………………………71
事実問題 ………………………………75
使者 ……………………………………298
自主占有 ………………………………402
事情変更の原則 ………………………479

◆ 事項索引

自然債務 ······················161
失権 ······················427
失効 ······················97
実在説 ······················432
実質的審査権 ······················192
実体法 ······················9
実体法説 ······················384
私有財産尊重の原則 ······················31
自由主義 ······················28
修正の契約解釈 ······················85
重要事項 ······················239, 241
重要な錯誤 ······················207
縮小解釈 ······················10
授権 ······················300
出世払い ······················109
受動代理 ······················303
受領拒絶 ······················92
受領能力 ······················94
準禁治産者 ······················135
承継人 ······················288
条件に親しまない行為 ······················104
譲渡担保 ······················16
消費者 ······················233, 237
消費者契約 ······················233
情報活用努力義務 ······················234
情報提供努力義務 ······················234
条理 ······················16
使用利益 ······················275
書式の戦い ······················67
除斥期間 ······················427
初日不算入の原則 ······················382
処分授権 ······················300
署名代理 ······················325
所有権絶対の原則 ······················31
所有権留保 ······················16
自立支援 ······················235
侵害利得 ······················274
人格 ······················22
人格融合説 ······················346
信義則説 ······················346
新権原 ······················403
親権者 ······················141
人工授精 ······················45
新自由主義 ······················39
親族関係 ······················12
信託 ······················300, 432
信託的行為 ······················181
審判 ······················145
信頼利益 ······················341

せ

清算法人 ······················465
正当理由 ······················368
成文法主義 ······················15
責任無能力 ······················131
絶対的構成 ······················52, 185
折衷主義 ······················163
設立時社員 ······················441
占有の承継 ······················407
先例 ······················18

そ

臓器移植 ······················46
相続関係 ······················12
相続放棄 ······················344
相対的記載事項 ······················441
相対的構成 ······················52, 185
相対的無効 ······················213, 282
双方代理 ······················308
遡及的追認 ······················283, 337
遡及的物権変動 ······················200
遡及的無効 ······················286
組織体説 ······················433
訴訟法説 ······················384
損害発生時説 ······················425
損失補填契約 ······················263

た

大規模一般社団法人 ······················446
胎児 ······················44
大深度地下 ······················58
代表権制限説 ······················450
代理権授与行為 ······················313
代理権濫用 ······················316
代理占有 ······················304
代理人行為説 ······················302
多元説 ······················383
他主占有 ······················402
他主占有権原 ······················402
他主占有事情 ······················402
太政官布告 ······················14
多数当事者間契約 ······················70, 434
脱法行為 ······················251
短期取得時効 ······················405
単純競合説 ······················277
単純承認 ······················344
単独行為 ······················65

495

ち

地下水 …………………………58
逐次進行説 …………………………425
注意規定 …………………………103
中間法人 …………………………438
長期取得時効 …………………………405

つ

通行地役権 …………………………410

て

定期給付債権 …………………………417
定期金債権 …………………………417
停止期限 …………………………107
停止条件 …………………………101
適格消費者団体 …………………………233
撤回 …………………………277
手続法 …………………………9
典型契約 …………………………34
天然果実 …………………………56
転売授権 …………………………489

と

登記の公信力 …………………………191
動機の錯誤 …………………………218
登記の推定力 …………………………400
動機の不法 …………………………268
凍結受精卵 …………………………45
到達主義 …………………………90, 96
導入預金契約 …………………………252
特殊法人 …………………………436
特定承継 …………………………288
特定非営利法人（NPO法人） …………………………438
特定物のドグマ …………………………210
特別失踪 …………………………50
取消し的無効 …………………………213, 282
取締法規 …………………………252
取引の不法行為 …………………………374, 461

な

内縁 …………………………16
ないこと証明 …………………………137
内在的制約 …………………………38
名板貸 …………………………359
内部制限説 …………………………450

内容理解努力義務 …………………………234

に

二元論 …………………………247
二重効 …………………………220
二段構成 …………………………294, 419
二段の因果関係 …………………………226, 231
二段の故意 …………………………225, 230
日常家事債務の連帯責任 …………………………373
日常生活に関する行為 …………………………136, 146
日照権 …………………………488
任意規定 …………………………82
任意後見契約 …………………………151
任意代理 …………………………306
任意的記載事項 …………………………441
任意法規 …………………………250
認定死亡 …………………………53

ね

ネガティブオプション …………………………68, 257
ネッティング …………………………434

の

脳死 …………………………47
能動代理 …………………………303
能力外理論 …………………………451
ノーマライゼイション …………………………136

は

配当要求 …………………………389
白紙委任状 …………………………360
発信主義 …………………………91
反対解釈 …………………………10
パンデクテン …………………………21
パンデクテン大系 …………………………24
パンデクテン法学 …………………………21

ひ

非営利法人 …………………………435
干潟 …………………………57
非継続説 …………………………390
非顕名代理 …………………………326
必要的記載事項 …………………………441
否認説 …………………………432
評価根拠事実 …………………………365

◆ 事項索引

評価障害事実 ……………………365
表見代表理事 ……………………454
表示意思 …………………………158
表示意識 …………………………158
表示主義 …………………………162
表示の錯誤 ………………………209
平等主義 ……………………………28

ふ

夫婦別財産制 ……………………373
不確定無効 ………………………335
附款 ………………………………100
不完全無効 ………………………281
複合型表見代理 …………………350
複合契約論 …………………………69
福祉国家論 …………………………36
附合契約 ……………………………67
不作為債権 ………………………426
不実表示 …………………………211
付随義務 …………………………479
普通失踪 ……………………………50
普通私法 ……………………………7
復帰的物権変動 …………………201
物権変動時期区別説 ……………408
不動産収益執行 …………………389
浮動的無効 ………………………335
不文法主義 …………………………15
不法原因給付 ……………………266
文理解釈 ……………………………10

へ

平均的な損害額 …………………256
平明作成努力義務 ………………234
片面的強行法規 …………………250

ほ

包括承継 …………………………288
法規の一般性 ……………………472
法規の限定性 ……………………472
法源 …………………………………17
報償責任 …………………………459
法人格否認の法理 ………………466
法人登記 …………………………441
法人法定主義 ……………………440
法定果実 …………………………56, 275
法定条件 …………………………106
法定代理 …………………306, 357, 370, 377

法定追認 …………………………292
法的可能性説 ……………………422
法典調査会…………………………20
法典編纂 ……………………………20
法典論争 ……………………………20
法律行為遵守の原則 ……………112
法律効果 ……………………………61
法律問題 ……………………………75
法律要件 ……………………………61
補充的契約解釈……………………83
本来的制限 ………………………454

み

みなし到達条項……………………95
身分行為……………………………13
民事特別法…………………………16
民法の解釈 …………………………9

む

無意識の不合意 …………………204
無過失責任 ………………………339
無限責任法人 ……………………436
無権利説 …………………………409
無効行為の転換 …………………283
矛盾行為 …………………………399, 476
無体財産……………………………57

め

名義貸し …………………………168
明認方法……………………………55

も

申込みの撤回………………………96
申込みの誘引………………………68
黙示の意思表示 …………………156
目的論的解釈………………………10

や

約款…………………………………18

ゆ

有機体説 …………………………432
有限責任法人 ……………………436
ユニオン・ショップ協定 ………486

497

よ

与因 ……………………………197, 200
要件事実…………………………………61
要件要素…………………………………61
要式行為…………………………………73
要物契約……………………………73, 189

り

利益相反行為 …………………142, 310, 457
履行期限 …………………………………107
履行拒絶の抗弁権 ………………………294
履行段階論 ………………………………254
履行利益 …………………………………341
履行期 ……………………………………107
理事会設置一般社団法人 ………………445
立証責任の転換…………………………37

立法者意思……………………………10
両建預金契約 ……………………………253
了知可能性……………………………95

る

類型説 ……………………………………409
類推解釈…………………………………10

れ

例文解釈…………………………………85

ろ

ローマ法…………………………………20
論理解釈…………………………………10

498

◆ 判例索引

◆判例索引

大審院判例

大判明 38・5・11 民録 11-706 ·················130
大判明 39・3・31 民録 12-492 ··················328
大判明 39・5・17 民録 12-758 ··················357
大判明 39・12・13 刑録 12-1360 ···············231
大判明 42・4・30 民録 15-439 ··················388
大判明 43・1・25 民録 16-22 ···················395
大判明 44・4・7 民録 17-187 ···················407
大判明 44・6・6 民録 17-362 ···················189
大判明 44・10・10 民録 17-552 ················398
大判大 2・11・20 民録 19-983 ···················76
大判大 3・3・16 民録 20-210 ···················191
大判大 3・4・25 民録 20-342 ···················398
大判大 3・10・3 民録 20-715 ···················337
大判大 3・10・27 民録 20-818 ···················82
大判大 3・10・29 民録 20-846 ··················368
大判大 3・11・20 民録 20-963 ··················190
大判大 3・12・15 民録 20-1101 ················207
大判大 4・3・24 民録 21-439 ···········109, 423
大判大 4・10・2 民録 21-1560 ··················341
大判大 4・12・11 民録 21-2051 ················395
大判大 4・12・24 民録 21-2187 ················144
大判大 5・6・23 民録 22-1161 ··················413
大判大 5・11・17 民録 23-2089 ················183
大判大 5・12・28 民録 22-2529 ················292
大判大 6・2・14 民録 23-152 ···················423
大判大 6・2・19 民録 23-311 ···················399
大判大 6・2・24 民録 23-284 ···················218
大判大 6・9・6 民録 23-1319 ···················225
大判大 6・11・8 民録 23-1762 ··················423
大判大 6・11・8 民録 23-1772 ··················407
大判大 7・2・14 民録 24-221 ···················103
大判大 7・3・2 民録 24-423 ····················408
大判大 7・4・13 民録 24-669 ···········294, 419
大判大 7・10・30 民録 24-2087 ················360
大判大 7・12・3 民録 24-2284 ·················207
大判大 8・2・24 民録 25-340 ···················369
大判大 8・3・3 民録 25-356 ····················487
大判大 8・6・24 民録 25-1095 ·················397
大判大 8・6・30 民録 25-1200 ·················391
大判大 8・11・19 民録 25-2172 ················117
大判大 8・12・26 民録 25-2429 ················393
大判大 9・4・27 民録 26-606 ···················325
大判大 9・5・25 民録 26-759 ···················399
大判大 9・7・16 民録 26-1108 ···········406, 407

大判大 9・7・23 民録 26-1171 ··················183
大判大 9・11・27 民録 26-1797 ················423
大判大 10・5・18 民録 27-937 ···················76
大判大 10・6・2 民録 27-1038 ···················79
大判大 10・6・7 民録 27-1074 ·················208
大判大 10・12・15 民録 27-2160 ···············220
大判大 11・2・25 民集 1-69 ····················189
大判大 11・8・21 民集 1-493 ···················413
大判大 12・6・11 民集 2-396 ···················293
大連判大 13・10・7 民集 3-509 ················407
大連判大 14・7・8 民集 4-412 ·················408
大判大 14・12・3 民集 4-685 ···················476
大判大 15・2・16 民集 5-150 ····················44
大判大 15・9・4 新聞 2613-16 ·················190
大判昭 2・3・22 民集 6-106 ····················346
大判昭 2・12・24 民集 6-754 ···········376, 378
大判昭 3・3・24 新聞 2873-13 ·················393
大判昭 4・11・22 新聞 3060-16 ················293
大判昭 5・2・12 民集 9-143 ····················367
大判昭 5・3・4 民集 9-299 ·····················338
大判昭 5・6・27 民集 9-619 ····················387
大判昭 6・5・9 新聞 3273-8 ····················296
大判昭 6・6・4 民集 10-401 ····················398
大判昭 6・10・24 新聞 3334-4 ·················185
大判昭 6・12・17 新聞 3364-17 ················452
大判昭 7・5・27 民集 11-1069 ················459
大判昭 7・6・6 民集 11-1115 ···················310
大判昭 7・6・21 民集 11-1186 ·················395
大判昭 7・10・6 民集 11-2023 ···················45
大判昭 7・10・26 民集 11-1920 ················275
大判昭 8・4・28 民集 12-1040 ················292
大決昭 8・9・18 民集 12-2437 ················190
大決昭 8・12・19 民集 12-2882 ···············183
大判昭 9・5・4 民集 13-633 ············299, 372
大判昭 9・10・24 新聞 3773-17 ·················92
大判昭 10・4・25 新聞 3835-5 ·················161
大判昭 10・5・31 民集 14-1220 ················185
大判昭 10・10・1 民集 14-1671 ··················58
大判昭 10・10・5 民集 14-1965 ················483
大判昭 11・2・14 民集 15-158 ··················92
大判昭 11・7・17 民集 15-1481 ················484
大決昭 12・6・30 民集 16-1037 ················396
大判昭 12・8・10 新聞 4181-9 ·················184
大判昭 12・9・12 民集 16-1435 ················422
大判昭 13・2・4 民集 17-87 ····················393
大判昭 13・2・7 民集 17-50 ····················451
大判昭 13・2・7 民集 17-59 ·····················52
大判昭 13・6・28 新聞 4301-12 ·················58
大判昭 13・10・26 民集 17-2057 ···············484
大連判昭 14・3・22 民集 18-238 ···············388

499

大判昭 14・12・6 民集 18-1490 ‥‥‥‥191, 328
大連判昭 15・3・13 民集 19-544 ‥‥‥‥‥‥424
大判昭 15・7・20 民集 19-1379 ‥‥‥‥‥‥368
大判昭 15・11・26 民集 19-2100 ‥‥‥‥‥‥414
大連判昭 15・12・14 民集 19-2325 ‥‥‥‥‥425
大判昭 16・2・28 民集 20-264 ‥‥‥‥‥‥‥455
大判昭 16・3・25 民集 20-347 ‥‥‥‥‥‥‥450
大判昭 16・10・24 新聞 3334-4 ‥‥‥‥‥‥183
大判昭 17・5・20 民集 21-571 ‥‥‥‥‥‥‥371
大判昭 17・9・30 民集 21-911 ‥‥‥‥201, 227
大判昭 19・6・28 民集 23-387 ‥‥‥‥‥‥‥205
大連判昭 19・12・22 民集 23-626 ‥‥‥‥‥376
大判昭 20・5・21 民集 24-9 ‥‥‥‥‥‥‥‥294

最高裁判所判例

最判昭 23・12・23 民集 2-14-493 ‥‥‥‥174
最判昭 27・1・29 民集 6-1-49 ‥‥‥‥‥‥369
最判昭 27・2・15 民集 6-2-77 ‥‥‥‥‥‥451
最判昭 28・9・25 民集 7-9-979 ‥‥‥‥‥478
最判昭 28・10・1 民集 7-10-1019 ‥‥‥‥183
最判昭 28・11・26 民集 7-11-1288 ‥‥‥308
最判昭 28・12・3 民集 7-12-1311 ‥‥‥‥367
最判昭 28・12・28 民集 7-13-1683 ‥‥‥369
最判昭 29・2・12 民集 8-2-465 ‥‥‥‥‥209
最判昭 29・8・20 民集 8-8-1505 ‥‥‥‥194
最大判昭 29・10・20 民集 8-10-1907 ‥‥‥‥49
最判昭 29・11・26 民集 8-11-2087 ‥‥‥‥218
最判昭 30・3・22 判時 56-17 ‥‥‥‥‥‥452
最判昭 30・6・24 民集 9-7-919 ‥‥‥‥‥407
最判昭 30・10・7 民集 9-11-1616 ‥‥‥262, 282
最判昭 30・10・27 民集 9-11-1720 ‥‥‥252
最判昭 30・11・22 民集 9-12-1781 ‥‥‥429
最判昭 30・12・26 民集 9-14-2097 ‥‥‥410
最判昭 31・6・1 民集 10-6-612 ‥‥‥‥‥312
最判昭 31・12・28 民集 10-12-1613 ‥‥‥189
最判昭 32・6・6 民集 11-7-1177 ‥‥‥‥‥370
最判昭 32・11・14 民集 11-12-1943 ‥‥‥468
最判昭 32・11・29 民集 11-12-1994 ‥‥‥376
最判昭 32・12・5 新聞 83・84-16 ‥‥‥‥341
最判昭 33・2・14 民集 12-2-268 ‥‥‥‥410
最判昭 33・6・6 民集 12-9-1373 ‥‥‥‥382
最判昭 33・6・14 民集 12-9-1492 ‥‥‥210, 220
最判昭 33・7・1 民集 12-11-1601 ‥‥‥‥230
最判昭 33・8・28 民集 12-12-1936 ‥‥‥408
最判昭 33・9・18 民集 12-13-2027 ‥‥‥452
最判昭 33・10・24 民集 12-14-3228 ‥‥‥339
最判昭 34・2・5 民集 13-1-67 ‥‥‥‥‥367
最判昭 34・2・20 民集 13-2-209 ‥‥‥‥388
最判昭 34・7・14 民集 13-7-960 ‥‥‥371, 455

最判昭 34・7・24 民集 13-8-1176 ‥‥‥‥366
最判昭 35・2・2 民集 14-1-36 ‥‥‥‥‥‥182
最判昭 35・2・19 民集 14-2-250 ‥‥‥‥‥366
最判昭 35・3・18 民集 14-4-483 ‥‥‥‥‥253
最判昭 35・6・9 民集 14-7-1304 ‥‥‥‥‥366
最判昭 35・6・23 民集 14-8-1498 ‥‥‥‥399
最判昭 35・7・1 民集 14-9-1615 ‥‥‥371, 455
最判昭 35・7・27 民集 14-10-1871 ‥‥‥‥406
最判昭 35・10・21 民集 14-12-2661 ‥‥‥331, 359
最判昭 35・11・1 民集 14-13-2781 ‥‥‥‥424
最判昭 35・12・15 民集 14-14-3060 ‥‥‥‥476
最判昭 35・12・23 民集 14-14-3166 ‥‥‥‥393
最判昭 35・12・27 民集 14-14-3234 ‥‥‥‥368
最判昭 35・12・27 民集 14-14-3253 ‥‥‥‥389
最判昭 36・1・17 民集 15-1-1 ‥‥‥‥‥‥369
最判昭 36・4・20 民集 15-4-774 ‥‥‥‥‥‥95
最判昭 36・5・26 民集 15-5-1404 ‥‥‥‥‥106
最判昭 36・7・20 民集 15-7-1903 ‥‥‥‥‥408
最判昭 36・12・15 民集 15-11-2756 ‥‥‥‥368
最判昭 37・4・20 民集 16-4-955 ‥‥‥‥‥346
最判昭 37・8・10 民集 16-8-1700 ‥‥‥283, 338
最判昭 37・8・21 民集 16-9-1809 ‥‥‥‥‥375
最判昭 37・9・14 民集 16-9-1935 ‥‥‥‥‥194
最判昭 37・10・2 民集 16-10-2059 ‥‥‥‥‥310
最判昭 38・6・13 民集 17-5-744 ‥‥‥‥‥251
最大判昭 38・10・30 民集 17-9-1252 ‥‥‥‥387
最判昭 39・1・23 民集 18-1-99 ‥‥‥‥‥‥105
最判昭 39・1・23 民集 18-1-37 ‥‥‥‥‥‥251
最判昭 39・1・28 民集 18-1-136 ‥‥‥‥‥449
最判昭 39・4・2 民集 18-4-497 ‥‥‥‥‥‥370
最判昭 39・5・23 民集 18-4-621 ‥‥‥‥‥361
最判昭 39・7・7 民集 18-6-1016 ‥‥‥371, 455
最判昭 39・10・15 民集 18-8-1671 ‥‥‥‥467
最判昭 39・10・30 民集 18-8-1837 ‥‥‥‥106
最判昭 40・3・9 民集 19-2-223 ‥‥‥‥‥484
最判昭 40・6・4 民集 19-4-924 ‥‥‥‥‥213
最判昭 40・6・18 民集 19-4-986 ‥‥‥‥‥346
最判昭 40・7・2 裁民 79-671 ‥‥‥‥‥‥340
最判昭 40・9・10 民集 19-6-1512 ‥‥‥‥‥213
最判昭 41・3・18 民集 20-3-451 ‥‥‥‥‥194
最判昭 41・3・29 判時 446-43 ‥‥‥‥‥‥476
最大判昭 41・4・20 民集 20-4-702 ‥‥‥‥‥399
最判昭 41・4・22 民集 20-4-752 ‥‥‥‥‥355
最判昭 41・4・26 民集 20-4-826 ‥‥‥‥‥341
最判昭 41・4・26 民集 20-4-849 ‥‥‥‥‥452
最判昭 41・6・21 民集 20-5-1052 ‥‥‥‥‥461
最判昭 41・11・15 金判 39-8 ‥‥‥‥‥‥370
最判昭 41・11・18 民集 20-9-1827 ‥‥‥‥370
最判昭 41・11・22 民集 20-9-1901 ‥‥‥‥408
最判昭 41・12・22 民集 20-10-2168 ‥‥‥‥182

◆ 判例索引

最判昭 42・4・20 民集 21-3-697 ‥‥‥‥174, 318
最判昭 42・6・22 民集 21-6-1479 ‥‥‥‥‥189
最判昭 42・6・23 民集 21-6-1492 ‥‥‥‥‥424
最判昭 42・6・29 判時 491-52 ‥‥‥‥‥‥182
最判昭 42・7・18 民集 21-6-1559 ‥‥‥‥‥425
最判昭 42・7・20 民集 21-6-1601 ‥‥‥‥‥419
最判昭 42・7・21 民集 21-6-1643 ‥‥‥‥‥405
最判昭 42・9・29 判時 497-59 ‥‥‥‥‥‥308
最判昭 42・10・27 民集 21-8-2110 ‥‥‥395, 398
最判昭 42・10・31 民集 21-8-2232 ‥‥‥‥‥187
最判昭 42・11・2 民集 21-9-2278 ‥‥‥‥‥374
最判昭 42・11・10 民集 21-9-2417 ‥‥‥‥‥361
最判昭 43・3・1 民集 22-3-491 ‥‥‥‥‥‥406
最判昭 43・3・8 民集 22-3-540 ‥‥‥‥‥‥309
最大判昭 43・4・24 民集 22-4-1043 ‥‥‥‥‥326
最判昭 43・9・26 民集 22-9-2002 ‥‥‥395, 396
最判昭 43・10・8 民集 22-10-2145 ‥‥‥‥‥410
最判昭 43・10・17 民集 22-10-2188 ‥‥‥‥‥196
最判昭 43・12・24 民集 22-13-3366 ‥‥‥406, 414
最判昭 44・2・13 民集 23-2-291 ‥‥‥‥‥‥139
最判昭 44・2・27 民集 23-2-511 ‥‥‥‥‥‥466
最判昭 44・4・3 民集 23-4-737 ‥‥‥‥‥‥451
最判昭 44・5・22 民集 23-6-993 ‥‥‥‥‥‥404
最判昭 44・5・27 民集 23-6-998 ‥‥‥‥‥‥194
最判昭 44・6・26 民集 23-7-1175 ‥‥‥‥‥468
最判昭 44・7・4 民集 23-8-1347 ‥‥‥‥450, 477
最判昭 44・7・8 民集 23-8-1374 ‥‥‥‥‥‥410
最判昭 44・7・15 民集 23-8-1520 ‥‥‥‥‥396
最判昭 44・7・25 判時 574-26 ‥‥‥‥‥‥378
最判昭 44・9・2 民集 23-9-1641 ‥‥‥‥‥‥419
最判昭 44・11・4 民集 23-11-1951 ‥‥‥‥‥468
最判昭 44・11・14 民集 23-11-2023 ‥‥‥‥‥172
最判昭 44・12・18 民集 23-12-2467 ‥‥‥‥‥404
最判昭 44・12・18 民集 23-12-2476 ‥‥‥‥‥373
最判昭 44・12・19 民集 23-12-2539 ‥‥‥‥‥372
最判昭 45・2・26 民集 24-2-104 ‥‥251, 253, 267
最判昭 45・2・27 金法 579-28 ‥‥‥‥‥‥369
最判昭 45・3・24 判時 592-61 ‥‥‥‥‥‥309
最判昭 45・3・26 民集 24-3-151 ‥‥‥‥‥‥215
最判昭 45・4・16 民集 24-4-266 ‥‥‥‥‥‥195
最判昭 45・5・21 民集 24-5-393 ‥‥‥‥‥‥399
最判昭 45・6・18 判時 600-83 ‥‥‥‥‥‥402
最大判昭 45・6・24 民集 24-6-625 ‥‥‥‥‥452
最大判昭 45・7・15 民集 24-7-771 ‥‥‥‥‥422
最判昭 45・7・24 民集 24-7-1116 ‥‥‥‥‥194
最判昭 45・7・24 民集 24-7-1177 ‥‥‥‥‥388
最判昭 45・7・28 民集 24-7-1203 ‥‥‥‥‥356
最判昭 45・9・10 民集 24-10-1389 ‥‥‥‥‥387
最判昭 45・9・22 民集 24-10-1424 ‥‥‥‥‥196
最判昭 45・10・22 民集 24-11-1599 ‥‥‥‥‥105

最判昭 45・11・19 民集 24-12-1916 ‥‥‥‥‥196
最判昭 45・12・15 民集 24-13-2051 ‥‥‥‥‥411
最判昭 45・12・15 民集 24-13-2081 ‥‥‥‥‥369
最判昭 46・3・3 民集 25-4-455 ‥‥‥‥‥‥370
最判昭 46・4・9 民集 25-3-264 ‥‥‥‥‥‥260
最判昭 46・6・29 判時 635-110 ‥‥‥‥‥‥400
最大判昭 46・10・13 民集 25-7-900 ‥‥‥‥‥457
最判昭 46・11・5 民集 25-8-1087 ‥‥‥‥‥406
最判昭 46・11・11 判時 654-52 ‥‥‥‥‥‥406
最判昭 46・11・25 判時 654-51 ‥‥‥‥‥‥405
最判昭 46・11・30 民集 25-8-1437 ‥‥‥‥‥403
最判昭 47・4・4 民集 26-3-373 ‥‥‥‥‥‥308
最判昭 47・6・2 民集 26-5-957 ‥‥‥‥‥‥468
最判昭 47・6・27 民集 26-5-1067 ‥‥‥‥‥488
最判昭 47・11・2 民集 26-9-1657 ‥‥‥‥‥322
最判昭 47・11・28 民集 26-9-1686 ‥‥‥‥‥456
最判昭 47・12・22 判時 696-189 ‥‥‥‥‥337
最判昭 48・3・27 民集 27-2-376 ‥‥‥‥‥375
最判昭 48・6・28 民集 27-6-724 ‥‥‥‥183, 196
最判昭 48・10・9 民集 27-9-1129 ‥‥‥‥‥468
最判昭 48・10・26 民集 27-9-1240 ‥‥‥‥‥466
最判昭 48・11・16 民集 27-10-1374 ‥‥‥‥‥425
最判昭 48・12・14 民集 27-11-1586 ‥‥‥‥‥395
最判昭 49・2・28 判時 735-97 ‥‥‥‥‥‥459
最判昭 49・3・1 民集 28-2-135 ‥‥‥‥‥‥253
最判昭 49・3・22 民集 28-2-368 ‥‥‥‥‥‥378
最判昭 49・9・26 民集 28-6-1213 ‥‥‥‥‥228
最判昭 49・9・30 民集 28-6-1383 ‥‥‥‥‥468
最判昭 49・10・24 民集 28-7-1512 ‥‥‥‥‥366
最判昭 49・12・20 民集 28-10-2072 ‥‥‥‥‥421
最判昭 50・2・25 民集 29-2-143 ‥‥‥‥‥‥480
最判昭 50・2・28 民集 29-2-193 ‥‥‥‥‥‥488
最判昭 50・4・8 民集 29-4-401 ‥‥‥‥‥‥284
最判昭 50・4・25 民集 29-4-456 ‥‥‥‥‥‥486
最判昭 50・7・14 民集 29-6-1012 ‥‥‥‥‥461
最判昭 50・9・25 民集 29-8-1320 ‥‥‥‥‥407
最判昭 51・4・9 民集 30-3-208 ‥‥‥‥‥‥312
最判昭 51・5・25 民集 30-4-554 ‥‥‥‥487, 491
最判昭 51・6・25 民集 30-6-665 ‥‥‥369, 372
最判昭 51・12・24 民集 30-11-1104 ‥‥‥‥‥404
最判昭 52・3・31 判時 855-57 ‥‥‥‥‥‥406
最判昭 52・6・20 民集 31-4-449 ‥‥‥‥‥‥253
最判昭 53・2・24 民集 32-1-110 ‥‥‥‥‥‥284
最判昭 53・3・6 民集 32-2-135 ‥‥‥‥‥‥407
最判昭 54・7・31 判時 942-39 ‥‥‥‥‥‥402
最判昭 54・9・6 民集 33-5-630 ‥‥‥‥205, 281
最判昭 54・11・2 判時 955-56 ‥‥‥‥‥‥284
最判昭 54・12・14 判時 953-56 ‥‥‥‥‥‥337
最判昭 55・9・11 民集 34-5-683 ‥‥‥‥‥‥184
最判昭 56・3・24 民集 35-2-300 ‥‥‥‥‥‥262

501

最判昭 56・4・28 民集 35-3-696 ……………189
最判昭 57・3・4 民集 36-3-241 ……………420
最判昭 57・3・20 訟月 28-11-211 ……………455
最判昭 57・6・8 判時 1049-36 ……………183
最判昭 58・3・18 判時 1075-115 ……………86
最判昭 58・3・24 民集 37-2-131 ……………402
最判昭 60・11・26 民集 39-7-1701 ……………395
最判昭 60・11・29 民集 39-7-1760 ……………372, 456
最判昭 61・3・17 民集 40-2-420 ……………384
最判昭 61・5・29 判時 1196-102 ……………261
最判昭 61・11・20 民集 40-7-1167 ……………262
最判昭 61・11・20 判時 1219-63 ……………313
最判昭 61・12・16 民集 40-7-1236 ……………57
最判昭 62・1・20 訟月 33-9-2234 ……………196
最判昭 62・6・5 判時 1260-7 ……………411
最判昭 62・7・7 民集 41-5-1133 ……………339, 341, 343
最大判昭 62・9・2 民集 41-6-1423 ……………477
最判昭 62・10・8 民集 41-7-1445 ……………419, 428
最判昭 63・3・1 家月 41-10-104 ……………347
最判平元・9・14 判時 1336-93 ……………219
最判平元・12・14 民集 43-12-1895 ……………262
最判平元・12・21 判時 1340-135 ……………262
最判平元・12・21 民集 43-12-2209 ……………425, 428
最判平 2・4・19 判時 1354-80 ……………56
最判平 4・3・19 民集 46-3-222 ……………396
最判平 4・10・20 民集 46-7-1129 ……………427
最判平 4・12・10 民集 46-9-2727 ……………319
最判平 5・1・19 民集 47-1-1 ……………87
最判平 5・1・21 民集 47-1-265 ……………348
最判平 6・2・22 民集 48-2-441 ……………422
最判平 6・4・19 民集 48-3-922 ……………379
最判平 6・5・31 民集 48-4-1029 ……………102
最判平 6・5・31 民集 48-4-1065 ……………467
最判平 6・6・7 金法 1422-32 ……………375
最判平 6・9・13 民集 48-6-1263 ……………348
最判平 7・3・10 判時 1525-59 ……………394
最判平 7・6・9 判時 1539-68 ……………413
最判平 7・7・7 金法 1436-31 ……………169
最判平 7・12・15 民集 49-10-3088 ……………402
最判平 8・3・5 民集 50-3-383 ……………422
最判平 8・3・19 民集 50-3-615 ……………452
最判平 8・4・26 民集 50-5-1267 ……………59
最判平 8・6・18 家月 48-12-39 ……………491
最判平 8・7・12 民集 50-7-1901 ……………394
最判平 8・9・27 民集 50-8-2395 ……………394
最判平 8・11・12 民集 50-11-2591 ……………403
最判平 9・3・25 民集 51-3-1609 ……………83
最判平 9・7・1 民集 51-6-2251 ……………486
最判平 9・7・1 民集 51-6-2452 ……………479
最判平 10・4・24 判時 1661-66 ……………424

最判平 10・5・26 民集 52-4-985 ……………231
最判平 10・6・11 民集 52-4-1034 ……………93
最判平 10・6・12 民集 52-4-1087 ……17, 392, 427
最判平 10・6・22 民集 52-4-1195 ……………394, 396
最判平 10・7・17 民集 52-5-1296 ……………348
最判平 10・11・24 民集 52-8-1737 ……………390
最判平 10・12・17 判時 1664-59 ……………387
最判平 11・2・23 民集 53-2-193 ……………81, 251
最判平 11・2・26 判時 1671-67 ……………394
最判平 11・4・27 民集 53-4-840 ……………389
最判平 11・10・21 民集 53-7-1190 ……………396
最判平 13・3・27 民集 55-2-434 ……………477
最判平 13・7・10 判時 1766-42 ……………397
最判平 13・11・27 民集 55-6-1311 ……424, 427
最判平 14・1・29 民集 56-1-218 ……………425
最判平 14・4・25 判時 1785-31 ……………452
最判平 14・7・11 判時 1805-56 ……………211
最判平 15・4・18 民集 57-4-366 ……………263
最判平 15・6・13 判時 1831-99 ……………198
最判平 15・7・18 民集 57-7-895 ……………108
最判平 15・10・31 判時 1846-7 ……………408
最判平 15・12・11 民集 57-11-2196 ……………422
最判平 16・4・23 民集 58-4-959 ……………418
最判平 16・4・27 民集 58-4-1032 ……………426
最判平 16・7・13 判時 1871-76 ……………411
最判平 16・7・13 民集 58-5-1368 ……………309
最判平 16・10・15 民集 58-7-1802 ……………426
最判平 16・10・26 判時 1881-64 ……………477
最判平 16・11・18 家月 57-5-40 ……………477
最決平 17・3・8 家月 57-6-162 ……………428
最判平 17・7・15 民集 59-6-1742 ……………466
最判平 17・12・16 民集 59-10-2931 ……………404
最判平 18・1・17 民集 60-1-27 ……………408
最判平 18・2・23 民集 60-2-546 ……………198
最判平 18・6・16 民集 60-5-1997 ……………426
最判平 18・7・7 民集 60-6-2307 ……………486
最判平 18・11・27 民集 60-9-3437 ……………257
最判平 18・12・22 判時 1958-69 ……………257
最判平 19・4・24 民集 61-3-1073 ……………423
最判平 25・6・6 民集 67-5-1208 ……………388
最判平 28・1・12 民集 70-1-1 ……………219
最判平 29・3・13 判時 2340-68 ……………389

下級裁判所裁判例

安濃津地判大 15・8・10 新聞 2648-11 ………483
東京地判昭 37・5・31 金法 312-8 …………296
東京高判昭 40・5・7 金法 414-13 …………358
東京高判昭 42・6・30 判時 491-67 …………358
大阪高判昭 45・3・27 判時 618-43 …………80

502

◆ 判例索引

熊本地判昭 48·3·20 判時 696-15 ……………462
東京地判昭 50·5·14 判時 798-59 ……………210
福岡地久留米支判昭 51·9·21 判時 856-83 …210
福岡地判昭 52·10·5 判時 866-21 ……………462
東京高判昭 53·7·19 判時 904-70 ……………173
東京地判昭 53·10·16 判時 937-51 …………225
大阪高判昭 56·9·21 判タ 465-153 …………210
東京地判昭 56·12·14 判タ 470-145 …………479
東京高決昭 57·11·30 判時 1065-141 ………209
東京高判昭 58·1·25 判時 1069-75 ……………95
東京地判昭 58·6·10 判時 1114-64 …………358
東京高判昭 58·6·29 判タ 508-128 …………210
名古屋高判昭 60·9·26 判時 1180-64 ………210
東京高決昭 60·10·25 判時 1181-104 ………210
茨木簡判昭 60·12·20 判時 1198-143 ………139
東京高判昭 63·3·11 判時 1271-3 ……………461
大阪地判昭 63·12·12 訟月 35-6-953 ………296

大阪高判平元·4·25 判時 1325-70 …………211
横浜地判平元·9·7 判時 1352-126 …………228
大阪高判平元·9·14 判タ 718-139 …………267
大阪高判平 2·6·21 判時 1366-53 ………211, 282
東京地決平 4·2·6 労判 610-72 ……………173
東京地判平 4·12·21 労判 623-36 …………173
東京地判平 7·5·31 判タ 910-170 …………228
秋田地判平 9·3·18 判タ 971-224 ……………78
東京地判平 10·10·30 判時 1679-46 …………129
東京高判平 11·12·14 金法 1586-100 ………129
東京高判平 12·3·10 判時 1734-140 …………462
東京高判平 12·3·16 判時 1715-34 …………129
鹿児島地判平 13·1·22LEX/DB28061380 ……42
東京地判平 14·3·8 判時 1800-64 …………208
福岡高判平 16·7·21 判時 1878-100 …………129
東京地判平 17·11·11 判時 1956-105 ………131
大阪高判平 29·4·27 判時 2346-72 …………208

503

《著者紹介》

なかや ひろき
中舎　寛樹

●──略歴

1981 年名古屋大学大学院法学研究科博士課程単位取得退学後、名古屋大学助手、三重大学助教授、南山大学教授、明治大学教授、名古屋大学教授

現在、明治大学専門職大学院法務研究科（法科大学院）教授・名古屋大学名誉教授・博士（法学）

●──主要著書

『民法トライアル教室』（共著）（有斐閣、1999 年）

『解説 類推適用からみる民法──法の解釈がもっとうまくなる』（共編著）（日本評論社、2005 年）

『解説 新・条文にない民法──概念・制度がもっとよくわかる』（共編著）（日本評論社、2010 年）

『多角的法律関係の研究』（共編著）（日本評論社、2012 年）

『表見法理の帰責構造』（日本評論社、2014 年）

『新・判例ハンドブック民法総則』（共編著）（日本評論社、2015 年）

『債権法──債権総論・契約』（日本評論社、2018 年）

みんぽうそうそく
民法総則　第 2 版

2010 年 9 月 25 日　第 1 版第 1 刷発行
2018 年 6 月 20 日　第 2 版第 1 刷発行

著　者──中舎寛樹

発行者──串崎　浩

発行所──株式会社　日本評論社

　　　　〒170-8474 東京都豊島区南大塚 3-12-4

　　　　　　電話 03-3987-8621（販売：FAX─8590）

　　　　　　　03-3987-8592（編集）

　　　　　　https://www.nippyo.co.jp/　振替　00100-3-16

印刷所──精興社

製本所──難波製本

装　丁──銀山宏子

JCOPY 〈（社）出版者著作権管理機構　委託出版物〉

本書の無断複写は著作権法上での例外を除き禁じられています。複写される場合は、そのつど事前に、（社）出版者著作権管理機構（電話 03-3513-6969、FAX03-3513-6979、e-mail：info@jcopy.or.jp）の許諾を得てください。また、本書を代行業者等の第三者に依頼してスキャニング等の行為によりデジタル化することは、個人の家庭内の利用であっても、一切認められておりません。

検印省略　© 2018　Hiroki Nakaya

ISBN978-4-535-52354-8　　　　　　　　　　　　　　　　　　Printed in Japan

日本評論社の法律学習基本図書

※表示価格は本体価格です。別途消費税がかかります

日評ベーシック・シリーズ

憲法Ⅰ 総論・統治　憲法Ⅱ 人権
新井 誠・曽我部真裕・佐々木くみ・横大道 聡［著］●各1,900円

行政法
下山憲治・友岡史仁・筑紫圭一［著］
●1,800円

民法総則
原田昌和・寺川 永・吉永一行［著］●1,800円

物権法
●1,700円
秋山靖浩・伊藤栄寿・大場浩之・水津太郎［著］

担保物権法
田髙寛貴・白石 大・鳥山泰志［著］●1,700円

家族法
●1,800円
本山 敦・青竹美佳・羽生香織・水野貴浩［著］

民事訴訟法
渡部美由紀・鶴田 滋・岡庭幹司［著］●1,900円

労働法
●1,900円
和田 肇・相澤美智子・緒方桂子・山川和義［著］

日本の法
●1,800円
緒方桂子・豊島明子・長谷河亜希子［編］

リーガルリサーチ［第5版］
指宿 信・齊藤正彰［監修］●1,800円
いしかわまりこ・藤井康子・村井のり子［著］

基本憲法Ⅰ 基本的人権
木下智史・伊藤 建［著］●3,000円

基本行政法［第3版］
中原茂樹［著］●3,400円

基本刑法Ⅰ 総論［第2版］●3,800円

基本刑法Ⅱ 各論［第2版］●3,900円
大塚裕史・十河太朗・塩谷 毅・豊田兼彦［著］

憲法Ⅰ──基本権
●3,200円
渡辺康行・宍戸常寿・松本和彦・工藤達朗［著］

民法学入門［第2版］増補版
河上正二［著］●3,000円

スタートライン民法総論［第3版］
池田真朗［著］●2,200円

スタートライン債権法［第6版］
池田真朗［著］●2,400円

債権法 債権総論・契約　■法セミ LAW CLASS シリーズ
中舎寛樹［著］●3,700円

■法セミ LAW CLASS シリーズ
基本事例で考える民法演習
基本事例で考える民法演習2
池田清治［著］●各1,900円

ケーススタディ刑法［第4版］
井田 良・丸山雅夫［著］●3,100円

■法セミ LAW CLASS シリーズ
行政法 事案解析の作法［第2版］
大貫裕之・土田伸也［著］●2,800円

新法令用語の常識
吉田利宏［著］●1,200円

〈新・判例ハンドブック〉　●物権法:1,300円
　　　　　　　　　　　　　●ほか:各1,400円
憲法［第2版］ 高橋和之［編］

債権法Ⅰ・Ⅱ
●Ⅰ:1,400円
●Ⅱ:1,500円
潮見佳男・山野目章夫・山本敬三・窪田充見［編著］

民法総則 河上正二・中舎寛樹［編著］

物権法 松岡久和・山野目章夫［編著］

親族・相続 二宮周平・潮見佳男［編著］

刑法総論／各論
●総論1,600円
●各論1,500円
高橋則夫・十河太朗［編］

商法総則・商行為法・手形法
鳥山恭一・高田晴仁［編著］

会社法 鳥山恭一・高田晴仁［編著］

日本評論社
https://www.nippyo.co.jp/